最新

最新中华人民共和国法律配套解读与实例系列

17

中华人民共和国

民法典

婚姻家庭编 继承编

配套解读与实例

李静 编著

法律出版社
LAW PRESS · CHINA
北京

图书在版编目(CIP)数据

最新中华人民共和国民法典婚姻家庭编继承编配套解读与实例 / 李静编著. -- 北京 : 法律出版社, 2022
ISBN 978-7-5197-6989-5

Ⅰ. ①最… Ⅱ. ①李… Ⅲ. ①婚姻法-法律解释-中国②继承法-法律解释-中国 Ⅳ. ①D923.905 ②D923.55

中国版本图书馆CIP数据核字(2022)第148809号

最新中华人民共和国民法典婚姻家庭编继承编配套解读与实例
ZUI XIN ZHONGHUA RENMIN GONGHEGUO MINFADIAN HUNYIN JIATINGBIAN JICHENGBIAN PEITAO JIEDU YU SHILI

李 静 编著

责任编辑 李 群 陈昱希 翁潇潇
装帧设计 李 瞻

出版发行 法律出版社
编辑统筹 法规出版分社
责任校对 张红蕊
责任印制 耿润瑜
经 销 新华书店

开本 710毫米×1000毫米 1/16
印张 24.25 字数 430千
版本 2022年9月第1版
印次 2022年9月第1次印刷
印刷 三河市兴达印务有限公司

地址:北京市丰台区莲花池西里7号(100073)
网址:www.lawpress.com.cn
投稿邮箱:info@lawpress.com.cn
举报盗版邮箱:jbwq@lawpress.com.cn
销售电话:010-83938349
客服电话:010-83938350
咨询电话:010-63939796

书号:ISBN 978-7-5197-6989-5 定价:68.00元

出版说明

“最新中华人民共和国法律配套解读与实例系列”丛书由相关领域法律专家编写，收录法律标准文本，解读法律重点条文，并对与法律条文相配套的法律、法规、部门规章、司法解释、审判政策和典型案例予以精要分析。丛书自 2014 年出版以来，得到了广大读者的关注与厚爱，连续再版。

近年来，随着我国立法的完善与发展，国家出台或者修改了与丛书各个领域联系紧密的法律、法规、部门规章及司法解释，如《民法典》《安全生产法》《民事诉讼法》《道路交通安全法》《刑法修正案（十一）》《土地管理法实施条例》等。为了进一步适应新的形势需要，编者再次对丛书进行了较为系统的修改和完善。

丛书此次修订，重点吸纳最新的配套规定，精选近年来最高人民法院公报案例、最高人民法院和最高人民检察院指导案例及典型案例，旨在提高案例的典型性和代表性，增强案例的针对性。

丛书编写以实用、易用为原则，编写体例如下：

1. 法律适用提要。分册皆由该领域法律专家撰写适用提要，帮助读者对立法背景、主要内容、注意事项有更全面深入的理解。

2. 重点法条注释。对重点法条进行条文解读，且给每个条文都提炼条文主旨，帮助读者准确理解法条内容。

3. 配套法规解读。对与主体法重点条文配套的其他法律、法规、部门规章、司法解释、审判政策进行解读，使观点更为鲜明、准确，语言更为通俗、精练，主体法更便于读者理解和适用。

4. 关联法规索引。详细列出与主体法条文相关联的法规的名目，方便读者查询使用。

5. 典型案例精选。重点条文下精选典型案例，以案说法、以案析法。

6. 附录法规实用。书末收录与本领域紧密相关的法律、法规和司法解释，增强法律法规的实效性。

需要说明的是,本丛书的“适用提要”“条文主旨”“条文解读”“法规解读”等内容皆是编者为方便读者阅读、理解而编写,非国家正式颁布的法律文本,不具有法律效力。

总之,我们所有的付出都旨在提高本书的实用性,以满足广大读者的需求。书中不足之处还望读者在使用过程中不吝赐教,提出宝贵意见,以便本书继续修订完善。

法律出版社法规中心

2022 年 7 月

目　　录

第六编　继　　承

附　　录

适用提要

婚姻家庭编和继承编是《民法典》[1]的重要组成部分。

婚姻家庭编是调整婚姻关系、家庭关系和收养关系的基本准则。1980年9月，第五届全国人民代表大会第三次会议通过了新的《婚姻法》,2001年4月全国人大常委会对《婚姻法》进行了修改。最高人民法院先后于2001年12月、2003年12月、2011年8月出台了三个《婚姻法》的司法解释。1991年12月,第七届全国人民代表大会常务委员会第二十三次会议通过了《收养法》;1998年11月,全国人大常委会对《收养法》进行了修正。《民法典》婚姻家庭编以《婚姻法》《收养法》为基础,吸收司法解释的有关规定,结合社会生活需要和司法实践情况,修改完善了部分内容并增加了相关规定。

（1）关于一般规定。一是结合现行生育政策,删除了实行计划生育的规定;二是为贯彻落实习近平总书记有关加强家庭文明建设的重要讲话精神,增加规定家庭应当树立优良家风,弘扬家庭美德,重视家庭文明建设;三是增加规定了最有利于收养人原则;四是界定了亲属、近亲属和家庭成员的范围。

（2）关于结婚。一是不再将患有医学上认为不应当结婚的疾病作为婚姻无效的情形;二是将因受胁迫而请求撤销婚姻的期间起算点由“自结婚登记之日起”修改为“自胁迫行为终止之日起”;三是增加规定了一方婚前隐瞒重大疾病的可撤销婚姻;四是增加规定了婚姻无效或者被撤销的,无过错方有权请求损害赔偿。

（3）关于家庭关系。一是增加规定了夫妻日常家事代理权;二是明确了夫妻共同债务的范围;三是增加了婚姻关系存续期间分割夫妻共同财产的规定;四是增加了确认和否认亲子关系的规定。

（4）关于离婚。一是增加了离婚冷静期的规定;二是增加规定,“经人民法院判决不准离婚后,双方又分居满一年,一方再次提起离婚诉讼的,应当准予离婚”;

---

[1] 为方便阅读,本书中所涉的法律法规均使用简称。

三是离婚后的子女抚养，将《婚姻法》规定的“哺乳期内的子女，以随哺乳的母亲抚养为原则”，修改为“不满两周岁的子女，以由母亲直接抚养为原则。”同时增加“子女已满八周岁的，应当尊重其真实意愿”的规定；四是离婚经济补偿不再以夫妻实行分别财产制为适用前提，夫妻无论适用何种财产制，离婚时负担家庭义务较多的一方均可请求经济补偿；五是将“有其他重大过错”作为兜底条款增加规定为离婚损害赔偿的适用情形。

（5）关于收养。一是将《收养法》规定的符合条件的“不满十四周岁的未成年人”可以被收养，修改为符合条件的“未成年人”可以被收养；二是根据我国生育政策的变化，将收养人须“无子女”修改为须“无子女或者只有一名子女”，并相应修改了收养人可以收养子女的数量；三是收养人条件增加了“无不利于被收养人健康成长的违法犯罪记录”；四是增加了县级以上人民政府民政部门应当依法进行收养评估的规定。

继承编是调整继承关系的基本准则。1985 年 4 月，第六届全国人民代表大会第三次会议通过了《继承法》，最高人民法院于 1985 年 9 月出台了《继承法》的司法解释。《民法典》继承编以《继承法》为基础，吸收司法解释的有关规定，结合社会生活需要和司法实践情况，修改完善了部分内容并增加了相关规定。

（1）关于一般规定。一是增加了相互有继承关系的数人在同一事件中死亡，难以确定死亡时间的继承规则的规定；二是将《继承法》对遗产的“列举 + 概括式”规定修改为“概括式”规定，同时“概括式”规定了不得继承的遗产；三是强调放弃继承须以书面形式作出；四是增加了“以欺诈、胁迫手段迫使或者妨碍被继承人设立、变更或者撤回遗嘱，情节严重”作为继承人丧失继承权的法定情形，同时增加了对继承人的宽恕制度。

（2）关于法定继承。增加了代位继承的适用情形，规定“被继承人的兄弟姐妹先于被继承人死亡的，由被继承人的兄弟姐妹的子女代位继承”。

（3）关于遗嘱继承和遗赠。一是增加了自然人可以依法设立遗嘱信托的规定；二是增加规定了打印遗嘱这一遗嘱形式，同时对《继承法》规定的录音遗嘱修改为录音录像遗嘱，并增加了形式要件的要求；三是删除了《继承法》关于公证遗嘱效力优先的规定。

（4）关于遗产的处理。一是增加了遗产管理人的规定，包括遗产管理人的选任、指定、职责、报酬以及遗产管理人未尽职责的民事责任；二是增加了转继承的规定；三是完善了遗赠扶养协议制度，将扶养人扩大到继承人以外的组织或者个人；四是明确无人继承又无人受遗赠的遗产，归国家所有，用于公益事业；五是增加了既有法定继承又有遗嘱继承、遗赠时税款和债务的清偿的规定。

为配合《民法典》的实施，最高人民法院于2020年12月公布《关于适用〈中华人民共和国民法典〉婚姻家庭编的解释（一）》（以下简称《〈民法典〉婚姻家庭编司法解释（一）》）及《关于适用〈中华人民共和国民法典〉继承编的解释（一）》（以下简称《〈民法典〉继承编司法解释（一）》）。《民法典》施行后，《婚姻法》《继承法》等民事单行法律同步废止。

中华人民共和国民法典

（2020 年 5 月 28 日第十三届全国人民代表大会第三次会议通过
2020 年 5 月 28 日中华人民共和国主席令第四十五号公布
自 2021 年 1 月 1 日起施行）

第五编　婚 姻 家 庭

第一章　一 般 规 定

本章介绍

本章是《民法典》婚姻家庭编的一般规定，明确了《民法典》婚姻家庭编的调整范围；阐述了我国婚姻家庭法律制度的基本原则，并为保障基本原则的实现对某些行为作出了禁止性规定；规定了婚姻家庭道德规范、收养的原则以及亲属、近亲属和家庭成员的范围。

第一千零四十条　【婚姻家庭编的调整范围】[1]**本编调整因婚姻家庭产生的民事关系。**

〔1〕条文主旨为编者所加，下同。

条文解读

本条是关于《民法典》婚姻家庭编的调整范围的规定。

《民法典》婚姻家庭编属于民法，是亲属法的一部分。婚姻家庭编并非调整所有的亲属关系，涉及继承、监护等亲属关系，由《民法典》继承编、《民法典》总则编等进行调整。根据该条规定，婚姻家庭编的调整范围是对婚姻、家庭关系进行调整，这意味着其既调整婚姻关系，也调整家庭关系。但婚姻家庭编只规定了婚姻家庭关系的基本准则。除此之外，一些单行法律、国务院制定的行政法规以及各部、委、局发布的规章、地方性法规、地方政府规章和民族自治地方的有关规定、最高人民法院作出的司法解释等也对婚姻家庭关系作出了规定。从调整范围看，婚姻家庭编既调整基于婚姻而产生的夫妻之间的人身和财产关系，也调整家庭中一定范围的亲属之间的人身和财产关系，此外，收养关系也属于婚姻家庭编的调整范围。

关联法规索引

《最高人民法院关于内地与香港特别行政区法院相互认可和执行婚姻家庭民事案件判决的安排》第 1 条

典型案例

付某、刘某离婚纠纷案[1]

案件事实

原告付某与被告刘某于××××年××月××日登记结婚。婚生子女刘某某，现已成年。共同生活期间，原告、被告为生活琐事产生过矛盾。现原告付某诉至法院，要求与被告刘某离婚。

争议焦点

本案中，主要争议焦点是原被告夫妻感情是否确已破裂。

---

〔1〕 辽宁省台安县人民法院(2021)辽 0321 民初 3501 号。

判决结果

法院认为，夫妻关系存在与否，应以感情为基础。原被告结婚多年并生育子女，建立了婚姻家庭关系，已有一定的夫妻感情，虽在共同生活期间为家庭琐事发生过矛盾，但原告未提供充分证据证明夫妻感情已破裂，原告请求离婚，无事实和法律根据，法院不予支持，判决驳回原告付某要求与被告刘某离婚的诉讼请求。

案例解读

上述判例中法院判决适用的是《民法典》第1040条的规定，即“本编调整因婚姻家庭产生的民事关系”；第1079条第2款的规定，即“人民法院审理离婚案件，应当进行调解；如果感情确已破裂，调解无效的，应当准予离婚”。《民法典》第1040条是关于对婚姻家庭编调整范围的规定。婚姻家庭编对婚姻、家庭关系进行调整，这意味着其调整的是婚姻关系以及家庭关系。本案中，付某与刘某存在婚姻关系，付某起诉要求离婚，适用婚姻家庭编关于离婚的相关规定。鉴于现有证据不能证明夫妻感情确已破裂，因此法院驳回了原告要求离婚的诉讼请求。

第一千零四十一条　【基本原则】婚姻家庭受国家保护。

实行婚姻自由、一夫一妻、男女平等的婚姻制度。

保护妇女、未成年人、老年人、残疾人的合法权益。

条文解读

本条是关于我国婚姻家庭法律制度基本原则的规定。

婚姻家庭受国家保护，首先是一项宪法原则。《宪法》第49条第1款规定：“婚姻、家庭、母亲和儿童受国家的保护。”婚姻家庭编的这一规定，是对宪法原则的具体表述。

婚姻自由包括结婚自由和离婚自由。结婚自由，是指婚姻当事人享有根据自己的意愿，与他人缔结婚姻的自由，即是否结婚，和谁结婚，当事人有权自主决定，不允许任何一方对另一方加以强迫或任何第三者加以干涉。离婚自由，是指在婚姻关系难以维系的情况下，双方或一方可依法定程序解除婚姻关系的自由。结婚自由和离婚自由共同构成婚姻自由的完整内容。任何干涉他人婚姻自由的行为都是违法的，情节严重构成犯罪的，将依法追究刑事责任。

一夫一妻制，又称个体婚制，是指一男一女结为夫妻的婚姻制度。根据该条规定，任何人都不能同时有两个或两个以上的配偶。这要求已婚者在配偶死亡或离婚之前不得再行结婚。同时，任何形式的一夫多妻或一妻多夫的两性关系都是违法的，应当受到法律的制裁。

男女平等原则，是指男女双方在婚姻关系和家庭生活各方面都享有平等的权利，承担平等的义务。在我国，男女平等的内容十分广泛，包括政治、经济、文化、社会和家庭生活等各方面。本条仅指在婚姻家庭生活中的男女平等，既包括夫妻双方男女平等，也包括其他家庭成员之间的男女平等。如男女双方在结婚、离婚等婚姻关系方面的平等；父母子女间权利义务的规定对不同性别的家庭成员平等适用、不同性别的家庭成员相互之间的权利、义务平等。

婚姻家庭编对妇女、未成年人、老年人和残疾人的合法权益加以特殊保护。在保护妇女权益方面，如规定女方在怀孕期间、分娩后 1 年内或终止妊娠后 6 个月内，男方不得提出离婚；离婚时分割共同财产要照顾女方权益等。在保护未成年人权益方面，如规定父母对未成年子女有抚养教育的义务；父母对未成年子女有管教和保护的权利和义务等。在保护老年人权益方面，如规定成年子女对父母有赡养扶助的义务；父母有继承子女遗产的权利；养父母、符合规定的继父母的权利和生父母相同；有负担能力的孙子女、外孙子女，对于子女已经死亡的祖父母、外祖父母有赡养的义务；禁止家庭成员对老人的虐待和遗弃等。保护残疾人合法权益是《民法典》相较《婚姻法》新增加的内容，尽管没有具体法律条文与之对应，但该原则的确立仍然可以指导司法实践，在具体的案件处理中应当注意残疾人合法权益的保护。

配套法规及解读

《民法典》(2020 年 5 月 28 日)

第一千零四十六条 结婚应当男女双方完全自愿，禁止任何一方对另一方加以强迫，禁止任何组织或者个人加以干涉。

第一千零五十五条 夫妻在婚姻家庭中地位平等。

第一千零六十七条 父母不履行抚养义务的，未成年子女或者不能独立生活的成年子女，有要求父母给付抚养费的权利。

成年子女不履行赡养义务的，缺乏劳动能力或者生活困难的父母，有要求成年子女给付赡养费的权利。

第一千零六十九条　子女应当尊重父母的婚姻权利，不得干涉父母离婚、再婚以及婚后的生活。子女对父母的赡养义务，不因父母的婚姻关系变化而终止。

第一千零八十二条　女方在怀孕期间、分娩后一年内或者终止妊娠后六个月内，男方不得提出离婚；但是，女方提出离婚或者人民法院认为确有必要受理男方离婚请求的除外。

第一千零八十七条第一款　离婚时，夫妻的共同财产由双方协议处理；协议不成的，由人民法院根据财产的具体情况，按照照顾子女、女方和无过错方权益的原则判决。

※法规解读：《民法典》第1041条是关于婚姻家庭基本制度的原则性规定。实践中，仅当没有具体的法律依据时，才能根据法律原则进行判案。上述配套法规即为婚姻家庭基本原则的具体法律规定。涉及相关纠纷时，应援引上述具体法律规定或其他相关规定，而不能直接以《民法典》第1041条作为裁判依据。

关联法规索引

《宪法》第48～49条；《妇女权益保障法》第43～50条；《老年人权益保障法》第13～15条；《残疾人保障法》第9条第4款；《未成年人保护法》第7条

典型案例

贾某诉姜某赡养纠纷案[1]

案件事实

2021年4月16日，丛台区某村民委员会出具证明，原告贾某有三子，长子姜某，次子姜民某，三子姜志某。原告贾某每月有退休金1500元收入，2019年10月原告被诊断患有左侧基底节脑梗死、高血压3级（极高危）等。原告花费医疗费23,858.72元。医保报销后，实际支出11,163.92元。2019年10月3日以后，姜某

〔1〕　河北省邯郸市中级人民法院（2021）冀04民终4918号。

未履行赡养义务。原告认为其余两个儿子尽到了赡养义务,原告表示不愿意和被告姜某共同生活。原告、被告双方经某村委会调解未果,导致诉讼。另查明,2020年河北省城镇居民人均消费性支出为23,167元。

争议焦点

本案中,主要争议焦点是:(1)姜某给付贾某赡养费的金额如何确定;(2)能否将每月支付赡养费400元变更为三兄弟轮流赡养。

判决结果

一审法院认为,赡养父母是子女应尽的法定义务。无劳动能力或生活困难的父母,有要求子女给付赡养费的权利。原告贾某属于老年人,伤病体弱,要求姜某履行赡养义务,符合相关法律规定,予以支持。原告虽然领取1500元的退休金,但已无法满足其日常生活、疾病用药等需要,结合本地消费性支出标准等实际情况,酌情由被告姜某每月适当分担400元,从2019年10月开始计算,截止到庭审辩论终结时合计为8400元。原告在2019年10月的医疗费,被告姜某应负担3721.31元。原告此后住院医疗费用扣除医保报销部分,被告姜某负担三分之一。二审法院认为,赡养老人包括经济上的帮助、精神上的慰藉,二审诉讼中,被上诉人贾某明确表示不愿意随上诉人姜某生活,为了给被上诉人贾某创造一个平静的生活环境,原审法院根据查明的事实,判令上诉人姜某履行相关的赡养义务,按月给付赡养费用,符合法律规定。姜某的上诉请求不能成立,判决驳回上诉,维持原判。

案例解读

上述判例中法院判决适用的是《民法典》第26条第2款的规定,即"成年子女对父母负有赡养、扶助和保护的义务";第1041条第3款的规定,即"保护妇女、未成年人、老年人、残疾人的合法权益";第1067条第2款的规定,即"成年子女不履行赡养义务的,缺乏劳动能力或者生活困难的父母,有要求成年子女给付赡养费的权利";《老年人权益保障法》第14条第1款的规定,即"赡养人应当履行对老年人经济上供养、生活上照料和精神上慰藉的义务,照顾老年人的特殊需要"。由此可见,成年子女对于父母有赡养义务,该义务包括经济上的帮助和精神上的慰藉。赡养费金额应根据义务人的收入水平和权利人的实际需要加以确定。

第一千零四十二条　【婚姻家庭的禁止性规定】 **禁止包办、买卖婚姻和其他干涉婚姻自由的行为。禁止借婚姻索取财物。**

禁止重婚。禁止有配偶者与他人同居。

禁止家庭暴力。禁止家庭成员间的虐待和遗弃。

条文解读

本条是关于违反婚姻家庭法律制度基本原则的一些行为的禁止性规定。

为保障婚姻家庭法律制度基本原则的实现，根据本条规定，下列行为应当禁止：

一是包办、买卖婚姻和其他干涉婚姻自由的行为。这类行为因其违反了婚姻自由原则而理应禁止。其中，包办婚姻，是指婚姻当事人以外的第三人（包括父母）违背当事人意愿，强迫其缔结婚姻的行为。买卖婚姻，是指婚姻当事人以外的第三人（包括父母）以索取大量财物为目的，违背当事人意愿，强迫其缔结婚姻的行为。二者的区别在于是否以索取大量财物为目的。其他干涉婚姻自由的行为也在法律禁止之列。对于以暴力干涉他人婚姻自由的行为还将依法追究刑事责任。

二是借婚姻索取财物。男女双方虽为自愿结婚，但一方以索取一定财物作为结婚的条件，这属于借婚姻索取财物的行为。该行为与买卖婚姻存在区别：前者双方以自愿结婚为前提，并且索要财物的主体是婚姻当事人；后者则是第三方强迫当事人结婚，双方或者至少一方当事人并非出于自愿，并且索要财物的主体是婚姻当事人以外的第三人。

三是重婚行为。实行一夫一妻制就必须反对重婚。所谓重婚，是指有配偶的人又与他人结婚的违法行为，既包括有配偶的人又与他人登记结婚，也包括虽未登记结婚，但事实上与他人以夫妻名义同居生活。明知他人有配偶而与之登记结婚，或者虽未登记结婚，但事实上与他人以夫妻名义同居生活，也构成重婚。

四是有配偶者与他人同居的行为。有配偶者与他人同居，是指有配偶者与婚外他人，不以夫妻名义，持续、稳定地共同居住。该行为违反了对配偶一方所负的同居义务。其特点表现为有配偶者又与他人不以夫妻名义共同生活，即姘居行为，是否以夫妻名义共同生活是其与重婚的区别所在。

五是家庭暴力行为。家庭暴力，是指行为人以殴打、捆绑、残害、强行限制人身自由或者其他手段，给其家庭成员的身体、精神等方面造成一定伤害后果的行为。

六是家庭成员间的虐待和遗弃。持续性、经常性的家庭暴力，构成虐待。遗弃，是指家庭成员中负有赡养、扶养、抚养义务的一方，对需要赡养、扶养和抚养的另一方，不履行其应尽的义务的违法行为。

配套法规及解读

《民法典》(2020 年 5 月 28 日)

第一千零五十二条　因胁迫结婚的，受胁迫的一方可以向人民法院请求撤销婚姻。

请求撤销婚姻的，应当自胁迫行为终止之日起一年内提出。

被非法限制人身自由的当事人请求撤销婚姻的，应当自恢复人身自由之日起一年内提出。

第一千零七十九条第三款第(一)项、第(二)项　有下列情形之一，调解无效的，应当准予离婚：

(一)重婚或者与他人同居；

(二)实施家庭暴力或者虐待、遗弃家庭成员；

第一千零九十一条　有下列情形之一，导致离婚的，无过错方有权请求损害赔偿：

(一)重婚；

(二)与他人同居；

(三)实施家庭暴力；

(四)虐待、遗弃家庭成员；

(五)有其他重大过错。

《〈民法典〉婚姻家庭编司法解释(一)》(2020 年 12 月 29 日)

第一条　持续性、经常性的家庭暴力，可以认定为民法典第一千零四十二条、第一千零七十九条、第一千零九十一条所称的“虐待”。

第二条　民法典第一千零四十二条、第一千零七十九条、第一千零九十一条规定的“与他人同居”的情形，是指有配偶者与婚外异性，不以夫妻名义，持续、稳定地共同居住。

第五条　当事人请求返还按照习俗给付的彩礼的，如果查明属于以下情形，人民法院应当予以支持：

（一）双方未办理结婚登记手续；

（二）双方办理结婚登记手续但确未共同生活；

（三）婚前给付并导致给付人生活困难。

适用前款第二项、第三项的规定，应当以双方离婚为条件。

《刑法》(2020 年 12 月 26 日修正)

第二百五十七条　以暴力干涉他人婚姻自由的，处二年以下有期徒刑或者拘役。

犯前款罪，致使被害人死亡的，处二年以上七年以下有期徒刑。

第一款罪，告诉的才处理。

第二百五十八条　有配偶而重婚的，或者明知他人有配偶而与之结婚的，处二年以下有期徒刑或者拘役。

第二百五十九条　明知是现役军人的配偶而与之同居或者结婚的，处三年以下有期徒刑或者拘役。

利用职权、从属关系，以胁迫手段奸淫现役军人的妻子的，依照本法第二百三十六条的规定定罪处罚。

第二百六十条　虐待家庭成员，情节恶劣的，处二年以下有期徒刑、拘役或者管制。

犯前款罪，致使被害人重伤、死亡的，处二年以上七年以下有期徒刑。

第一款罪，告诉的才处理，但被害人没有能力告诉，或者因受到强制、威吓无法告诉的除外。

第二百六十条之一　对未成年人、老年人、患病的人、残疾人等负有监护、看护职责的人虐待被监护、看护的人，情节恶劣的，处三年以下有期徒刑或者拘役。

单位犯前款罪的，对单位判处罚金，并对其直接负责的主管人员和其他直接责任人员，依照前款的规定处罚。

有第一款行为，同时构成其他犯罪的，依照处罚较重的规定定罪处罚。

第二百六十一条　对于年老、年幼、患病或者其他没有独立生活能力的人，负有扶养义务而拒绝扶养，情节恶劣的，处五年以下有期徒刑、拘役或者管制。

※法规解读：针对《民法典》第 1042 条的配套法规相当多。在具体适用时应注

意以下几点：

第一，由于包办、买卖或者他人干涉而缔结的婚姻并非无效婚姻，而是可撤销婚姻。受胁迫的一方可依据《民法典》第1052条向人民法院请求撤销该婚姻。该请求应当自胁迫行为终止之日起一年内提出。当事人被非法限制人身自由的应当自恢复人身自由之日起一年内提出。该一年时间属于除斥期间，不能中止、中断、延长。被依法撤销的婚姻自始无效，当事人不具有夫妻的权利和义务。同居期间所得的财产，由当事人协议处理；协议不成时，由人民法院根据照顾无过错方的原则判决。如果行为人是以暴力方式干涉婚姻自由，经受害人告诉，应当按暴力干涉婚姻自由罪追究刑事责任，根据是否造成受害人死亡的不同后果，分别适用不同的量刑标准。需要强调的是，暴力干涉婚姻自由罪属于自诉案件（致被害人死亡除外），被害人自愿不告诉的，人民法院不予处理。但被害人确因客观原因，如受到恐吓、人身自由受到限制等无法亲自告诉的，人民检察院和被害人的近亲属也可以告诉。

第二，为了保障《民法典》第1052条的实施，该法第1079条、第1091条作出了相应规定，规定婚姻当事人一方有违反《民法典》第1052条的违法行为的，即使过错方不同意离婚，在调解无效的情况下，也可因过错方存在上述违法行为判决离婚，同时赋予无过错方请求损害赔偿的权利。

第三，婚姻中存在借婚姻索取财物行为的，离婚时对于一方向另一方索要的财物应依据《〈民法典〉婚姻家庭编司法解释（一）》第5条的规定进行处理。要注意区分借婚姻索取财物与借婚姻之名骗取财物。在后一种情况下，行为人的目的仅仅是骗取财物，并没有与对方结婚的意愿，应按照诈骗罪根据情节轻重依法追究刑事责任。

第四，有配偶而重婚的，或者明知他人有配偶而与之结婚的，应按重婚罪追究刑事责任。明知是现役军人的配偶而与之同居或者结婚的，应按破坏军婚罪论处，较之重婚罪量刑更重。

第五，对未成年人、老年人、患病的人、残疾人等负有监护、看护职责的人虐待被监护、看护的人，情节恶劣的，按虐待被监护、看护人罪处罚。

第六，虐待、遗弃家庭成员情节恶劣的，应分别按虐待罪、遗弃罪定罪处罚。需要注意的是，虐待和遗弃家庭成员只有在情节恶劣的情况下才构成犯罪，同时，虐待罪属于自诉案件，受害人告诉的才处理。

关联法规索引

《宪法》第 49 条;《妇女权益保障法》第 46、52 ~ 53、58 条;《未成年人保护法》第 17 条;《刑事诉讼法》第 210 ~ 212 条

典型案例

崔某 1 诉王某 1 等婚约财产纠纷案[1]

案件事实

2017 年 6 月原告崔某 1 与被告王某 1 之女王某 3 相识自由恋爱。2019 年双方订立婚约,原告家向被告家给付彩礼 98,000 元、衣服款 4000 元。2019 年 1 月 28 日崔某 1 与王某 3 在会宁县民政局办理结婚登记手续。同年 2 月 28 日双方按照习俗举行婚礼仪式。婚初夫妻关系一般,共同生活期间双方因琐事产生矛盾纠纷,导致夫妻关系不和,家庭成员关系不睦,双方共同生活 16 天后,王某 3 便到县城某药店上班,开始分居生活。2019 年 11 月 1 日原告崔某 1 向法院提起离婚诉讼,法院终审判决不准崔某 1 与王某 3 离婚;2021 年 4 月 3 日法院依法判决准许崔某 1 与王某 3 离婚。2021 年 7 月 16 日原告遂向法院提起诉讼,要求被告返还其彩礼 98,000 元及衣服款 4000 元。

争议焦点

本案中,主要争议焦点是王某 1 是否应当向崔某 1 返还彩礼。

判决结果

一审法院认为,崔某 1 与王某 3 已经离婚,原告家庭属于农民家庭,婚前给付被告彩礼数额较大,导致原告家庭生活困难,现原告要求被告返还彩礼的请求符合法律规定,法院予以支持,被告收取原告家彩礼等借婚姻索取的财物,依法应当酌情返还。判决被告王某 1 返还原告崔某 1、崔某 2 彩礼款 58,000 元。二审法院认为,一审法院结合本地关于彩礼的风俗及双方利益综合考量后判决退还部分彩礼认定正确,应予维持。上诉人的上诉请求理由不能成立,判决驳回上诉,维持原判。

---

[1] 甘肃省白银市中级人民法院(2021)甘 04 民终 1701 号。

案例解读

上述判例中法院判决适用的是《民法典》第 1042 条第 1 款中的规定，即“禁止借婚姻索取财物”以及《〈民法典〉婚姻家庭编司法解释（一）》第 5 条的规定，即“当事人请求返还按照习俗给付的彩礼的，如果查明属于以下情形，人民法院应当予以支持：（一）双方未办理结婚登记手续；（二）双方办理结婚登记手续但确未共同生活；（三）婚前给付并导致给付人生活困难。适用前款第二项、第三项的规定，应当以双方离婚为条件”。本案中，崔某 1 因婚前给付彩礼数额较大而导致生活困难，现崔某 1 与王某 3 已经离婚，人民法院根据双方共同生活的时间、彩礼数额并结合当地风俗习惯等因素，确定返还部分彩礼是正确的。

第一千零四十三条　【婚姻家庭的倡导性规定】家庭应当树立优良家风，弘扬家庭美德，重视家庭文明建设。

夫妻应当互相忠实，互相尊重，互相关爱；家庭成员应当敬老爱幼，互相帮助，维护平等、和睦、文明的婚姻家庭关系。

条文解读

本条是关于婚姻家庭关系的倡导性规定。

该条将原本属于道德层面的要求在法律中作了规定，是婚姻家庭关系领域法治和德治并重这一特点的具体体现。该条对家庭观念、婚姻家庭中夫妻之间和家庭成员之间的权利义务进行了倡导性规定。家庭应当树立优良家风，弘扬家庭美德，重视家庭文明建设。夫妻之间应当互负忠实义务，互相尊重、互相关爱。所谓忠实义务，主要是指夫妻之间在性生活中应当互守贞操，不为婚外性行为，这是维护夫妻感情和一夫一妻制的起码要求。广义上的忠实义务还包括夫妻应当维护其配偶利益，不得为了第三人利益而损害配偶利益。夫妻应当互相尊重，是指夫妻之间在婚姻家庭中处于平等地位，夫妻应当相互理解和尊重，任何一方不得将自己的意志强加给对方。夫妻应当互相关爱，是指夫妻在日常家庭生活中应当互相关心，互相照顾。家庭成员间应当敬老爱幼，互相帮助，维护平等、和睦、文明的婚姻家庭关系。并不是所有的亲属均构成家庭成员，这里的家庭成员应指以婚姻、血缘为纽带，共同生活的，相互之间享有法定权利、承担法定义务的亲属。参照婚姻家庭编其他条文,配偶、父母、子女和其他共同生活的近亲属为家庭成员。

配套法规及解读

《〈民法典〉婚姻家庭编司法解释(一)》(2020 年 12 月 29 日)

第四条　当事人仅以民法典第一千零四十三条为依据提起诉讼的,人民法院不予受理;已经受理的,裁定驳回起诉。

※法规解读:《民法典》第 1043 条是对婚姻家庭关系中各成员之间的权利义务的原则性规定,不能单独作为当事人提起诉讼的依据。否则,根据《〈民法典〉婚姻家庭编司法解释(一)》的规定,人民法院不予受理,已经受理的,裁定驳回起诉。如果当事人认为配偶违反了忠实义务,应当以其存在与他人通奸、同居或者重婚等情形为由向法院提起诉讼,而不能仅以其违反忠实义务为由起诉。

典型案例

任某 1 诉任某 2、任某 3 等赡养纠纷案〔1〕

案件事实

原告的父亲任某某与母亲郑某共生育三个子女,即长子任某才、次子任某 1(原告)、女儿任某 3(被告)。父亲任某某 1997 年去世,兄长任某才 2008 年 3 月去世。2018 年 3 月,原告母亲郑某跟随被告任某 2(任某才之子)生活至今。任某 1 向一审法院起诉请求:原告及被告任某 3 的母亲(被告任某 2 祖母)郑某由原告任某 1 赡养。

争议焦点

本案中,主要争议焦点是郑某是否应由任某 1 赡养。

判决结果

一审法院认为,赡养父母是中华民族的传统美德,也是每个公民应尽的法定义务。原告任某 1 与被告任某 3 签订“房产继承及老人赡养协议书”,但双方并没有履行该协议,2018 年 3 月,被告任某 2 将其奶奶郑某接到其家中赡养至今,庭审中,

〔1〕 河南省驻马店市中级人民法院(2021)豫 17 民终 3620 号。

原告任某1对被告任某2提供的手机视频不持异议，据此应当尊重郑某老人的自由选择，并且郑某老人跟随被告任某2已近三年，也不宜改变其生活环境，因此从充分尊重郑某老人意愿的角度出发，原告的诉讼请求，法院不予支持。但原告积极赡养老人的态度应当予以肯定。二审法院也以相同理由判决驳回上诉，维持原判。

案例解读

上述判例中法院判决适用的是《民法典》第1043条规定，即“家庭应当树立优良家风，弘扬家庭美德，重视家庭文明建设。夫妻应当互相忠实，互相尊重，互相关爱；家庭成员应当敬老爱幼，互相帮助，维护平等、和睦、文明的婚姻家庭关系”。从尊重老人意愿的角度，判决老人继续跟随任某2生活是恰当的。任某1积极赡养老人的态度值得肯定。应当注意的是，虽然老人跟随任某2共同生活，但是并不能因此免除任某1和任某3的赡养义务。

第一千零四十四条　【收养的基本原则】收养应当遵循最有利于被收养人的原则，保障被收养人和收养人的合法权益。

禁止借收养名义买卖未成年人。

条文解读

本条是关于收养的基本原则的规定。

收养的基本原则包括：(1)收养应当遵循最有利于被收养人的原则。我国已加入联合国《儿童权利公约》，为了更好地维护被收养的未成年人的合法权益，《民法典》明确规定最有利于被收养人的原则。这一原则贯穿于整个收养规定之中。(2)保障被收养人和收养人合法权益的原则。收养关系涉及收养人和被收养人双方的利益，保障被收养人和收养人合法权益的原则体现在婚姻家庭编的具体规定中，如被收养人一般应为不满14周岁的处于特殊生活状态下的未成年人；收养人一般需年满30周岁，无子女或者只有一名子女，并且具备抚养、教育和保护被收养人的能力；生父母送养子女，须双方共同送养；收养人、送养人要求保守收养秘密的，其他人应当尊重其意愿，不得泄露。构成合法收养的，收养人与被收养人之间形成父母子女关系，成年养子女对养父母具有赡养义务。(3)禁止借收养名义买卖未成年人。借收养名义买卖儿童的实质是买卖而非收养。买卖儿童的行为是犯罪行为，应由《刑法》等刑事法律规定，并依据刑事法律加以制裁。

配套法规及解读

《刑法》(2020 年 12 月 26 日修正)

第二百四十条 拐卖妇女、儿童的，处五年以上十年以下有期徒刑，并处罚金；有下列情形之一的，处十年以上有期徒刑或者无期徒刑，并处罚金或者没收财产；情节特别严重的，处死刑，并处没收财产：

（一）拐卖妇女、儿童集团的首要分子；

（二）拐卖妇女、儿童三人以上的；

（三）奸淫被拐卖的妇女的；

（四）诱骗、强迫被拐卖的妇女卖淫或者将被拐卖的妇女卖给他人迫使其卖淫的；

（五）以出卖为目的，使用暴力、胁迫或者麻醉方法绑架妇女、儿童的；

（六）以出卖为目的，偷盗婴幼儿的；

（七）造成被拐卖的妇女、儿童或者其亲属重伤、死亡或者其他严重后果的；

（八）将妇女、儿童卖往境外的。

拐卖妇女、儿童是指以出卖为目的，有拐骗、绑架、收买、贩卖、接送、中转妇女、儿童的行为之一的。

第二百四十一条 收买被拐卖的妇女、儿童的，处三年以下有期徒刑、拘役或者管制。

收买被拐卖的妇女，强行与其发生性关系的，依照本法第二百三十六条的规定定罪处罚。

收买被拐卖的妇女、儿童，非法剥夺、限制其人身自由或者有伤害、侮辱等犯罪行为的，依照本法的有关规定定罪处罚。

收买被拐卖的妇女、儿童，并有第二款、第三款规定的犯罪行为的，依照数罪并罚的规定处罚。

收买被拐卖的妇女、儿童又出卖的，依照本法第二百四十条的规定定罪处罚。

收买被拐卖的妇女、儿童，对被买儿童没有虐待行为，不阻碍对其进行解救的，可以从轻处罚；按照被买妇女的意愿，不阻碍其返回原居住地的，可以从轻或者减轻处罚。

第二百六十二条 拐骗不满十四周岁的未成年人,脱离家庭或者监护人的,处五年以下有期徒刑或者拘役。

※法规解读:禁止借收养名义买卖未成年人。借收养名义买卖儿童的实质是买卖而非收养,应依据《刑法》加以制裁。

关联法规索引

联合国《儿童权利公约》第三条之1

第一千零四十五条 【亲属、近亲属及家庭成员】亲属包括配偶、血亲和姻亲。

配偶、父母、子女、兄弟姐妹、祖父母、外祖父母、孙子女、外孙子女为近亲属。

配偶、父母、子女和其他共同生活的近亲属为家庭成员。

条文解读

本条是关于婚姻家庭编调整的亲属范围的规定。

亲属包括配偶、血亲和姻亲。具有合法婚姻关系的男女双方互为配偶。血亲包括自然血亲和拟制血亲。自然血亲,即具有共同祖先、因出生而形成的具有血缘关系的亲属。有些亲属虽无血缘关系,但法律确认其具有与自然血亲相同的权利义务,该种血亲称为拟制血亲,具体包括养父母与养子女之间、养子女与养父母的其他近亲属之间、在事实上形成了抚养教育关系的继父母与继子女之间。姻亲,是指以婚姻为中介而产生的亲属,但配偶除外。姻亲包括:(1)血亲的配偶,如儿媳、女婿、姐夫、妹夫、姑父、舅母、姨父、伯母等,但长辈直系血亲的配偶除外(如父亲的配偶即母亲是自己的长辈直系血亲而非姻亲);(2)配偶的血亲,如公婆、岳父母、夫或妻的兄弟姐妹以及无扶养关系的继子女等,但配偶的晚辈直系血亲除外(如夫或妻的晚辈直系血亲是自己的儿女而非姻亲);(3)配偶的血亲的配偶,如妯娌、连襟。

亲属的范围很广,婚姻家庭编并非调整所有的亲属关系,只有近亲属间的权利义务关系才属于其调整范围。配偶、父母、子女、兄弟姐妹、祖父母、外祖父母、孙子女、外孙子女为近亲属。

并非所有的近亲属都属于家庭成员，配偶、父母、子女和其他共同生活的近亲属为家庭成员。

典型案例

韩某与刘某1申请撤销监护人资格案〔1〕

案件事实

蔺某与刘某2系夫妻关系，二人共育有子女四人，分别是刘某3、刘某4、刘某5、刘某1。刘某3与孟某于1984年12月10日登记结婚，双方均系再婚，韩某系孟某之子。刘某2于2007年10月13日去世。刘某3于2017年1月8日去世，孟某于2017年5月3日去世。蔺某原在北京市西城区×××号有房屋三间。2012年6月24日，上述房屋被北京中信房地产有限公司拆迁，蔺某取得了拆迁补偿款442, 622元。2012年7月2日，蔺某作为被拆迁人又取得了拆迁补偿款5, 857, 378元。上述拆迁补偿费442, 622元、拆迁补助费5, 857, 378元分别支付至蔺某名下银行账户。2012年6月28日，刘某1代蔺某领取拆除房屋通知单。房屋拆除后，刘某6(蔺某孙女)、刘某1、刘某4、刘某5分别购买并各取得房屋一套。北京市健宫医院2017年10月27日诊断证明书诊断蔺某患有阿尔茨海默病。2018年4月16日，北京市西城区椿树街道椿树园社区居委会指定刘某1作为蔺某的监护人。韩某认为，刘某1将上述全部拆迁款领取后予以私分，同时又将上述四套拆迁安置房屋分别写在其本人和刘某4、刘某5、刘某6的名下，蔺某作为此次房屋的被拆迁人竟然没有得到任何的拆迁补偿款和安置房屋。刘某1作为监护人严重侵害了被监护人蔺某的合法权益，其监护人资格因此应当被依法撤销，故此向法院提出申请，申请撤销刘某1的监护人资格。

争议焦点

本案中，主要争议焦点是：(1)韩某能否成为申请撤销监护人资格的适格主体；

〔1〕 北京市西城区人民法院(2021)京0102民特4058号。

(2)刘某1的监护人资格是否应被撤销。

判决结果

法院认为,《民法典》第36条规定并未明确撤销监护资格申请人需按照担任监护人的顺序进行,故对韩某申请人的资格予以确认,对刘某1关于韩某申请资格之抗辩不予采信。本案中,被监护人蔺某,经医院诊断患有阿尔茨海默病,2018年4月16日,北京市西城区椿树街道椿树园社区居委会指定刘某1作为蔺某的监护人。现韩某要求撤销刘某1的监护人资格,但其并未提交充分的证据证明2018年4月16日北京市西城区椿树街道椿树园社区居委会指定刘某1作为蔺某的监护人后,刘某1存在不履行监护职责或侵害了被监护人蔺某的合法权益的行为。韩某主张的房屋拆迁及安置发生在2012年至2013年,现未有证据证明此时蔺某已缺乏民事行为能力,亦未指定刘某1为其监护人,不存在监护人侵害被监护人合法权益之法律关系。综上,韩某要求撤销刘某1监护人资格的依据不足,对此不予支持,判决驳回申请人韩某的申请。

案例解读

上述判例中法院判决适用的是《民法典》第28条的规定,即"无民事行为能力或者限制民事行为能力的成年人,由下列有监护能力的人按顺序担任监护人:(一)配偶;(二)父母、子女;(三)其他近亲属;(四)其他愿意担任监护人的个人或者组织,但是须经被监护人住所地的居民委员会、村民委员会或者民政部门同意";第36条的规定,即"监护人有下列情形之一的,人民法院根据有关个人或者组织的申请,撤销其监护人资格,安排必要的临时监护措施,并按照最有利于被监护人的原则依法指定监护人:(一)实施严重损害被监护人身心健康的行为;(二)怠于履行监护职责,或者无法履行监护职责且拒绝将监护职责部分或者全部委托给他人,导致被监护人处于危困状态;(三)实施严重侵害被监护人合法权益的其他行为。本条规定的有关个人、组织包括:其他依法具有监护资格的人,居民委员会、村民委员会、学校、医疗机构、妇女联合会、残疾人联合会、未成年人保护组织、依法设立的老年人组织、民政部门等。前款规定的个人和民政部门以外的组织未及时向人民法院申请撤销监护人资格的,民政部门应当向人民法院申请";第1045条的规定,即"亲属包括配偶、血亲和姻亲。配偶、父母、子女、兄弟姐妹、祖父母、外祖父母、孙子女、外孙子女为近亲属。配偶、父母、子女和其他共同生活的近亲属为家庭成员"。本案中,孟某与刘某3结婚之时韩某尚未成年,其与刘某3之间形成了法律拟制的直系血亲关系，因此韩某与蔺某之间也为祖孙关系，属于蔺某的近亲属，具备监护人资格。《民法典》第 36 条规定在监护人实施一定行为时，其他依法具有监护资格的人，居民委员会、村民委员会、学校、医疗机构、妇女联合会、残疾人联合会、未成年人保护组织、依法设立的老年人组织、民政部门等有权申请撤销其监护人资格，系对监护人形成监督，保障被监护人的合法权益不受损害，该条规定并未明确撤销监护资格申请人需按照担任监护人的顺序进行，因此韩某具备申请撤销监护人的资格。但韩某未能举证证明刘某 1 存在不履行监护职责或侵害被监护人蔺某的合法权益的行为，因此韩某要求撤销刘某 1 监护人资格的依据不足，法院对此不予支持。

第二章　结　　婚

本章介绍

结婚,即指婚姻的缔结,是男女双方依照法律规定的条件和程序,确定夫妻关系的民事法律行为。结婚有广义和狭义之分。广义的结婚包括婚姻的缔结和订立婚约,狭义的结婚仅指婚姻的缔结。我国《民法典》婚姻家庭编采狭义的结婚概念。结婚具有以下三个特征:一是主体必须是男女两性;二是须遵循法律规定的条件和程序;三是其法律后果是确立夫妻关系,夫妻相互享有法定权利并承担法定义务。因此,合法有效的婚姻是男女双方享有夫妻权利、负担夫妻义务的法定前提。只有符合法律规定的结婚要件的男女结合,法律才赋予其婚姻的效力。否则,将构成无效婚姻或可撤销婚姻。本章规定了婚姻成立的条件、婚姻成立的程序、无效婚姻和可撤销婚姻的确认和法律后果等问题。

第一千零四十六条　【结婚自愿】结婚应当男女双方完全自愿,禁止任何一方对另一方加以强迫,禁止任何组织或者个人加以干涉。

条文解读

本条是关于结婚自愿的规定。

本条是婚姻自由原则在结婚制度中的具体体现。结婚自愿是结婚的积极要件,要求男女双方对于缔结婚姻关系的意思表示一致且真实。“男女双方完全自愿”的含义具体包括:一是要求男女双方均为自愿,任何一方不得强迫另一方与自己结婚;二是应为男女双方本人自愿,而非他人意愿,任何组织、个人不得强迫男女双方缔结婚姻;三是须为男女双方完全自愿,且为真实的意思表示,而非勉强同意。如果由于受到胁迫而同意结婚,则属于可撤销婚姻。

配套法规及解读

《民法典》(2020 年 5 月 28 日)

第一千零四十二条第一款 禁止包办、买卖婚姻和其他干涉婚姻自由的行为。禁止借婚姻索取财物。

第一千零五十二条 因胁迫结婚的,受胁迫的一方可以向人民法院请求撤销婚姻。

请求撤销婚姻的,应当自胁迫行为终止之日起一年内提出。

被非法限制人身自由的当事人请求撤销婚姻的,应当自恢复人身自由之日起一年内提出。

《婚姻登记条例》(2003 年 8 月 8 日)

第六条 办理婚姻登记的当事人有下列情形之一的,婚姻登记机关不予登记:

(一)未到法定结婚年龄的;

(二)非双方自愿的;

(三)一方或者双方已有配偶的;

(四)属于直系血亲或者三代以内旁系血亲的;

(五)患有医学上认为不应当结婚的疾病的。

※法规解读:我国《民法典》将婚姻自由作为婚姻家庭制度的基本原则予以规定。结婚自由是婚姻自由的重要内容。为保障结婚自由的实现,就要禁止“父母之命、媒妁之言”的包办婚姻,禁止父母或他人以获取财物为目的、违背当事人意愿强迫结婚的买卖婚姻。因胁迫结婚的,受胁迫一方可以在法定期限内向人民法院请求撤销婚姻。此外,我国以当事人办理结婚登记手续作为婚姻合法成立的程序要件。如果缔结婚姻并非当事人双方自愿,婚姻登记机关将不予登记。

关联法规索引

《宪法》第 49 条;《妇女权益保障法》第 44 条;《刑法》第 257 条

典型案例

王某与李某撤销婚姻纠纷案〔1〕

案件事实

王某与李某于2019年3月18日相识。自2020年7月起，李某多次向王某提出结婚，但均被拒绝。其间，李某多次至王某工作单位和家中强迫王某与其结婚，并扬言如不结婚就一起自杀。2021年1月18日，二人登记结婚。结婚登记后，王某拒绝至李某家中与其共同生活，李某对王某进行拉拽和推搡，致王某身体局部淤青。现王某以其办理婚姻登记系受李某胁迫为由要求撤销婚姻登记。

争议焦点

本案中，主要争议焦点是王某与李某的婚姻是否应当撤销。

判决结果

法院经审理认为：结婚应当男女双方完全自愿。因胁迫结婚的，受胁迫的一方可以向人民法院请求撤销婚姻。请求撤销婚姻的，应当自胁迫行为终止之日起一年内提出。胁迫，是指行为人以给另一方当事人或者其近亲属的生命、身体、健康、名誉、财产等方面造成损害为要挟，迫使另一方当事人违背真实意愿与其结婚。本案中王某主观上不同意登记结婚，李某以王某的生命及名誉为要挟，迫使王某违背真实意愿与李某办理了结婚登记，李某的行为构成胁迫。王某与李某的婚姻关系属因胁迫后缔结，且未超过一年撤销婚姻的除斥期间，故受胁迫方王某主张撤销婚姻关系，于法有据，判决撤销王某与李某的婚姻关系。

案例解读

上述判例中法院判决适用的是《民法典》第1046条的规定，即“结婚应当男女双方完全自愿，禁止任何一方对另一方加以强迫，禁止任何组织或者个人加以干涉”；第1052条的规定，即“因胁迫结婚的，受胁迫的一方可以向人民法院请求撤销婚姻。请求撤销婚姻的，应当自胁迫行为终止之日起一年内提出。被非法限制人身自由的当事人请求撤销婚姻的，应当自恢复人身自由之日起一年内提出”；《〈民法典〉婚姻家庭编司法解释（一）》第18条的规定，即“行为人以给另一方当事人或

〔1〕 北京市密云区人民法院（2021）京0118民初2135号。

者其近亲属的生命、身体、健康、名誉、财产等方面造成损害为要挟，迫使另一方当事人违背真实意愿结婚的，可以认定为民法典第一千零五十二条所称的'胁迫'"。本案中，李某以王某的生命为要挟，胁迫王某与其结婚，二人的婚姻属于可撤销婚姻。且王某在胁迫行为终止之日起一年内请求撤销婚姻，符合法律规定，其诉讼请求应当获得支持。

第一千零四十七条　【法定婚龄】结婚年龄，男不得早于二十二周岁，女不得早于二十周岁。

条文解读

本条是关于法定结婚年龄的规定。

法定婚龄，是指法律规定的允许结婚的最低年龄。

法定婚龄具有强制性，是划分合法婚姻和无效婚姻的年龄界限。当事人未达法定婚龄不得结婚，已经登记的婚姻为无效婚姻。

婚姻是自然属性和社会属性的结合，这要求在确定法定婚龄时一方面要考虑自然因素，即人的身体发育和智力成熟情况，要求当事人具备结婚的生理条件和心理条件，从而具备参与夫妻权利义务关系、养儿育女、繁衍后代，承担家庭和社会责任的能力。另一方面要考虑社会因素，即政治、经济及人口发展情况。正是基于对各国自然条件及社会状况不同的考虑，各国对法定婚龄的规定才各不相同。我国《民法典》婚姻家庭编对法定婚龄的规定是在满足婚姻关系自然属性的基础上，结合我国实际情况作出的。

配套法规及解读

《婚姻登记条例》（2003 年 8 月 8 日）

第六条　办理婚姻登记的当事人有下列情形之一的，婚姻登记机关不予登记：

（一）未到法定结婚年龄的；

（二）非双方自愿的；

（三）一方或者双方已有配偶的；

（四）属于直系血亲或者三代以内旁系血亲的；

（五）患有医学上认为不应当结婚的疾病的。

《民法典》（2020年5月28日）

第一千零五十一条 有下列情形之一的，婚姻无效：

（一）重婚；

（二）有禁止结婚的亲属关系；

（三）未到法定婚龄。

《〈民法典〉婚姻家庭编司法解释（一）》（2020年12月29日）

第九条 有权依据民法典第一千零五十一条规定向人民法院就已办理结婚登记的婚姻请求确认婚姻无效的主体，包括婚姻当事人及利害关系人。其中，利害关系人包括：

（一）以重婚为由的，为当事人的近亲属及基层组织；

（二）以未到法定婚龄为由的，为未到法定婚龄者的近亲属；

（三）以有禁止结婚的亲属关系为由的，为当事人的近亲属。

※法规解读：《民法典》关于法定婚龄的规定是强行性规定，婚姻关系当事人均须遵行。双方或一方未达法定婚龄要求结婚的，由于其不满足法定婚龄的结婚要件，婚姻登记机关将不予登记。因当事人隐瞒真实年龄或是婚姻登记机关审查不严等导致未达法定婚龄的当事人登记结婚的，该婚姻为无效婚姻，不具有婚姻的法律效力，婚姻当事人及未到法定婚龄者的近亲属可以向人民法院请求确认婚姻无效。

典型案例

熊某某、王某某同居关系析产纠纷案[1]

案件事实

熊某某与王某某于××××年××月××日同居生活，同居时，熊某某已年满20周岁，王某某未满22周岁。1994年农历正月十八，熊某某与王某某按照农村习

---

[1] 云南省丘北县人民法院（2021）云2626民初2293号。

俗举行婚礼后以夫妻名义同居生活。同居后双方生育长子王某1、次子王某2,两子女均已成年。熊某某和王某某与其子女共同建盖了位于丘北县房屋,无共同债权债务。因熊某某认为王某某未将其户口迁到某村王某某家,且不缴纳其医疗保险,还对其进行虐待,不尊敬其父母等,故向法院提出离婚,要求分割共同财产。审理中,熊某某放弃对家庭财产的分割,并表示属于其的份额给王某某管理使用。经法院调解,熊某某与王某某未能和好。

争议焦点

本案中,主要争议焦点是原被告的婚姻是否有效。

判决结果

法院经审理认为,要求结婚的男女双方必须亲自到婚姻登记机关进行结婚登记,对于符合规定的予以登记,发给结婚证,取得结婚证,即确立夫妻关系。当事人对自己提出的诉讼请求所依据的事实或者反驳对方诉讼请求所依据的事实有责任提供证据加以证明,没有证据或者证据不足以证明当事人的事实主张的,由负有举证责任的当事人承担不利后果。《〈民法典〉婚姻家庭编司法解释(一)》第7条规定:"未依据民法典第一千零四十九条规定办理结婚登记而以夫妻名义共同生活的男女,提起诉讼要求离婚的,应当区别对待:(一)1994年2月1日民政部《婚姻登记管理条例》公布实施以前,男女双方已经符合结婚实质要件的,按事实婚姻处理。(二)1994年2月1日民政部《婚姻登记管理条例》公布实施以后,男女双方符合结婚实质要件的,人民法院应当告知其补办结婚登记。未补办结婚登记的,依据本解释第三条规定处理。"熊某某与王某某于××××年××月××日同居生活,同居时熊某某已年满20周岁,但王某某未满22周岁,双方不满足结婚实质要件,故双方属于同居关系。未办理结婚登记的,应当补办登记。熊某某与王某某虽以夫妻名义同居生活,但因双方没有到婚姻登记机关进行结婚登记,故双方的同居关系不受法律保护。非婚生子女享有与婚生子女同等的权利,在同居期间熊某某与王某某共生育两个子女均已成年,不需要被抚养教育。熊某某与王某某共同生活期间共同建盖的房屋属于家庭共有财产,审理中熊某某放弃对财产的分割,且声明属于其份额给王某某管理使用,本院予以准许。综上,判决位于丘北县的砖混结构房屋中属于熊某某的份额由王某某管理使用。

案例解读

上述判例中法院判决适用的是《民法典》第1047条的规定,即"结婚年龄,男不得早于二十二周岁，女不得早于二十周岁”和《〈民法典〉婚姻家庭编司法解释(一)》第7条的规定，即“未依据民法典第一千零四十九条规定办理结婚登记而以夫妻名义共同生活的男女，提起诉讼要求离婚的，应当区别对待：(一)1994年2月1日民政部《婚姻登记管理条例》公布实施以前，男女双方已经符合结婚实质要件的，按事实婚姻处理。(二)1994年2月1日民政部《婚姻登记管理条例》公布实施以后，男女双方符合结婚实质要件的，人民法院应当告知其补办结婚登记。未补办结婚登记的，依据本解释第三条规定处理”。本案中，原告、被告同居生活时被告尚未达到法定婚龄，不满足结婚的实质要件，不能按事实婚姻处理。在被告达到法定婚龄后双方也未补办结婚登记，因此不是夫妻关系，一直是同居关系。现原告自愿放弃自己的财产份额，人民法院应当准许。

第一千零四十八条 【禁止结婚的情形】直系血亲或者三代以内的旁系血亲禁止结婚。

条文解读

本条是关于禁止结婚条件的规定。

直系血亲，是指与自己有直接血缘关系的亲属，即生育自己和自己所生育的上下各代亲属。既包括自然直系血亲，也包括法律拟制的直系血亲。前者如父母与子女之间，祖父母、外祖父母与孙子女、外孙子女之间等；后者如养父母与养子女之间、在事实上形成了抚养教育关系的继父母与继子女之间等。旁系血亲，是指具有间接血缘联系的亲属。所谓三代以内的旁系血亲，是指除直系血亲外的，与自己出自同一父母或同一祖父母、外祖父母的血亲。具体范围包括：叔、伯、姑、舅、姨、兄弟姐妹(包括同父异母、同母异父的兄弟姐妹)、堂兄弟姐妹、表兄弟姐妹、侄(女)、甥(女)。

禁止近亲结婚，既是实现优生的需要，也避免了由于近亲结婚而给家庭伦理带来的冲击，因而是各国婚姻立法的通例。直系血亲，不受世代多少的影响，也不论是婚生或非婚生的，都禁止结婚。三代以内的旁系血亲结婚也为我国法律所禁止。如封建社会较为流行的“姑表亲”结婚，或是为了“亲上加亲”，或是为了增强家族实力，但实践证明这不符合自然选择规律。

需要注意的是，对于拟制血亲能否结婚，本条并未予以明确。从伦理观念上讲，拟制直系血亲应当属于禁止结婚的范围。三代以内的拟制旁系血亲，如果解除了拟制关系，且没有其他法律禁止结婚的情形，应当准予结婚。

配套法规及解读

《婚姻登记条例》(2003年8月8日)

第六条 办理婚姻登记的当事人有下列情形之一的，婚姻登记机关不予登记：

（一）未到法定结婚年龄的；

（二）非双方自愿的；

（三）一方或者双方已有配偶的；

（四）属于直系血亲或者三代以内旁系血亲的；

（五）患有医学上认为不应当结婚的疾病的。

《民法典》(2020年5月28日)

第一千零五十一条 有下列情形之一的，婚姻无效：

（一）重婚；

（二）有禁止结婚的亲属关系；

（三）未到法定婚龄。

《〈民法典〉婚姻家庭编司法解释（一）》(2020年12月29日)

第九条 有权依据民法典第一千零五十一条规定向人民法院就已办理结婚登记的婚姻请求确认婚姻无效的主体，包括婚姻当事人及利害关系人。其中，利害关系人包括：

（一）以重婚为由的，为当事人的近亲属及基层组织；

（二）以未到法定婚龄为由的，为未到法定婚龄者的近亲属；

（三）以有禁止结婚的亲属关系为由的，为当事人的近亲属。

※法规解读：《民法典》关于禁止近亲结婚的规定是强制性规定，婚姻关系当事人均须遵行。双方存在禁止结婚的亲属关系的，婚姻登记机关将不予登记。因当事人隐瞒真实情况或是婚姻登记机关审查不严等导致有直系血亲或三代以内旁系血亲亲属关系的当事人登记结婚的，该婚姻为无效婚姻，不具有婚姻的法律效力，婚姻当事人及其近亲属可以向人民法院请求确认婚姻无效。

关联法规索引

《中国边民与毗邻国边民婚姻登记办法》第7条

典型案例

陈某与刘某婚姻无效纠纷案[1]

案件事实

原告陈某的母亲与被告刘某的母亲系姐妹关系，原告陈某与被告刘某系表兄妹关系，二人于1995年7月16日办理结婚登记，于2001年8月13日生育一女，名刘某某。为维护法律尊严，陈某诉至法院，请求确认原告、被告的婚姻无效。

争议焦点

本案中，主要争议焦点是原告、被告的婚姻是否有效。

判决结果

法院经审理认为，原告、被告系三代以内旁系血亲，属于法律规定禁止结婚的情形。原告、被告已登记结婚，该婚姻应当无效，故判决原告陈某与被告刘某的婚姻无效。

案例解读

上述判例中法院判决适用的是《民法典》第1048条的规定，即“直系血亲或者三代以内的旁系血亲禁止结婚”。本案中，原告、被告系三代旁系血亲，二人缔结的婚姻是无效婚姻。

第一千零四十九条　【结婚登记】要求结婚的男女双方应当亲自到婚姻登记机关申请结婚登记。符合本法规定的，予以登记，发给结婚证。完成结婚登记，即确立婚姻关系。未办理结婚登记的，应当补办登记。

---

[1] 重庆市奉节县人民法院(2021)渝0236民初5021号。

条文解读

本条是关于结婚登记的规定。

只有符合法定条件而缔结的婚姻才是合法婚姻，才能产生夫妻之间的权利义务关系并受到法律的保护。结婚的条件包括结婚的实质要件和形式要件。其中，《民法典》第 1046 条关于结婚自愿的规定、第 1047 条关于当事人双方须达到法定婚龄的规定和第 1048 条关于禁止结婚的条件以及第 1041 条关于要求一夫一妻、禁止重婚的规定，都属于结婚的实质要件。本条规定的结婚程序则属于结婚的形式要件。

所谓结婚的程序，是指缔结婚姻必须履行的法定程序，在我国，该法定程序即为结婚登记。婚姻登记制度对于保障婚姻自由、一夫一妻、男女平等的婚姻制度的实施，保护婚姻当事人的合法权益具有重要意义。根据国务院《婚姻登记条例》的规定，国务院民政部门主管全国的婚姻登记管理工作。县级以上地方各级人民政府的民政部门主管本行政区域内的婚姻登记管理工作。根据本条规定，男女双方结婚必须由本人亲自而不能由他人代替到婚姻登记机关申请结婚登记。申请结婚登记的当事人，应当如实向婚姻登记机关提供规定的有关证件和证明，不得隐瞒真实情况。婚姻登记管理机关对当事人的申请应当进行审查，查明该结婚申请是否符合结婚条件，对于符合结婚条件的，婚姻登记机关应予以登记，发给结婚证。对于不符合条件的，婚姻登记机关依法不予登记。取得结婚证，即意味着男女双方正式结婚，确立夫妻关系。

实践中，如果男女双方已经办理结婚登记，即使其未举行结婚仪式，双方也并未同居生活，其仍然形成了合法的婚姻关系。相反，有些男女按照风俗习惯举行了结婚仪式，但未经登记即以夫妻名义共同生活，其所谓的“婚姻”并不一定具有法律效力。如果双方以夫妻名义共同生活发生在 1994 年 2 月 1 日以前，且男女双方已经符合结婚实质要件的，按事实婚姻处理；发生在 1994 年 2 月 1 日以后的，不具有婚姻效力，按同居关系处理。

配套法规及解读

《〈民法典〉婚姻家庭编司法解释(一)》(2020 年 12 月 29 日)

第六条　男女双方依据民法典第一千零四十九条规定补办结婚登记的，婚姻关系的效力从双方均符合民法典所规定的结婚的实质要件时起算。

第七条 未依据民法典第一千零四十九条规定办理结婚登记而以夫妻名义共同生活的男女，提起诉讼要求离婚的，应当区别对待：

（一）1994年2月1日民政部《婚姻登记管理条例》公布实施以前，男女双方已经符合结婚实质要件的，按事实婚姻处理。

（二）1994年2月1日民政部《婚姻登记管理条例》公布实施以后，男女双方符合结婚实质要件的，人民法院应当告知其补办结婚登记。未补办结婚登记的，依据本解释第三条规定处理。

第八条 未依据民法典第一千零四十九条规定办理结婚登记而以夫妻名义共同生活的男女，一方死亡，另一方以配偶身份主张享有继承权的，依据本解释第七条的原则处理。

※法规解读：1994年2月1日民政部《婚姻登记管理条例》（已废止）公布实施以后，没有配偶的男女，未经登记即以夫妻名义同居生活的，均按同居关系处理。当事人可以通过补办结婚登记使这种同居关系转化为婚姻关系。一旦当事人补办了结婚登记，婚姻关系的效力溯及至双方均符合《民法典》所规定的结婚的实质要件时起算，也就是说，夫妻间的权利义务并非从补办结婚登记之时才产生，而应溯及至双方均符合结婚的实质要件时起算。

对于未办理结婚登记而以夫妻名义共同生活的男女，向人民法院起诉要求离婚的，如果男女双方在1994年2月1日前已经符合结婚实质要件，按事实婚姻处理，即人民法院认可其婚姻的法律效力，按照离婚案件进行审理；如果男女双方在1994年2月1日后才符合结婚实质要件，由于对此种情况已经不再认为是事实婚姻，当事人之间不具有合法的婚姻关系，因此在起诉离婚以前应先补办结婚登记。未补办结婚登记而向法院起诉要求离婚的，法院应按解除同居关系处理。

未办理结婚登记而以夫妻名义共同生活的男女，在一方死亡的情况下，另一方能否以配偶身份主张享有继承权？这取决于法律对双方的婚姻关系是否认可。同样以1994年2月1日民政部《婚姻登记管理条例》公布实施为时间界限，在此之前如果属于可以依法认定的事实婚姻，则当事人双方为夫妻关系，一方死亡后，在死亡一方未留有合法有效遗嘱的情况下，另一方得根据《民法典》继承编的规定作为第一顺序继承人主张继承权。在此之后才满足结婚实质要件的则不能认定为事实婚姻，当事人之间不存在夫妻间的权利义务关系，生存一方自然不能以配偶身份主张继承权。

关联法规索引

《婚姻登记条例》第1～2、4～8、15～17条；《民政部关于贯彻执行〈婚姻登记条例〉若干问题的意见》；《最高人民法院民事审判庭关于贯彻执行最高人民法院〈关于人民法院审理未办结婚登记而以夫妻名义同居生活案件的若干意见〉有关问题的电话答复》

典型案例

葛某闯等与刘某某机动车交通事故责任纠纷案[1]

案件事实

2021年2月5日15时20分许，葛某闯驾驶鲁RE××××号小型面包车与步行的毛某某相接触，致毛某某死亡、车辆损坏。事故发生后，某县公安局交通警察大队作出交通事故认定书，确定葛某闯承担此事故的全部责任，毛某某无责任。鲁RE××××号小型面包车的所有人为葛某增，葛某闯系其雇佣司机。该车辆在菏泽阳光财险公司处投交了交强险，未投保商业三者险。1986年刘某某与毛某某以夫妻名义共同生活直至本次交通事故发生，刘某某与毛某某事实婚姻成立，刘某某本人患有精神二级残疾，无劳动能力，一直由毛某某扶养生活。刘某某提起本案诉讼，要求被告葛某增、葛某闯、菏泽阳光财险公司赔偿被扶养人生活费等各项费用合计100万元。

争议焦点

本案中，主要争议焦点是刘某某要求的被扶养人生活费应否被支持。

判决结果

法院认为，一方面，根据某村委会出具的证明及该院向某村委会主任范某某作的调查笔录能够证实毛某某生前在村里打扫卫生，每月约有500元收入，并有责任

---

〔1〕 山东省菏泽市中级人民法院(2021)鲁17民终3712号。

田,具有劳动能力和收入。另一方面,根据《〈民法典〉婚姻家庭编司法解释(一)》第7条之规定,本案被上诉人刘某某与毛某某于20世纪80年代以夫妻名义共同生活,虽未办理结婚登记,但属于事实婚姻,该婚姻未办理解除的法律手续,故应予认定其婚姻关系仍继续存在。刘某某系精神二级残疾,不具有劳动能力且无其他生活来源,在事故发生前由毛某某扶养,故其主张被扶养人生活费符合法律规定。因此上诉人主张的"毛某某和被上诉人刘某某均是'五保户',享受政府供养,毛某某在事故发生身故时已经65周岁,无劳动生活来源,不具备扶养被上诉人能力"的上诉理由不能成立,对上诉人的诉讼请求不予支持。

案例解读

上述判例中,法院对毛某某和刘某某婚姻关系的认定,适用的是《〈民法典〉婚姻家庭编司法解释(一)》第7条的规定,即"未依据民法典第一千零四十九条规定办理结婚登记而以夫妻名义共同生活的男女,提起诉讼要求离婚的,应当区别对待:(一)1994年2月1日民政部《婚姻登记管理条例》公布实施以前,男女双方已经符合结婚实质要件的,按事实婚姻处理。(二)1994年2月1日民政部《婚姻登记管理条例》公布实施以后,男女双方符合结婚实质要件的,人民法院应当告知其补办结婚登记。未补办结婚登记的,依据本解释第三条规定处理"。本案中,刘某某与毛某某于20世纪80年代以夫妻名义共同生活,虽未办理结婚登记,属于事实婚姻,该婚姻未办理解除的法律手续,故应予认定其婚姻仍继续存在。刘某某系精神二级残疾,不具有劳动能力且无其他生活来源,作为毛某某配偶在事故发生前由毛某某扶养,故其主张被扶养人生活费符合法律规定。

第一千零五十条 【婚后双方互为家庭成员】登记结婚后,按照男女双方约定,女方可以成为男方家庭的成员,男方可以成为女方家庭的成员。

条文解读

本条是关于男女结婚后组成家庭的规定。

结婚后,夫妻原则上应当共同生活。实践中,以女方成为男方家庭成员,随男方家庭共同生活的居多,但男方也可以到女方家生活。夫妻双方组成新的家庭独立生活则是现代社会的常态。无论采取何种组成家庭的方式,都应当由男女双方平等协商，双方享有共同约定的权利，任何一方不得将自己的意志强加给对方，第三人也不得对此横加干涉。夫妻之间还可以通过协商变更已经约定的家庭组成方式。同时，夫妻间的权利义务在各种方式下均应相同。无论是哪一方成为另一方的家庭成员，夫妻双方均享有合法的人身权利和财产权利。

关联法规索引

《民法典》第1055条；《妇女权益保障法》第32～33、47条；《中共中央办公厅、国务院办公厅关于切实维护农村妇女土地承包权益的通知》

典型案例

胡某某与赵某返还原物纠纷案[1]

案件事实

原告胡某某于2007年4月28日取得谢区房地产权证。胡某某与胡某刚系父子关系，被告赵某与胡某刚系夫妻关系，胡某刚于2019年6月去世。现原告以自己年事已高、被告又与他人确定恋爱关系为由，起诉至法院要求被告腾空谢区房屋返还给原告。

争议焦点

本案中，主要争议焦点是被告应否返还谢区房屋给原告。

判决结果

法院认为，赵某与原告之子胡某刚于2010年就已经结婚，且至结婚后一直居住在谢区房屋。显然赵某已经成为原告家的家庭成员，其对谢区房屋享有居住权。胡某某称赵某与他人已经确定恋爱关系，并居住在男朋友家中，未提供证据予以证实。故其主张赵某立即将淮南市谢家集区×房屋腾空后返还给原告，证据不足，不予支持。

案例解读

上述判例中法院判决适用的是《民法典》第1050条的规定，即“登记结婚后，

[1] 安徽省淮南市谢家集区人民法院(2021)皖0404民初217号。

按照男女双方约定,女方可以成为男方家庭的成员,男方可以成为女方家庭的成员”。本案中,被告已成为原告家庭成员,其对谢区房屋享有居住权。原告未能举证证明被告在他处居住,因此原告的诉讼请求未能获得支持。

第一千零五十一条 【婚姻无效的情形】有下列情形之一的,婚姻无效:

(一)重婚;

(二)有禁止结婚的亲属关系;

(三)未到法定婚龄。

条文解读

本条是关于无效婚姻的规定。

无效婚姻,是指因欠缺法律规定的结婚要件而不具有法律效力的男女两性的违法结合。无效婚姻自始无效,当事人之间不具有夫妻间的权利义务。根据本条规定,导致婚姻无效的原因包括:

第一,重婚。《民法典》婚姻家庭编在第一章“一般规定”中即明确规定,我国实行一夫一妻的婚姻制度。任何人不能同时有两个或两个以上的配偶,否则即构成重婚。所谓重婚,是指有配偶的人又与他人结婚的违法行为,既包括有配偶的人又与他人登记结婚,也包括虽未登记结婚,但事实上与他人以夫妻名义同居生活。重婚的,应当确认后婚无效,维持前婚效力,对因重婚导致离婚的,无过错方有权请求损害赔偿。重婚构成犯罪的还应当依法追究重婚者的刑事责任。

第二,有禁止结婚的亲属关系。违反《民法典》第1048条的规定,具有直系血亲关系或三代以内旁系血亲关系的亲属之间结婚的,婚姻无效。

第三,未到法定婚龄。《民法典》第1047条规定了男22周岁、女20周岁的法定婚龄。婚姻当事人双方或一方未达法定婚龄的,婚姻无效。

值得注意的是,根据最高人民法院的司法解释,当事人依据本条规定向人民法院请求确认婚姻无效的,无效婚姻的情形应当仍然存在,如果申请时法定的无效婚姻情形已经消失,人民法院不予支持。

配套法规及解读

《刑法》(2020年12月26日修正)

第二百五十八条　有配偶而重婚的,或者明知他人有配偶而与之结婚的,处二年以下有期徒刑或者拘役。

《〈民法典〉婚姻家庭编司法解释(一)》(2020年12月29日)

第九条　有权依据民法典第一千零五十一条规定向人民法院就已办理结婚登记的婚姻请求确认婚姻无效的主体,包括婚姻当事人及利害关系人。其中,利害关系人包括:

(一)以重婚为由的,为当事人的近亲属及基层组织;

(二)以未到法定婚龄为由的,为未到法定婚龄者的近亲属;

(三)以有禁止结婚的亲属关系为由的,为当事人的近亲属。

第十条　当事人依据民法典第一千零五十一条规定向人民法院请求确认婚姻无效,法定的无效婚姻情形在提起诉讼时已经消失的,人民法院不予支持。

第十一条　人民法院受理请求确认婚姻无效案件后,原告申请撤诉的,不予准许。

对婚姻效力的审理不适用调解,应当依法作出判决。

涉及财产分割和子女抚养的,可以调解。调解达成协议的,另行制作调解书;未达成调解协议的,应当一并作出判决。

第十二条　人民法院受理离婚案件后,经审理确属无效婚姻的,应当将婚姻无效的情形告知当事人,并依法作出确认婚姻无效的判决。

第十三条　人民法院就同一婚姻关系分别受理了离婚和请求确认婚姻无效案件的,对于离婚案件的审理,应当待请求确认婚姻无效案件作出判决后进行。

第十四条　夫妻一方或者双方死亡后,生存一方或者利害关系人依据民法典第一千零五十一条的规定请求确认婚姻无效的,人民法院应当受理。

第十五条　利害关系人依据民法典第一千零五十一条的规定,请求人民法院确认婚姻无效的,利害关系人为原告,婚姻关系当事人双方为被告。

夫妻一方死亡的,生存一方为被告。

第十六条　人民法院审理重婚导致的无效婚姻案件时,涉及财产处理的,应当准许合法婚姻当事人作为有独立请求权的第三人参加诉讼。

第十七条第一款　当事人以民法典第一千零五十一条规定的三种无效婚姻以

外的情形请求确认婚姻无效的，人民法院应当判决驳回当事人的诉讼请求。

第二十一条 人民法院根据当事人的请求，依法确认婚姻无效或者撤销婚姻的，应当收缴双方的结婚证书并将生效的判决书寄送当地婚姻登记管理机关。

第二十二条 被确认无效或者被撤销的婚姻，当事人同居期间所得的财产，除有证据证明为当事人一方所有的以外，按共同共有处理。

※法规解读：重婚包括双方均有配偶的重婚和一方无配偶的重婚。有配偶的一方重婚当然构成重婚罪。无配偶一方的重婚，以其是否"明知"重婚对方有配偶来区分主观上的恶意和善意，也是决定其是否构成《刑法》上重婚罪的区分标准。具体来说，如果无配偶一方明知他人有配偶而与之登记结婚，则其主观上是恶意的，构成《刑法》上的重婚罪；如果无配偶一方不知他人有配偶而与之登记结婚，则其主观上是善意的，不构成《刑法》上的重婚罪。但无论无配偶一方为善意还是恶意，均不影响其构成《民法典》婚姻家庭编规定的重婚，都将导致婚姻无效。

《〈民法典〉婚姻家庭编司法解释（一）》对无效婚姻的一些相关问题作了具体规定：

第一，就已办理结婚登记的婚姻请求确认婚姻无效的利害关系人的具体范围进行了规定。

第二，强调当事人或利害关系人向人民法院请求确认婚姻无效时法定的无效婚姻的情形应当仍然存在，否则人民法院不予支持。具体来说，以重婚为由请求确认婚姻无效的，应于重婚者的合法配偶死亡或双方离婚以前行使请求权；以未到法定婚龄为由请求确认婚姻无效的，请求权应于婚姻双方均达法定婚龄以前行使。

第三，由于无效婚姻违反了法律的强行性规定，涉及危害社会公共利益，因此人民法院受理该类案件后，有权决定是否继续审理案件，是否作出婚姻无效判决，原告不享有普通民事案件的撤销诉讼请求权。人民法院审理宣告婚姻无效案件，对婚姻效力的审理应当依法作出判决，不适用调解。这是因为，法律关于婚姻有效、无效的规定属于强行性规范。判定婚姻有效还是无效，只能依法认定，不能取决于当事人的主观意志。此外，关于婚姻效力的判决一经作出，即发生法律效力，当事人上诉的，人民法院不予受理。如果法院经审理确认婚姻无效，且同一案件中涉及财产分割和子女抚养问题，由于这部分内容并不涉及法律的强行性规定或社会公共利益，因此可以适用调解，由当事人自行约定。调解达成协议的，另行制作调解书。对财产分割和子女抚养问题的判决不服的，当事人可以上诉。

第四,人民法院就同一婚姻关系分别受理了离婚和请求确认婚姻无效案件的,则应当待请求确认婚姻无效案件作出判决后,再审理离婚案件。这是因为只有在婚姻合法有效的前提下,才涉及当事人的离婚请求能否成立的问题。如果婚姻无效,自然不存在离婚的问题。如果婚姻关系被确认无效,虽然离婚案件由于诉求的基础不存在而无须继续审理,但涉及财产分割和子女抚养的,应当继续审理。

第五,重婚导致的婚姻无效案件中,为了保护合法婚姻当事人的权益,法律赋予其对争议财产的独立请求权。合法婚姻当事人有权以重婚双方当事人作为被告,作为有独立请求权的第三人参加诉讼。

第六,当事人以《民法典》第1051条规定的三种无效婚姻以外的情形请求确认婚姻无效,人民法院应当判决驳回当事人的申请。《民法典》第1051条关于无效婚姻的规定属于强制性规定。其含义有二:一是当事人不得通过约定排除该法律规范的适用,即使作出了与该条规范不符的约定,该约定也是无效的。二是该条明确列举了属于无效婚姻的三种情形,除此之外并无兜底条款,这意味着在认定无效婚姻时只能以本条列举的三种情形作为判断依据,其他情形均不属于无效婚姻,任何人不得对无效婚姻的情形作扩大解释。如果当事人以本条规定以外的情形请求确认婚姻无效,人民法院应当判决申请人败诉,驳回当事人的申请。

第七,被宣告无效的婚姻,当事人同居期间所得的财产,除有证据证明为当事人一方所有的以外,按共同共有处理。

关联法规索引

《民法典》第1041～1042、1047～1048、1054、1091条

典型案例

冯某、王某继承纠纷案[1]

案件事实

王某信与王某系同胞兄弟,王某信生前与王某系荣成市某村同一家庭户成员。

[1] 山东省威海市中级人民法院(2021)鲁10民终1194号。

王某信于××××年××月××日与谢某某登记结婚，双方登记结婚后一年多，谢某某回老家与王某信分居直至王某信死亡。后冯某于××××年××月××日与王某信在荣成市民政局登记结婚，申请结婚登记声明书中王某信的婚姻状况为未婚，冯某的婚姻状况为离婚。冯某陈述自1997年左右就开始与王某信同居生活。庭审中冯某提交了自述为王某信书写的遗嘱材料一份，内容为："遗书　我的财产全归冯某所有，冯某和我诚恳过日子，老增老房归他，一生挣得钱也归他，我一生什么都没有，只有一个老婆也是我的幸福。立书人王某信签字。"冯某自述遗书上的老增指的就是王某，老房指的是荣集建(91)字第×31号房屋，房屋登记在王某信名下。冯某提起本案诉讼，要求判令登记在王某信名下坐落在荣成市集体土地建设用地使用证号为荣集建(91)字第×35号房屋由冯某继承。

争议焦点

本案中，主要争议焦点是冯某对诉争房屋应否分得相应份额。

判决结果

一审法院认为，王某信在未与谢某某离婚的情况下，隐瞒真实的婚姻状况与冯某结婚，其与冯某的婚姻因重婚而无效，冯某无权作为王某信的合法配偶以第一顺序继承人的身份法定继承王某信的遗产，其提交的所谓的王某信书写的遗嘱缺少年月日的注明，不符合自书遗嘱的法定形式要件，不能产生遗嘱的法律效力，其也无权基于该所谓的遗嘱要求继承王某信的遗产。综上，冯某要求继承王某信的遗产没有事实根据和法律依据，其请求一审法院不予支持。冯某不服一审判决，提出上诉。二审法院认为，第一，冯某于××××年××月××日与王某信登记结婚，因王某信曾于××××年××月××日与谢某某登记结婚，其与冯某的婚姻因重婚而无效，冯某无权作为王某信的合法配偶以第一顺序继承人的身份法定继承王某信的遗产，但该婚姻无效系王某信未如实陈述其婚姻状况所致，无法认定冯某对此存在过错；第二，王某信与冯某自1998年左右即以夫妻名义共同生活，在王某信因病去世前的4个月才到民政局登记结婚，王某信的行为表明其认可冯某以妻子名义与其共同生活，在其去世前想给冯某以合法名分；第三，因冯某与王某信的婚姻无效，冯某不属于王某信法定继承人范围，王某信书写的遗书其性质应为遗赠，该遗书虽未注明年月日，但并无证据证实该遗书系伪造，遗书应系王某信的真实意思表示，从遗书中表述内容来看，王某信想将其财产给冯某；第四，从审理查明的事实来看，王某信生前与王某并未分家，仍在一起共同生活，涉案两处房屋均系在冯某与王某信共同生活前建造,虽均登记在王某信名下,但应属王某信与王某共同所有,王某信无权处分王某所有的房屋;第五,冯某在涉案房屋所在村生活多年,现并无其他住房,其与王某信的婚姻虽为无效,但与王某信一起共同生活约 8 年,相互扶持,也可适当分得王某信的遗产。综合考虑上述因素,法院改判坐落在荣成市登记在王某信名下集体土地建设用地使用证号为荣集建(91)字第 ×35 号房屋由冯某享有二分之一的份额。

案例解读

上述判例中法院判决适用的是《民法典》第 1051 条的规定,即“有下列情形之一的,婚姻无效:(一)重婚;(二)有禁止结婚的亲属关系;(三)未到法定婚龄”。本案中,王某信在与冯某登记结婚前,已经与谢某某登记结婚,因此王某信与冯某的婚姻因重婚而导致无效,冯某不能以配偶身份主张继承。王某信生前所书遗书虽然因缺少年月日而导致形式瑕疵,但二审法院结合本案实际情况,认为被继承人认可冯某身份,将遗产留给冯某符合被继承人意愿,因此判决冯某享有诉争房屋二分之一的份额。

第一千零五十二条 【胁迫婚姻】因胁迫结婚的,受胁迫的一方可以向人民法院请求撤销婚姻。

请求撤销婚姻的,应当自胁迫行为终止之日起一年内提出。

被非法限制人身自由的当事人请求撤销婚姻的,应当自恢复人身自由之日起一年内提出。

条文解读

本条是关于因胁迫而可撤销婚姻的规定。

可撤销婚姻,是指已成立的婚姻关系,因不完全符合法定婚姻要件,可以由有撤销权的人向人民法院请求予以撤销。

因胁迫而结婚,主要是指婚姻关系中的一方当事人或者婚姻关系之外的第三人,对婚姻关系中的另一方当事人,予以威胁或者强迫,使婚姻中的另一方当事人违背自己的意愿而缔结婚姻关系的婚姻。胁迫婚姻因欠缺结婚合意,违反了结婚须男女双方完全自愿的原则,因而是违法婚姻。我国《民法典》婚姻家庭编将胁迫婚姻规定为可撤销婚姻,而没有直接规定为无效婚姻。这是因为,胁迫婚姻只是违反了被胁迫人的私人利益,其并不像无效婚姻那样违反的是社会公德以及社会公共利益,对此种婚姻,国家不应主动干预,而应当赋予被胁迫一方自由选择的权利。尤其是在实践中,被胁迫的一方虽然在结婚时并非自愿,但有可能在结婚后,通过共同生活与对方建立了一定的感情,特别是在有了孩子的情况下,受胁迫一方可能在思想上已经发生了转变,愿意与对方组成家庭共同生活。在这种情况下,如果法律规定胁迫婚姻为无效婚姻而完全否定婚姻的效力是不妥的。根据本条规定,胁迫婚姻是可撤销婚姻,其是否具有婚姻的效力取决于受胁迫一方是否行使撤销权。如果受胁迫方不想维持因胁迫而缔结的婚姻,可以向人民法院请求撤销该婚姻,被撤销的婚姻自始无效,当事人之间不具有夫妻间的权利义务。如果最初受胁迫,但后来愿意共同生活,则当事人可以放弃申请撤销婚姻效力的请求权,该婚姻关系继续有效。本条同时对受胁迫一方行使撤销婚姻请求权作出了时间上的限制,即受胁迫的一方行使撤销婚姻的请求权,应当自胁迫行为终止之日起一年内提出。被非法限制人身自由的当事人请求撤销婚姻的,应当自恢复人身自由之日起一年内提出。逾期不行使撤销请求权的,视为放弃权利。这样规定,既保障了当事人婚姻自由的合法权利,同时促使受胁迫的一方尽早行使选择权,以维护婚姻关系的稳定。

配套法规及解读

《〈民法典〉婚姻家庭编司法解释(一)》(2020 年 12 月 29 日)

第十七条第二款　当事人以结婚登记程序存在瑕疵为由提起民事诉讼,主张撤销结婚登记的,告知其可以依法申请行政复议或者提起行政诉讼。

第十八条　行为人以给另一方当事人或者其近亲属的生命、身体、健康、名誉、财产等方面造成损害为要挟,迫使另一方当事人违背真实意愿结婚的,可以认定为民法典第一千零五十二条所称的“胁迫”。

因受胁迫而请求撤销婚姻的,只能是受胁迫一方的婚姻关系当事人本人。

第十九条　民法典第一千零五十二条规定的“一年”,不适用诉讼时效中止、中断或者延长的规定。

受胁迫或者被非法限制人身自由的当事人请求撤销婚姻的,不适用民法典第一百五十二条第二款的规定。

第二十一条　人民法院根据当事人的请求，依法确认婚姻无效或者撤销婚姻的，应当收缴双方的结婚证书并将生效的判决书寄送当地婚姻登记管理机关。

第二十二条　被确认无效或者被撤销的婚姻，当事人同居期间所得的财产，除有证据证明为当事人一方所有的以外，按共同共有处理。

※法规解读：上述司法解释对婚姻家庭编可撤销婚姻制度的具体适用作出了进一步规定。具体来说：

第一，关于何为“胁迫”。按照司法解释的规定，构成“胁迫”应指胁迫人以加害相威胁，并使受胁迫人因此产生恐惧，受胁迫人出于恐惧而违背真实意愿被迫与另一方结婚。胁迫人既可以是婚姻当事人一方，也可以是当事人之外的第三人。以加害相威胁的对象既可以是受胁迫人本人，也可以是其近亲属。

第二，关于可撤销婚姻的请求权主体。因胁迫婚姻而享有撤销婚姻请求权的，只限于受胁迫一方的婚姻关系当事人本人，其他任何组织或者个人均无权行使。胁迫方是胁迫行为的实施者，其本意即是与受胁迫方缔结婚姻，因此在受胁迫方未行使撤销请求权时，胁迫方也不得以该婚姻为可撤销婚姻主张撤销。

第三，关于请求权的行使期间。可撤销婚姻请求权人行使撤销权应自结婚登记之日起一年内提出。被非法限制人身自由的当事人请求撤销婚姻的，应当自恢复人身自由之日起一年内提出。上述“一年”均为除斥期间而非诉讼时效，这是因为在这段时间内，当事人的婚姻效力是不确定的，为了避免当事人对是否行使撤销请求权久拖不决，故法律规定此“一年”不适用中止、中断或者延长的规定。现实中，当事人受胁迫或者被非法限制人身自由的情形可能始终存在，导致当事人根本无法行使撤销权。因此规定，受胁迫或者被非法限制人身自由的当事人请求撤销婚姻的，不适用《民法典》第152条第2款的规定，即“当事人自民事法律行为发生之日起五年内没有行使撤销权的，撤销权消灭”的规定。

第四，不能以结婚登记程序存在瑕疵为由提起民事诉讼主张撤销结婚登记。根据《婚姻登记条例》的规定，根据申请结婚登记的当事人身份的不同，婚姻登记机关各有不同（如内地居民申请结婚登记与中国公民同外国人申请结婚登记的婚姻登记机关不同），但总体来说，进行婚姻登记的机关均为行政机关，予以登记或不予登记的行为均为行政机关的具体行政行为。因此，如果当事人认为结婚登记程序存在瑕疵，使本不该获得登记的申请获得登记的，则应当按照《行政复议法》或《行政诉讼法》的规定依法申请行政复议或者提起行政诉讼。通过行政复议或行政诉讼使婚姻登记机关变更原具体行政行为，收回结婚证书或者宣告结婚证书无效，则当事人之间的婚姻自然被撤销。换句话说，当事人以结婚登记程序存在瑕疵为由提起民事诉讼主张撤销结婚登记的，人民法院不予支持。

第五，对于被撤销的婚姻，当事人同居期间所得的财产，除有证据证明为当事人一方所有的以外，按共同共有处理。

关联法规索引

《民法典》第 1054 条；《婚姻登记条例》第 1～2、9 条

典型案例

石某1、白某撤销婚姻纠纷案[1]

案件事实

××××年××月，原告、被告经人介绍认识。其后，被告希望与原告办理结婚登记遭到拒绝，遂采取跳楼、同归于尽等口头威胁逼迫原告与其结婚。同时，基于被告的家庭经济条件不错，原告之父采取割腕自残和将原告关在家里等方式，逼迫原告与被告尽快结婚。原告被逼无奈与被告于××××年××月××日登记结婚，但双方没有同居生活。由于婚姻不是出于原告自愿，原告努力做通其父母的思想工作，诉至法院请求撤销婚姻登记。庭审中被告亦承认原告是受胁迫而办理的结婚登记，同意撤销双方之间的婚姻。

争议焦点

本案中，主要争议焦点是原告、被告的婚姻是否应被撤销。

判决结果

法院认为，结婚需男女双方完全自愿，不允许任何人加以强迫或者加以干涉。根据《〈民法典〉婚姻家庭编司法解释（一）》第 18 条的规定，“行为人以给另一方当事人或者其近亲属的生命、身体、健康、名誉、财产等方面造成损害为要挟，迫使另

---

〔1〕 贵州省仁怀市人民法院（2021）黔 0382 民初 4165 号。

一方当事人违背真实意愿结婚的，可以认定为民法典第一千零五十二条所称的‘胁迫’”，被告以口头恐吓以及原告父母以自杀威胁原告与被告办理婚姻登记，导致原告的结婚行为并非其真实意思表示，原告在双方婚姻登记后一年内向法院提出撤销婚姻登记之诉，符合法律规定，法院予以支持。

案例解读

上述判例中法院判决适用的是《民法典》第1052条第1款和第2款的规定，即“因胁迫结婚的，受胁迫的一方可以向人民法院请求撤销婚姻。请求撤销婚姻的，应当自胁迫行为终止之日起一年内提出”。本案中，被告以及原告父母胁迫原告与被告登记结婚，原、被告的婚姻属于可撤销婚姻，且原告在结婚登记之日（胁迫行为终止之日）起一年内请求撤销婚姻，符合法律规定，其诉讼请求应当获得支持。

第一千零五十三条　【隐瞒疾病的可撤销婚姻】一方患有重大疾病的，应当在结婚登记前如实告知另一方；不如实告知的，另一方可以向人民法院请求撤销婚姻。

请求撤销婚姻的，应当自知道或者应当知道撤销事由之日起一年内提出。

条文解读

本条是关于一方婚前隐瞒重大疾病的可撤销婚姻的规定。

《婚姻法》第7条将“患有医学上认为不应当结婚的疾病”作为禁止结婚的条件。《民法典》婚姻家庭编未将疾病作为禁婚条件加以规定，主要是因为：（1）实践中，很难以列举的方式规定禁止结婚的疾病；（2）在一方明知另一方患有严重疾病的情况下，如果仍然愿意与其结婚，应当尊重当事人的婚姻自主权。法律不应当禁止上述当事人结婚，否则有违婚姻自由原则。

根据本条规定，一方患有重大疾病，婚前未如实告知另一方的，另一方可以向人民法院请求撤销婚姻。关于重大疾病的范围，《民法典》并未作列举性规定，依照《母婴保健法》的有关规定，医学上认为不宜结婚的疾病包括：严重遗传性疾病，即由于遗传因素先天形成，患者全部或者部分丧失自主生活能力，后代再现风险高，医学上认为不宜生育的遗传性疾病；指定传染病，如艾滋病、淋病、梅毒、麻风病以及医学上认为影响结婚和生育的其他传染病；有关精神病，即精神分裂症、躁狂抑郁型精神病以及其他重型精神病。上述医学上认为不宜结婚的疾病，从理解上应当认为是重大疾病。[1]

因为对方隐瞒重大疾病请求撤销婚姻的，应当自知道或者应当知道撤销事由之日起一年内提出。逾期不行使撤销请求权的，视为放弃撤销权，只能通过协议离婚或者诉讼离婚解除婚姻关系。

关联法规索引

《民法典》第 1054 条；《国家卫生健康委员会对十三届全国人大三次会议第 3069 号建议的答复》

典型案例

李某 1、杨某撤销婚姻纠纷案[2]

案件事实

杨某、李某 1 经人介绍认识，于××××年××月××日登记结婚，婚后于××××年××月××日生育一子李某 2。李某 1 于 2011 年 8 月 24 日被确诊为精神分裂症入住河南省商丘市第二人民医院治疗；××××年 9 月 9 日因患有精神分裂症又入住该院治疗 36 天。李某 1 于××××年××月××日与杨某登记结婚时，没有明确告知杨某自己曾患有精神分裂症。2021 年杨某调取李某 1 病历后，发现李某 1 在结婚登记时故意隐瞒了自己患有精神分裂症疾病的事实，遂提起诉讼要求撤销婚姻关系。

争议焦点

本案中，主要争议焦点是杨某、李某 1 之间是否属于可撤销婚姻关系。

判决结果

法院认为，李某 1 主张其于 2011 年 8 月 24 日患病出院时已经治愈，与其所述××××年再次因该病住院相矛盾，且在杨某明确表示若知李某 1 所患疾病则不

〔1〕 房绍坤等编著：《婚姻家庭继承法》（第 7 版），中国人民大学出版社 2021 年版，第 42 页。

〔2〕 河南省商丘市中级人民法院（2021）豫 14 民终 5535 号。

会同意结婚的情况下，李某1所患疾病对杨某是否愿意结婚确有重大影响，一审判决认定李某1所患精神分裂症为重大疾病并无不当；李某1主张杨某在××××年曾去医院探病，但并未提交证据证明，且在庭审中自述不知杨某住在何处，二人未在一起生活，与杨某去医院探病相矛盾；杨某于2021年5月24日调取病历，此时方为其知道或应当知道李某1婚前患病事实的日期，请求撤销婚姻的撤销权除斥期间开始起算，起诉时并未超出除斥期间。李某1主张杨某应完成其不知道或不应当知道的举证责任没有依据，李某1的主张不能成立。因此，李某1的上诉理由不能成立，维持一审判决即撤销杨某与李某1的婚姻关系。

案例解读

上述判例中法院判决适用的是《民法典》第1053条的规定，即"一方患有重大疾病的，应当在结婚登记前如实告知另一方；不如实告知的，另一方可以向人民法院请求撤销婚姻。请求撤销婚姻的，应当自知道或者应当知道撤销事由之日起一年内提出"。本案中，李某1未能举证证明其在婚前如实告知杨某其患有重大疾病，且杨某在知道撤销事由之日起一年内请求撤销二人婚姻，符合法律规定，依法应予支持。

第一千零五十四条　【婚姻无效和被撤销的法律后果】无效的或者被撤销的婚姻自始没有法律约束力，当事人不具有夫妻的权利和义务。同居期间所得的财产，由当事人协议处理；协议不成的，由人民法院根据照顾无过错方的原则判决。对重婚导致的无效婚姻的财产处理，不得侵害合法婚姻当事人的财产权益。当事人所生的子女，适用本法关于父母子女的规定。

婚姻无效或者被撤销的，无过错方有权请求损害赔偿。

条文解读

本条是关于婚姻无效或被撤销的法律后果的规定。

第一，无效或被撤销的婚姻自始没有法律约束力。所谓自始没有法律约束力，即从婚姻成立之时起就不发生法律效力，而非人民法院宣告之时才不发生法律效力。无效婚姻与可撤销婚姻由于欠缺结婚的要件均属于违法婚姻。无效婚姻自始没有法律约束力，而可撤销婚姻在权利人行使撤销权以前是有效的，但一旦权利人行使了撤销权，将使原本已经成立并有效的婚姻归于无效，且其无效也溯及至婚姻成立之时，该被撤销婚姻自始不受法律保护。

第二，当事人不具有夫妻间的权利义务。既然婚姻自始没有法律约束力，基于合法婚姻而产生的配偶之间的夫妻权利义务关系当然自始即不存在。例如，夫妻之间相互扶养的义务，夫妻之间相互继承遗产的权利等，这些以合法婚姻为前提的夫妻间权利义务对无效或被撤销的婚姻当事人均不适用。当事人之间的人身关系以及财产关系与合法婚姻当事人之间的关系是截然不同的。

第三，当事人之间的财产关系不适用《民法典》婚姻家庭编有关夫妻财产制度的规定。婚姻自始没有法律约束力意味着法律对当事人之间配偶身份关系的否定。因此，同居期间所得的财产，在处理时不得适用《民法典》婚姻家庭编有关夫妻财产制度的规定。在此期间取得的财产，在不违反社会公共利益、不侵害第三人合法利益的前提下，法律允许由当事人协议处理；协议不成时，由人民法院根据照顾无过错方的原则进行判决。同时，对因重婚导致的无效婚姻的财产处理，不得侵害合法婚姻当事人的财产权益。

第四，当事人所生的子女，适用婚姻家庭编有关父母子女的规定。无效或被撤销的婚姻自始没有法律约束力，因此在这两种婚姻中受胎而出生的子女应为非婚生子女。根据我国《民法典》婚姻家庭编的规定，非婚生子女享有与婚生子女同等的权利，任何人不得加以危害和歧视。因此，无效或被撤销婚姻中受胎、出生的子女，其与婚生子女一样，与父母之间的关系同样适用婚姻家庭编有关父母子女的规定，并不受其父母婚姻无效或被撤销的影响。

第五，婚姻无效或者被撤销，虽然在当事人之间不能产生夫妻间的权利义务，但并非不产生任何法律后果，无过错方有权请求损害赔偿。

配套法规及解读

《〈民法典〉婚姻家庭编司法解释（一）》（2020 年 12 月 29 日）

第十六条 人民法院审理重婚导致的无效婚姻案件时，涉及财产处理的，应当准许合法婚姻当事人作为有独立请求权的第三人参加诉讼。

第二十条 民法典第一千零五十四条所规定的“自始没有法律约束力”，是指无效婚姻或者可撤销婚姻在依法被确认无效或者被撤销时，才确定该婚姻自始不受法律保护。

第二十一条　人民法院根据当事人的请求，依法确认婚姻无效或者撤销婚姻的，应当收缴双方的结婚证书并将生效的判决书寄送当地婚姻登记管理机关。

第二十二条　被确认无效或者被撤销的婚姻，当事人同居期间所得的财产，除有证据证明为当事人一方所有的以外，按共同共有处理。

※法规解读：按照传统法学观点，无论当事人及第三人是否主张，无效民事行为当然无效。从这个意义上说，无效婚姻当然无效。人民法院在审理有关案件过程中发现无效婚姻时，应当主动依职权确认婚姻无效。同样，可撤销婚姻在被撤销以前是有效的，只有经权利人申请，由人民法院依法宣告婚姻被撤销时，才确定该婚姻自始不受法律保护。婚姻家庭编规定，在审理重婚导致的无效婚姻的财产处理案件中，不得侵害合法婚姻当事人的财产权益。究竟如何保护合法婚姻当事人的财产权益呢？对此，《〈民法典〉婚姻家庭编司法解释（一）》赋予了合法婚姻当事人在上述案件中作为有独立请求权的第三人参加诉讼的权利。合法婚姻当事人如果认为因重婚导致的无效婚姻案件在处理财产时损害了其合法财产权益，可以作为有独立请求权的第三人参加诉讼，提出自己的独立请求。

关联法规索引

《民法典》第1051～1052、1071条；《〈民法典〉婚姻家庭编司法解释（一）》第20～22条；《婚姻登记条例》第9条

典型案例

母某与王某1、王某2、李某撤销婚姻纠纷案〔1〕

案件事实

原告母某与被告王某1于2021年1月经人介绍后，于××××年××月××日在剑阁县民政局办理结婚登记手续，其间双方仅有一次来往。2021年4月26日，被告王某1至剑阁县中医医院，经腹壁、阴道彩超检查，王某1盆腔内未探及正

〔1〕　四川省剑阁县人民法院（2021）川0823民初2139号。

常子宫声像。报告显示:“双侧附件区未见确切占位回升。CDFI:血流未见明显异常。超声提示:盆腔内未探及正常子宫声像,建议进一步检查;双侧附件区未见明显异常。妇科检查未见明显阴道,双合诊未扪及子宫。”另查明,被告王某2系王某1父亲,被告李某系王某1母亲。原告母某为缔结婚姻向被告方支付彩礼8万元。被告王某1系叁级智力残疾,自认其从未来过月经。原、被告因发现被告王某1存在生育问题后产生矛盾,于2021年8月3日后便分居生活。原告为此诉至法院,请求撤销原告与被告王某1之间的婚姻关系;判令三被告共同返还原告彩礼款8万元整;判令三被告共同赔偿原告精神抚慰金1万元。

争议焦点

本案中,主要争议焦点是:(1)原、被告的婚姻是否应当撤销;(2)被告应否向原告返还彩礼及返还数额;(3)被告应否向原告赔偿精神抚慰金及数额。

判决结果

法院认为,关于原、被告的婚姻是否应当撤销,被告王某1自认自始未来过月经,经妇科检查其未见明显阴道,双合诊未扪及子宫,经腹壁、阴道彩超检查,其盆腔内未探及正常子宫声像,以及王某2辩称并不清楚女性是否会来月经、忙于生产未关注王某1生理状况,并且王某1及其父母拒绝做进一步检查,足以推断王某1及其父母明知王某1存在生育方面问题,这一问题足以影响原告母某是否愿意缔结婚姻关系的意思表示,而三被告未对原告母某履行如实告知义务,故对原告母某要求撤销与被告王某1的婚姻关系的诉讼请求,法院予以支持。关于彩礼返还问题。因被告王某1未如实告知原告其存在生育问题,导致原告发现此问题后双方发生矛盾,自2021年8月3日后便分居生活,且该婚姻关系依法应予以撤销,根据公平原则原告给付的彩礼应部分返还,双方就返还金额未达成一致意见,法院酌情确定为6万元。关于损害赔偿问题。被告王某1患有足以影响原告缔结婚姻意愿的疾病而未告知原告,存在明显过错,原告母某有权请求损害赔偿,故对原告母某要求被告王某1损害赔偿的诉讼请求法院予以支持,其金额酌情确定为5000元。

案例解读

上述判例中法院判决适用的是《民法典》第1053条的规定,即“一方患有重大疾病的,应当在结婚登记前如实告知另一方;不如实告知的,另一方可以向人民法院请求撤销婚姻。请求撤销婚姻的,应当自知道或者应当知道撤销事由之日起一年内提出”;第1054条第2款的规定,即“婚姻无效或者被撤销的,无过错方有权请求损害赔偿”。本案中,三被告明知王某1存在生育问题,未在婚前如实告知原告,原告在知道王某1存在生育问题后1年内提出撤销婚姻,符合法律规定,依法应予支持。同时,由于被告方的原因导致婚姻被撤销,原告作为无过错方有权请求损害赔偿。

第三章　家庭关系

本章介绍

家庭，是指由一定范围的近亲属组成，共同生活，相互间享有法定权利、承担法定义务的团体。家庭关系即指家庭成员相互之间的权利义务关系。按照我国《民法典》婚姻家庭编的规定，家庭关系包括夫妻关系（具体包括夫妻人身关系和夫妻财产关系）、父母子女关系和其他近亲属关系等。本章是对婚姻家庭制度中家庭关系的具体规定。

第一节　夫妻关系

第一千零五十五条　【夫妻地位平等】夫妻在婚姻家庭中地位平等。

条文解读

本条是关于夫妻在婚姻家庭关系中地位的规定。

本条是男女平等原则在婚姻家庭关系中的具体体现，是对夫妻法律地位的原则性规定。《民法典》婚姻家庭编对夫妻关系的其他具体规定均体现了这一基本原则。夫妻关系在家庭关系中占有重要地位，一般而言，夫妻关系是家庭关系的基础，没有夫妻关系就不会产生家庭关系。因此，正确认识夫妻在婚姻家庭中的地位问题是维护和谐婚姻关系，建立和睦家庭的重要前提。夫妻之间只有相互平等，在人身关系以及财产关系上均处于平等地位，才能互相尊重，实现权利义务的真正平等。当然，这里的“地位平等”是一项原则性的规定，并非指在具体的婚姻家庭事务中时时、事事完全平等。在涉及夫妻关系的案件中，如果没有具体的法律规定可以援引，则可以适用该原则性规定作为裁判依据。

关联法规索引

《宪法》第 48 条;《民法典》第 1041 条;《妇女权益保障法》第 43 ~ 51 条

典型案例

蒋某某、张某等不当得利纠纷案〔1〕

案件事实

原告蒋某某与第三人冼某系夫妻关系。被告张某系某平台的网络主播。第三人冼某于 2020 年 8 月左右通过网络平台认识被告张某后,二人互加微信,并频繁通过微信聊天及微信视频的方式保持联络。2020 年 8 月至 2021 年 3 月,第三人冼某通过微信转账的方式向被告张某转款 23,536.8 元;通过手机银行转账的方式向被告张某转款 95,668 元;在京东购物平台上为被告张某购买华为手机、苹果手机、苹果电脑、女士手表及生活用品、食品等共计花费 57,237.18 元;在拼多多购物平台上为被告张某购买生活物品、食品等共计花费 2393.19 元。原告诉至法院,要求(1)确认第三人冼某对被告张某的全部金钱与财物赠与行为无效;(2)被告返还原告夫妻共同财产 178,835.17 元,其中现金 119,204.8 元,物品折价金额 59,630.37 元。并要求被告按贷款市场报价利率四倍支付资金占用期间的使用费用。经查,被告张某于 2020 年 11 月 3 日向第三人冼某转款 31,000 元;2021 年 3 月 1 日,被告张某通过其使用的微信号 × × × 向第三人冼某转账 10,000 元。被告张某表示现第三人冼某为其购买的冰箱、洗衣机、微波炉、净水器等为全新未使用,能够原物返还。

争议焦点

本案中,主要争议焦点是:(1)第三人冼某向被告张某的赠与行为是否有效;(2)被告张某应否返还财产,以及若需返还,返还的金额是多少。

判决结果

法院认为,夫妻关系存续期间,夫妻双方对共同财产不分份额地共同享有所有权,夫妻一方非因日常生活需要处分夫妻共同财产时,应当协商一致,任何一方无

---

〔1〕 辽宁省海城市人民法院(2021)辽 0381 民初 5272 号。

权单独处分夫妻共同财产。夫妻一方超出日常生活需要擅自处分共同财产的，该处分行为应认定为无效。本案中，第三人冼某向被告张某转款及为被告张某购物的行为均属于处分夫妻共同财产的行为，该行为既非因日常生活需要，又未经原告蒋某某同意，损害了蒋某某的利益，且有悖公序良俗原则，故该处分行为无效，被告张某由此取得的财产应当予以返还；针对第三人冼某向被告张某的转款，扣除被告张某向第三人的转款，被告张某应返还的数额为79,204.80元；关于第三人冼某在购物平台上为被告张某购买的物品是原物返还抑或折价返还的问题，法院认为，第三人冼某在网络平台上购物后邮寄给被告张某，张某对物进行接收，该赠与合同的标的为物，并非钱款，故该合同无效后，被告张某仅应承担返还赠与物的义务。但是本案中，考虑到第三人冼某与被告张某发生超出正常男女关系的交往，双方均有过错，如若令被告张某将收到的赠与物全部返还，对发生不正当男女关系中的男方未造成任何经济损失，未体现对其过错的惩罚，会助长另一种不良的社会风气。据此，法院酌定被告张某仅承担未使用过价值较大物品的返还责任，即对冰箱、洗衣机、微波炉、净水器予以返还。

案例解读

上述判例中法院判决主要适用的是《民法典》第1055条的规定，即“夫妻在婚姻家庭中地位平等”；第1062条第2款的规定，即“夫妻对共同财产，有平等的处理权”。本案中，第三人冼某非因日常生活需要擅自处分夫妻共同财产，处分行为无效，被告因此构成不当得利，负有返还义务。考虑到第三人对此也有过错，因此对于实物部分，法院判决被告对未使用过的价值较大的物品予以返还。

第一千零五十六条　【夫妻姓名权】夫妻双方都有各自使用自己姓名的权利。

条文解读

本条是关于夫妻姓名权的规定。

姓名权，是指自然人依法享有的决定、变更、使用自己姓名并排除他人干涉或者非法使用的权利。因此，姓名权包括姓名决定权、姓名变更权和姓名使用权。姓名权是一项重要的人格权，是自然人与生俱来的权利，每个自然人都享有姓名权。

但在我国封建社会，由于男尊女卑现象严重，因此男女结婚后，通常女子即冠以夫姓而丧失姓名权。中华人民共和国成立后，为体现男女平等原则，法律规定夫妻双方都有使用自己姓名的权利。根据本条规定，夫妻双方结婚后，享有平等的姓名权，无论是女方成为男方家庭成员，还是男方成为女方家庭成员，均不影响其各自使用自己的姓名。当然，法律并不禁止当事人就姓名问题另行约定。只要是在平等自愿的基础上协商一致，且不违反法律关于公民姓名问题的强行性规定，则无论当事人在婚后使用什么样的姓名都是可以的，这也是姓名权本身的应有之义。

关联法规索引

《户口登记条例》第18条

第一千零五十七条　【夫妻参加各种活动的自由】夫妻双方都有参加生产、工作、学习和社会活动的自由，一方不得对另一方加以限制或者干涉。

条文解读

本条是关于夫妻人身自由权的规定。

人身自由是宪法赋予公民的法定权利。本条规定的夫妻人身自由权仅涉及夫妻在婚后参加生产、工作、学习和社会活动的自由，因此只是人身自由中与夫妻关系有关的人身自由权。此处虽指夫妻双方均享有上述自由，但实践中多是专为保障已婚妇女的自由权利。在旧中国，受封建思想的影响，已婚妇女没有参加社会活动的自由，其在家庭和社会中的地位极其低下。即使在现代社会，有些丈夫受封建残余思想影响，仍限制妻子参加生产、工作、学习和社会活动的自由。因此，《民法典》婚姻家庭编有必要作出上述规定，以提高妇女地位，实现男女平等。根据本条规定，已婚妇女在婚姻家庭生活中享有人身自由权，依法享有参加生产、工作、学习和社会活动的自由，禁止丈夫对妻子人身自由权的任意干涉。当然，夫妻双方在行使上述人身自由权时，不得损害配偶一方和家庭的利益，不能以自己享有人身自由权为由而逃避自身应对家庭所承担的义务。否则，配偶一方有权进行劝阻。

关联法规索引

《宪法》第37条;《妇女权益保障法》第36~37条;《就业促进法》第3、27条

第一千零五十八条 【夫妻抚养、教育和保护子女的权利义务平等】 夫妻双方平等享有对未成年子女抚养、教育和保护的权利,共同承担对未成年子女抚养、教育和保护的义务。

条文解读

本条是关于夫妻双方平等享有和共同承担对未成年子女抚养、教育和保护的权利和义务的规定。

《民法典》第26条第1款规定:"父母对未成年子女负有抚养、教育和保护的义务。"抚养,是指父母要对未成年子女提供经济上的供养和生活上的照料。教育,是指父母以正确的方法引导和教育未成年子女,并对其行为进行必要的管束,预防和制止未成年人的不良行为。同时,父母应按照《未成年人保护法》和《义务教育法》的规定,尊重适龄子女的受教育权,使未成年子女接受规定年限的义务教育。保护,是指父母应当保护未成年子女的人身安全和其他合法权益,使他们免受侵害。当未成年子女的合法权益受到侵害时,父母作为法定监护人和代理人,有权采取相应措施以保护未成年子女的合法权益。抚养、教育和保护未成年子女,既是父母的权利,也是父母的义务。

本条强调,对未成年子女抚养、教育和保护的权利和义务,是夫妻双方共同享有的权利和共同承担的义务。非经法律许可,任何一方不得剥夺对方的权利,任何一方也不得逃避履行义务。这是男女平等原则在婚姻家庭领域的具体体现。

关联法规索引

《民法典》第26条第1款、第1041条第2款、第1055条、第1067~1068条;《〈民法典〉婚姻家庭编司法解释(一)》第43条

典型案例

杨某某与陈某4同居关系纠纷案〔1〕

案件事实

杨某某、陈某4于1998年经人介绍认识，后按农村习俗举办结婚仪式便同居生活。××××年××月××日生育长女陈某1(已成年)，××××年××月××日生育长子陈某2，××××年××月××日生育次子陈某3，现在某中学就读。2009年双方共同修建房屋四间八格(平房三间六格，厨房一间，瓦房一间)，位于贵州省晴隆县，双方无债权债务。原告杨某某向一审法院起诉请求：(1)依法判决原被告同居期间生育长子陈某2、次子陈某3由原告抚养，被告不承担孩子抚养费。(2)判决原被告共同修建的水泥平房一栋一层(大约120平方米，价值4万元)由原告所有及使用。

争议焦点

本案中，主要争议焦点是：(1)杨某某、陈某4共同生育的长子陈某2、次子陈某3应由谁抚养；(2)双方共同修建的房屋由谁所有及使用。

判决结果

一审法院认为，原告杨某某与被告陈某4未到婚姻登记机关办理结婚登记手续，双方的夫妻关系不受法律保护。在同居期间生育长女陈某1(已成年)、长子陈某2、次子陈某3，虽系非婚生子女，依法应享有与婚生子女同等的权利，且父母与子女的关系，不因父母之间关系的解除而消除，子女无论由父或母直接抚养，仍是父母双方的子女，父母双方对子女均有抚养教育的权利和义务。对已满八周岁以上的子女，就抚养问题，应当尊重其真实意愿，本案中，经法庭询问，长子陈某2表示愿意自己生活，次子陈某3表示愿意跟随母亲共同生活，长子陈某2虽属16周岁以上未成年人，但尚未以自己的劳动收入为主要生活来源，结合本案实际情况，确定长子陈某2由被告陈某4抚养至18周岁止，次子陈某3由原告杨某某抚养止18周岁止，双方互不给付抚养费。原、被告在同居关系期间共同修建的房屋(无产权手续)，属于同居期间共同财产，双方均有平等的处理权，故根据房屋坐向，确定

---

〔1〕 贵州省黔西南布依族苗族自治州中级人民法院(2021)黔23民终2833号。

左边平房两间四格由被告陈某4管理使用，右边一间两格平房、厨房、瓦房由原告管理使用。杨某某不服一审判决提出上诉，二审法院判决驳回上诉，维持原判。

案例解读

上述判例中法院判决主要适用的是《民法典》第1049条的规定，即“要求结婚的男女双方应当亲自到婚姻登记机关申请结婚登记。符合本法规定的，予以登记，发给结婚证。完成结婚登记，即确立婚姻关系。未办理结婚登记的，应当补办登记”；第1058条的规定，即“夫妻双方平等享有对未成年子女抚养、教育和保护的权利，共同承担对未成年子女抚养、教育和保护的义务”；第1071条第1款的规定，即“非婚生子女享有与婚生子女同等的权利，任何组织或者个人不得加以危害和歧视”。本案中，杨某某和陈某4并未办理结婚登记，二人属于同居关系，同居期间所生子女属于非婚生子女。非婚生子女享有与婚生子女同等的权利，父母任何一方对于未成年子女均有抚养的权利和义务。基于如上法律规定，同时考虑未成年子女的意愿，法院判决陈某2由陈某4抚养，陈某3由杨某某抚养。

第一千零五十九条　【夫妻相互扶养义务】夫妻有相互扶养的义务。

需要扶养的一方，在另一方不履行扶养义务时，有要求其给付扶养费的权利。

条文解读

本条是关于夫妻间扶养义务的规定。

夫妻间的相互扶养既是权利又是义务，任何一方既负有扶养另一方的义务，同时也有受领对方扶养的权利。一方对另一方的扶养义务并非指某种具体的义务，而是泛指发生于夫妻之间的为维系婚姻关系而由法律强制性规定的无条件的扶养义务。夫妻既然缔结了婚姻关系，就应当互相扶持、互相帮助，这种权利义务是法定的，不得附加任何条件。在权利人需要的时候，义务人必须尽可能给权利人提供生活上的扶助，即使义务人因此导致自己的生活水平降低，也不能免除其扶养义务。例如，在配偶一方身患疾病丧失劳动能力时，另一方应当履行自己的扶养义务，给患病一方提供医疗费用和生活费用，而不能不管不问甚至抛弃配偶，否则将违反法定扶助义务，需要扶养的一方有权要求对方承担扶养责任，支付扶养费用。

此外，即使夫妻约定实行分别财产制，个人的婚前财产及婚后所得归个人所有，也不能免除相互之间的扶养义务。在一方需要扶养的情况下，另一方不得以约定分别财产制为由拒绝履行扶养义务，因为这种约定不得对抗其应承担的法定扶养义务。

配套法规及解读

《刑法》(2020 年 12 月 26 日修正)

第二百六十一条　对于年老、年幼、患病或者其他没有独立生活能力的人，负有扶养义务而拒绝扶养，情节恶劣的，处五年以下有期徒刑、拘役或者管制。

※法规解读：夫妻间的扶养义务是法定义务，当事人不得通过约定加以排除。义务人应当自觉履行该义务，如果一方不主动履行，需要扶养的一方，有权要求对方给付扶养费。如果对方仍拒绝给付，那么需要扶养的一方可以向人民法院提起诉讼，要求对方履行。负有扶养义务而拒绝扶养，情节恶劣的，构成遗弃罪，还应当承担刑事责任。需要注意的是，只有情节恶劣才能构成犯罪。一般情况下，拒不履行扶养义务并经有关部门多次劝说仍屡教不改的、拒不履行扶养义务造成权利人死亡或残疾的，或者有其他严重情节造成恶劣社会影响的，应认定为情节恶劣，有关部门应依法追究刑事责任。

关联法规索引

《老年人权益保障法》第 23 条

典型案例

许某某、杨某某扶养费纠纷案[1]

案件事实

许某某与杨某某于 2003 年 3 月 13 日登记结婚育一女，取名杨某 2(现在江苏

〔1〕 安徽省蚌埠市中级人民法院(2021)皖 03 民终 4037 号。

务工)，育一女，取名杨某3(学生)，育一子，取名杨某1(学生)。2020年许某某被诊断出患有乳腺肿瘤，花费医疗费27,138.03元，许某某通过水滴筹，得到帮助17,452元，通过村民委员会得到帮助3900元，杨某某没有支付许某某医疗费。杨某某月收入4000元左右。许某某向一审法院起诉请求：(1)依法判令杨某某支付许某某医药费38,870.44元；(2)依法判令杨某某每月支付许某某6000元的扶养费；(3)杨某某承担本案全部诉讼费。

争议焦点

本案中，主要争议焦点是：(1)杨某某应否支付许某某医疗费及支付的金额；(2)杨某某应否支付许某某扶养费及支付的金额。

判决结果

一审法院认为，许某某与杨某某系夫妻，许某某身患重病，目前正在治疗期，不能务工，没有收入，生活需要扶助，杨某某应履行扶养义务。许某某患病后得到社会各界的帮助，医疗费大部分已经解决，且杨某某尚有两个子女需要抚养，结合杨某某的收入等情况，酌定杨某某支付许某某医疗费3000元。许某某要求杨某某支付扶养费每月6000元的诉讼请求，无事实和法律依据，酌定杨某某支付许某某扶养费每月300元。许某某不服一审判决提出上诉，二审法院判决驳回上诉，维持原判。

案例解读

上述判例中法院判决主要适用的是《民法典》第1059条的规定，即“夫妻有相互扶养的义务。需要扶养的一方，在另一方不履行扶养义务时，有要求其给付扶养费的权利”。本案中，许某某身患重病，杨某某应履行扶养义务。综合考虑许某某医疗费的实际负担，以及杨某某的收入和支出情况，法院的判决是正确的。

第一千零六十条　【日常家事代理权】夫妻一方因家庭日常生活需要而实施的民事法律行为，对夫妻双方发生效力，但是夫妻一方与相对人另有约定的除外。

夫妻之间对一方可以实施的民事法律行为范围的限制，不得对抗善意相对人。

条文解读

本条是关于夫妻日常家事代理权的规定。

根据该条规定,夫妻因家庭日常生活需要所为且金额不大的行为,如添置衣物、购买食品等,任何一方均有权作出决定,且一经作出即代表夫妻双方的共同意思表示。另一方不得以自己不同意或不知情为由主张行为无效或撤销。但是,如果夫妻一方在实施该民事法律行为时与相对人明确约定该行为对配偶一方不生效力的除外。夫妻双方之间可以对一方因家庭日常生活需要可以实施的民事法律行为的范围加以限制,但是该种约定只在夫妻之间产生约束力,不能对抗善意第三人。所谓善意第三人,是指不知道且不应当知道夫妻之间的上述约定并且与夫妻一方实施民事法律行为的相对人。

基于该条规定,对于非因日常生活需要所为且对夫妻共同财产影响较大,主要表现为涉及金额较大的行为,夫妻应当平等协商,达成一致。未经一致同意,任何一方擅自处分夫妻共同财产的行为无效。但为保护善意第三人的利益,他人有理由相信其为夫妻双方共同意思表示的,另一方不得以不同意或不知道为由对抗善意第三人。

典型案例

陈某、何某某等不当得利纠纷案[1]

案件事实

原告何某某与第三人何某楚于2016年5月23日在某县民政局登记结婚。在婚姻存续期间,何某楚与被告陈某相识,并发展为情人关系。自2019年5月20日至2021年3月3日,何某楚共通过微信转账给陈某88,703.88元,向陈某工商银行账户6212××××0076转账51,000元,通过微信向“明姐”转账3000元,通过微信扫码付款向“STYLE衣橱”支付20,000元,通过网上快捷支付向账户名不详的财付通账户转账25,025元,以上合计187,728.88元。原告提供的中国建设银行交易明细显示,微信收款二维码“STYLE衣橱”的收款账号与2020年10月4日何

[1] 湖南省永州市中级人民法院(2021)湘11民终3518号。

某楚微信转账给陈某10,000元的收款账号一致。另查明,陈某在2020年7月18日转账给何某楚2000元,2021年3月17日转账给何某楚1000元,2021年5月5日转账给何某楚6800元,合计9800元。何某某向一审法院起诉请求判令被告陈某返还原告何某某192,746.88元。

争议焦点

本案中,主要争议焦点是陈某应否向何某某返还钱款及返还的数额如何确定。

判决结果

法院认为,夫妻双方对于夫妻共同财产享有共同所有权和平等处理权,但夫或妻非因日常生活需要对夫妻共同财产作出的重要处理决定,夫妻双方应平等协商,取得一致意见。本案中,何某楚与陈某之间的婚外情行为严重违反法律规定及社会公序良俗,应予禁止。何某楚在婚姻关系存续期间擅自将大量款项赠与陈某,其行为违背了公序良俗,损害了原告何某某的合法财产权利,该赠与行为应认定为无效,陈某取得该财产没有法律依据,应当予以返还。本案原告何某某提供的转账记录中,通过微信转账给"明姐"的3000元和通过网上快捷支付向账户名不详的财付通账户转账25,025元,不能证明是陈某收取的款项,不应要求陈某返还。其余159,703.88元均为陈某收取的款项,但其中有多笔2000元以下的转账款项,合计17,762.88元,均属于金额较小的款项,没有超出日常生活需要的限度,对于该部分款项,何某楚具有单独处分权,可无须返还。以上陈某应当返还的金额为141,941元,扣除陈某转账给何某楚的9800元,陈某还应返还132,141元。陈某不服一审判决提出上诉,二审法院判决驳回上诉,维持原判。

案例解读

上述判例中法院判决"多笔2000元以下的转账款项,合计17,762.88元,无须返还",主要适用的是《民法典》第1060条第1款的规定,即"夫妻一方因家庭日常生活需要而实施的民事法律行为,对夫妻双方发生效力,但是夫妻一方与相对人另有约定的除外"。笔者认为,这一法律适用值得商榷。虽然多笔转账款项均在2000元以下,金额较小,但何某楚处分这些财产的行为显然并非出于家庭日常生活需要,相反,其与陈某的行为违反公序良俗,赠与行为应属无效。鉴于一审原告并未提起上诉,二审法院只能驳回陈某上诉,维持原判。

第一千零六十一条 【继承遗产】夫妻有相互继承遗产的权利。

条文解读

本条是关于夫妻之间有相互继承权的规定。

继承,是指在自然人死亡(包括自然死亡和宣告死亡)后,将其遗留的个人合法财产按照死者所立有效遗嘱或者法律规定转移给他人所有的一种法律制度。遗留个人财产的人(死者)称为被继承人,死者遗留的个人合法财产称为遗产,有权继承遗产的人称为继承人,继承人根据遗嘱指定或法律规定取得遗产的权利称为继承权。

根据本条规定,夫妻之间有相互继承遗产的权利。夫妻互相享有继承权,是男女平等原则在婚姻家庭领域的体现,是夫妻双方在婚姻家庭关系中地位平等的重要标志。根据我国《民法典》继承编的规定,继承权男女平等。夫妻任何一方死亡后,其配偶与子女、父母同为第一顺序的继承人。需要强调的是,以配偶身份主张继承权必须以其与被继承人之间存在合法婚姻关系为前提。在我国,符合法定的结婚要件并依法办理结婚登记手续,即视为存在合法婚姻关系。办理结婚登记后,即使双方并未共同生活,也不影响双方夫妻关系的存在,一方死亡后,另一方得以配偶身份主张继承权。相反,即使双方已经共同生活,但并未办理结婚登记,除符合条件可以认定为事实婚姻的以外,一律认定为同居关系,一方死亡后,另一方无权以配偶身份主张继承权。同时,夫妻之间相互继承的权利不受生存一方是否再婚的影响。一方死亡后遗产尚未分割的,子女或其他任何人均不能因生存一方再婚而剥夺其继承权。如果遗产已经分割的,按照法律规定,生存一方再婚的,有权处分所继承的遗产,任何人不得干涉。

配套法规及解读

《民法典》(2020 年 5 月 28 日)

第一千一百二十六条　继承权男女平等。

第一千一百二十七条第一款　遗产按照下列顺序继承:

(一)第一顺序:配偶、子女、父母;

(二)第二顺序:兄弟姐妹、祖父母、外祖父母。

《〈民法典〉婚姻家庭编司法解释(一)》(2020 年 12 月 29 日)

第八条　未依据民法典第一千零四十九条规定办理结婚登记而以夫妻名义共同生活的男女,一方死亡,另一方以配偶身份主张享有继承权的,依据本解释第七条的原则处理。

※**法规解读**：继承权男女平等。配偶互为法定的第一顺序继承人。在具体适用时要严格按照该条规定处理，对合法继承权人的权益依法予以保护，而不能因为继承人的性别等作为理由忽视甚至剥夺其继承权。未办理结婚登记而以夫妻名义共同生活的男女，在一方死亡的情况下，另一方能否以配偶身份主张享有继承权？这取决于法律对双方的婚姻关系是否认可。以1994年2月1日民政部《婚姻登记管理条例》公布实施为时间界限，在此之前如果属于可以依法认定的事实婚姻，则当事人双方为夫妻关系，一方死亡后，在死亡一方未留有合法有效遗嘱的情况下，另一方可以根据《民法典》继承编的规定作为第一顺序继承人主张继承权。在此之后才满足结婚实质要件的则不能认定为事实婚姻，当事人之间不存在夫妻间的权利义务关系，生存一方自然不能以配偶身份主张继承权。

关联法规索引

《民法典》第1120、1129～1130、1157条；《最高人民法院民事审判庭关于未经结婚登记以夫妻名义同居生活一方死亡后另一方有无继承其遗产权利的答复》

典型案例

陈某、金某法定继承纠纷案[1]

案件事实

金某与被继承人陈某1于××××年××月××日登记结婚，均系再婚。陈某系陈某1与前妻崔某某所生，已独立生活。陈某1于2021年2月7日因患脑出血病逝。陈某1父亲陈某某、母亲李某某均先于陈某1去世。经查，陈某1在患病期间卧床不起，一直由金某照顾生活起居；陈某在辽阳和广州两地之间经商，对其父不尽赡养义务，不闻不问，不去医院看望，把照顾陈某1的责任全部抛给金某，甚至在老人去世后，也未回家奔丧；陈某1治丧事宜均由金某一人操办，金某支付丧事费用12,290元，陈某1至今仍未下葬。另查，陈某1个人住房公积金账户余额

〔1〕 辽宁省辽阳市中级人民法院(2021)辽10民终1508号。

为45,233.35元；陈某1基本养老保险金额64,979.56元、丧葬费4000元、抚恤金5800元。陈某1无其他遗产，生前未立遗嘱。金某向一审法院起诉请求：(1)判令被告父亲病故后遗留的住房公积金45,233.35元、养老保险金64,979.56元，合计110,212.91元，其中一半55,106.45元由原告继承、领取。(2)判令上述款项所剩余的另一半55,106.45元归原告所有、领取。(3)丧葬费9800元(丧葬费4000元、抚恤金5800元)由原告领取、支配。

争议焦点

本案中，主要争议焦点是：(1)陈某是否丧失继承权；(2)如陈某未丧失继承权，陈某的继承份额是多少。

判决结果

一审法院认为，公民依法享有财产继承权。继承从被继承人死亡时开始。继承开始后，有遗嘱的按照遗嘱继承办理，没有遗嘱或遗赠扶养协议的按照法定继承办理。本案被继承人陈某1生前未立遗嘱，按照法定继承办理。金某是被继承人陈某1妻子，属于第一顺序继承人，依法享有继承权。赡养老人是子女应尽的不可推卸的责任，更是中华民族优良的传统美德。本案中，陈某是被继承人陈某1的唯一儿子，属于第一顺序继承人，但陈某对其父不尽赡养义务，不闻不问，不去医院看望，甚至在老人去世后，也未回家奔丧。陈某弃病中父亲于不顾的行为已构成遗弃，也就是对于年老、年幼、患病或者其他没有独立生活能力的人，负有抚养义务而拒绝抚养。根据《民法典》的相关规定，遗弃被继承人的，丧失继承权。因此，金某关于陈某不尽抚养义务、丧失继承权的主张，一审法院予以采纳。金某关于自2004年起即与陈某1共同生活、于××××年补办结婚登记手续一节，无证据证明，一审法院不予采信。陈某关于“回来看过老人；没有与老人在一起共同生活，因为陈某1有退休金、医保且与金某一起生活”的辩解，因陈某无证据证明其回来看过老人，且陈某1有退休金、医保及与金某一起生活，并不能成为其负有赡养义务而拒绝赡养的法定理由，故对其上述辩解，一审法院不予采信。判决被继承人陈某1个人住房公积金45,233.35元、基本养老保险金64,979.56元、丧葬费4000元、抚恤金5800元，均归金某所有。陈某不服一审判决，提起上诉。

二审法院认为，同一顺序继承人继承遗产的份额，一般应当均等。对生活有特殊困难又缺乏劳动能力的继承人，分配遗产时，应当予以照顾。对被继承人尽了主要扶养义务或者与被继承人共同生活的继承人，分配遗产时，可以多分。有扶养能力和有扶养条件的继承人，不尽扶养义务的，分配遗产时，应当不分或者少分。关于被继承人陈某1的遗产是否应当分配给陈某，因陈某1生前未有遗嘱，在陈某不认可其遗弃父亲陈某1的情况下，仅以金某陈述的“陈某与其父亲从不来往、不闻不问”认定上诉人陈某遗弃被继承人陈某1依据不足，根据双方陈述以及陈某未参与陈某1丧事等相关情况，结合日常生活经验法则，可以认定金某同被继承人共同生活且尽到了主要扶养义务，陈某未尽到扶养义务，同时考虑金某同被继承人共同生活的时间以及年龄、劳动能力等情况，在分配遗产时应对金某予以照顾。被继承人陈某1死亡时有公积金45,233.35元、基本养老保险金64,979.56元，上述款项中存在被继承人陈某1婚前缴纳部分，应属其婚前个人财产，经法院依法释明，双方当事人均未提供公积金及养老保险金年缴费明细，故无法对该部分陈某1婚前个人财产与陈某1、金某夫妻共同财产进行区分，同时考虑到前述照顾金某的遗产分配方案，认定公积金45,233.35元、基本养老保险金64,979.56元为陈某1、金某夫妻共同财产，该部分财产的1/2，即55,106.46元作为陈某1遗产进行分配。本案另有丧葬费及抚恤金9800元一并进行处理。因金某办理被继承人丧事现已花费12,290元，同时预留10,000元由金某负责处理丧事后续事宜。综上，尚需处理的遗产为42,616.46(55,106.46+9800-12,290-10,000)元，又因陈某未尽到扶养义务，按其少分的原则，法院酌定由陈某继承15,000元，剩余款由金某继承。

案例解读

上述判例中，法院判决主要适用的是《民法典》第1061、1127、1130条的规定。第1061条规定：“夫妻有相互继承遗产的权利。”第1127条第1款第1项规定：“遗产按照下列顺序继承：(一)第一顺序：配偶、子女、父母；……”第1130条规定：“同一顺序继承人继承遗产的份额，一般应当均等。对生活有特殊困难又缺乏劳动能力的继承人，分配遗产时，应当予以照顾。对被继承人尽了主要扶养义务或者与被继承人共同生活的继承人，分配遗产时，可以多分。有扶养能力和有扶养条件的继承人，不尽扶养义务的，分配遗产时，应当不分或者少分。继承人协商同意的，也可以不均等。”本案中，被继承人陈某1的父母早已去世，第一顺序继承人为金某和陈某。夫妻共同财产中的1/2为陈某1的遗产。陈某1生前与金某共同生活，金某尽了主要扶养义务，可以多分。陈某有扶养能力和有扶养条件，但未尽扶养义务，应当不分或者少分。因此，法院的判决是正确的。

第一千零六十二条 【夫妻共同财产】夫妻在婚姻关系存续期间所得的下列财产，为夫妻的共同财产，归夫妻共同所有：

（一）工资、奖金、劳务报酬；

（二）生产、经营、投资的收益；

（三）知识产权的收益；

（四）继承或者受赠的财产，但是本法第一千零六十三条第三项规定的除外；

（五）其他应当归共同所有的财产。

夫妻对共同财产，有平等的处理权。

条文解读

本条是关于夫妻共同财产的规定。

本条和第1063～1065条都属于夫妻财产制的规定。所谓夫妻财产制，是规定夫妻财产关系的法律制度，包括夫妻婚前财产和婚后所得财产的归属、管理、使用、收益和处分，家庭生活费用的负担，夫妻的对外财产责任，婚姻终止时夫妻财产的清算和分割等内容。[1]

本条规定的是共同财产制的内容，即婚后除特有财产外，夫妻在婚姻关系存续期间所得的财产均为夫妻共同财产，归夫妻共同所有。共同财产制是与分别财产制相对应的概念。所谓分别财产制，是指夫妻婚前、婚后所得的财产均归夫妻个人所有，各自独立行使管理、使用、收益和处分的权利。现实生活中，妇女往往处于经济弱势的一方，而她们往往又在养老育幼方面较男方承担了更多的责任，因此以共同财产制作为法定财产制，可以避免分别财产制造成的夫妻在事实上的不平等。所谓婚姻关系存续期间，是指夫妻结婚后到一方死亡（包括自然死亡和宣告死亡）或者双方离婚之前这段时间。根据本条规定，在此期间夫妻所得的财产，除法律另有规定或者当事人另有约定外，均属于夫妻共同财产。值得注意的是，这里的“所得”，既包括已经实际取得的财产性收益，也包括虽未实际占有，但已经明确可以取得的财产性收益。对于夫妻共同财产，夫妻双方为共同共有而非按

---

〔1〕 杨大文主编：《婚姻家庭法》（第4版），中国人民大学出版社2008年版，第150～151页。

份共有。

本条第1款第2项中的“投资的收益”，既包括利用夫妻共同财产进行投资取得的收益，也包括一方以个人财产投资取得的收益；第3项“知识产权的收益”，是指婚姻关系存续期间，实际取得或者已经明确可以取得的财产性收益；第4项中的“但是本法第一千零六十三条第三项规定的除外”，是指遗嘱或者赠与合同中确定属于夫或妻一方的个人财产；第5项“其他应当归共同所有的财产”，包括但不限于男女双方实际取得或者应当取得的住房补贴、住房公积金，男女双方实际取得或者应当取得的养老保险金、破产安置补偿费等。

“夫妻对共同财产，有平等的处理权”，应当理解为：（1）夫或妻在处理夫妻共同财产上的权利是平等的。因日常生活需要而处理夫妻共同财产的，任何一方均有权决定。（2）夫或妻非因日常生活需要对夫妻共同财产作重要处理决定，夫妻双方应当平等协商，取得一致意见。他人有理由相信其为夫妻双方共同意思表示的，另一方不得以不同意或不知道为由对抗善意第三人。

配套法规及解读

《民法典》（2020年5月28日）

第一千零六十六条 婚姻关系存续期间，有下列情形之一的，夫妻一方可以向人民法院请求分割共同财产：

（一）一方有隐藏、转移、变卖、毁损、挥霍夫妻共同财产或者伪造夫妻共同债务等严重损害夫妻共同财产利益的行为；

（二）一方负有法定扶养义务的人患重大疾病需要医治，另一方不同意支付相关医疗费用。

《〈民法典〉婚姻家庭编司法解释（一）》（2020年12月29日）

第二十四条 民法典第一千零六十二条第一款第三项规定的“知识产权的收益”，是指婚姻关系存续期间，实际取得或者已经明确可以取得的财产性收益。

第二十五条 婚姻关系存续期间，下列财产属于民法典第一千零六十二条规定的“其他应当归共同所有的财产”：

（一）一方以个人财产投资取得的收益；

（二）男女双方实际取得或者应当取得的住房补贴、住房公积金；

（三）男女双方实际取得或者应当取得的基本养老金、破产安置补偿费。

第二十六条　夫妻一方个人财产在婚后产生的收益，除孳息和自然增值外，应认定为夫妻共同财产。

第二十七条　由一方婚前承租、婚后用共同财产购买的房屋，登记在一方名下的，应当认定为夫妻共同财产。

第二十八条　一方未经另一方同意出售夫妻共同所有的房屋，第三人善意购买、支付合理对价并已办理不动产登记，另一方主张追回该房屋的，人民法院不予支持。

夫妻一方擅自处分共同所有的房屋造成另一方损失，离婚时另一方请求赔偿损失的，人民法院应予支持。

※法规解读：按照民法规定，共有分为按份共有和共同共有。夫妻对于夫妻共有的财产属于共同共有。共同共有的特点之一是在共有关系存续期间，共有人一般不得要求分割共有物。在夫妻共有关系中，只要婚姻关系仍然存在，夫妻一方即不得请求分割共同财产。但《民法典》第1066条根据现实需要作出了例外规定，即有重大理由且不损害债权人利益的情形下，夫妻一方可以请求分割共同财产。这些重大理由包括一方有严重损害夫妻共同财产利益行为的；一方负有法定扶养义务的人患重大疾病需要医治，另一方不同意支付相关医疗费用等。这样规定，兼顾了债权人和夫妻财产的合法权利人的利益，同时考虑了身患重大疾病的被扶养人的实际需要，因此是合理的。

近些年来，房地产市场持续升温，房屋价格长期处于上涨趋势，且经常会在较短时间内大幅上涨。现实中出现了很多房屋买卖纠纷，相当一部分是以夫妻一方名义出售夫妻共有房屋，发现房价大幅上涨后以未经另一方同意为由主张买卖合同无效。遇到这种情况应当如何处理？《〈民法典〉婚姻家庭编司法解释（一）》第28条的规定体现了对善意第三人的保护。出售夫妻共同所有的房屋属于对夫妻共同财产的重大处分行为，应由夫妻双方共同决定。但一方未经另一方同意擅自出售夫妻共有房屋的，如果买受人为善意第三人，另一方以未经己方同意为由主张房屋买卖合同无效的，人民法院不予支持。买受人在何种情况下构成善意第三人？作为善意第三人必须同时满足如下条件：第一，买受人主观上是善意的，即买受人不知道也不应当知道出售人未经配偶一方同意擅自出售共有房屋。如果买受人的不知情是因为其重大过失造成的，则其为不善意。例如，买受人明知出卖人所售房屋是夫妻共同财产,出卖人自称已经取得配偶一方的同意,买受人未经核实即轻信,此时买受人即不是善意的。第二,合理的价款。如果房屋价格明显低于市场价格,即使买受人已经交付价款,也不能构成善意第三人。第三,房屋已经办理了产权过户登记手续。同时满足了上述三个条件,则买受人为善意第三人,其有权取得房屋所有权。配偶一方因此遭受的损失,可以在离婚时请求擅自处分的一方给予赔偿。夫妻关系存续期间要求赔偿的,人民法院不予支持。

《民法典》第 1062 条以列举的方式规定了夫妻共同财产的范围,同时在该条第 1 款第 5 项规定了兜底条款。《〈民法典〉婚姻家庭编司法解释(一)》第 25 条列举了三项属于"其他应当归共同所有的财产",但注意其使用的是"'下列财产属于'……'其他应当归共同所有的财产'",而非"'其他应当归共同所有的财产'包括……"这样的表达方式,这本身即说明司法解释的列举也并未穷尽。事实上,随着社会的不断发展,财产的种类和形式日益增多,法律不可能将所有属于夫妻共同财产的形式全部列举出来,因此在处理具体案件时,应根据实际情况加以判断。第 24 条解释了属于夫妻共同财产的知识产权收益的范围。这既包括已经实际取得的财产性收益,也包括虽未实际取得,但已经明确可以取得的财产性收益。例如,在婚姻关系存续期间一方出版了一本著作,其有权获得稿费,但婚姻关系终止时出版社尚未支付这笔稿费,尽管并未实际得到,但这笔稿费也属于夫妻共同财产,因为这属于夫妻关系存续期间已经明确可以取得的财产性收益。

夫妻一方个人财产在婚后产生的收益应认定为个人财产还是夫妻共同财产?《〈民法典〉婚姻家庭编司法解释(一)》第 26 条规定,这部分收益除孳息和自然增值外,应认定为夫妻共同财产。物可分为原物与孳息。原物是产生收益的物,孳息是原物所生的收益。例如,果树结果,果树就是原物,果实就是孳息。孳息分为天然孳息与法定孳息。前者是指依物的自然属性所生的收益,如奶牛所产的牛奶,后者指依法律关系所生的收益,如出租房屋的租金。根据民法的一般原理,除了法律另有规定或者当事人另有约定外,孳息归原物的所有人所有。因此,属于夫妻一方个人所有的财产属于"原物",其所生孳息当然应归原物所有人即该个人一方所有。此外,一方个人财产的婚后自然增值部分也应当属于该方所有。但夫妻一方个人所有的财产在婚后用于投资产生的收益,如买卖股票、投资办厂等,属于夫妻共同财产。

关联法规索引

《妇女权益保障法》第47条;《〈民法典〉婚姻家庭编司法解释(一)》第79条

典型案例

何某1与张某1返还原物纠纷案〔1〕

案件事实

何某1与张某1于2013年1月4日登记结婚。婚后育有一子张某2。车牌号为×××的丰田牌小型轿车,发动机号码为×××号,由何某1父母出资,购买于2013年8月23日,车辆登记的所有人为何某1,由张某1使用。何某1向一审法院起诉,请求判令张某1将何某1名下车牌号为×××汽车返还。

争议焦点

本案中,主要争议焦点是涉案车辆是否为何某1一方的财产。

判决结果

一审法院认为,何某1与张某1于2013年1月4日登记结婚,婚后于2013年8月23日购买丰田牌小型轿车一辆。根据双方提交的证据及法院查明的事实,张某1主张由其二人出资部分的事实未提交证据予以证明,且张某1在两次庭审中陈述不一,法院对其意见不予支持。因此该车辆由何某1的父母全款出资购买于二人结婚后,根据《民法典》的相关规定,该车辆虽然由何某1的父母出资购买,登记在何某1名下,但是何某1未提交证据证明该车辆是由其父母赠与给何某1一方,因此该车辆应认定为夫妻共同财产。因何某1、张某1均是涉诉车辆的所有权人,何某1主张返还该车辆的请求法院不予支持。一审法院判决:驳回何某1的诉讼请求。何某1不服一审判决,提起上诉。

二审法院认为,涉案车辆购买于婚后,系婚姻关系存续期间所得的财产,原则上应为夫妻共同财产,如何某1主张系其一方财产,需就此举证,否则应承担不利的后果。一审中,何某1上述主张的依据为购车款系其父母出资;二审中,何某1提交落款日期为2021年12月1日的书面证人证言一份,欲证明购车款

〔1〕北京市第三中级人民法院(2022)京03民终123号。

系其父赠与何某1，而非赠与张某1。首先，出资购车可能是赠与双方、赠与一方或是形成债权。其次，何某1在二审中才提交书面证言欲证明非赠与张某1，但证人未出庭作证。根据法律规定，无正当理由未出庭的证人以书面等方式提供的证言，不得作为认定案件事实的根据；与一方当事人或者其代理人有利害关系的证人陈述的证言亦不能单独作为认定案件事实的根据。综上，何某1所称父母出资购车赠与其一人的主张，证据不足，法院无法采信。综上，判决驳回上诉，维持原判。

案例解读

上述判例中法院判决主要适用的是《民法典》第1062条的规定，即“夫妻在婚姻关系存续期间所得的下列财产，为夫妻的共同财产，归夫妻共同所有：（一）工资、奖金、劳务报酬；（二）生产、经营、投资的收益；（三）知识产权的收益；（四）继承或者受赠的财产，但是本法第一千零六十三条第三项规定的除外；（五）其他应当归共同所有的财产。夫妻对共同财产，有平等的处理权”。本案中，涉案车辆购买于婚后，何某1不能证明其父母出资购车是仅对其一人的赠与，因此该车辆应认定为夫妻共同财产。因何某1、张某1均是涉诉车辆的所有权人，故何某1主张返还该车辆的请求法院不予支持。

第一千零六十三条 【夫妻个人财产】 下列财产为夫妻一方的个人财产：

（一）一方的婚前财产；

（二）一方因受到人身损害获得的赔偿或者补偿；

（三）遗嘱或者赠与合同中确定只归一方的财产；

（四）一方专用的生活用品；

（五）其他应当归一方的财产。

条文解读

本条是关于夫妻特有财产的规定。

所谓夫妻特有财产，是指夫妻在实行共同财产制的同时，依照法律规定或夫妻间的约定，夫妻各自保留的一定范围的个人所有财产。本条属于法定特有财产的规定，即依照法律规定而非夫妻双方约定所确认的夫妻双方各自所有的个人财产。特有财产的特点是仅归夫或妻一方所有，因此其独立于夫妻共同财产之外，夫妻对各自的特有财产享有绝对支配权，有权独立的管理、使用、收益和处分，他人不得干涉，否则即构成侵权。当然，特有财产归夫妻个人所有的特点并不妨碍在需要时夫或妻以其特有财产用以对家庭共同生活费用的负担。在夫妻共同财产不足以负担家庭生活费用时，夫妻应当以各自的特有财产分担。

根据本条规定，属于夫妻一方的财产包括：第一，一方的婚前财产。该部分在婚姻关系成立以前即已存在，其取得与配偶或婚姻的缔结无关，因此在婚后也应属于个人财产。第二，一方因受到人身损害获得的赔偿和补偿。法律之所以这样规定，是因为上述费用是受到人身损害的一方以在身体上和精神上承受痛苦为代价换来的，是其救治伤患乃至日后维持生活的必要费用。如果将这些费用列入夫妻共同财产，则一旦双方离婚，配偶一方有权依法请求分割，受到人身损害的一方的日常生活可能无以为继。因此，这部分费用只能专属于受到损害的一方所有。第三，遗嘱或赠与合同中确定只归夫或妻一方的财产。《民法典》第 1062 条第 1 款第 4 项原则性地规定在婚姻关系存续期间夫妻继承或者受赠所得的财产属于夫妻共同财产。但例外规定，如果遗嘱或赠与合同中明确规定只归夫或妻一方所有，则按照意思自治原则，应当尊重遗嘱人或者赠与人的意愿，使这部分财产仅归夫或妻一方所有。第四，一方专用的生活用品。生活用品是指日常生活起居所需要的物品，如衣物、残疾人专用器具等。判断是否属于个人生活物品还要根据实际情况综合考虑，如应考虑物品的价值等。对于一些价值较高的物品，即使属于一方专用，一般也不宜认定为个人财产。第五，其他应当归一方的财产。

配套法规及解读

《〈民法典〉婚姻家庭编司法解释(一)》(2020 年 12 月 29 日)

第二十九条　当事人结婚前，父母为双方购置房屋出资的，该出资应当认定为对自己子女个人的赠与，但父母明确表示赠与双方的除外。

当事人结婚后，父母为双方购置房屋出资的，依照约定处理；没有约定或者约定不明确的，按照民法典第一千零六十二条第一款第四项规定的原则处理。

第三十条　军人的伤亡保险金、伤残补助金、医药生活补助费属于个人财产。

第三十一条　民法典第一千零六十三条规定为夫妻一方的个人财产，不因婚姻关系的延续而转化为夫妻共同财产。但当事人另有约定的除外。

※法规解读：《民法典》第1063条规定的夫妻特有财产，不因婚姻关系的延续而转化为夫妻共同财产。也就是说，无论婚姻关系持续多长时间，法定的夫妻个人财产仍然属于夫妻一方个人所有，不因婚姻关系的持续转化为夫妻共同财产。当然，如果当事人自愿在婚姻关系存续期间通过约定形式将个人财产转化为夫妻共同财产，应视为权利人一方对另一方的赠与，只要是当事人的真实意思表示，法律自然不应加以干涉，因此司法解释作了例外规定，允许当事人约定将个人财产转化为夫妻共同财产，这是符合当事人利益的。

由父母出资为子女购买的不动产属于夫妻共同财产还是子女个人财产？对此问题应当区别对待。①婚前购买。当事人结婚前，父母为双方购置房屋等不动产出资的，尽管是为双方结婚所用，但由于该不动产是婚前购买，自然属于出资的父母己方子女的个人财产，该出资理应认定为对自己子女的个人赠与，而与婚姻当事人另一方无关。但如果不动产证书上登记的是婚姻当事人双方的名字，或者另一方有证据证明该房屋是父母对双方的赠与，则应当视为夫妻共同财产。②婚后购买。当事人结婚后，一方父母出资为子女购买的不动产，依照约定处理，即出资父母表示赠与双方的，则为对双方的赠与；赠与其中一方的，则为对该方的赠与。没有约定或者约定不明确的，视为对双方的赠与。

关联法规索引

《民法典》第299、1087、1089条

典型案例

刘某与郑某离婚纠纷案[1]

案件事实

原告刘某与被告郑某于××××年××月××日登记结婚，现无子女，且夫妻

〔1〕 河南省郸城县人民法院(2021)豫1625民初3110号。

感情确已破裂。原告婚前个人财产彩电、电脑各1台，电车1辆、被子12条，茶瓶、大盆、小盆、搓衣板各1个。双方无共同财产。原告刘某向法院提出诉讼请求：(1)依法判令原告与被告离婚；(2)原告的婚前财产归原告所有。

争议焦点

本案中，被告郑某同意离婚，主要争议焦点是刘某的婚前财产归谁所有。

判决结果

法院认为，本案原告刘某与被告郑某夫妻感情确已破裂，应准予离婚。原告婚前财产仍应归原告所有，判决准予原告刘某与被告郑某离婚；原告婚前财产彩电、电脑各1台，电车1辆、被子12条，茶瓶、大盆、小盆、搓衣板各1个归原告刘某所有。

案例解读

上述判例中法院判决主要适用的是《民法典》第1063条第1项的规定，即"下列财产为夫妻一方的个人财产：(一)一方的婚前财产"。本案中，被告认可原告主张的财产系原告婚前财产，因此法院判决这部分财产归原告所有。

第一千零六十四条　【夫妻共同债务】夫妻双方共同签名或者夫妻一方事后追认等共同意思表示所负的债务，以及夫妻一方在婚姻关系存续期间以个人名义为家庭日常生活需要所负的债务，属于夫妻共同债务。

夫妻一方在婚姻关系存续期间以个人名义超出家庭日常生活需要所负的债务，不属于夫妻共同债务；但是，债权人能够证明该债务用于夫妻共同生活、共同生产经营或者基于夫妻双方共同意思表示的除外。

条文解读

本条是关于夫妻共同债务的规定。

根据本条规定，以下三类债务属于夫妻共同债务：(1)基于共同意思表示所负的夫妻共同债务。这就是所谓的"共债共签"，夫妻二人通过在借条等借款凭证上共同签名或者一方借款，另一方事后追认等共同的意思表示对债务表示认可，此类债务属于夫妻共同债务。此类夫妻共同债务在实践中最易认定，减轻了债权人的举证责任，同时保护了夫妻一方的知情同意权。(2)以个人名义为家庭日常生活需要所负的夫妻共同债务。这是夫妻日常家事代理权的具体体现。夫妻因家庭日常生活需要所为且金额不大的行为，任何一方均有权作出决定，且一经作出即代表夫妻双方的共同意思表示。因此，只要是为家庭日常生活需要所负的债务，虽然是以夫妻个人名义举债，仍然属于夫妻共同债务。(3)债权人能够证明的夫妻共同债务。夫妻一方在婚姻关系存续期间以个人名义超出家庭日常生活需要所负的债务，不属于夫妻共同债务；但是，债权人能够证明该债务用于夫妻共同生活、共同生产经营或者基于夫妻双方共同意思表示的除外。这里强调了债权人的举证责任，督促债权人尽到谨慎注意义务，对于大额借款尽可能实现“共债共签”。

配套法规及解读

《〈民法典〉婚姻家庭编司法解释(一)》(2020年12月29日)

第三十三条 债权人就一方婚前所负个人债务向债务人的配偶主张权利的，人民法院不予支持。但债权人能够证明所负债务用于婚后家庭共同生活的除外。

第三十四条 夫妻一方与第三人串通，虚构债务，第三人主张该债务为夫妻共同债务的，人民法院不予支持。

夫妻一方在从事赌博、吸毒等违法犯罪活动中所负债务，第三人主张该债务为夫妻共同债务的，人民法院不予支持。

第三十五条 当事人的离婚协议或者人民法院生效判决、裁定、调解书已经对夫妻财产分割问题作出处理的，债权人仍有权就夫妻共同债务向男女双方主张权利。

一方就夫妻共同债务承担清偿责任后，主张由另一方按照离婚协议或者人民法院的法律文书承担相应债务的，人民法院应予支持。

第三十六条 夫或者妻一方死亡的，生存一方应当对婚姻关系存续期间的夫妻共同债务承担清偿责任。

※法规解读：一方婚前财产主要是指积极财产，但也可能包括消极财产，即债务。一方婚前所负个人债务是否因婚姻的缔结而转化为夫妻共同债务？答案是否定的。既然法律规定夫妻一方所有的财产始终是一方个人的财产，不因婚姻关系的延续而转化为夫妻共同财产，那么一方婚前所负的个人债务，自然也应当始终是个人债务，不应要求配偶一方共同承担，这也符合权利义务相一致的要求。因此，

《〈民法典〉婚姻家庭编司法解释(一)》规定,债权人就一方婚前所负个人债务向债务人的配偶主张权利的,人民法院不予支持。也就是说,婚前形成的以一方个人名义所负的债务原则上属于个人债务。实践中,经常存在一方婚前举债用于购置结婚物品、家用电器、生活器具等这类现象,在这种情况下,债务人婚前举债是为了婚后夫妻双方的共同利益,因此债务人的配偶一方也应当承担债务清偿责任。只不过此时要由债权人承担举证责任,证明债务人所负债务用于婚后家庭共同生活。因此,作为例外规定,如果债权人能够证明债务人婚前所负债务用于婚后家庭共同生活的,则该债务应当认定为夫妻共同债务,由夫妻双方共同偿还。

根据《〈民法典〉婚姻家庭编司法解释(一)》第34条的规定,虚假债务和非法债务不受法律保护。虚假债务,是指夫妻一方与第三人串通而虚构的债务,通过让夫妻另外一方分担并不存在的债务,实现转移夫妻共同财产或者离婚时多分财产的目的。非法债务,是指夫妻一方在从事赌博、吸毒等违法犯罪活动中所负的债务。虚假债务和非法债务不属夫妻共同债务,不受法律保护。

不论是婚姻关系存续期间还是离婚后,夫妻共同债务均应由夫妻双方共同清偿。即使夫妻双方在离婚协议中就夫妻共同债务的承担进行了约定,或者人民法院的生效裁判文书、调解书已对夫妻共同债务的清偿作出处理,当事人双方仍然应当对夫妻共同债务承担连带清偿责任。一方清偿夫妻共同债务后,可以按照离婚协议或者人民法院的生效裁判文书、调解书向另一方追偿。

典型案例

孙某某与魏某、张某某等民间借贷纠纷案[1]

案件事实

被告魏某、张某某系夫妻。婚姻关系存续期间,被告魏某向原告孙某某借款×万元,借款通过网银转账完成支付。借款当日,魏某出具了×万元借条和收条各一张。后魏某再次向孙某某借款×万元,并于借款当日出具了×万元的借条和收条,借款以现金方式支付。魏某向原告妻子孙某梅两次分别转账××元、××元用于

[1] 辽宁省大连市中级人民法院(2022)辽02民终1031号。

偿还借款。魏某多次向孙某某转账合计××元,尚欠××元未还。孙某某向一审法院起诉请求:依法判令被告魏某、张某某立即给付欠款人民币××元,并承担利息。

争议焦点

本案中,主要争议焦点之一是张某某是否承担还款责任。

判决结果

二审法院认为,一审中上诉人魏某举证证明案涉款项系帮助案外人黄某所借,在孙某某未提供证据证明案涉借款用于魏某与张某某家庭共同生活或共同生产经营的情况下,一审以张某某未提供证据证明和未进行合理说明,认定上诉人孙某某陈述案涉借款用于购房具有合理性为由,认定案涉借款系夫妻共同债务,无事实和法律依据。因此,依法判决张某某不承担还款责任。

案例解读

上述判例中法院判决主要适用的是《民法典》第1064条第2款的规定,即"夫妻一方在婚姻关系存续期间以个人名义超出家庭日常生活需要所负的债务,不属于夫妻共同债务;但是,债权人能够证明该债务用于夫妻共同生活、共同生产经营或者基于夫妻双方共同意思表示的除外"。本案中,魏某已经举证证明案涉款项并非用于家庭日常生活需要,在张某某并未在借条上签字的情况下,如孙某某认为案涉款项属于夫妻共同债务,应当举证证明该债务用于夫妻共同生活或者共同生产经营,否则其主张不能成立,张某某不承担还款责任。

第一千零六十五条　【夫妻约定财产制】 男女双方可以约定婚姻关系存续期间所得的财产以及婚前财产归各自所有、共同所有或者部分各自所有、部分共同所有。约定应当采用书面形式。没有约定或者约定不明确的,适用本法第一千零六十二条、第一千零六十三条的规定。

夫妻对婚姻关系存续期间所得的财产以及婚前财产的约定,对双方具有法律约束力。

夫妻对婚姻关系存续期间所得的财产约定归各自所有,夫或者妻一方对外所负的债务,相对人知道该约定的,以夫或者妻一方的个人财产清偿。

条文解读

本条是关于夫妻约定财产制的规定。

所谓约定财产制，是指夫妻双方在结婚之后或者结婚之前以契约的形式约定婚前财产、婚后各自的收入的归属、管理、使用、处分、收益及债务清偿、婚姻解除时财产清算等事项，并排除法定夫妻财产制适用的制度。[1]

约定财产制是相对于法定财产制而言的。法定财产制即直接由法律对夫妻财产归属等问题进行规定。约定财产制由于更能体现当事人的真实意愿，因此应当优先于法定财产制适用。《民法典》既规定了夫妻法定财产制（第 1062 ~ 1063 条），又规定了夫妻约定财产制。实行约定优先原则，即有约定的先按约定执行，没有约定或约定不明确的，再按《民法典》第 1062 ~ 1063 条规定的法定夫妻财产制执行。适用本条规定，应当注意以下问题：

第一，关于夫妻财产约定的类型。（1）各自所有。即婚前及婚后所得财产均归各自所有。（2）共同所有。即婚前及婚后所得全部财产均由夫妻不分份额地共同享有所有权。（3）部分各自所有、部分共同所有。

第二，关于约定的条件。夫妻对财产关系进行约定是一种民事法律行为，因此既要符合民事法律行为的一般要件，又要符合婚姻家庭编的有关规定。夫妻对财产关系的约定只有在符合下列要件的情况下，才能发生法律效力。（1）缔约双方必须具有完全民事行为能力，这是构成民事法律行为的首要条件。（2）缔约双方必须具有合法的夫妻身份，未婚同居者或者婚外同居者对财产关系的约定，不属于夫妻财产约定，对此期间取得的财产，应按法律规定处理。（3）约定必须是双方的真实意思表示。以欺诈、胁迫手段或乘人之危使对方在违背真实意思的情况下作出的约定，对方有权请求变更或者撤销。（4）约定的内容必须合法，不得利用约定规避法律，损害国家、集体或他人利益。例如，现实中为了逃避债务，夫妻假离婚，约定债务全部由一方承担，而夫妻财产全部归另一方所有。这种约定即属违法约定，不具有法律效力。

第三，关于约定的方式。约定应当采用书面形式。这是因为口头约定不利于举证，在双方就夫妻财产发生争议而一方又不承认存在口头约定或虽承认存在口

[1]《婚姻家庭司法解释实例释解》，人民法院出版社 2006 年版，第 171 页。

头约定但就约定的内容有争议时，不利于弄清事实真相，难以保护权利人的合法利益。当然，双方仅以口头形式约定，且对口头约定的存在不存争议的，该约定有效。

第四，关于约定的时间。对财产关系进行约定的时间，既可以在婚前也可以在婚后。

第五，关于约定的范围。对夫妻财产约定的范围既可以是婚姻关系存续期间所得的财产以及婚前财产的全部，也可以只是其中的一部分。

第六，关于约定的效力。包括对夫妻双方的效力以及对第三人的效力。(1)对夫妻双方的效力。根据本条第 2 款的规定，夫妻对财产关系的约定，对双方均具有法律约束力。这意味着，在婚姻关系存续期间，夫妻要按照有关财产关系的约定，对于夫妻共有的财产，双方均有平等决定权；对于属于夫妻一方个人所有的财产，另一方要尊重其所有权，不得干涉所有一方对该财产的管理、使用、收益和处分。在离婚涉及财产分割时，按照约定属于一方个人所有的财产，另一方不得要求作为夫妻共有财产分割。在因一方死亡而导致婚姻关系终止时，也应当按照双方的事先约定将一方个人财产与夫妻共同财产区分开来，因为这决定了遗产范围的大小，直接影响了其他继承人的合法权益。(2)对相对人的效力。夫妻之间对于财产关系的约定能否对相对人发生效力？这要取决于该相对人是否知道夫妻间的约定。根据本条第 3 款的规定，在夫妻约定婚后所得归各自所有的情况下，夫或妻一方对外所负的债务，如果相对人知道夫妻间的上述财产约定，该债务应当视为夫或妻一方的个人债务，应以其个人财产清偿；如果相对人不知道夫妻间的上述财产约定，该债务应当视为夫妻共同债务，夫与妻承担连带清偿责任。

配套法规及解读

《〈民法典〉婚姻家庭编司法解释(一)》(2020 年 12 月 29 日)

第三十三条 债权人就一方婚前所负个人债务向债务人的配偶主张权利的，人民法院不予支持。但债权人能够证明所负债务用于婚后家庭共同生活的除外。

第三十五条 当事人的离婚协议或者人民法院生效判决、裁定、调解书已经对夫妻财产分割问题作出处理的，债权人仍有权就夫妻共同债务向男女双方主张权利。

一方就夫妻共同债务承担清偿责任后，主张由另一方按照离婚协议或者人民法院的法律文书承担相应债务的，人民法院应予支持。

第三十六条 夫或者妻一方死亡的,生存一方应当对婚姻关系存续期间的夫妻共同债务承担清偿责任。

第三十七条 民法典第一千零六十五条第三款所称"相对人知道该约定的",夫妻一方对此负有举证责任。

※法规解读:实践中,经常有夫妻在协议离婚时对夫妻共同债务的清偿比例进行了约定,甚至有的夫妻为了逃避债务而约定一方"净身出户"且承担全部债务,或者是在诉讼离婚时经法院裁判确定了财产分割及债务清偿。在这种情况下,夫妻之间的约定或者是人民法院的裁判对债权人不发生效力,债权人仍有权就夫妻共同债务向男女双方主张权利。清偿债务的数额超过了约定或法院裁判规定的一方,有权就超过的部分向另一方追偿。

夫妻关系存续期间一方以个人名义所负债务,原则上应按夫妻共同债务处理。但是法律也作了例外规定。根据《民法典》第1065条第3款的规定,第三人知道夫妻对婚姻关系存续期间所得的财产约定归各自所有的,夫或妻一方对外所负的债务,应认为是该方的个人债务。问题是,如何判断第三人知道或不知道该约定?《〈民法典〉婚姻家庭编司法解释(一)》第37条将举证责任分配给了对外借债一方的配偶,即主张自己不应就另一方对外所负的债务承担共同清偿责任的一方,负责举证证明在发生债权债务关系时,第三人知道夫妻婚后所得归各自所有的约定。如不能举证,则该方应与借债一方承担共同清偿责任。

关联法规索引

《〈民法典〉婚姻家庭编司法解释(一)》第69条

典型案例

孙某、田某离婚后财产纠纷案[1]

案件事实

田某、孙某原系夫妻关系,2021年7月27日,双方在抚顺市东洲区民政局协议

---

〔1〕 辽宁省沈阳市中级人民法院(2021)辽01民终17987号。

离婚,并签订离婚协议书。协议约定:“……其他:小型轿车一辆男方所有,号牌号码:辽A×××××　品牌型号:丰田牌。男方支付女方人民币壹拾万元整,于2021年7月27日当日付清。注:我俩具有完全民事行为能力,对自己的意愿和签署的协议负完全责任。我俩自愿离婚,完全同意本协议书的各项安排,亦无其他不同意见”。在离婚冷静期和离婚当天,孙某先后向田某转账27万元。

田某提供协议一份,内容为:“本人孙某,身份证号码(210123×××××××××××××),承认女方田某身份证号(210421×××××××××××××),在婚前买房首付、装修、家电等累计支出25万元整,若双方离婚,男方应归还女方人民币25万元整,如非双方中任一方出现婚外情,赌博等恶劣情况,双方十年之内不得离婚。”田某、孙某在协议落款处签字。现田某向法院提起诉讼,要求判令孙某给付田某25万元。

争议焦点

本案中,主要争议焦点是田某提供的协议与离婚协议书的效力认定及两份协议的关系及如何履行问题。

判决结果

一审法院认为,第一,关于田某提供的协议的效力问题。双方均认可协议系本人签署,是真实意思表示,双方达成的协议内容真实有效,无论协议在婚前还是婚内签署,该份协议对双方当事人均具有法律约束力,协议约定“若双方离婚,男方应归还女方人民币25万元整”,现田某、孙某已办理离婚手续,故孙某应给付田某25万元。第二,关于离婚协议书的效力认定问题。田某、孙某离婚时在民政局签订了离婚协议书,该离婚协议书是双方真实意思表示,所达成的协议内容真实有效,离婚协议中关于财产分割的条款或者当事人因离婚就财产分割达成的协议,对双方均具有法律约束力,双方当事人均应遵守,并依法依约履行各自义务。故孙某应按照离婚协议书约定给付田某10万元。第三,关于两份协议的关系及如何履行问题。田某提供的协议是婚前或婚内双方对夫妻财产的约定,离婚协议书是男女双方当事人在解除婚姻关系时对夫妻财产进行分配而达成的协议。孙某未提供证据证明两份协议存在重叠或者包含关系,故孙某均应履行相应义务。在离婚冷静期和离婚当天,孙某先后向田某转账27万元。田某未能就孙某向其支付27万元做出不是履行协议中约定的25万元的合理解释,根据两份协议约定,孙某应给付田某共计35万元,故孙某应当另行给付田某8万元。孙某不服一审判决,提起上诉,二审法院判决驳回上诉，维持原判。

案例解读

上述判例中法院判决主要适用的是《民法典》第1065条第1款和第2款的规定，即“男女双方可以约定婚姻关系存续期间所得的财产以及婚前财产归各自所有、共同所有或者部分各自所有、部分共同所有。约定应当采用书面形式。没有约定或者约定不明确的，适用本法第一千零六十二条、第一千零六十三条的规定。夫妻对婚姻关系存续期间所得的财产以及婚前财产的约定，对双方具有法律约束力”。本案中，田某提供的协议系双方对田某婚前财产归属的约定，对双方具有法律约束力。孙某应当依据该协议支付田某25万元。另依据离婚协议，孙某应向田某支付10万元。因此，扣除孙某已向田某支付的27万元，孙某还应向田某支付8万元。

第一千零六十六条　【夫妻共同财产分割】婚姻关系存续期间，有下列情形之一的，夫妻一方可以向人民法院请求分割共同财产：

（一）一方有隐藏、转移、变卖、毁损、挥霍夫妻共同财产或者伪造夫妻共同债务等严重损害夫妻共同财产利益的行为；

（二）一方负有法定扶养义务的人患重大疾病需要医治，另一方不同意支付相关医疗费用。

条文解读

本条是关于夫妻共同财产分割的规定。

按照《民法典》的规定，共有分为按份共有和共同共有。夫妻共有财产属于共同共有。共同共有的特点之一是在共有关系存续期间，除非共有的基础丧失或者有重大理由需要分割，否则共有人一般不得请求分割共有物。在夫妻共有关系中，只要婚姻关系仍然存在，除非存在重大理由，否则夫妻任何一方不得请求分割共有财产。本条列举了可以在婚姻关系存续期间请求分割共同财产的几种情形，包括一方有严重损害夫妻共同财产利益的行为；一方负有法定扶养义务的人患重大疾病需要医治，另一方不同意支付相关医疗费用等。这样规定，兼顾了债权人和夫妻财产的合法权利人的利益，同时考虑了身患重大疾病的被扶养人的实际需要，因此是合理的。

配套法规

《〈民法典〉婚姻家庭编司法解释(一)》(2020 年 12 月 29 日)

第三十八条 婚姻关系存续期间,除民法典第一千零六十六条规定情形以外,夫妻一方请求分割共同财产的,人民法院不予支持。

关联法规索引

《民法典》第 303 条

典型案例

胡某、鲍某婚内夫妻财产分割纠纷案[1]

案件事实

胡某与鲍某为夫妻关系。2020 年 7 月,胡某起诉离婚,经法院审理调解和好。2021 年 2 月,胡某再次起诉离婚,法院判决不准胡某与鲍某离婚。2021 年 3 月 1 日,鲍某姐姐鲍晓某和鲍爱某起诉继承父母遗产,后因遗产和鲍某、胡某夫妻共同财产未进行析产而申请撤诉。2021 年 4 月 2 日,鲍某与前妻雷某某生育,由雷某某抚养的女儿王某某起诉要求鲍某支付生活费用 18 万元,某县人民法院作出民事调解书,确定鲍某愿于 2021 年 6 月 10 日前给付王某某教育、生活等费用 18 万元。胡某认为鲍某转移夫妻共同财产、虚构夫妻共同债务、断供家庭生活费用、隐藏家庭共有财产、挥霍夫妻共同财产、侵犯胡某的合法财产权益,起诉要求依法分割夫妻共同财产。

争议焦点

本案中,主要争议焦点是胡某主张进行婚内财产分割是否应当支持。

判决结果

法院认为,王某某起诉要求鲍某支付教育生活费用,鲍晓某、鲍爱某主张继承父母遗产均属行使其合法权利。胡某在一、二审中出示的证据并不能证明鲍某存

---

[1] 甘肃省平凉市中级人民法院(2021)甘 08 民终 1478 号。

在法律规定可以提起婚内共同财产分割的行为。至于鲍某与前妻所生女儿抚养费纠纷一案的调解书，胡某已通过第三人撤销之诉行使权利。胡某承担举证不能的后果，胡某的诉讼请求不予支持。

案例解读

上述判例中法院判决主要适用的是《民法典》第 1066 条的规定，即“婚姻关系存续期间，有下列情形之一的，夫妻一方可以向人民法院请求分割共同财产：（一）一方有隐藏、转移、变卖、毁损、挥霍夫妻共同财产或者伪造夫妻共同债务等严重损害夫妻共同财产利益的行为；（二）一方负有法定扶养义务的人患重大疾病需要医治，另一方不同意支付相关医疗费用”。本案中，胡某不能证明鲍某存在上述行为，因此其诉讼请求不能获得支持。

第二节　父母子女关系和其他近亲属关系

第一千零六十七条　【父母的抚养义务和子女的赡养义务】父母不履行抚养义务的，未成年子女或者不能独立生活的成年子女，有要求父母给付抚养费的权利。

成年子女不履行赡养义务的，缺乏劳动能力或者生活困难的父母，有要求成年子女给付赡养费的权利。

条文解读

本条是关于家庭中父母与子女之间抚养和赡养义务的规定。

父母对子女的抚养义务，主要是针对 18 周岁以下未成年子女而言。对未成年子女的抚养是父母应负的法定义务，《宪法》和《未成年人保护法》对此都有明确规定。未成年子女由于身心发育尚不成熟或者仍在校就读等原因没有其他经济来源，只能依赖于父母的抚养生活，因此父母对未成年子女的抚养是无条件的，在任何情况下都不能免除，即使夫妻离婚，不与子女共同生活的一方也不能免除其抚养义务，仍应按照夫妻双方的约定或法院的裁判向未成年子女支付抚养费用。离婚后，父母也不得因子女变更姓氏而拒付子女抚养费。父母对成年子女的抚养则是有条件的，如果成年子女因疾病、残疾或因短期内在校学习而不能独立生活，并且父母具备供养的经济能力，则父母可以根据现实需要和可能，给予一定的帮助。父母不履行抚养义务的，未成年子女或者不能独立生活的成年子女，有要求父母给付抚养费的权利。司法实践中，比较常见的是父母双方离婚，不与子女共同生活的一方拒不履行抚养义务，拒绝支付抚养费。在父母不主动履行抚养义务时，子女有权要求父母给付抚养费，如果父母仍然拒绝给付，可通过诉讼要求给付。在诉讼中应以该未成年子女的名义提起诉讼，与子女共同生活的一方作为法定代理人参与诉讼。

成年子女对父母有赡养扶助的义务。赡养是指子女在物质上和经济上为父母提供必要的生活条件；扶助则是指子女对父母在精神上和生活上的关心、帮助和照料。赡养父母是成年子女对父母的法定义务，父母是否再婚、子女是否放弃继承权等均不影响成年子女所负的法定义务，但该义务以成年子女有赡养能力、父母确需要赡养为必要条件。同时，成年子女对父母所负的赡养义务不以父母对其承担了抚养义务为前提条件。即使父母没有尽到抚养义务，有赡养能力的成年子女也不能免除其应承担的赡养义务。成年子女不履行赡养义务时，缺乏劳动能力或者生活困难的父母，有要求成年子女付给赡养费的权利。在满足父母物质和经济上需要的同时，子女应当在精神上和生活上关心照顾老人，这是子女对父母的扶助义务的体现。现实中，有老人起诉子女，不提出经济上的要求，只要求“子女常回家看看”，法院即依据本条规定作出判决，支持了老人的诉讼请求。根据《老年人权益保障法》的规定，与老年人分开居住的家庭成员，应当经常看望或者问候老年人。

配套法规及解读

《民法典》(2020 年 5 月 28 日)

第一千零六十九条　子女应当尊重父母的婚姻权利，不得干涉父母离婚、再婚以及婚后的生活。子女对父母的赡养义务，不因父母的婚姻关系变化而终止。

《〈民法典〉婚姻家庭编司法解释(一)》(2020 年 12 月 29 日)

第四十一条　尚在校接受高中及其以下学历教育，或者丧失、部分丧失劳动能力等非因主观原因而无法维持正常生活的成年子女，可以认定为民法典第一千零六十七条规定的“不能独立生活的成年子女”。

第四十二条　民法典第一千零六十七条所称“抚养费”，包括子女生活费、教育费、医疗费等费用。

第四十三条　婚姻关系存续期间，父母双方或者一方拒不履行抚养子女义务，未成年子女或者不能独立生活的成年子女请求支付抚养费的，人民法院应予支持。

※法规解读：我国社会现阶段，子女干涉父母再婚的情况还比较严重。为阻止父母再婚，子女经常以不尽赡养义务为要挟，声称如老人再婚则不赡养老人，这种做法是极其错误的。首先，其违反了我国《民法典》婚姻家庭编规定的婚姻自由原则。无论老人是离婚还是丧偶，其均有权决定是否再婚。如其决定再婚，任何人包括子女均无权干涉，否则即侵害了父母的婚姻自由权。其次，子女以不尽赡养义务相要挟违反了其应承担的法定义务。只要成年子女有赡养能力且父母确需扶养，则子女不得以任何理由逃避自己应尽的义务。如果子女以父母再婚为由不尽赡养义务，则父母可以向人民法院提起诉讼，要求子女支付赡养费。

现实中，拒绝对未成年子女承担抚养义务多发生在夫妻离婚后不与子女共同生活的一方身上。但也不排除有个别人因为夫妻感情不和，或者有外遇等原因，即使在婚姻关系存续期间，也对家庭、子女漠不关心、不管不问，如不承担必要的家庭费用支出、拒不履行抚养子女义务等。在这种情形下，未成年或者不能独立生活的成年子女有权以拒不履行抚养子女义务的父母双方或者一方作为被告向人民提起诉讼，请求支付抚养费，人民法院应予支持。

抚养费的数额，按照夫妻离婚协议或者人民法院的判决确定。抚养费一经确定，即对抚养义务人（主要是指不与未成年子女共同生活的一方）产生约束力。但这并不意味着抚养费不能变更。在符合法定情形时，未成年子女有权要求增加抚养费数额。抚养费的给付期限，一般至子女18周岁成年为止。但是，成年子女如果尚在校接受高中及其以下学历教育，或者丧失或未完全丧失劳动能力等非因主观原因而无法维持正常生活的，父母仍然应当履行抚养义务。

关联法规索引

《宪法》第49条；《民法典》第37条；《未成年人保护法》第10~16条；《老年人权益保障法》第13~19、21条；《残疾人保障法》第9、67条；《刑法》第260~261条

典型案例

姜某1等与姜某3等赡养纠纷案[1]

案件事实

干某与姜某4系原配夫妻，婚后共生育有姜某3、姜某1、姜某2三个子女。姜某4于2000年12月8日去世。干某现每月退休金5000元，其看病享受医疗保险待遇。自姜某4去世后姜某1一直陪同照顾干某。干某主张因姜某1现身体不好，无法照顾其生活，故其需要雇用保姆照顾其生活，每月保姆费大约9000元，故起诉至法院，要求姜某3、姜某1、姜某2三人每月支付3000元。

争议焦点

本案中，主要争议焦点是三被告应否给付原告赡养费及给付的数额是多少。

判决结果

一审法院认为，子女对父母有赡养扶助的义务，缺乏劳动能力或者生活困难的父母有要求成年子女给付赡养费的权利。现干某年事已高，缺乏劳动能力，姜某1、姜某2、姜某3系干某之子女，理应履行赡养义务，支付赡养费用。现干某要求姜某1、姜某2、姜某3每月支付赡养费，具有事实及法律依据，法院予以支持，但其主张的数额过高，因干某主张的雇用保姆的费用并非其日常生活必要支出，且姜某2、姜某3均表示愿意照顾干某，故法院结合其目前生活及经济情况酌定为每人每月500元。干某、姜某1不服一审判决，提起上诉。二审法院判决驳回上诉，维持原判。

案例解读

上述判例中法院判决主要适用的是《民法典》第1067条第2款的规定，即"成年子女不履行赡养义务的，缺乏劳动能力或者生活困难的父母，有要求成年子女给付赡养费的权利"。本案中，干某年事已高，姜某1、姜某2、姜某3作为干某之子女，理应履行赡养义务，支付赡养费用。因干某主张的雇用保姆的费用并非其日常生活必要支出，且姜某2、姜某3均表示愿意照顾干某，故法院结合其目前生活及经济情况酌定为每人每月500元，这一判决是合理的。

---

[1] 北京市第一中级人民法院(2021)京01民终10749号。

第一千零六十八条　【父母教育、保护未成年子女的权利义务】父母有教育、保护未成年子女的权利和义务。未成年子女造成他人损害的，父母应当依法承担民事责任。

条文解读

本条是关于父母教育、保护未成年子女的权利和义务的规定。

未成年子女是指未满 18 周岁的子女。根据我国《民法典》的规定，除父母死亡或者因为父母为无民事行为能力人或者限制民事行为能力人而没有监护能力外，父母是未成年子女的监护人。监护人的职责非常广泛，监护人应当保护被监护人的人身权利、财产权利以及其他合法权益，除为被监护人的利益外，不得处理被监护人的财产。父母作为未成年子女的监护人，对其进行教育和保护是行使监护职责的主要内容。父母对未成年子女的保护主要包括人身保护和财产保护。父母对未成年子女的保护还体现在，当未成年子女的合法权益受到他人侵害时，父母有权作为法定代理人向侵权人主张权利或依法提起诉讼。父母对未成年子女的教育侧重于管教和约束，目的是采用正确的教育方式引导未成年子女的身心健康发展。在教育的过程中，父母可以采用必要的手段对未成年子女进行惩戒，但方式应当适当，不能以暴力方式虐待或者残害子女。否则，将可能依法被追究刑事责任。父母在作出与未成年子女利益有关的决定时，应当根据未成年子女的年龄和智力状况，尊重未成年子女的真实意愿。

对未成年子女的教育和保护既是父母的权利，也是其法定义务。作为一项权利，父母行使监护权依法受法律保护。作为一项义务，如果父母不履行或不适当履行，也将承担相应的法律后果。根据《民法典》的规定，父母作为监护人不履行监护职责或者侵害未成年子女的合法权益的，应当承担法律责任；给未成年子女造成财产损失的，应当赔偿损失。《未成年人保护法》也对父母不履行或不当履行监护职责的法律责任作出了规定。

根据本条规定，在未成年子女对他人造成损害时，父母应当依法承担民事责任。需要注意的是，父母的责任以民事责任为限，而不包括行政责任和刑事责任。

配套法规及解读

《民法典》(2020 年 5 月 28 日)

第一千一百八十八条 无民事行为能力人、限制民事行为能力人造成他人损害的,由监护人承担侵权责任。监护人尽到监护职责的,可以减轻其侵权责任。

有财产的无民事行为能力人、限制民事行为能力人造成他人损害的,从本人财产中支付赔偿费用;不足部分,由监护人赔偿。

※法规解读:按照《民法典》的相关规定,未成年子女造成他人损害的,父母作为监护人有承担民事责任的义务。承担民事责任的方式包括损害赔偿及赔礼道歉等。原则上父母应对被侵权人的全部损失承担赔偿责任,但如果父母对损害的造成已经尽了监护责任,则根据法律的规定,可以减轻父母的民事责任。对被侵权人的损害赔偿,应当先从未成年子女的个人财产中支付,没有个人财产或个人财产不足支付的,由父母承担赔偿责任。如果在致人损害时子女已经年满 18 周岁,由于其已经具备完全民事行为能力,因此应由子女本人承担民事责任。

关联法规索引

《民法典》第 26～27、34～35 条;《未成年人保护法》第 2、10～16、62 条;《预防未成年人犯罪法》第 16、29、32、34～35、37、39、42～43、49、61 条

典型案例

罗某、魏某等财产损害赔偿纠纷案[1]

案件事实

被告魏某为未成年人,被告魏某某系魏某父亲。原告罗某驾驶其所有的车牌号为×××的奥迪牌汽车,于 2021 年 2 月 14 日下午停放在被告家楼下,即位于某小区 3 号楼 3 单元 302 室阳台前公共区域内。当晚被告魏某在自家阳台燃放烟花时,坠落的灰烬将原告的汽车引擎盖车漆、前挡风玻璃、天窗损坏。原告于 2 月 15

〔1〕 甘肃省山丹县人民法院(2021)甘 0725 民初 1182 号。

日10时报警,并向被告主张赔偿,被告当日向原告支付赔偿款500元。后原告在某汽车装饰服务中心对损坏的引擎盖车漆、前挡风玻璃、天窗进行了修复,支付修理费用5908.5元。因与被告协商赔偿未果,遂向法院提起诉讼。

争议焦点

本案中,主要争议焦点是:(1)被告对损害的发生是否存在过错,是否应承担赔偿责任;(2)原告主张的损失金额是否有事实和法律依据。

判决结果

法院认为,关于第一个争议焦点,行为人因过错侵害他人民事权益,应当承担侵权责任。被告魏某燃放烟花是春节期间的风俗习惯并不违法,但魏某在燃放烟花时没有尽到应有的注意义务,未能保证安全、导致易燃物坠落在原告车辆上,造成车辆个别部位损坏,魏某行为与损害结果的发生具有因果关系,对损害的发生具有过错,应当对其造成的原告车辆损害承担损害赔偿责任。虽然被告辩称纠纷产生是因为原告乱停放车辆及节日期间未禁止燃放烟花行为产生。因该地段无停车位设置和禁止停车标识,车辆停放地点是小区公共区域。原告的车辆停放并不是被告毁坏他人财物行为的理由,被告应对自己的行为负责,故对于被告辩称理由,法院不予认可。被告魏某事故发生时以及至今均未成年,其个人应承担的赔偿责任,应由其法定监护人承担。关于第二个争议焦点,原告提供的修理费发票以及某汽车装饰服务中心的证明可以印证原告花费修理费5908.5元,被告无证据证明损害发生的费用与自己的侵权行为无关,根据证据的效力,法院对原告提供的证据用来证明损失的费用予以支持。综上,判决被告魏某某于判决生效之日起10日内赔偿原告罗某损失5408.5元(不包括已支付的500元)。

案例解读

上述判例中法院判决主要适用的是《民法典》第1068条的规定,即"父母有教育、保护未成年子女的权利和义务。未成年子女造成他人损害的,父母应当依法承担民事责任"。本案中,被告魏某为未成年人,魏某的行为导致原告车辆受损,魏某某作为魏某父亲,应当依法承担赔偿责任。

第一千零六十九条　【子女应尊重父母的婚姻权利】子女应当尊重父母的婚姻权利,不得干涉父母离婚、再婚以及婚后的生活。子女对父母的赡养义务,不因父母的婚姻关系变化而终止。

条文解读

本条是关于保障老年人婚姻权利的规定。

婚姻自由原则是我国婚姻法律制度的基本原则之一。婚姻自由包括结婚自由和离婚自由。任何中华人民共和国的公民都享有婚姻自由的权利,老年人当然也不例外。但在现实生活中,受世俗观念的影响,老年人的再婚往往面临着重重阻力,老年人的子女往往以断绝关系、不再赡养老人相要挟,阻止老年人再婚,社会上的其他人对老年人再婚也多有非议。为保障老年人的再婚自由,贯彻婚姻自由原则,《民法典》以法律的形式明确赋予老年人再婚自由的权利。

根据本条规定,子女应当尊重父母的婚姻权利,父母享有离婚和再婚的自由。由于现实中常见的是成年子女对老年父母再婚的干涉,因此本条规定的实质是要保护父母再婚的自由。子女不得干涉父母再婚及其婚后的生活。同时,无论父母是否离婚或者再婚,成年子女对父母的赡养义务是法定义务,除非成年子女没有赡养能力,否则不能因为父母离婚或者再婚而免除其赡养义务。负有赡养义务的子女有赡养能力而拒不履行赡养义务的,缺乏劳动能力或者生活困难的父母,有权要求子女支付赡养费。暴力干涉老年人婚姻自由或者拒绝履行对老年人的赡养义务,情节严重构成犯罪的,依法追究刑事责任。

关联法规索引

《老年人权益保障法》第21、75条;《刑法》第257、261条

典型案例

李某1、李某2等赡养纠纷案[1]

案件事实

王某与李某1、李某2系父女关系。李某1、李某2的生母唐某某已去世。王某已再婚,无养老金,每月领取50元的养老补贴,每年有约2000余元的土地流转

〔1〕 四川省乐山市中级人民法院(2021)川11民终1181号。

金收入，2020年领取2461元（含李某1名下的半份土地流转金）。王某向一审法院起诉请求：(1)判令李某1、李某2每人每月支付王某生活费500元；(2)判令李某1、李某2各承担王某医疗费的1/2，住院期间由李某1、李某2轮流护理，不护理则支付护理费。

争议焦点

本案中，主要争议焦点是：(1)李某1、李某2应否向王某支付赡养费；(2)如果李某1、李某2需要向王某支付赡养费，赡养费的金额应如何认定。

判决结果

一审法院认为，赡养义务是法定义务，是成年子女必须履行的义务。本案中，王某已年满62周岁，只有少量经济收入不足以维持生活，李某1、李某2应履行赡养义务，对王某进行经济上供养、生活上照料和精神上慰藉。考虑到王某已再婚，共同生活可能不适宜，且李某1、李某2并非没有经济能力，故酌情确认以支付金钱方式为主履行赡养义务。法院综合考虑李某1、李某2的经济能力，本地一般生活水平，以及王某有少量经济收入（土地流转费用），且已再婚的实际情况，酌情确认李某1、李某2共同负担王某每月生活费600元，医疗费在扣除可报销费用后由李某1、李某2各承担50%，确有因故未能护理的，产生护理费用可酌情协商，在医疗费中一并计算。李某1、李某2不服一审判决，提起上诉。二审法院判决驳回上诉，维持原判。

案例解读

上述判例中法院判决主要适用的是《民法典》第1069条的规定，即“子女应当尊重父母的婚姻权利，不得干涉父母离婚、再婚以及婚后的生活。子女对父母的赡养义务，不因父母的婚姻关系变化而终止”。本案中，王某虽已再婚，但是不能因此免除李某1、李某2的赡养义务。综合考虑各方面情况，法院判决李某1、李某2每月向王某支付赡养费300元，医疗费在扣除可报销费用后由李某1、李某2各承担50%，是合理的。

第一千零七十条　【父母子女相互继承权】 父母和子女有相互继承遗产的权利。

条文解读

本条是关于父母和子女相互继承遗产的权利的规定。

父母子女之间有相互继承遗产的权利。父母子女之间是关系最为密切的直系血亲，在被继承人没有另立遗嘱的情况下，法律规定由父母子女之间相互享有继承权，完全符合伦理道德和当事人利益，因此，本条规定父母和子女有相互继承遗产的权利。根据《民法典》的规定，这里的“子女”，包括婚生子女、非婚生子女、养子女和有扶养关系的继子女。这里的“父母”包括生父母、养父母和有扶养关系的继父母。在具体适用时要平等地对合法继承权人的权益依法予以保护，而不能以继承人的性别或是否婚生等作为理由忽视甚至剥夺其继承权。

配套法规及解读

《民法典》(2020 年 5 月 28 日)

第一千一百二十七条 遗产按照下列顺序继承：

(一)第一顺序：配偶、子女、父母；

(二)第二顺序：兄弟姐妹、祖父母、外祖父母。

继承开始后，由第一顺序继承人继承，第二顺序继承人不继承；没有第一顺序继承人继承的，由第二顺序继承人继承。

本编所称子女，包括婚生子女、非婚生子女、养子女和有扶养关系的继子女。

本编所称父母，包括生父母、养父母和有扶养关系的继父母。

本编所称兄弟姐妹，包括同父母的兄弟姐妹、同父异母或者同母异父的兄弟姐妹、养兄弟姐妹、有扶养关系的继兄弟姐妹。

※**法规解读：**根据本条规定，配偶、父母、子女均为法定的第一顺序继承人。同时，根据《民法典》第 1072 条第 2 款“继父或者继母和受其抚养教育的继子女间的权利义务关系，适用本法关于父母子女关系的规定”和第 1111 条第 2 款“养子女与生父母以及其他近亲属间的权利义务关系，因收养关系的成立而消除”的规定，因此《民法典》对“父母”以及“子女”的具体范围进行了规定。在具体适用时要严格按照该条规定处理，对合法继承权人的权益依法予以保护，而不能因为继承人的性别或是非婚生等作为理由忽视甚至剥夺其继承权。

关联法规索引

《〈民法典〉继承编司法解释(一)》第 11 条

典型案例

临沂某有限公司、宋某某等第三人撤销之诉纠纷案〔1〕

案件事实

原告宋某某系案外人徐某某的母亲,潘某某系徐某某的妻子,徐某华、徐某洋系徐某某与潘某某的婚生女儿。徐某某生前出借部分款项给临沂某有限公司。在徐某某去世后,潘某某、徐某华、徐某洋与临沂某有限公司通过法院达成(2020)鲁1302 民初×号民事调解书,约定由临沂某有限公司于 2021 年 1 月 22 日前将借款本息支付给潘某某、徐某华、徐某洋。但在上述诉讼过程中,无人通知原告参与诉讼。原告宋某某向法院起诉请求撤销山东省临沂市兰山区人民法院作出的(2020)鲁 1302 民初×号民事调解书。

争议焦点

本案中,主要争议焦点是(2020)鲁 1302 民初×号民事调解书应否撤销。

判决结果

法院认为,宋某某系案外人徐某某的母亲,徐某某去世后,宋某某对其个人财产享有继承权。一审法院(2020)鲁 1302 民初×号民事调解书处分了徐某某的遗产,在诉讼中未通知宋某某参加诉讼,损害了其民事权益,依法应予撤销。判决:撤销(2020)鲁 1302 民初×号民事调解书。临沂某有限公司不服一审判决,提起上诉,二审法院判决驳回上诉,维持原判。

案例解读

上述判例中法院判决主要适用的是《民法典》第 1070 条的规定,即"父母和子女有相互继承遗产的权利"。本案中,宋某某作为徐某某的母亲,与潘某某、徐某华、徐某洋一样都是第一顺序法定继承人,在徐某某去世后宋某某有权继承徐某某遗产。(2020)鲁 1302 民初×号民事调解书在未通知宋某某参加诉讼的情况下处

---

〔1〕 山东省临沂市中级人民法院(2021)鲁 13 民终 7350 号。

分了徐某某的遗产,损害了其民事权益,依法应予撤销。

第一千零七十一条 【非婚生子女的权利】非婚生子女享有与婚生子女同等的权利,任何组织或者个人不得加以危害和歧视。

不直接抚养非婚生子女的生父或者生母,应当负担未成年子女或者不能独立生活的成年子女的抚养费。

条文解读

本条是关于非婚生子女和父母权利、义务的规定。

非婚生子女,是指不具有合法婚姻关系的男女所生的子女,具体包括未婚男女所生子女、已婚男女与第三人所生子女、无效婚姻和被撤销婚姻当事人所生子女以及妇女被强奸后所生子女。

根据本条规定,非婚生子女享有与婚生子女同等的权利。具体包括:

第一,享有接受父母抚养教育的权利。对子女进行抚养教育是父母的法定义务,不因子女是婚生子女还是非婚生子女而有所区别。对子女进行抚养教育是父母双方的义务而非一方的义务,不能因为子女为非婚生子女、生父或生母一方不与子女共同生活即免除该义务。与子女共同生活的生父或生母一方便于对子女进行事实上的直接抚养教育,根据本条规定,不直接抚养非婚生子女的生父或生母,应当负担未成年子女或者不能独立生活的成年子女的抚养费。也就是说,不直接抚养非婚生子女的一方,以支付抚养费的形式履行抚养义务。拒不履行抚养义务的,非婚生子女可以向法院提起诉讼。

第二,享有继承生父母遗产的权利。根据我国《民法典》继承编的规定,子女无论性别、无论是否结婚、无论是婚生还是非婚生,均平等地享有对父母遗产的继承权。具体来说,除被继承人另有遗嘱或法律另有规定外,非婚生子女和婚生子女在继承顺序和继承份额上均应当相同。

对于非婚生子女,任何组织或者个人不得加以歧视和危害。有虐待、遗弃或者其他残害非婚生子女行为构成犯罪的,应依法追究刑事责任。

关联法规索引

《民法典》第1127条

典型案例

E与刘某抚养费纠纷案〔1〕

案件事实

原告E于2012年2月21日出生，系Y与被告刘某的非婚生子女，原告出生后，澳大利亚政府部门曾要求被告支付原告抚养费，被告按照澳大利亚政府部门的要求支付抚养费至2018年3月19日，之后再未给付原告抚养费。E向一审法院起诉请求：(1)判令被告支付拖欠的抚养费505,000元(按照每月5000元的标准，从2012年2月21日起计算至2020年6月30日止)；(2)被告每月支付抚养费5000元至原告18周岁。

争议焦点

本案中，主要争议焦点是刘某应否向E支付抚养费以及抚养费的数额是多少。

判决结果

一审法院认为，作为非婚生子女的生父、生母，有抚养教育子女的义务，父母不履行抚养义务的，未成年子女有要求父母给付抚养费的权利。至于给付生活费和教育费数额的多少、给付的方式、给付的期限，可由生父和生母双方协商议定，协议不成时，由人民法院从保护非婚生子女合法权益的原则出发，依法作出判决。本案中，考虑到本地生活水平，并结合原、被告现在的实际情况，法院判令被告刘某自2018年4月1日起至原告E独立生活时止，每月支付原告E抚养费人民币1500元。刘某不服一审判决，提起上诉。二审法院判决驳回上诉，维持原判。

案例解读

上述判例中法院判决主要适用的是《民法典》第1071条的规定，即"非婚生子女享有与婚生子女同等的权利，任何组织或者个人不得加以危害和歧视。不直接

---

〔1〕 辽宁省大连市中级人民法院(2021)辽02民终9646号。

抚养非婚生子女的生父或者生母，应当负担未成年子女或者不能独立生活的成年子女的抚养费”。非婚生子女与生父、生母的关系是一种基于出生而形成的自然血亲关系。这种关系是始终存在的，它不能依法律程序解除。因此，生父、生母对非婚生子女所应履行的法律义务，也是必须履行，不能以任何理由推脱的。本案中，刘某对于非婚生子女 E 负有法定抚养义务，刘某不直接抚养 E，因此应向 E 支付抚养费直至其成年。抚养费的数额由生父和生母协商确定，协商不成时，由法院综合考虑各方情况加以确定。

第一千零七十二条　【继父母与继子女间的权利义务关系】继父母与继子女间，不得虐待或者歧视。

继父或者继母和受其抚养教育的继子女间的权利义务关系，适用本法关于父母子女关系的规定。

条文解读

本条是关于继父母与继子女权利义务的规定。

继子女，是指夫妻一方与前配偶所生的子女。继父母，是指子女母亲或者父亲再婚的配偶。继父母与继子女之间形成了抚养教育关系的，他们之间形成法律拟制的血亲关系，没有形成抚养教育关系的，他们之间仅为姻亲关系。本条第 1 款关于继父母和继子女之间不能相互虐待和歧视的规定，不仅适用于形成姻亲关系的继父母与继子女之间，也适用于已形成拟制血亲的继父母与继子女之间。但本条第 2 款的规定，仅适用于形成抚养教育关系的继父母与继子女，他们之间的关系，适用《民法典》对父母子女关系的有关规定，具体包括：(1)继父母对未成年的继子女有抚养教育的义务；(2)继父母有教育保护未成年继子女的权利和义务；(3)接受继父母抚养教育的继子女成年后有赡养继父母的义务；(4)有抚养关系的继父母和继子女之间有相互继承的权利。

值得注意的是，即使继父母与继子女之间已经形成抚养教育关系，除非继父母依法收养继子女，否则继子女与其生父母之间的权利义务关系仍然存在。例如，继子女继承了继父母的遗产的，不影响其继承生父母遗产的权利。

配套法规

《最高人民法院关于继母与生父离婚后仍有权要求已与其形成抚养关系的继子女履行赡养义务的批复》(1986 年 3 月 21 日)

辽宁省高级人民法院:

你院(85)民监字 6 号关于王淑梅诉李春景姐弟等人赡养费一案处理意见的请示报告收悉。

据报告及所附材料,被申诉人王淑梅于 1951 年 12 月与申诉人李春景之父李明心结婚时,李明心有前妻所生子女李春景等五人(均未成年),在长期共同生活中,王淑梅对五个继子女都尽了一定的抚养教育义务,直至其成年并参加工作。1983 年 4 月王淑梅与李明心离婚。1983 年 8 月王淑梅向大连市西岗区人民法院起诉,要求继子女给付赡养费。一、二审法院判决认为,继子女李春景姐弟五人受过王淑梅的抚养教育,根据权利义务一致的原则,在王淑梅年老体弱,生活无来源的情况下,对王淑梅应履行赡养义务。李春景姐弟对判决不服,以王淑梅已与生父离婚,继母与继子女关系即消失为由,拒不承担对王淑梅的赡养义务,并向你院申诉。你院认为,王淑梅与李明心既已离婚,继子女与继母关系事实上已经消除,李春景姐弟不应再承担对王淑梅的赡养义务。

经我们研究认为:王淑梅与李春景姐弟五人之间,既存在继母与继子女间的姻亲关系,又存在由于长期共同生活而形成的抚养关系。尽管继母王淑梅与生父李明心离婚,婚姻关系消失,但王淑梅与李春景姐弟等人之间已经形成的抚养关系不能消失。因此,有负担能力的李春景姐弟等人,对曾经长期抚养教育过他们的年老体弱、生活困难的王淑梅应尽赡养扶助的义务。

关联法规索引

《民法典》第 1127 条

典型案例

李某甲、张某赡养费纠纷案[1]

案件事实

一审法院认定事实：蔡某与第一任丈夫婚后生育两子女，儿子李某甲、女儿李某乙。后蔡某丧偶。张某1994年左右至蔡某家中与蔡某及李某甲、李某乙共同生活，并与蔡某共同将李某甲、李某乙抚养成人。××××年××月××日，蔡某与张某办理结婚登记，二人未有生育。现蔡某去世，李某甲及张某就赡养产生纠纷，故张某提起诉讼，要求李某甲每年支付赡养费8742元。张某自认与蔡某曾收养一女，其主张的赡养费已扣除了李某乙及收养子女的份额，按2020年江苏省居民人均生活消费支出26,225元为标准要求李某甲承担1/3。此外，张某自认每月领取263元基本养老金，无其他生活来源。

争议焦点

本案中，主要争议焦点是李某甲是否需要对张某履行赡养义务。

判决结果

法院认为，张某与李某甲共同生活时，李某甲尚未成年，双方作为家庭成员共同生活多年，从实际生活照顾抚养、家庭身份融合程度等综合判断，张某作为继父对继子李某甲履行了抚养教育义务，故张某要求李某甲承担赡养义务，应予支持。法院以2020年江苏省居民人均生活消费支出26,225元为基数，扣除张某每月领取的基本养老金263元，判决李某甲应支付张某赡养费7690元/年[（26,225元－263元×12月）÷3]。李某甲不服一审判决，提起上诉。二审法院判决驳回上诉，维持原判。

案例解读

上述判例中法院判决主要适用的是《民法典》第1067条第2款的规定，即"成年子女不履行赡养义务的，缺乏劳动能力或者生活困难的父母，有要求成年子女给付赡养费的权利"；第1072条第2款的规定，即"继父或者继母和受其抚养教育的继子女间的权利义务关系，适用本法关于父母子女关系的规定"。本案中，张某与李某甲共同生活时，李某甲尚未成年，李某甲与张某构成有抚养关系的继父子关

---

[1] 江苏省南通市中级人民法院（2021）苏06民终6113号。

系,构成抚养关系的继子女对继父母有赡养扶助的义务。因此,李某甲需要向张某履行赡养义务。

第一千零七十三条　【亲子关系异议之诉】对亲子关系有异议且有正当理由的,父或者母可以向人民法院提起诉讼,请求确认或者否认亲子关系。

对亲子关系有异议且有正当理由的,成年子女可以向人民法院提起诉讼,请求确认亲子关系。

条文解读

本条是关于亲子关系异议之诉的规定。

根据本条第 1 款的规定,“对亲子关系有异议”且“有正当理由的”,父或者母可以向人民法院提起诉讼,请求确认或者否认亲子关系。对亲子关系有异议,是指父亲或者母亲确认或否认现存的亲子关系,认为自己是或者不是他人生物学意义上的父亲或者母亲。由于亲子关系牵涉未成年人利益保护、家庭和睦和社会和谐,因此要求父亲或者母亲“有正当理由”才能提起亲子关系异议之诉,如有相关机构出具的亲子鉴定书等。如无正当理由则人民法院不予受理。

根据本条第 2 款的规定,“对亲子关系有异议”且“有正当理由的”,成年子女也可以向人民法院提起诉讼,请求确认亲子关系。能够提起亲子关系异议之诉的仅限于成年子女,未成年子女不得提起诉讼。需要注意的是,与第 1 款规定不同,成年子女只能起诉请求确认亲子关系,不得请求否认亲子关系,以避免成年子女利用否认亲子关系之诉逃避对父母的赡养义务。

配套法规及解读

《〈民法典〉婚姻家庭编司法解释(一)》(2020 年 12 月 29 日)

第三十九条　父或者母向人民法院起诉请求否认亲子关系,并已提供必要证据予以证明,另一方没有相反证据又拒绝做亲子鉴定的,人民法院可以认定否认亲子关系一方的主张成立。

父或者母以及成年子女起诉请求确认亲子关系,并提供必要证据予以证明,另一方没有相反证据又拒绝做亲子鉴定的，人民法院可以认定确认亲子关系一方的主张成立。

※法规解读：父或者母认为自己不是子女生物学意义上的父亲或者母亲，并能够提供亲子鉴定等必要证据予以证明的，可以向人民法院起诉请求否认亲子关系。在此情况下，另一方当事人可以提出相反证据否认对方的主张，或者进行亲子鉴定以否认对方的主张。既无相反证据又拒绝做亲子鉴定的，人民法院可以认定否认亲子关系一方的主张成立。同样，父或者母认为该子女为自己亲生以及成年子女认为自己为他人亲生子女，并能够提供亲子鉴定等必要证据予以证明的，可以向人民法院起诉请求确认亲子关系。另一方当事人可以提出相反证据否认亲子关系，或者进行亲子鉴定以否认亲子关系，否则人民法院可以确认亲子关系成立。

典型案例

田某1、李某等确认亲子关系纠纷案[1]

案件事实

2011年10月，原告田某1与被告安某相识，之后确立恋爱关系并同居，其间安某怀孕。2011年年底，原告田某1与被告安某分手。2012年3月，被告安某与被告李某结婚。2012年7月27日，孩子田某2出生，两被告给田某2取名为“李某某”。田某2出生后，由两被告共同抚养。2015年11月20日，两被告因感情不和在邹城市民政局协议离婚，在《离婚协议书》中约定李某某由男方抚养。2016年8月29日，因李某诉安某抚养权纠纷一案，邹城市人民法院技术室委托济宁医学院司法鉴定中心对李某与李某某（田某2）之间有无亲生血缘关系进行司法鉴定，排除李某某（田某2）与李某的单亲遗传关系。2016年9月，被告安某将孩子田某2送至原告田某1家，并告知原告孩子田某2系其亲生子。后田某1两次进行司法鉴定，结论均为支持田某1为李某某（田某2）的生物学父亲。2019年4月19日，原告田某1经被告安某同意，正式将孩子的名字由“李某某”变更为田某2，并由原告田某1抚养至今。后因孩子田某2抚养权问题，被告李某多次通过公安户籍部

〔1〕山东省邹城市人民法院（2021）鲁0883民初2857号。

门，要求将田某2户口变更至其名下，为此原告与被告李某发生争执。原告为给田某2一个安静的生活环境，为了维护自己和孩子的合法权益，故诉至法院，要求依法确认原告田某1与孩子田某2具有父子关系并要求判决田某2归原告田某1抚养。

争议焦点

本案中，主要争议焦点是原告田某1与田某2是否具有生物学父子关系。

判决结果

法院认为，结合济宁医学院司法鉴定中心、山东金剑司法鉴定中心的鉴定意见以及原被告双方的陈述，在没有其他证据排除原告田某1与孩子田某2具有生物学父子关系的情况下，应认定田某1与田某2具有生物学父子关系，故该院依法予以认定。判决：(1)确认原告田某1与被告李某达成如下调解意见：①被告李某同意孩子田某2由原告田某1抚养；②原告田某1一次性补偿被告李某40,000元(已于2021年5月29日给付完毕)；③本案调解完毕后，原告田某1与被告李某之间再无任何其他纠纷。(2)认定原告田某1与孩子田某2的生物学父子关系。

案例解读

上述判例中法院判决主要适用的是《民法典》第1073条第1款的规定，即"对亲子关系有异议且有正当理由的，父或者母可以向人民法院提起诉讼，请求确认或者否认亲子关系"。本案中，原告先后两次进行亲子鉴定，结论均为支持原告为李某某(田某2)的生物学父亲，因此原告确有正当理由提起诉讼，请求确认亲子关系。另外，根据《〈民法典〉婚姻家庭编司法解释(一)》第39条第2款"父或者母以及成年子女起诉请求确认亲子关系，并提供必要证据予以证明，另一方没有相反证据又拒绝做亲子鉴定的，人民法院可以认定确认亲子关系一方的主张成立"的规定，被告李某没有相反证据否认原告与李某某(田某2)的亲子关系，因此法院可以确认原告与孩子的生物学父子关系。

第一千零七十四条　【祖孙之间的抚养、赡养义务】有负担能力的祖父母、外祖父母，对于父母已经死亡或者父母无力抚养的未成年孙子女、外孙子女，有抚养的义务。

有负担能力的孙子女、外孙子女，对于子女已经死亡或者子女无力赡养的祖父母、外祖父母，有赡养的义务。

条文解读

本条是关于祖父母、外祖父母与孙子女、外孙子女之间权利和义务的规定。

祖父母、外祖父母与孙子女和外孙子女是隔代的直系血亲关系，因此本条是就隔代的直系血亲之间的抚养和赡养问题作出的规定。隔代直系血亲之间只有在满足法定条件的情况下，相互之间才具有抚养或者赡养的义务。这些法定条件包括：

第一，需要抚养的未成年的孙子女、外孙子女的父母已死亡或无力抚养；或者是需要赡养的祖父母、外祖父母的子女已死亡或无力赡养。

第二，祖父母、外祖父母有抚养能力或者成年的孙子女、外孙子女有赡养能力。

第三，被抚养或赡养的人生活困难确有接受抚养或赡养的必要。

配套法规及解读

《民法典》(2020 年 5 月 28 日)

第一千一百二十八条第一款、第三款 被继承人的子女先于被继承人死亡的，由被继承人的子女的直系晚辈血亲代位继承。

代位继承人一般只能继承被代位继承人有权继承的遗产份额。

《老年人权益保障法》(2018 年 12 月 29 日修正)

第十九条 赡养人不得以放弃继承权或者其他理由，拒绝履行赡养义务。

赡养人不履行赡养义务，老年人有要求赡养人付给赡养费等权利。

赡养人不得要求老年人承担力不能及的劳动。

※法规解读：根据我国《民法典》继承编的规定，祖父母、外祖父母与孙子女、外孙子女之间在满足法定条件的前提下，可以相互继承遗产。具体来说，祖父母、外祖父母可以作为第二顺序的继承人参与法定继承，孙子女、外孙子女可以通过代位继承，继承祖父母、外祖父母的遗产。在法定继承中，如果既存在第一顺序的继承人，又存在第二顺序的继承人，且第一顺序继承人没有放弃继承权或者丧失继承权，则由第一顺序继承人继承遗产。只有不存在第一顺序的继承人或者第一顺序的继承人放弃或者丧失继承权的，才由第二顺序的继承人继承。同一顺序的继承人存在多人的，原则上按继承人人数将遗产在各继承人之间平均分配。代位继承只能发生在法定继承中，而不能发生在遗嘱继承中。如果被继承人的子女先于被

继承人死亡，则由被继承人的子女的晚辈直系血亲代替被继承人的子女继承。应当注意的是，这里的“晚辈直系血亲”不受辈分的限制，无论是被继承人的孙子女、外孙子女，还是其重孙子女、外孙子女等均无不可。另外，无论该晚辈直系血亲有几人，其所能继承的全部财产份额均只能是被代位继承人，也就是先于被继承人死亡的子女没有死亡时应当继承的被继承人的遗产份额。通过上述分析可知，祖父母、外祖父母与孙子女、外孙子女之间在法定条件下可以相互继承遗产。但任何一方不得以放弃权利为由拒绝履行义务。《民法典》第1074条规定的义务是法定义务，任何一方违反法律规定拒绝履行义务的，权利人均有权要求对方履行。如果对方仍拒绝履行，权利人可以向人民法院提起诉讼，要求义务人支付抚养费或者赡养费。

关联法规索引

《民法典》第1127条

典型案例

武某、张某1等赡养费纠纷案[1]

案件事实

原告武某与张某某系夫妻关系，二人共生育4名子女，长子张某1，次子张某全、三子张某3，女儿张某2。张某全于2018年2月4日病逝，生前生育长子张某强、长女张某4、次女张某5，现均已成年。根据任丘市残疾人联合会颁发的《残疾人证》，原告武某为贰级肢体残疾。根据其居住地任丘市某居民委员会的证明，原告武某2014年患脑梗、2016年脑出血，现需要24小时护理，早已丧失劳动能力。原告因患病发生医疗费用若干，遂诉至法院，要求判令：(1)张某1、张某3、张某2、张某强、张某4、张某5承担原告医疗费、护理费等费用150,000元。(2)被告共同承担原告每年护理费用50,000元，并承担原告每年的医疗费用（以实际花费为准）。(3)被告共同承担原告每年生活费用20,000元。

---

〔1〕 河北省沧州市中级人民法院(2021)冀09民终4057号。

争议焦点

本案中，主要争议焦点是武某主张孙子女张某强、张某4、张某5应当承担武某自2018年2月4日以后每年的生活费、护理费有无事实和法律依据，应否予以支持。

判决结果

一审法院认为，原告武某因患病构成残疾，需要24小时护理。故原告起诉要求子女给付赡养费用，符合法律规定，该院予以支持。原告之子张某全2018年2月4日已病逝，原告的其他子女健在，有能力抚养武某的情况下，孙子女张某强、张某4、张某5无法定的赡养义务，故对于2018年2月4日之前武某的费用应由张某1、张某3、张某2，以及张某全的子女被告张某强、张某4、张某5三人在继承其父张某全财产的范围内负担；对于2018年2月4日以后武某的费用由张某1、张某3、张某2平均负担。武某、张某1、张某强不服一审判决，提起上诉。二审法院判决驳回上诉，维持原判。

案例解读

上述判例中法院判决主要适用的是《民法典》第1074条第2款的规定，即"有负担能力的孙子女、外孙子女，对于子女已经死亡或者子女无力赡养的祖父母、外祖父母，有赡养的义务"。本案中，虽然张某全已经死亡，但是武某尚有其他子女，且其他子女有赡养能力，因此孙子女张某强、张某4、张某5对武某没有法定赡养义务，武某的主张不能获得支持。

第一千零七十五条 【兄弟姐妹间的扶养义务】 有负担能力的兄、姐，对于父母已经死亡或者父母无力抚养的未成年弟、妹，有扶养的义务。

由兄、姐扶养长大的有负担能力的弟、妹，对于缺乏劳动能力又缺乏生活来源的兄、姐，有扶养的义务。

条文解读

本条是关于兄弟姐妹间的扶养义务的规定。

本条规定的兄弟姐妹包括同胞兄弟姐妹、同父异母或同母异父的兄弟姐妹、养兄弟姐妹和有抚养关系的继兄弟姐妹。兄弟姐妹间的扶养关系虽为法定义务，但必须满足一定的条件方可成立。

第一,兄、姐对弟、妹履行扶养义务的条件。

(1)父母已经死亡或者父母无力抚养弟、妹。父母是未成年子女的法定监护人,父母对未成年子女有抚养教育的义务。因此,一般情况下,父母应当抚养未成年子女。只有在父母死亡或者父母虽未死亡但没有抚养能力时,才由未成年子女的成年兄、姐对其承担扶养义务。(2)弟、妹须为未成年人。如果弟、妹已经成年,即使兄、姐有负担能力,其对成年弟、妹也无扶养的义务。(3)兄、姐有负担能力。这是兄、姐履行扶养义务的前提,如果兄、姐不具备扶养的能力,则其无法履行扶养义务。

第二,弟、妹对兄、姐履行扶养义务的条件。

(1)兄、姐缺乏劳动能力又缺乏生活来源。也就是说,兄、姐有进行扶养的需要。如果对兄、姐负有扶养义务的其他人,如配偶、子女等为兄、姐提供了生活来源的,则弟、妹无须承担扶养义务。(2)承担扶养义务的弟、妹由兄、姐扶养长大。(3)弟、妹有负担能力。

配套法规

《最高人民法院关于对年老、无子女的人,能否按婚姻法第二十三条类推判决有负担能力的兄弟姐妹承担扶养义务的复函》(1981年9月1日)

上海市高级人民法院:

你院(81)沪高民督字第54号"关于对年老、无子女的人,能否按照婚姻法第23条类推,判决有负担能力的兄弟姐妹承担扶养义务的请示报告"收悉。经研究,基本同意你院的意见。李荷秀过去对其弟、妹尽过扶助义务,现年老,丧失劳动能力,又无子女赡养,参照婚姻法有关规定的精神,根据权利义务一致的原则,李培沅、李莉对李荷秀应承担扶养义务,但不宜用"类推"的提法。在处理中,要依靠李培沅、李莉等所在单位组织,对其进行思想教育。并主要根据他们的经济条件,争取调解解决。

关联法规索引

《老年人权益保障法》第23条第2款

典型案例

陈某与迟某赡养费纠纷案[1]

案件事实

迟某某与陈某系夫妻关系，共生有二子一女，即迟某泉、迟某收与迟某，三个子女目前均已成年。故城县饶阳店镇某村民委员会于2021年5月3日出具证明，载明“我村村民陈某，系低保贫困户，因车祸不能自理，丈夫高血压，儿子迟某泉残疾需要照顾”。故城县饶阳店镇人民政府于2021年5月6日出具证明，载明“我辖区某村村民陈某”。此外，陈某、迟某某与迟某泉三人系当地最低生活保障家庭户成员，月保障金额为每人每月240元。陈某向法院起诉请求：(1)判令迟某承担对陈某的赡养义务，自2021年5月起向陈某支付赡养费每月800元；(2)判令迟某负担陈某所有医疗费用，自2021年1月起每半年结一次；(3)判令迟某支付自2005年5月起至2021年4月的应付未付赡养费96,000元(500元×12月×16年)；(4)判令迟某翻盖陈某住所的厨房，符合住所和厨膳条件；(5)判令迟某支付扶助其弟迟某泉生活费每月200元。

争议焦点

本案中，主要争议焦点是：(1)迟某应给付陈某赡养费之合理数额是多少；(2)迟某应否扶助其弟迟某泉生活费。

判决结果

本案中，陈某年事已高、患有疾病且已丧失劳动能力、生活困难，作为陈某的子女应履行赡养义务，故对陈某要求迟某履行赡养义务即给付赡养费、医疗费的诉讼请求应予支持，但赡养费、医疗费的给付数额，应从陈某的生活所需、参照当地的生活标准、陈某已领取养最低生活保障金及子女的实际情况等酌情予以确定。关于陈某的子女情况，结合当事人陈述以及双方提交的证据，认定迟某泉缺乏劳动能力无法给付赡养费与医疗费。综上，迟某应承担1/2的赡养义务，每月应给付陈某赡养费400元，负担陈某医疗费的1/2(于每年6月30日前、12月31日前各结算给付一次)。关于陈某要求迟某支付2005年5月起至2021年4月未付赡养费的诉

---

[1] 北京市第二中级人民法院(2021)京02民终15796号。

讼请求,其并未提交证据证实自己在此期间缺乏劳动能力且生活困难,故对此诉讼请求,不予支持。老年人自有的住房,赡养人有维修的义务。陈某要求修缮其住所的厨房到符合厨膳条件的诉讼请求并无不当,予以支持。迟某泉已经成年,且要求迟某支付迟某泉生活费的诉讼请求系陈某主张并非迟某泉本人之意,故该诉讼请求于法无据,不予支持。陈某不服一审判决,提起上诉。二审法院判决驳回上诉,维持原判。

案例解读

上述判例中法院判决主要适用的是《民法典》第 1067 条第 2 款的规定,即“成年子女不履行赡养义务的,缺乏劳动能力或者生活困难的父母,有要求成年子女给付赡养费的权利”;第 1075 条第 1 款的规定,即“有负担能力的兄、姐,对于父母已经死亡或者父母无力抚养的未成年弟、妹,有扶养的义务”。本案中,迟某对于陈某负有法定赡养义务,赡养费的数额应从陈某的生活所需、当地的生活标准、陈某已领取养最低生活保障金及子女的实际情况等酌情予以确定。其弟迟某泉虽残疾但已成年,因此迟某对其没有扶助义务。

第四章　离　　婚

本章介绍

离婚是导致婚姻关系终止的原因之一，是夫妻双方生存期间依照法定的条件和程序解除婚姻关系的法律行为。我国的离婚制度分为协议离婚和诉讼离婚。离婚将产生一系列的法律后果，包括当事人人身关系方面的后果、当事人财产关系方面的后果以及父母子女关系方面的后果等。本章的主要内容包括：协议离婚、诉讼离婚、在离婚问题上对现役军人和女方的特殊保护以及离婚的法律后果等。

第一千零七十六条　【协议离婚】夫妻双方自愿离婚的，应当签订书面离婚协议，并亲自到婚姻登记机关申请离婚登记。

离婚协议应当载明双方自愿离婚的意思表示和对子女抚养、财产以及债务处理等事项协商一致的意见。

条文解读

本条是关于协议离婚的规定。

协议离婚又称双方自愿离婚，是指夫妻双方自愿解除婚姻关系，并就离婚后子女抚养和夫妻财产及债务处理问题达成协议，经婚姻登记机关审查登记后即解除婚姻关系的法律行为。协议离婚与诉讼离婚相比具备如下特点：(1)程序简易、便捷；(2)离婚协议易于当事人自觉遵守和履行；(3)避免了讼累，缓解了婚姻当事人的仇视和敌对。

根据本条规定，协议离婚应符合以下条件：

第一，协议离婚的当事人双方应具有合法的夫妻关系，且双方均为完全民事行为能力人。离婚的目的是解除合法有效的婚姻关系，因此具有合法的夫妻关系是离婚的前提。按照我国法律规定,办理结婚登记是成立合法婚姻关系必经的法律程序。协议离婚要求当事人就离婚以及离婚的法律后果达成合意,这就要求当事人双方均为完全民事行为能力人,否则由于一方或者双方无法独立、完整地表达自己的意思,自然不能适用协议离婚,只能适用诉讼离婚,由无民事行为能力人或限制民事行为能力人的法定代理人代理诉讼。

第二,双方当事人就解除婚姻关系达成合意并签订书面离婚协议。协议离婚的情形下,双方当事人应就解除婚姻关系达成合意。同意离婚应是当事人的真实意思表示,而且须是双方一致同意离婚。仅有一方同意离婚而另一方不同意离婚的,不适用协议离婚的规定。

第三,双方当事人已就子女抚养和夫妻财产及债务处理问题达成一致。如果双方只就离婚达成一致,但未就子女抚养和夫妻财产及债务处理问题达成一致,也不能适用协议离婚,而只能诉讼离婚。涉及离婚后子女抚养的,应对子女由哪一方抚养,抚养费的数额及给付期限、给付方式,不与子女共同生活一方的探望权等问题达成一致。涉及财产分割及债务处理的,应就夫妻共同财产的分割、共同债务的承担等达成一致。

第四,当事人本人到婚姻登记机关申请离婚。协议离婚只能由具有婚姻关系的当事人本人亲自向婚姻登记机关提出申请,任何第三人均不得替代一方或者双方办理离婚登记手续。

配套法规及解读

《〈民法典〉婚姻家庭编司法解释(一)》(2020 年 12 月 29 日)

第六十九条　当事人达成的以协议离婚或者到人民法院调解离婚为条件的财产以及债务处理协议,如果双方离婚未成,一方在离婚诉讼中反悔的,人民法院应当认定该财产以及债务处理协议没有生效,并根据实际情况依照民法典第一千零八十七条和第一千零八十九条的规定判决。

当事人依照民法典第一千零七十六条签订的离婚协议中关于财产以及债务处理的条款,对男女双方具有法律约束力。登记离婚后当事人因履行上述协议发生纠纷提起诉讼的,人民法院应当受理。

第七十条　夫妻双方协议离婚后就财产分割问题反悔,请求撤销财产分割协议的，人民法院应当受理。

人民法院审理后，未发现订立财产分割协议时存在欺诈、胁迫等情形的，应当依法驳回当事人的诉讼请求。

※法规解读：夫妻双方在离婚时就财产以及债务达成的处理协议，是以办理协议离婚或者经人民法院调解离婚为条件的附条件民事法律行为，该协议能否生效取决于所附的条件能否成就。如果双方办理了协议离婚，或者经人民法院调解离婚，则该协议发生效力，对双方均具有法律约束力。如果未办理协议离婚或者未经人民法院调解离婚，事后一方在离婚诉讼中不认可该协议的，该协议不生效力，对双方没有约束力。人民法院应根据财产的具体情况，按照照顾子女、女方和无过错方权益的原则判决。共同财产不足清偿夫妻共同债务或者财产归各自所有的，由双方协议清偿夫妻共同债务，协议不成的，由人民法院判决。

离婚协议中当事人就财产分割达成的协议是各方意思表示一致的结果，协议离婚后，离婚协议对当事人具有法律约束力。任何一方违反协议约定，不按照协议进行财产分割的，权利受到侵害的对方当事人有权向人民法院提起诉讼，人民法院应当受理。

协议离婚后，任何一方就财产分割问题反悔的，可向人民法院起诉要求撤销财产分割协议，人民法院应当受理。人民法院审理后，如发现订立财产分割协议时存在欺诈、胁迫等情形的，应当依法判决撤销财产分割协议，否则依法驳回当事人的诉讼请求。

关联法规索引

《民政部关于贯彻落实〈中华人民共和国民法典〉中有关婚姻登记规定的通知》《最高人民法院关于旅居外国的中国公民按居住国法律允许的方式达成的分居协议，我国法律是否承认其离婚效力的函》《外交部、司法部、民政部关于驻外使、领馆就中国公民申请人民法院承认外国法院离婚判决书进行公证、认证的有关规定》

典型案例

王某、宋某离婚后财产纠纷案〔1〕

案件事实

宋某、王某原系夫妻，于2020年10月12日在烟台市牟平区民政局协议离婚，离婚协议约定：夫妻所有的鲁FC××号梅赛德斯奔驰车一辆归王某所有，由王某向宋某支付差价款；宋某为王某婚前房屋投入的装修费用，由王某向宋某退还；王某共计向宋某支付人民币400,000元，该400,000元于2021年2月28日前支付200,000元，2021年8月31日前支付剩余200,000元，宋某需在王某还清所有款项次日搬离某住宅，其间王某不得前来打扰。二人离婚后，王某未按离婚协议约定支付上述款项。宋某向王某追索未果，遂状诉至法院。

争议焦点

本案中，主要争议焦点是王某应否按离婚协议向宋某支付相应款项。

判决结果

法院认为，离婚协议中关于财产及债务处理的条款对男女双方具有法律约束力。本案中，双方离婚协议中约定王某自愿支付宋某车辆差价款及装修费共计400,000元的事实清楚，该约定系二人的真实意思表示，对双方均具有法律约束力。王某未向宋某支付离婚协议约定款项，宋某要求王某支付财产折价款400,000元，于法有据，法院予以支持。王某不服一审判决，提起上诉。二审法院判决驳回上诉，维持原判。

案例解读

上述判例中法院判决主要适用的是《民法典》第1076条的规定，即"夫妻双方自愿离婚的，应当签订书面离婚协议，并亲自到婚姻登记机关申请离婚登记。离婚协议应当载明双方自愿离婚的意思表示和对子女抚养、财产以及债务处理等事项协商一致的意见"。本案中，双方对于王某向宋某支付40万元这一约定达成一致，除非王某能证明该协议的签订存在欺诈、胁迫等情形，否则该协议对双方均具有法律效力，法院的判决是正确的。

〔1〕 山东省烟台市中级人民法院(2022)鲁06民终54号。

第一千零七十七条 【离婚冷静期】 自婚姻登记机关收到离婚登记申请之日起三十日内，任何一方不愿意离婚的，可以向婚姻登记机关撤回离婚登记申请。

前款规定期限届满后三十日内，双方应当亲自到婚姻登记机关申请发给离婚证；未申请的，视为撤回离婚登记申请。

条文解读

本条是关于离婚冷静期的规定。

离婚冷静期，是指夫妻双方协议离婚时，婚姻登记机关暂不发给离婚证，而是按照法律规定给予夫妻双方一段时间，使二人能在该段时间内冷静思考离婚问题，待到期限届满后再行决定是否离婚。这一法律规定的期限即为离婚冷静期。

根据本条规定，我国的离婚冷静期为 30 日。申请协议离婚的当事人，应当自申请离婚登记之日起 30 日内，冷静思考离婚问题，避免冲动离婚。在此期间，任何一方（或者双方）不愿意离婚的，可持本人有效身份证件和婚姻登记机关发给的离婚登记申请受理回执单，向婚姻登记机关撤回离婚登记申请。离婚冷静期届满，双方仍坚持离婚的，应当自离婚冷静期届满后 30 日内，亲自到婚姻登记机关申请发给离婚证。逾期未申请的，视为撤回离婚登记申请。

配套法规

《民政部关于贯彻落实〈中华人民共和国民法典〉中有关婚姻登记规定的通知》（民发〔2020〕116 号）

各省、自治区、直辖市民政厅（局），各计划单列市民政局，新疆生产建设兵团民政局：

《中华人民共和国民法典》（以下简称《民法典》）将于 2021 年 1 月 1 日起施行。根据《民法典》规定，对婚姻登记有关程序等作出如下调整：

一、婚姻登记机关不再受理因胁迫结婚请求撤销业务

《民法典》第一千零五十二条第一款规定："因胁迫结婚的，受胁迫的一方可以向人民法院请求撤销婚姻。"因此，婚姻登记机关不再受理因胁迫结婚的撤销婚姻

申请，《婚姻登记工作规范》第四条第三款、第五章废止，删除第十四条第（五）项中“及可撤销婚姻”、第二十五条第（二）项中“撤销受胁迫婚姻”及第七十二条第（二）项中“撤销婚姻”表述。

二、调整离婚登记程序

根据《民法典》第一千零七十六条、第一千零七十七条和第一千零七十八条规定，离婚登记按如下程序办理：

（一）申请。夫妻双方自愿离婚的，应当签订书面离婚协议，共同到有管辖权的婚姻登记机关提出申请，并提供以下证件和证明材料：

1. 内地婚姻登记机关或者中国驻外使（领）馆颁发的结婚证；

2. 符合《婚姻登记工作规范》第二十九条至第三十五条规定的有效身份证件；

3. 在婚姻登记机关现场填写的《离婚登记申请书》（附件1）。

（二）受理。婚姻登记员按照《婚姻登记工作规范》有关规定对当事人提交的上述材料进行初审。

申请办理离婚登记的当事人有一本结婚证丢失的，当事人应当书面声明遗失，婚姻登记员可以根据另一本结婚证受理离婚登记申请；申请办理离婚登记的当事人两本结婚证都丢失的，当事人应当书面声明结婚证遗失并提供加盖查档专用章的结婚登记档案复印件，婚姻登记员可根据当事人提供的上述材料受理离婚登记申请。

婚姻登记员对当事人提交的证件和证明材料初审无误后，发给《离婚登记申请受理回执单》（附件2）。不符合离婚登记申请条件的，不予受理。当事人要求出具《不予受理离婚登记申请告知书》（附件3）的，应当出具。

（三）冷静期。自婚姻登记机关收到离婚登记申请并向当事人发放《离婚登记申请受理回执单》之日起三十日内，任何一方不愿意离婚的，可以持本人有效身份证件和《离婚登记申请受理回执单》（遗失的可不提供，但需书面说明情况），向受理离婚登记申请的婚姻登记机关撤回离婚登记申请，并亲自填写《撤回离婚登记申请书》（附件4）。经婚姻登记机关核实无误后，发给《撤回离婚登记申请确认单》（附件5），并将《离婚登记申请书》、《撤回离婚登记申请书》与《撤回离婚登记申请确认单（存根联）》一并存档。

自离婚冷静期届满后三十日内，双方未共同到婚姻登记机关申请发给离婚证的，视为撤回离婚登记申请。

（四）审查。自离婚冷静期届满后三十日内（期间届满的最后一日是节假日的，以节假日后的第一日为期限届满的日期），双方当事人应当持《婚姻登记工作规范》第五十五条第（四）至（七）项规定的证件和材料，共同到婚姻登记机关申请发给离婚证。

婚姻登记机关按照《婚姻登记工作规范》第五十六条和第五十七条规定的程序和条件执行和审查。婚姻登记机关对不符合离婚登记条件的，不予办理。当事人要求出具《不予办理离婚登记告知书》（附件 7）的，应当出具。

（五）登记（发证）。婚姻登记机关按照《婚姻登记工作规范》第五十八条至六十条规定，予以登记，发给离婚证。

离婚协议书一式三份，男女双方各一份并自行保存，婚姻登记处存档一份。婚姻登记员在当事人持有的两份离婚协议书上加盖"此件与存档件一致，涂改无效。××××婚姻登记处××××年××月××日"的长方形红色印章并填写日期。多页离婚协议书同时在骑缝处加盖此印章，骑缝处不填写日期。当事人亲自签订的离婚协议书原件存档。婚姻登记处在存档的离婚协议书加盖"×××登记处存档件××××年××月××日"的长方形红色印章并填写日期。

三、离婚登记档案归档

婚姻登记机关应当按照《婚姻登记档案管理办法》规定建立离婚登记档案、形成电子档案。

归档材料应当增加离婚登记申请环节所有材料（含附件 1、4、5）。

四、工作要求

（一）加强宣传培训。要将本《通知》纳入信息公开的范围，将更新后的婚姻登记相关规定和工作程序及时在相关网站、婚姻登记场所公开，让群众知悉婚姻登记的工作流程和工作要求，最大限度做到便民利民。要抓紧开展教育培训工作，使婚姻登记员及时掌握《通知》的各项规定和要求，确保婚姻登记工作依法依规开展。

（二）做好配套衔接。要加快推进本地区相关配套制度的"废改立"工作，确保与本《通知》的规定相一致。要做好婚姻登记信息系统的升级，及时将离婚登记的申请、撤回等环节纳入信息系统，确保婚姻登记程序的有效衔接。

（三）强化风险防控。要做好分析研判，对《通知》实施过程中可能出现的风险和问题要有应对措施，确保矛盾问题得到及时处置。要健全请示报告制度，在通知执行过程中遇到的重要问题和有关情况，要及时报告民政部。

本通知自2021年1月1日起施行。《民政部关于印发〈婚姻登记工作规范〉的通知》(民发〔2015〕230号)中与本通知不一致的,以本通知为准。

附件:1. 离婚登记申请书

2. 离婚登记申请受理回执单

3. 不予受理离婚登记申请告知书

4. 撤回离婚登记申请书

5. 撤回离婚登记申请确认单

6. 离婚登记声明书

7. 不予办理离婚登记告知书

8. 离婚登记审查处理表

民政部

2020年11月24日

附件1

离婚登记申请书

(受理编号:区划代码+六位流水号)

男方姓名:__________国籍:__________身份证件号码:______________常住户口所在地:____________手机号码:______________

女方姓名:__________国籍:__________身份证件号码:______________常住户口所在地:____________手机号码:______________

我们于________年____月____日,在______________登记结婚,结婚证字号______________现因______________________________申请离婚。

我们双方自愿离婚,并已经对子女抚养、财产以及债务处理等事项达成协商一致的意见,双方均具备完全民事行为能力。

上述申请内容完全真实,如有虚假,愿承担法律责任。

申请人(签名并按指纹):____________ ________年____月____日

申请人(签名并按指纹):____________ ________年____月____日

受理人(签　　　名):____________ ________年____月____日

附件 2

离婚登记申请受理回执单

（存根联）　　NO：区划代码+六位流水号

男方姓名-----身份证件号-----------手机号码-----------；女方姓名-----身份证件号码-----------手机号码-----------。双方于-----年---月---日在本登记机关申请协议离婚。按照《民法典》相关规定，如无撤回离婚登记申请的情形，双方应于-----年---月---日至-----年---月---日期间到婚姻登记机关申请发给离婚证。未申请的，视为撤回离婚登记申请。

XXX 婚姻登记处

-----年---月---日

婚姻登记工作业务专用印章

离婚登记申请受理回执单

（NO：区划代码+六位流水号）

（男女双方姓名）：

你们于-----年---月---日，向本婚姻登记机关提出的离婚登记申请事项已受理。

白离婚登记申请受理之日起三十日内，任何一方不愿离婚的，可以向本登记机关撤回离婚登记申请。

自-----年---月---日至-----年---月---日，双方应当持有效证件（原件）、离婚协议及相关材料共同到本婚姻登记机关申请发给离婚证；未申请的，视为撤回离婚登记申请。

咨询电话：

XXX 婚姻登记处

-----年---月---日

离婚登记申请受理回执单

（NO：区划代码+六位流水号）

（男女双方姓名）：

你们于-----年---月---日，向本婚姻登记机关提出的离婚登记申请事项已受理。

自离婚登记申请受理之日起三十日内，任何一方不愿离婚的，可以向登记机关撤回离婚登记申请。

自-----年---月---日至-----年---月---日，双方应当持有效证件（原件）、离婚协议及相关材料共同到本婚姻登记机关申请发给离婚证；未申请的，视为撤回离婚登记申请。

咨询电话：

XXX 婚姻登记处

-----年---月---日

附件 3

不予受理离婚登记申请告知书

__________、__________：

你们于________年____月____日向本婚姻登记机关提出离婚登记申请，因欠缺下列□中划√的要件，根据相关法律法规的规定，不予受理离婚登记申请。

□非双方自愿；

□未对子女抚养、财产以及债务处理等事项达成协商一致的意见；

□双方未共同到婚姻登记机关提出离婚登记申请；

□男/女方属于无民事行为能力或者限制民事行为能力人；

□结婚登记不是在中国内地或者中国驻外使（领）馆办理的；

□本婚姻登记机关不具有管辖权；

□缺男/女方户口簿；

□缺男/女方身份证；

□缺男/女方结婚证或者相关证明材料；

□男/女方身份证不在有效期内；

□男/女方常住户口迁出后未重新落户；

□男/女方身份证与户口簿上的姓名、出生日期不一致；

□其他（注明原因）。

婚姻登记机关（印章）

________年____月____日

附件 4

撤回离婚登记申请书

（No：区划代码 + 六位流水号）

申请人姓名：__________国籍：__________身份证件号码：______________手机号码：______________常住户口所在地：______________

对方姓名：__________国籍：__________身份证件号码：______________手机号码：______________常住户口所在地：______________

我们于________年____月____日向__________婚姻登记处提出离婚登记申请，现因下列□中划√的原因撤回离婚登记申请。

□对子女抚养、财产及债务处理等事项未协商一致；

□男女双方自愿维持婚姻关系；

□本人/对方不愿离婚；

□其他（需注明具体原因）。

申请人：____________ 受理人：____________

（签名并按指纹） （签名）

________年____月____日 ________年____月____日

附件 5

撤回离婚登记申请确认单

（存根联） NO: 区划代码+六位流水号

申请人（姓名） 身份证件号码---------，向本婚姻登记机关提出撤回与另一方（姓名） 身份证件号码-----------的离婚登记申请（NO: 区划代码+六位流水号）。按照《中华人民共和国民法典》第1077条规定，申请人符合撤回离婚登记申请的条件，其于-----年---月---日提出的离婚登记申请正式撤回，离婚登记程序自此终止。

XXX婚姻登记处

-----年---月---日

婚姻登记工作业务专用印章

撤回离婚登记申请确认单

NO: 区划代码+六位流水号

申请人（姓名） 身份证件号码---------，向本婚姻登记机关提出撤回与另一方（姓名） 身份证件号码-----------的离婚登记申请（NO: 区划代码+六位流水号）。按照《中华人民共和国民法典》第1077条规定，申请人符合撤回离婚登记申请的条件，其于-----年---月---日提出的离婚登记申请正式撤回，离婚登记程序自此终止。

XXX婚姻登记处

-----年---月---日

附件 6

离婚登记声明书

我们双方自愿离婚，谨此声明：

男方姓名：__________国籍：________出生日期：______年___月___日民族：___职业：________文化程度：_____身份证件号码：___________常住户口所在地：__________

女方姓名：__________国籍：________出生日期：______年___月___日民族：___职业：________文化程度：_____身份证件号码：___________常住户口所在地：__________

我们于______年___月___日登记结婚，结婚证字号：_____________，离婚原因是_____________。

我们于______年___月___日提出离婚登记申请，现离婚冷静期届满，我们对子女抚养、财产以及债务处理等事项协商一致且共同签订了离婚协议书。

上述声明完全真实，如有虚假，愿承担法律责任。

声明人：__________　　　　______年___月___日

（签名并按指纹）__________　　　　______年___月___日

监誓人：__________　　　　______年___月___日

（注：声明人签名须在监誓人面前完成）

附件 7

不予办理离婚登记告知书

_________、_________：

你们于______年___月___日到本婚姻登记机关正式办理离婚登记，因欠缺下列□中划√的要件，根据《婚姻登记条例》的规定，不予办理离婚登记。

□非双方自愿；

□双方未共同到婚姻登记机关申请办理离婚登记；

□对子女抚养/财产及债务处理等未达成书面协议；

□男/女方属于无民事行为能力或限制民事行为能力人；

□结婚登记不是在中国内地或者中国驻外使(领)馆办理的；

□本婚姻登记机关不具有管辖权；

□缺男/女方户口簿；

□缺男/女方身份证；

□缺男/女方结婚证；

□缺男/女 2 寸单人近期半身免冠照片____张；

□男/女方身份证不在有效期内；

□男/女常住户口迁出后未重新落户；

□男/女方身份证与户口簿上的姓名、出生日期不一致；

□其他(注明原因)。

婚姻登记机关(印章)

________年____月____日

附件 8

离婚登记审查处理表

申请人姓名	(男)	(女)
出生日期	年　　月　　日	年　　月　　日
身份证件号码		
国籍		
民族		
职业		
文化程度		
离婚原因		
提供证件材料		
审查意见		
申请日期	年　　月　　日	
登记日期	年　　月　　日	
离婚证字号		

续表

离婚证印制号		
承办机关名称		
登记员签名	年 月 日	
当事人领证 签名并按指纹	男方： 年 月 日	女方： 年 月 日
备注		

当事人照片：

典型案例

尼某、郑某离婚后财产纠纷案〔1〕

案件事实

××××年××月××日，原告尼某与被告郑某在商河县民政局登记结婚。2021年9月9日，原、被告在商河县民政局登记离婚，自愿离婚协议内容为：双方同意孩子由女方抚养，男方不承担抚养费；购买宝骏510车一辆归女方郑某所有，商河县某村建设房屋归郑某所有，由女方筹措出资修建，所有债务由女方承担，与男方无关。后尼某认为，被告为达到离婚目的，采用欺诈、胁迫手段，糊弄原告一个脑梗病人，独吞共同财产，将原告净身出户、赶出家门，违反道德良知与公平正义，违反法律规定，遂诉至法院，请求依法确认原、被告离婚协议中关于财产处理的内容无效并依法分割夫妻共同财产。

争议焦点

本案中，主要争议焦点是原被告双方的离婚协议是否有效。

判决结果

法院认为，原告尼某作为完全民事行为能力人如不同意离婚，完全可以在30日的离婚冷静期内向商河县民政局撤回离婚登记申请，也可以不再和被告郑某共同到婚姻登记机关申请发给离婚证。2021年9月9日，在离婚冷静期届满后原、被

〔1〕 山东省商河县人民法院(2021)鲁0126民初4113号。

告双方共同到婚姻登记机关申请发给离婚证，说明原告尼某的离婚意愿是真实的。原告尼某主张离婚协议是被告郑某采取欺诈、胁迫手段让原告签的字，未提供充分证据予以证明，法院不予采信。原告尼某的诉讼请求，于法无据，法院不予支持。

案例解读

上述判例中法院判决主要适用的是《民法典》第1077条的规定，即“自婚姻登记机关收到离婚登记申请之日起三十日内，任何一方不愿意离婚的，可以向婚姻登记机关撤回离婚登记申请。前款规定期限届满后三十日内，双方应当亲自到婚姻登记机关申请发给离婚证；未申请的，视为撤回离婚登记申请”。本案中，原、被告双方在离婚冷静期届满之日起30日内到婚姻登记机关申请发给离婚证，说明原告的离婚意愿是真实的。此外，根据《〈民法典〉婚姻家庭编司法解释（一）》第70条第2款的规定，即“人民法院审理后，未发现订立财产分割协议时存在欺诈、胁迫等情形的，应当依法驳回当事人的诉讼请求”，原告尼某请求确认离婚协议中财产处理内容无效、平均分割共同财产北屋六间、宝骏轿车一辆，仅凭原告本人陈述，证据不足，经审理未发现被告郑某订立离婚协议时存在欺诈、胁迫等情形，对原告尼某的诉讼请求，法院不予支持。

第一千零七十八条　【离婚登记】婚姻登记机关查明双方确实是自愿离婚，并已经对子女抚养、财产以及债务处理等事项协商一致的，予以登记，发给离婚证。

条文解读

本条是关于离婚登记的规定。

根据本条规定，夫妻双方对离婚须达成合意方能登记离婚。双方当事人对离婚的意愿必须是真实、一致的，并明确表示自己同意离婚。一方不同意离婚或者一方采用欺骗、胁迫等手段达成离婚协议的，不予办理离婚登记。同时，双方须对子女抚养、财产及债务的处理已达成协议。协议的内容应包括离婚后子女的抚养权归属问题，子女的抚养费负担及数额、给付方式，非直接抚养方对子女的探视方式，夫妻共同财产的分割、债务的清偿、离婚补偿及对生活困难一方的经济帮助。协议不得违背婚姻法律制度基本原则的规定。如果对上述问题未能达成一致意见，双方只能通过诉讼手段解除婚姻关系。

婚姻登记机关对当事人出具的证件、证明材料进行严格审查后，对当事人确属自愿离婚，并已对子女抚养、财产、债务等问题达成一致处理意见的，应当予以登记，发给离婚证。离婚证是证明婚姻关系已经解除的具有法律效力的证明文件。登记离婚的当事人领取离婚证后，婚姻关系即解除。

关联法规索引

《民政部关于贯彻落实〈中华人民共和国民法典〉中有关婚姻登记规定的通知》

典型案例

罗某、龚某离婚后财产纠纷案[1]

案件事实

××××年××月××日，罗某、龚某在三渡镇民政办依法登记结婚，婚后未共同生育子女。2017 年 2 月 14 日，罗某、龚某因感情不和，双方签订离婚协议书并依法办理离婚登记，其中《离婚协议书》第 3 条为“结婚前 2013 年龚某购买的一套房产，该房产位于遵义县卫，家里的所有家具都是龚某出钱所买；婚前该房屋是由龚某出钱委托罗某所买，当时罗某在写购买房屋合同时写的是罗某的名字，离婚后罗某 2 天之内把购房合同过户给龚某”。罗某于 2021 年 7 月 27 日向法院提起本案诉讼，要求判决撤销罗某、龚某于 2017 年 2 月 14 日签订的《离婚协议书》中第 3 条约定。

争议焦点

本案中，主要争议焦点是罗某、龚某《离婚协议书》第 3 条是否应当予以撤销。

判决结果

一审法院认为，《离婚协议书》第 3 条约定的内容，是关于财产分割的条款，该约定具有强烈的人身性质属性，对罗某、龚某具有法律约束力，而诉讼中罗某并未举证证明离婚协议存在重大误解、欺诈、胁迫等情形，且罗某要求撤销财产分割协

[1] 贵州省遵义市中级人民法院(2021)黔 03 民终 9339 号。

议未在协议离婚2017年2月14日后1年内提出,其撤销权已归于消灭。罗某就财产分割问题反悔,现要求撤销《离婚协议书》第3条约定内容,于理于法无据,不予支持。罗某不服一审判决,提起上诉。二审法院判决驳回上诉,维持原判。

案例解读

上述判例中法院判决主要适用的是《民法典》第1078条的规定,即"婚姻登记机关查明双方确实是自愿离婚,并已经对子女抚养、财产以及债务处理等事项协商一致的,予以登记,发给离婚证"和《〈民法典〉婚姻家庭编司法解释(一)》第70条第2款的规定,即"人民法院审理后,未发现订立财产分割协议时存在欺诈、胁迫等情形的,应当依法驳回当事人的诉讼请求"。本案中,双方自愿离婚,未生育子女,已就财产事项协商一致,婚姻登记机关发给离婚证符合法律规定,双方婚姻关系解除。除非罗某能举证证明订立财产分割协议时存在欺诈、胁迫等情形,否则财产分割协议发生法律效力,对双方均有约束力。至于撤销权消灭的问题,是指《民法典》第152条第1款第1项、第2项的规定,即"有下列情形之一的,撤销权消灭:(一)当事人自知道或者应当知道撤销事由之日起一年内、重大误解的当事人自知道或者应当知道撤销事由之日起九十日内没有行使撤销权;(二)当事人受胁迫,自胁迫行为终止之日起一年内没有行使撤销权;……"本案中,由于法院认为并没有发生可撤销事由,因此无须考虑撤销权消灭的问题。

第一千零七十九条　【诉讼离婚】夫妻一方要求离婚的,可以由有关组织进行调解或者直接向人民法院提起离婚诉讼。

人民法院审理离婚案件,应当进行调解;如果感情确已破裂,调解无效的,应当准予离婚。

有下列情形之一,调解无效的,应当准予离婚:

(一)重婚或者与他人同居;

(二)实施家庭暴力或者虐待、遗弃家庭成员;

(三)有赌博、吸毒等恶习屡教不改;

(四)因感情不和分居满二年;

(五)其他导致夫妻感情破裂的情形。

一方被宣告失踪,另一方提起离婚诉讼的,应当准予离婚。

经人民法院判决不准离婚后，双方又分居满一年，一方再次提起离婚诉讼的，应当准予离婚。

条文解读

本条是关于诉讼离婚的规定。

根据本条第1款的规定，夫妻一方要求离婚的，既可由有关组织进行调解，也可直接向人民法院提出离婚诉讼。由此可见，作为诉讼外调解，诉前调解并非当事人离婚的必经程序，也非提起离婚诉讼的诉前必经程序。是否进行调解以及最终形成的调解结果如何，完全取决于当事人的自愿。根据本条第2款的规定，法院审理离婚案件时也应当先行调解，这称为诉讼中的调解。诉讼外的调解与诉讼中的调解并不相同。首先，二者的调解机构不同。诉讼外调解由人民法院以外的有关部门进行，而诉讼中调解则是由人民法院在审理离婚案件过程中主持的调解。其次，二者的效力不同。诉讼外调解对当事人没有法律上的约束力，调解和好之后，当事人可以翻悔并向人民法院提起离婚诉讼。而诉讼中调解具有法律约束力，在法院的主持下达成的调解协议具有法律约束力。当事人不经诉讼外调解，或虽经调解但未达成调解协议或达成调解协议后又翻悔的，可向人民法院提起离婚诉讼。

诉讼离婚，是婚姻当事人就是否离婚或者离婚后子女抚养或财产分割等问题不能达成协议，由一方向人民法院提出离婚请求，由人民法院调解或判决是否解除其婚姻关系的一项离婚制度。人民法院审理离婚案件，应当先行调解，避免当事人草率离婚。诉讼中的调解有以下三种结果：一是调解和好，原告撤回离婚请求。二是调解离婚，就解除婚姻关系以及离婚后子女的抚养和夫妻财产分割达成协议，由法院制作调解书。当然，通过调解达成协议，必须是当事人双方自愿，不得强迫。三是调解无效，人民法院依法对离婚案件作出判决。

法院准予离婚的理由包括哪些？根据本条第2款的规定，如果感情确已破裂，调解无效的，应当准予离婚。同时，本条第3款列举了5项判断“感情破裂”的具体标准，使司法实践中对判断夫妻感情是否破裂的可操作性大为增强。

此外，根据本条第4款的规定，在一方被宣告失踪的情况下，另一方提出离婚诉讼的，应准予离婚。所谓宣告失踪，是指公民下落不明满2年，经利害关系人申请，由人民法院宣告其为失踪人的法律制度。夫妻一方被宣告失踪，婚姻关系已经名存实亡,为了保护被宣告失踪人配偶的合法利益,若其提起离婚诉讼的,应准予离婚。

经人民法院判决不准离婚后,双方又分居满一年,一方再次提起离婚诉讼的,应认为双方感情确已破裂,无和好可能,应当准予离婚。

配套法规及解读

《〈民法典〉婚姻家庭编司法解释(一)》(2020年12月29日)

第二十三条　夫以妻擅自中止妊娠侵犯其生育权为由请求损害赔偿的,人民法院不予支持;夫妻双方因是否生育发生纠纷,致使感情确已破裂,一方请求离婚的,人民法院经调解无效,应依照民法典第一千零七十九条第三款第五项的规定处理。

第六十二条　无民事行为能力人的配偶有民法典第三十六条第一款规定行为,其他有监护资格的人可以要求撤销其监护资格,并依法指定新的监护人;变更后的监护人代理无民事行为能力一方提起离婚诉讼的,人民法院应予受理。

第六十三条　人民法院审理离婚案件,符合民法典第一千零七十九条第三款规定"应当准予离婚"情形的,不应当因当事人有过错而判决不准离婚。

※法规解读:夫妻双方均享有生育的权利和自由。因此,女方有权决定生育或不生育。但女方的决定应当充分考虑男方的感情和意愿,无论决定生育或者不生育,应尽可能地经由夫妻双方协商一致,这样才有利于促进和维护婚姻家庭的和睦。未经男方同意,女方单方终止妊娠的,男方以生育权受到侵犯为由请求损害赔偿的,人民法院不予支持。夫妻双方就是否生育发生纠纷并致使感情破裂,一方请求离婚,人民法院调解无效时,应依照《民法典》第1079条第3款第5项的规定处理,准予离婚。

无民事行为能力人的配偶是其法定监护人。但如果无民事行为能力人的配偶有严重损害无民事行为能力一方的人身权利或者财产权益行为,其他人由于不是无民事行为能力人的监护人而无法以代理人的身份对其配偶提起离婚诉讼。在此情况下,为保护无民事行为能力的婚姻一方当事人的合法权益,根据《〈民法典〉婚姻家庭编司法解释(一)》的规定,其他有监护资格的人可以要求变更监护关系;变更后的监护人可以代理无民事行为能力一方提起离婚诉讼。严重损害无民事行为能力一方的人身权利或者财产权益的行为包括:(1)实施严重损害被监护人身心健康的行为;(2)怠于履行监护职责,或者无法履行监护职责且拒绝将监护职责部分或者全部委托给他人,导致被监护人处于危困状态;(3)实施严重侵害被监护人合法权益的其他行为。

离婚自由是婚姻自由的重要内容,也是全体公民均应享有的法定权利,即使在婚姻关系中有过错的一方也不例外。夫妻一方起诉离婚,另一方不同意离婚的,法院应当以夫妻感情是否破裂为标准作出准予离婚或不准离婚的判决。即使起诉离婚的一方是过错方,但只要符合法定的"应准予离婚"情形,法院就应当判决准予离婚。至于对无过错方的保护,完全可以要求过错方承担过错赔偿责任。因此,符合《民法典》规定的"应当准予离婚"情形的,不应因提起离婚诉讼的一方当事人有过错而不准离婚。

关联法规索引

《婚姻登记条例》第 13 条

典型案例

刘某、朱某离婚纠纷案〔1〕

案件事实

××××年××月××日,朱某与刘某登记结婚。婚后,二人生育一子,已成年。阜新市细河区东风路×房屋一套(房屋所有权证号为阜房权证细河区字第××),建筑面积 54.85 平方米,为刘某与朱某共同所有。双方均认可案涉房屋价值 160,000 元,并分割给刘某,由刘某给付朱某房屋折价款。夫妻共同所有的家用电器若干。朱某曾向法院起诉,要求与刘某离婚,法院判决不准予二人离婚。现朱某再次起诉要求离婚并分割夫妻共同财产。

争议焦点

本案中,主要争议焦点是:(1)是否应当判决朱某与刘某离婚;(2)夫妻共同财产如何处理。

---

〔1〕 辽宁省阜新市中级人民法院(2021)辽 09 民终 2114 号。

判决结果

一审法院认为,原告朱某在起诉被告刘某离婚并被判决不准予离婚后,与被告未和好,又在法定期限内再次起诉离婚,系夫妻感情确已破裂,对原告的离婚请求予以支持。细河区房屋系原告与被告共同所有,经双方确定现价值为160,000元,并均认可分割归被告所有,由被告给付原告房屋折价款80,000元,法院依此判决准予朱某与刘某离婚,夫妻共有房屋归刘某所有,刘某给付朱某房屋折价款人民币80,000元,并对夫妻共有的家电若干依法予以分割。刘某不服一审判决,提起上诉。二审法院认为,刘某虽提出朱某在婚姻关系存续期间擅自处置、挥霍夫妻共同财产,但未能提交相应证据对此加以证实,法院对其所提此节诉讼请求无法支持。综上,判决驳回上诉,维持原判。

案例解读

上述判例中法院判决主要适用的是《民法典》第1079条第2款的规定,即“人民法院审理离婚案件,应当进行调解;如果感情确已破裂,调解无效的,应当准予离婚”。本案中,朱某在前次判决不准离婚后,与刘某并未和好,再次起诉离婚,可见夫妻感情确已破裂,法院应准予离婚。

第一千零八十条　【婚姻关系解除时间】完成离婚登记,或者离婚判决书、调解书生效,即解除婚姻关系。

条文解读

本条是关于婚姻关系解除时间的规定。

根据本条规定,婚姻关系解除的时间:(1)完成离婚登记。按照本法第1076～1078条的规定,夫妻双方自愿离婚的,应当签订书面离婚协议,并亲自到婚姻登记机关申请离婚登记。离婚协议应当载明双方自愿离婚的意思表示和对子女抚养、财产以及债务处理等事项协商一致的意见。自婚姻登记机关收到离婚登记申请之日起30日(离婚冷静期)内,任何一方不愿意离婚的,可以向婚姻登记机关撤回离婚登记申请。离婚冷静期届满后,双方仍然坚持离婚的,应在离婚冷静期届满后30日内,双方亲自到婚姻登记机关申请发给离婚证;未申请的,视为撤回离婚登记申请。婚姻登记机关查明双方确实是自愿离婚,并已经对子女抚养、财产以及债务处理等事项协商一致的，予以登记，发给离婚证，双方婚姻关系解除。(2)离婚判决书、调解书生效。根据本法第1079条第2款的规定，人民法院审理离婚案件，应当先行调解，避免当事人草率离婚。诉讼中的调解有以下三种结果：一是调解和好，原告撤回离婚请求；二是调解离婚，就解除婚姻关系以及离婚后子女的抚养和夫妻财产分割达成协议，由法院制作调解书；三是调解无效，人民法院依法对离婚案件作出判决。一审判决离婚的，根据《民事诉讼法》的规定，必须告知当事人在判决发生法律效力前不得另行结婚。当事人在法定的上诉期限内没有提起上诉的，一审判决生效，当事人间的婚姻关系解除。当事人一方或双方对一审判决不服提起上诉的，一审判决不生效力。二审法院可以进行调解。经调解双方达成协议的，自调解书送达时起原审判决即视为撤销。调解不成的应当依法作出判决。第二审人民法院作出的判决是终审判决。离婚判决书、调解书生效，即解除婚姻关系。

关联法规索引

《民事诉讼法》第158条

典型案例

刘某某、侯某某等合同纠纷案[1]

案件事实

2020年4月21日庞某某与刘某某签订《经营权转让付款协议》，协议约定：庞某某将位于某区某汽车修理厂的物业经营权转让给刘某某，双方约定经营权转让总价款为500,000元，并约定该价款分4次支付。现庞某某已将某汽车修理厂经营权及相关业务全部转交给刘某某，刘某某支付了第一期转让款50,000元，第二期转让款逾期没有支付，后来又仅支付了20,000元转让款，剩余转让款共计430,000元未支付。刘某某、侯某某是夫妻关系。某汽车修理厂实际工商登记经营者是侯某某。庞某某遂向法院提起诉讼，请求：(1)依法判令刘某某立即向庞某某支付经营权转让款430,000元；(2)判令刘某某向庞某某支付违约金86,000元；

[1] 广西壮族自治区防城港市中级人民法院(2021)桂06民终662号。

(3)侯某某对上述债务承担连带责任。

争议焦点

本案中,主要争议焦点之一是侯某某应否对刘某某的债务承担连带责任。

判决结果

一审法院认为,刘某某辩称已经与侯某某离婚,但仅签署离婚协议,在庞某某起诉之前婚姻关系仍然存续。同时,签订《经营权转让付款协议》的是刘某某,实际经营者是侯某某,故法院认为因《经营权转让付款协议》产生的债务,应该属于夫妻共同债务,判令侯某某应对涉案债务承担连带责任。刘某某、侯某某不服一审判决,提起上诉。二审法院认为,涉案《经营权转让付款协议》在两上诉人婚姻存续期间由刘某某签订,且某汽车修理厂的工商登记经营者为侯某某,应认定双方共同经营涉案汽车修理厂,因经营涉案汽车修理厂产生的债务应属于夫妻共同债务,上诉人侯某某应对刘某某支付经营权转让款承担连带责任。一审法院对此认定并无不妥,该院予以维持。

案例解读

上述判例中法院判决主要适用的是《民法典》第1080条的规定,即"完成离婚登记,或者离婚判决书、调解书生效,即解除婚姻关系"。本案中,刘某某与侯某某仅签署离婚协议书,并未办理离婚登记,因此婚姻关系并未解除。另根据《民法典》第1064条第2款的规定,"夫妻一方在婚姻关系存续期间以个人名义超出家庭日常生活需要所负的债务,不属于夫妻共同债务;但是,债权人能够证明该债务用于夫妻共同生活、共同生产经营或者基于夫妻双方共同意思表示的除外"。《经营权转让付款协议》虽然是以刘某某个人名义所签,但是工商登记的经营者是侯某某,因此产生的债务应认定为夫妻共同债务,侯某某对刘某某的债务应当承担连带责任。

第一千零八十一条 【军婚的保护】现役军人的配偶要求离婚,应当征得军人同意,但是军人一方有重大过错的除外。

条文解读

本条是关于现役军人离婚的特别规定。

由于军人肩负保护国家安全的重要使命,为免除他们的后顾之忧,国家通过各方面的立法以法律的形式对军人以及军属的切身利益给予保护。在维护军人的婚姻利益方面,我国《民法典》对军婚给予了特殊保护。本条规定,“现役军人的配偶要求离婚,应当征得军人同意,但是军人一方有重大过错的除外”。《国防法》也规定对现役军人的婚姻实行特别保护。《刑法》规定了破坏军婚罪,该罪在量刑上较一般重婚罪更为严厉。上述法律规定表明,我国历来重视对军婚的保护。实践证明,对军人婚姻给予特殊保护有利于稳定军心、增强军队战斗力。

在执行本条规定时,应注意以下问题:

第一,本条的适用对象是现役军人及其配偶。本条适用于非军人一方向现役军人一方提出离婚的情况。如果双方均是现役军人或者是现役军人一方向非军人一方提出离婚的,不适用本条规定。《军队贯彻实施〈中华人民共和国婚姻法〉若干问题的规定》第11条第2款规定:“双方均为现役军人,双方自愿离婚或一方要求离婚的,当事人所在部队领导或政治机关应当进行调解;调解无效,并符合《婚姻法》规定的离婚条件的,由政治机关出具证明后,方可到婚姻登记机关申请离婚或向法院提出离婚诉讼。”现役军人一方向非军人一方主动提出离婚的,应按一般离婚纠纷处理。现役军人,是指参加中国人民解放军具有军籍的军官和士兵以及人民武装警察部队的干部和战士。需要强调的是,这些人员须正在服现役,已经退伍、复员、转业的军人不属于现役军人的范畴。

第二,“现役军人的配偶要求离婚,应当征得军人同意”,这是保护军人利益的原则性规定,但该规定并不意味着“如果军人不同意就绝对不能离婚”。婚姻自由是每个公民的合法权利,当然包括离婚自由。只是在涉及军婚时,由于军人的地位特殊,因此对其利益给予特殊保护。现役军人的配偶一方请求离婚的限制不是绝对的,对于不能调解和好且夫妻感情确已破裂的,应当准予离婚。夫妻感情是否破裂应当按照《民法典》第1079条的规定进行判断。

第三,如果军人一方有重大过错,导致非军人一方要求离婚的,不受本条限制。“军人一方有重大过错”主要包括如下情形:(1)重婚或者与他人同居的;(2)实施家庭暴力或者虐待、遗弃家庭成员的;(3)有赌博、吸毒等恶习屡教不改的;(4)有其他重大过错导致夫妻感情破裂的。这里主要是指其他严重违背社会公德,并对夫妻感情造成严重伤害的行为,如强奸妇女、奸淫幼女、嫖娼等违法犯罪行为等,可以认定为重大过错行为。[1]

---

〔1〕《婚姻家庭司法解释实例释解》,人民法院出版社2006年版,第257页。

配套法规及解读

《〈民法典〉婚姻家庭编司法解释(一)》(2020 年 12 月 29 日)

第六十四条　民法典第一千零八十一条所称的“军人一方有重大过错”,可以依据民法典第一千零七十九条第三款前三项规定及军人有其他重大过错导致夫妻感情破裂的情形予以判断。

※法规解读:根据《民法典》第 1081 条的规定,现役军人的配偶要求离婚,应当征得军人同意。但如果因为军人一方有重大过错导致其配偶要求离婚的,则不受本条规定的限制。何谓“军人一方有重大过错”? 根据《〈民法典〉婚姻家庭编司法解释(一)》的规定,主要包括如下情形:(1)重婚或者与他人同居的;(2)实施家庭暴力或者虐待、遗弃家庭成员的;(3)有赌博、吸毒等恶习屡教不改的;(4)有其他重大过错导致夫妻感情破裂的。这里主要是指其他严重违背社会公德,并对夫妻感情造成严重伤害的行为,如强奸妇女、奸淫幼女、嫖娼等违法犯罪行为等,可以认定为重大过错行为。

关联法规索引

《刑法》第 259 条;《国防法》第 62 条;《军队贯彻实施〈中华人民共和国婚姻法〉若干问题的规定》第 11 条;《〈民法典〉婚姻家庭编司法解释(一)》第 71 条

典型案例

冯某与刘某 1 离婚纠纷案[1]

案件事实

冯某和刘某 1 经人介绍认识,两人于××××年××月××日在郏县民政局登记结婚。婚后于××××年××月××日生育女儿刘某 2,××××年××月××日生育儿子刘某 3。刘某 1 提交的士官证显示,发证日期为 2019 年 9 月 1 日,有效期至 2021 年 6 月 30 日。冯某向法院提出诉讼请求:(1)请求与刘某 1 离婚;

---

〔1〕 河南省郏县人民法院(2021)豫 0425 民初 2140 号。

(2)婚生子女两个:长女刘某2由冯某抚养,长子刘某3由刘某1抚养,抚养费均自理;(3)夫妻共同财产平均分割。

争议焦点

本案中,主要争议焦点是应否判决双方离婚。

判决结果

法院认为,冯某、刘某1认识时间较长感情基础较好,结婚后两人生育两个子女,证明婚后感情尚可。因刘某1系军人,因工作性质原因双方未能长期共同生活,冯某起诉时刘某1仍系现役军人,且刘某1表示愿意和好,不同意离婚,故双方感情并未完全破裂,只要双方能相互理解、沟通,念及夫妻情分和家庭责任,理智处理生活中的矛盾,相互扶持,夫妻感情仍能维持。因此判决不准冯某与刘某1离婚。

案例解读

上述判例中法院判决主要适用的是《民法典》第1079条的规定,即"夫妻一方要求离婚的,可以由有关组织进行调解或者直接向人民法院提起离婚诉讼。人民法院审理离婚案件,应当进行调解;如果感情确已破裂,调解无效的,应当准予离婚。有下列情形之一,调解无效的,应当准予离婚:(一)重婚或者与他人同居;(二)实施家庭暴力或者虐待、遗弃家庭成员;(三)有赌博、吸毒等恶习屡教不改;(四)因感情不和分居满二年;(五)其他导致夫妻感情破裂的情形。一方被宣告失踪,另一方提起离婚诉讼的,应当准予离婚。经人民法院判决不准离婚后,双方又分居满一年,一方再次提起离婚诉讼的,应当准予离婚";《民法典》第1081条的规定,即"现役军人的配偶要求离婚,应当征得军人同意,但是军人一方有重大过错的除外"。本案中,冯某与刘某1婚前感情基础较好,婚后生育两个子女,婚后感情尚可。且双方并没有《民法典》第1079条规定的应当准予离婚的法定事由。刘某1系现役军人,其明确表示不同意离婚,因此双方感情并未完全破裂,法院据此驳回冯某的诉讼请求。

第一千零八十二条 【男方离婚诉权的限制】 女方在怀孕期间、分娩后一年内或者终止妊娠后六个月内,男方不得提出离婚;但是,女方提出离婚或者人民法院认为确有必要受理男方离婚请求的除外。

条文解读

本条是关于男方离婚请求权的限制性规定。

本条规定的目的在于保护妇女和儿童的合法权益，这也是《民法典》婚姻家庭编基本原则的具体体现。女方在怀孕期间、分娩后1年内或者终止妊娠后6个月内，无论是身体上还是感情、精神上，都需要得到照顾和抚慰。此时如果男方提出离婚，将对女方构成较大的刺激，不利于妇女身心健康或者胎儿正常发育。因此，本条规定在上述特定时期内，男方不得提出离婚。本条对男方离婚请求权的限制并非对其婚姻自由权利的干涉或者剥夺。法律仍然确认和保护婚姻当事人的离婚自由权，只是由于女方处于特定时期需要特殊保护，因此推迟了男方行使离婚自由权的时间。况且该条同时规定，“人民法院认为确有必要受理男方离婚请求的除外”。这就意味着法院可能在必要时接受男方的离婚请求。例如，夫妻双方感情确已破裂，如法院不受理男方的离婚请求，将导致男方面临人身受到伤害的危险，在此种情况下，法院应当受理男方的离婚请求而不受本条的限制。在适用本条时应当注意：一是女方提出离婚的不在此限；二是法定期限届满则男方有权提出离婚；三是本条针对的是诉讼离婚。即在本条规定的法定期限内男方起诉要求离婚的，人民法院不予受理。如果双方自愿登记离婚也不适用本条规定。

关联法规索引

《妇女权益保障法》第45条

典型案例

胡某、张某离婚纠纷案〔1〕

案件事实

原、被告于2020年5月登记结婚。婚后夫妻感情一般。2021年1月生育男孩胡某某，现随原告胡某一起生活。共同生活期间，双方常因生活琐事发生矛盾，

---

〔1〕 甘肃省临夏县人民法院（2021）甘2921民初2669号。

2021 年 5 月再次发生矛盾后分居。原告遂诉至法院。

争议焦点

本案中,主要争议焦点是应否判决双方离婚。

判决结果

法院认为,原、被告婚后于 2021 年 1 月 23 日生育男孩胡某某,至今未满 1 岁,故原告不得提出离婚。因此裁定驳回原告胡某的起诉。

案例解读

上述判例中法院判决主要适用的是《民法典》第 1082 条的规定,即"女方在怀孕期间、分娩后一年内或者终止妊娠后六个月内,男方不得提出离婚;但是,女方提出离婚或者人民法院认为确有必要受理男方离婚请求的除外"。本案中,原告胡某在被告分娩后 1 年内提出离婚,不符合法律规定,法院因此裁定驳回原告起诉。

第一千零八十三条 【复婚登记】离婚后,男女双方自愿恢复婚姻关系的,应当到婚姻登记机关重新进行结婚登记。

条文解读

本条是关于复婚的规定。

复婚,是指已经离婚的男女双方重新和好,重新登记结婚,恢复婚姻关系。根据本条规定,复婚同结婚一样,必须是男女双方自愿。如果任何一方并非自愿,而是受到胁迫同意复婚,则属于可撤销婚姻。同时,男女双方复婚,应当到婚姻登记机关重新进行结婚登记,法律才承认其婚姻的合法效力,当事人之间才产生夫妻之间的权利义务关系。现实中,经常有夫妻离婚后又复合,虽然重新生活在一起,但没有重新办理结婚登记。这种"婚姻"是不受法律保护的,如果不符合事实婚姻的条件,则应当按照同居关系处理。按照《婚姻登记条例》的规定,办理复婚登记,应适用有关结婚登记的规定。

配套法规

《婚姻登记条例》(2003 年 8 月 8 日)

第十四条　离婚的男女双方自愿恢复夫妻关系的,应当到婚姻登记机关办理复婚登记。复婚登记适用本条例结婚登记的规定。

关联法规索引

《最高人民法院关于处理配偶一方在港澳台或国外人民法院已经判决离婚现当事人要求复婚问题的复函》

第一千零八十四条　【离婚后的父母子女关系】父母与子女间的关系,不因父母离婚而消除。离婚后,子女无论由父或者母直接抚养,仍是父母双方的子女。

离婚后,父母对于子女仍有抚养、教育、保护的权利和义务。

离婚后,不满两周岁的子女,以由母亲直接抚养为原则。已满两周岁的子女,父母双方对抚养问题协议不成的,由人民法院根据双方的具体情况,按照最有利于未成年子女的原则判决。子女已满八周岁的,应当尊重其真实意愿。

条文解读

本条是关于离婚对父母子女关系的影响及离婚后的子女抚养的规定。

离婚将产生一系列法律后果,夫妻之间基于夫妻身份而确立的人身关系和财产关系均归于消灭,但离婚并不消除父母子女之间的关系。父母子女关系是基于出生这一事实而形成的自然血亲关系,除子女被他人合法收养外,父母子女之间的关系始终存在。夫妻离婚后,尽管子女在客观上只能跟随一方生活,但子女仍是父母双方的子女,父母子女之间的权利义务关系不因夫妻离婚而消除。父或母一方无论是否直接抚养子女,其对子女均有抚养、教育、保护的权利和义务。任何一方不得以其不与子女共同生活为由,拒绝履行抚养和教育子女的义务。同样地,拟制血亲所形成的父母子女关系,并不因父母离婚而必然解除。养父母与养子女间的权利义务关系,在养父母离婚后仍然存在。养子女无论随哪一方生活,仍是养父母双方的养子女,不与养子女共同生活的一方仍有抚养和教育的义务。继父母与继子女的关系是否因继父与生母或继母与生父离婚而自然解除?这需要区别对待。没有形成抚养教育关系的继父母与继子女之间属于姻亲关系,不属于这里我们讨论的范围。在已形成抚养教育关系的前提下,如果继子女尚未成年并且跟随生父或生母生活的,继父母与继子女之间的关系自动解除。如果继子女已经成年,则其与继父母之间的权利义务关系并不因为离婚而自动解除。如果当事人想要解除继父母继子女关系,可由一方或双方提出请求,在不违反法律规定的情况下方可解除。但在这种情况下,即使双方解除了继父母继子女关系,继子女也应根据继父母的需要承担其晚年的生活费用。

离婚后子女的抚养归属问题,本条作出了原则性的规定,即"不满两周岁的子女,以由母亲直接抚养为原则。已满两周岁的子女,父母双方对抚养问题协议不成的,由人民法院根据双方的具体情况,按照最有利于未成年子女的原则判决"。根据该规定,不满两周岁的子女的抚养归属问题易于操作和执行,原则上由母亲直接抚养。母亲有下列情形之一,父亲请求直接抚养的,人民法院应予支持:(1)患有久治不愈的传染性疾病或者其他严重疾病,子女不宜与其共同生活;(2)有抚养条件不尽抚养义务,而父亲要求子女随其生活;(3)因其他原因,子女确不宜随母亲生活。已满两周岁的子女抚养问题则规定得较为笼统,仅规定在父母双方无法达成协议时,由人民法院根据双方的具体情况,按照最有利于未成年子女的原则判决。子女已经年满8周岁的,确定抚养权时应当征求子女意见。

配套法规

《〈民法典〉婚姻家庭编司法解释(一)》(2020年12月29日)

第四十四条 离婚案件涉及未成年子女抚养的,对不满两周岁的子女,按照民法典第一千零八十四条第三款规定的原则处理。母亲有下列情形之一,父亲请求直接抚养的,人民法院应予支持:

(一)患有久治不愈的传染性疾病或者其他严重疾病,子女不宜与其共同生活;

(二)有抚养条件不尽抚养义务,而父亲要求子女随其生活;

(三)因其他原因,子女确不宜随母亲生活。

第四十五条　父母双方协议不满两周岁子女由父亲直接抚养，并对子女健康成长无不利影响的，人民法院应予支持。

第四十六条　对已满两周岁的未成年子女，父母均要求直接抚养，一方有下列情形之一的，可予优先考虑：

（一）已做绝育手术或者因其他原因丧失生育能力；

（二）子女随其生活时间较长，改变生活环境对子女健康成长明显不利；

（三）无其他子女，而另一方有其他子女；

（四）子女随其生活，对子女成长有利，而另一方患有久治不愈的传染性疾病或者其他严重疾病，或者有其他不利于子女身心健康的情形，不宜与子女共同生活。

第四十七条　父母抚养子女的条件基本相同，双方均要求直接抚养子女，但子女单独随祖父母或者外祖父母共同生活多年，且祖父母或者外祖父母要求并且有能力帮助子女照顾孙子女或者外孙子女的，可以作为父或者母直接抚养子女的优先条件予以考虑。

第四十八条　在有利于保护子女利益的前提下，父母双方协议轮流直接抚养子女的，人民法院应予支持。

第五十六条　具有下列情形之一，父母一方要求变更子女抚养关系的，人民法院应予支持：

（一）与子女共同生活的一方因患严重疾病或者因伤残无力继续抚养子女；

（二）与子女共同生活的一方不尽抚养义务或有虐待子女行为，或者其与子女共同生活对子女身心健康确有不利影响；

（三）已满八周岁的子女，愿随另一方生活，该方又有抚养能力；

（四）有其他正当理由需要变更。

第五十七条　父母双方协议变更子女抚养关系的，人民法院应予支持。

关联法规索引

《最高人民法院关于涉外离婚诉讼中子女抚养问题如何处理的批复》《最高人民法院关于辛克伟与张晓杰抚养子女纠纷申请再审案的函》

典型案例

龚某、郑某抚养纠纷案〔1〕

案件事实

郑某与龚某于2002年10月16日办理结婚登记，于2004年3月3日生育一子名郑某某。后双方因感情不和于2010年11月9日办理离婚手续，并约定：儿子郑某某小学毕业前由龚某抚养，郑某每月支付抚养费500元；小学毕业后郑某某由郑某抚养，龚某每月支付抚养费500元至儿子学业完成。离婚协议签订后，郑某某一直随龚某生活至今（小学期间郑某某曾随郑某短暂生活过半年）。郑某按约支付了郑某某小学阶段的抚养费，但初中后的学习、生活开支均由龚某承担（截至起诉时已支付学习费用开支386,028元，诉请中有35,000元费用因证据形式不合法未予认定）。郑某某目前在读高三，每两个星期放假一天，其表示自愿跟随母亲生活。龚某向法院起诉，请求判令：（1）双方的儿子郑某某由龚某抚养；（2）郑某支付龚某为儿子郑某某初中至高中期间（2016年9月至2021年6月）垫付的学习费用人民币421,028元。

争议焦点

本案中，主要争议焦点是婚生子郑某某由谁抚养。

判决结果

一审法院认为，父母与子女的关系，不因父母离婚而消除。离婚后，子女无论由父或者母直接抚养，仍是父母双方的子女。离婚后，父母对子女仍有抚养、教育的权利和义务。父母离婚后，确定子女由谁抚养应以有利于子女身心健康、保障子女的合法权益为原则。本案中，双方离婚时约定婚生子郑某某小学毕业后由郑某抚养，龚某每月支付抚养费。但实际履行过程中，儿子郑某某在小学毕业后仍一直由龚某抚养并自愿维持现状。现郑某某在读高三，其表示愿意跟随母亲龚某共同生活，为有利于郑某某的健康成长，郑某某随龚某共同生活为宜。故对龚某要求抚养郑某某的诉讼请求，法院依法予以支持。离婚后，子女由一方直接抚养的，另一方应当负担部分或者全部抚养费，负担费用的多少和期限的长短，由双方协议；协

---

〔1〕 浙江省宁波市中级人民法院（2021）浙02民终5920号。

议不成的，由法院判决，同时法律保障不直接抚养子女一方的探视权。在郑某某就读初中、高中学校的问题上，双方理应协商确定，但龚某在未征得郑某同意的情况下，自愿选择了学费较高的私立学校并承担了郑某某的全部学习费用。现龚某要求郑某承担上述全部费用，显然不妥，结合本案实际，一审法院酌情确定郑某支付龚某郑某某初中至高中期间（2016 年 9 月至 2021 年 6 月）垫付的学习费用 60,000 元。郑某依法享有对儿子郑某某的探视权，具体行使方式为：郑某每月可行使探视权两次，时间为每月郑某某放假期间；郑某在行使探视权时，龚某有配合义务。郑某不服一审判决，提起上诉。二审法院判决驳回上诉，维持原判。

案例解读

上述判例中，有关郑某是否给付抚养费以及子女抚养权的问题，法院判决主要适用的是《民法典》第 1084 条的规定，即"父母与子女间的关系，不因父母离婚而消除。离婚后，子女无论由父或者母直接抚养，仍是父母双方的子女。离婚后，父母对于子女仍有抚养、教育、保护的权利和义务。离婚后，不满两周岁的子女，以由母亲直接抚养为原则。已满两周岁的子女，父母双方对抚养问题协议不成的，由人民法院根据双方的具体情况，按照最有利于未成年子女的原则判决。子女已满八周岁的，应当尊重其真实意愿"。本案中，虽然龚某与郑某离婚，但是郑某某仍是二人共同的子女，不论二人是否直接抚养郑某某，都对其有抚养、教育、保护的权利和义务。鉴于郑某某一直跟随龚某生活，现已高三，且明确表示愿意跟随龚某生活，从有利于郑某某成长，尊重子女意愿考虑，法院判决郑某某由龚某抚养是正确的。

第一千零八十五条　【离婚后子女抚养费的负担】离婚后，子女由一方直接抚养的，另一方应当负担部分或者全部抚养费。负担费用的多少和期限的长短，由双方协议；协议不成的，由人民法院判决。

前款规定的协议或者判决，不妨碍子女在必要时向父母任何一方提出超过协议或者判决原定数额的合理要求。

条文解读

本条是关于离婚后子女抚养费负担的规定。

根据《民法典》婚姻家庭编的规定，父母对未成年子女有抚养、教育、保护的义务，这种义务是法定的、强制性的，不因父母离婚而消除。同时，这种义务也是法律对于夫妻双方的平等要求，夫妻离婚后，无论是直接抚养未成年子女的一方还是另外一方，均平等地承担义务，双方均负有负担子女抚养费的义务。应当注意的是，平等的承担义务并不意味着双方承担抚养费的数额完全相等，而是指由法律为双方而非单方设定的义务。现实中，有些当事人为了争得子女的抚养权，往往自愿放弃要求对方给付抚养费的权利。如果是诉讼离婚，法院应当综合实际情况决定是否准许。虽然一方自愿全部承担，但如果该方不具备独自承担子女抚养费的能力，则免除另一方的给付义务将侵害未成年子女的合法权益，无法保障子女获得应有的生活和教育条件，此时法院不应准许一方独自承担抚养费。只有在一方既有能力又自愿承担全部抚养费的情况下，方可免除另一方的给付义务。子女抚养费的数额、给付的期限和方式等，由父母双方协商确定。不能达成一致时，由人民法院根据子女的实际需要，结合当地的生活水平以及父母双方的负担能力作出判决。

对子女的抚养费达成协议或作出判决后，负有给付义务的一方当事人应当按照协议约定或法院判决履行义务。拒不履行义务的，权利人可以依据协议向人民法院提起诉讼请求支付或者根据已经生效的裁判文书请求人民法院强制执行。应当注意的是，抚养费的数额是可以应权利人的要求根据实际情况变更的。即使父母双方已就子女抚养费达成协议或人民法院已经作出生效判决，也并不妨碍子女在必要时提出增加原定数额的合理要求。例如，物价上涨导致原定数额不足以维持当地实际生活水平的，或者子女因患病、上学等原因导致原定数额已经明显不能满足实际需要的。子女确有合理理由并且负有给付义务的父或母一方确有给付能力的，应当增加抚养费。协商不成的，可依法提请法院诉讼解决。

配套法规

《〈民法典〉婚姻家庭编司法解释(一)》(2020年12月29日)

第四十九条 抚养费的数额，可以根据子女的实际需要、父母双方的负担能力和当地的实际生活水平确定。

有固定收入的，抚养费一般可以按其月总收入的百分之二十至三十的比例给付。负担两个以上子女抚养费的，比例可以适当提高，但一般不得超过月总收入的百分之五十。

无固定收入的，抚养费的数额可以依据当年总收入或者同行业平均收入，参照上述比例确定。

有特殊情况的，可以适当提高或者降低上述比例。

第五十条　抚养费应当定期给付，有条件的可以一次性给付。

第五十一条　父母一方无经济收入或者下落不明的，可以用其财物折抵抚养费。

第五十二条　父母双方可以协议由一方直接抚养子女并由直接抚养方负担子女全部抚养费。但是，直接抚养方的抚养能力明显不能保障子女所需费用，影响子女健康成长的，人民法院不予支持。

第五十三条　抚养费的给付期限，一般至子女十八周岁为止。

十六周岁以上不满十八周岁，以其劳动收入为主要生活来源，并能维持当地一般生活水平的，父母可以停止给付抚养费。

第五十四条　生父与继母离婚或者生母与继父离婚时，对曾受其抚养教育的继子女，继父或者继母不同意继续抚养的，仍应由生父或者生母抚养。

第五十五条　离婚后，父母一方要求变更子女抚养关系的，或者子女要求增加抚养费的，应当另行提起诉讼。

第五十八条　具有下列情形之一，子女要求有负担能力的父或者母增加抚养费的，人民法院应予支持：

（一）原定抚养费数额不足以维持当地实际生活水平；

（二）因子女患病、上学，实际需要已超过原定数额；

（三）有其他正当理由应当增加。

第五十九条　父母不得因子女变更姓氏而拒付子女抚养费。父或者母擅自将子女姓氏改为继母或继父姓氏而引起纠纷的，应当责令恢复原姓氏。

第六十条　在离婚诉讼期间，双方均拒绝抚养子女的，可以先行裁定暂由一方抚养。

第六十一条　对拒不履行或者妨害他人履行生效判决、裁定、调解书中有关子女抚养义务的当事人或者其他人，人民法院可依照民事诉讼法第一百一十一条的规定采取强制措施。

关联法规索引

《最高人民法院关于离婚时协议一方不负担子女抚养费经过若干时间他方提起要求对方负担抚养费的诉讼法院如何处理的复函》;《妇女权益保障法》第49~50条

典型案例

李某甲、李某乙抚养费纠纷案[1]

案件事实

李某乙的法定代理人张某与李某甲原系夫妻关系,双方在婚姻存续期间于2010年3月19日生育原告李某乙。张某与李某甲因感情不和,双方经法院调解离婚,法院于2011年5月12日出具(2011)市民初字第×号民事调解书,其中调解协议约定:"李某乙随张某生活,李某甲自2011年5月起每月支付李某乙抚养费400元至其独立生活之日止,于每月25日前支付。李某乙的医疗、教育等其他费用的重大支出,由张某、李某甲共同承担。"该调解书已生效。自2014年5月起,李某乙因病支出医疗费×元,其中张某支付×元,李某甲支付×元。现李某乙诉至法院,请求依法判令李某甲支付李某乙抚养费自2021年5月起增加至每月1200元,直到原告独立生活之日止。

争议焦点

本案中,主要争议焦点是李某甲支付李某乙抚养费增加至每月1200元是否适当。

判决结果

一审法院认为,张某与李某甲离婚时即2011年约定原告的抚养费为每月400元,随着社会生活消费水平的提高及李某乙自身的特殊情况,上述数额确实无法满足原告实际需要,结合李某甲及张某的收入状况,法院对李某乙要求增加抚养费的诉讼请求予以支持。因被告李某甲2021年5月尚未支付原告抚养费,法院酌情认定被告李某甲自2021年5月起至原告独立生活之日止,每月向原告支付抚养费

---

[1] 山东省济南市中级人民法院(2022)鲁01民终10号。

1000 元……李某甲不服一审该部分判决，提起上诉。二审法院认为，虽然李某甲与张某于 2011 年离婚时，自愿对婚生子李某乙每月的抚养费数额达成一致意见，但该约定距今时隔 10 年之久，且李某乙患有精神疾病，现在特殊学校接受教育，亦长期需要进行康复治疗，故与该约定达成时相比其生活、学习环境均发生较大的变化，故该民事调解书确定的每月 400 元抚养费已经不足以保障子女的正常生活需要，现李某乙要求增加抚养费的主张符合法律规定，应予支持。李某甲虽主张收入下降，但并未提交有效的证据予以证实；且其正值壮年，完全具备正常工作的能力，即便收入减少也并非常态化现象。鉴于父母对未成年子女有抚养教育的义务，未成年子女的父母应当依法履行对子女的监护责任和承担相关的抚养费用，一审法院结合考虑李某乙现阶段的抚养需要、当事人双方的抚养能力和经济收入、本地居民的实际生活水平，判决李某甲每月向李某乙支付 1000 元抚养费，合情合理，并无不当。综上，二审法院判决驳回上诉，维持一审该部分判决。

案例解读

上述判例中法院判决主要适用的是《民法典》第 1085 条的规定，即“离婚后，子女由一方直接抚养的，另一方应当负担部分或者全部抚养费。负担费用的多少和期限的长短，由双方协议；协议不成的，由人民法院判决。前款规定的协议或者判决，不妨碍子女在必要时向父母任何一方提出超过协议或者判决原定数额的合理要求”。本案中，张某和李某甲在离婚之初就李某乙的抚养费达成了协议，并一直按协议履行。后因李某乙患病需接受特殊教育及长期康复治疗，原定抚养费数额已不能满足李某乙的实际需要。张某在与李某甲不能达成一致的情况下，有权代理李某乙向法院提起诉讼要求增加抚养费。

第一千零八十六条　【父母的探望权】离婚后，不直接抚养子女的父或者母，有探望子女的权利，另一方有协助的义务。

行使探望权利的方式、时间由当事人协议；协议不成的，由人民法院判决。

父或者母探望子女，不利于子女身心健康的，由人民法院依法中止探望；中止的事由消失后，应当恢复探望。

条文解读

本条是关于离婚后不直接抚养子女的父母一方探望子女权利的规定。

夫妻离婚后，子女仍然是夫妻双方的子女，父母子女间的权利义务关系不因离婚而受到影响。但离婚后，子女在客观上只能随父或母一方生活，因此，本条规定了不与子女共同生活的一方对子女的探望权，另一方负有协助的义务。探望权是一项法定权利，除探望权的行使不利于子女身心健康可由人民法院依法中止外，任何人不得阻挠或者干涉。另一方的协助义务，是指与子女共同生活的一方应对另一方行使探望权提供必要的便利，如在约定的探望时间将子女送至约定的地点，尽量不在探望时间给子女安排其他不必要的活动等，更不能人为地为另一方行使探望权设置障碍甚至禁止探望。现实中，无论是协议离婚还是诉讼离婚，都可能未就探望权问题予以明确。而直接抚养子女的一方往往出于怨恨、报复或者维护新组成的家庭稳定等心理拒绝不直接抚养子女的另一方行使探望权，在此情况下，探望权人可以向人民法院提起诉讼，请求依法判决。如果直接抚养子女的一方拒绝履行判决，则权利人可申请法院强制执行。行使探望权的方式、时间一般由当事人协商确定。当事人无法达成一致时，由人民法院判决。

探望权的行使目的在于维护亲子关系，但该权利的行使应以有利于子女身心健康为原则。也就是说，如果父或母行使探望权将不利于子女身心健康，则经法定监护人的请求，人民法院可依法中止探望的权利。应当注意的是，此处使用的是“中止”而非“终止”，也就是说，探望权并非被永久性的剥夺，而是在中止事由消除后恢复权利人探望的权利。至于何谓“不利于子女身心健康”，实践中应根据具体情况加以判断。一般来说，如果探望权人患有严重的传染性疾病、精神疾病或者有赌博、酗酒等不良嗜好，若允许其继续行使探望权，则对未成年子女的身心可能造成不利影响，在此情况下，可以认为“不利于子女身心健康”，中止探望的权利。

配套法规及解读

《〈民法典〉婚姻家庭编司法解释(一)》(2020 年 12 月 29 日)

第六十五条 人民法院作出的生效的离婚判决中未涉及探望权，当事人就探望权问题单独提起诉讼的，人民法院应予受理。

第六十六条　当事人在履行生效判决、裁定或者调解书的过程中，一方请求中止探望的，人民法院在征询双方当事人意见后，认为需要中止探望的，依法作出裁定；中止探望的情形消失后，人民法院应当根据当事人的请求书面通知其恢复探望。

第六十七条　未成年子女、直接抚养子女的父或者母以及其他对未成年子女负担抚养、教育、保护义务的法定监护人，有权向人民法院提出中止探望的请求。

第六十八条　对于拒不协助另一方行使探望权的有关个人或者组织，可以由人民法院依法采取拘留、罚款等强制措施，但是不能对子女的人身、探望行为进行强制执行。

※法规解读：探望权是一项法定的权利，无论当事人是否约定，无论法院是否判决，不与子女共同生活的一方均依法享有此权利。但现实中，经常有人漠视探望权法律规定的存在，对探望权人行使探望权横加阻挠和干涉。因此，《〈民法典〉婚姻家庭编司法解释（一）》第65条规定，人民法院作出的生效的离婚判决中未涉及探望权，当事人就探望权问题单独提起诉讼的，人民法院应予受理。尽管司法解释并未提及协议离婚情形下未涉及探望权的问题如何解决，但实践中也可以适用上述规定，由权利人单独就探望权提起诉讼。需要强调的是，法院的判决是对探望权的强化，也就是说，通过法院判决为对不履行协议义务的一方强制执行提供了依据，并且对探望权的具体行使时间以及方式予以确定，避免了当事人协商不成而使探望权难以实现。当然，对于拒不执行有关探望子女等判决和裁定的，人民法院依法强制执行时，只能是对拒不履行义务的一方采取拘留、罚款等强制措施来进行，不能对子女的人身、探望行为进行强制执行。例如，不能强行将子女送至探望地点，在子女不愿被探望时，也不能对探望行为进行强制执行。

关联法规索引

《未成年人保护法》第24条

典型案例

罗某某、朱某某探望权纠纷案〔1〕

案件事实

××××年××月××日，朱某某与罗某某在陆河县民政局登记结婚。××××年××月××日生育儿子朱某。2020年6月3日，双方经法院判决离婚，婚生子朱某由罗某某抚养，朱某某自2020年2月10日起每年向罗某某给付抚养费11,652元（在每年1月1日前给付当年抚养费），直至朱某年满18周岁……嗣后，朱某某去探望小孩时，罗某某只允许朱某某在罗某某住所就地探望，不允许朱某某将小孩带离。双方为此发生争吵，因双方对探望方式意见不一，朱某某遂诉至法院。

争议焦点

本案中，主要争议焦点是朱某某探望孩子的探望方式是否合理。

判决结果

法院认为，父母离婚后，子女随父方或母方共同生活，只是父母对子女抚养形式的变化，并不影响父母对子女的权利和义务。不与子女共同生活的父或母一方，仍享有对子女的亲权。不直接抚养子女一方享有探望子女的权利，直接抚养子女的一方有配合非直接抚养子女的一方探望子女的义务。本案中朱某某、罗某某的婚生儿子朱某与罗某某共同生活，朱某某作为父亲，有权探望朱某。现双方对朱某某探望的具体时间和方式有不同意见，本着既要考虑不影响孩子的正常生活，又要增加儿子同父亲的沟通交流、减轻孩子因父母解除婚姻关系而带来的家庭破碎感以及有利于子女今后身心健康成长的原则，酌情确定朱某某可于每月的第一、第三周的周末行使探望权，具体时间及方式为：周五下午五时从罗某某住所接走朱某，于第二日下午五时朱某某将朱某送回罗某某住所较为适宜。罗某某应予以配合。罗某某辩称朱某某有赌博、抽烟的恶习且疫情期间经常出差，如果采取回家居住探望，会影响孩子身心健康，朱某某有可能藏匿孩子，且孩子不愿意见父亲，以上事实和法律依据均缺乏，法院不予采纳。罗某某提出朱某某没有按时支付抚养费，因抚

---

〔1〕 广东省汕尾市中级人民法院（2021）粤15民终1326号。

养费已经生效判决认定，与本案并非同一法律关系，本案不予处理。由于孩子尚小，涉及探望相关事宜会经历多年，今后生活中可能会遇到各种问题，无法预见穷尽，故本探望方式的确定为原则性方案，一般应当遵守。遇到特殊情况，双方应当事先做好沟通。罗某某不服一审判决，提起上诉。二审法院判决驳回上诉，维持原判。

案例解读

上述判例中法院判决主要适用的是《民法典》第1086条的规定，即“离婚后，不直接抚养子女的父或者母，有探望子女的权利，另一方有协助的义务。行使探望权利的方式、时间由当事人协议；协议不成的，由人民法院判决。父或者母探望子女，不利于子女身心健康的，由人民法院依法中止探望；中止的事由消失后，应当恢复探望”。本案中，罗某某和朱某某离婚后，虽然儿子朱某由罗某某直接抚养，但并不影响朱某某与朱某的父子关系，朱某某对朱某有探望权，罗某某对此有协助义务。在双方就探望方式不能达成一致的情况下，朱某某有权请求人民法院依法判决。

第一千零八十七条　【离婚时夫妻共同财产的处理】离婚时，夫妻的共同财产由双方协议处理；协议不成的，由人民法院根据财产的具体情况，按照照顾子女、女方和无过错方权益的原则判决。

对夫或者妻在家庭土地承包经营中享有的权益等，应当依法予以保护。

条文解读

本条是关于离婚时夫妻共同财产分割的规定。

离婚时对于夫妻财产的分割是离婚的重要法律后果之一。分割时首先应当对“夫妻共同财产”的范围予以界定。对于属于夫妻一方的个人财产或者其他家庭成员的财产，法律应当予以保护，夫妻离婚分割财产时不得侵害财产所有人的所有权。《民法典》第1065条第1款规定：“男女双方可以约定婚姻关系存续期间所得的财产以及婚前财产归各自所有、共同所有或者部分各自所有、部分共同所有。约定应当采用书面形式。没有约定或者约定不明确的，适用本法第一千零六十二条、第一千零六十三条的规定。”根据本条规定，在界定夫妻共同财产的范围时，首先应依据双方的约定进行划分。如果约定实行分别财产制，即婚前婚后财产均归各自所有，则不存在夫妻共同财产；如果约定婚前婚后的财产均为夫妻共同财产，则夫妻双方的婚前个人财产以及婚后全部所得均为夫妻共同财产；如果约定部分各自所有、部分共同所有，则双方约定属于共同所有的部分应为夫妻共同财产。当然，规避法律的约定无效。如果双方对夫妻共同财产的范围存在争议，则主张权利的一方应负举证责任。当事人没有约定或约定不明的，按照《民法典》第 1062 ~ 1063 条的规定界定夫妻共同财产和个人财产，对属于夫妻共同财产的部分按照本条规定进行分割。

对夫妻共同财产进行分割时，首先应由当事人双方协商解决。协商不成的，由人民法院依法判决。根据《民法典》以及《未成年人保护法》《妇女权益保障法》的规定，法院应当照顾子女、女方和无过错方权益，按照有利生产、方便生活的原则对夫妻共同财产进行分割。

尽管我国法律强调男女平等，保障妇女的合法权益，但现实中侵害妇女人身权益和财产权益的现象时有发生。在广大农村，多是女方落户到男方村落，在夫妻离婚后，妇女在集体经济组织中的合法权益容易受到侵害，因此本条第 2 款规定“对夫或者妻在家庭土地承包经营中享有的权益等，应当依法予以保护”。同样地，因结婚男方到女方村落落户的，也适用本条规定。

配套法规及解读

《〈民法典〉婚姻家庭编司法解释(一)》(2020 年 12 月 29 日)

第二十七条 由一方婚前承租、婚后用共同财产购买的房屋，登记在一方名下的，应当认定为夫妻共同财产。

第二十九条 当事人结婚前，父母为双方购置房屋出资的，该出资应当认定为对自己子女个人的赠与，但父母明确表示赠与双方的除外。

当事人结婚后，父母为双方购置房屋出资的，依照约定处理；没有约定或者约定不明确的，按照民法典第一千零六十二条第一款第四项规定的原则处理。

第六十九条 当事人达成的以协议离婚或者到人民法院调解离婚为条件的财产以及债务处理协议，如果双方离婚未成，一方在离婚诉讼中反悔的，人民法院应当认定该财产以及债务处理协议没有生效，并根据实际情况依照民法典第一千零八十七条和第一千零八十九条的规定判决。

当事人依照民法典第一千零七十六条签订的离婚协议中关于财产以及债务处理的条款，对男女双方具有法律约束力。登记离婚后当事人因履行上述协议发生纠纷提起诉讼的，人民法院应当受理。

第七十条　夫妻双方协议离婚后就财产分割问题反悔，请求撤销财产分割协议的，人民法院应当受理。

人民法院审理后，未发现订立财产分割协议时存在欺诈、胁迫等情形的，应当依法驳回当事人的诉讼请求。

第七十一条　人民法院审理离婚案件，涉及分割发放到军人名下的复员费、自主择业费等一次性费用的，以夫妻婚姻关系存续年限乘以年平均值，所得数额为夫妻共同财产。

前款所称年平均值，是指将发放到军人名下的上述费用总额按具体年限均分得出的数额。其具体年限为人均寿命七十岁与军人入伍时实际年龄的差额。

第七十二条　夫妻双方分割共同财产中的股票、债券、投资基金份额等有价证券以及未上市股份有限公司股份时，协商不成或者按市价分配有困难的，人民法院可以根据数量按比例分配。

第七十三条　人民法院审理离婚案件，涉及分割夫妻共同财产中以一方名义在有限责任公司的出资额，另一方不是该公司股东的，按以下情形分别处理：

（一）夫妻双方协商一致将出资额部分或者全部转让给该股东的配偶，其他股东过半数同意，并且其他股东均明确表示放弃优先购买权的，该股东的配偶可以成为该公司股东；

（二）夫妻双方就出资额转让份额和转让价格等事项协商一致后，其他股东半数以上不同意转让，但愿意以同等条件购买该出资额的，人民法院可以对转让出资所得财产进行分割。其他股东半数以上不同意转让，也不愿意以同等条件购买该出资额的，视为其同意转让，该股东的配偶可以成为该公司股东。

用于证明前款规定的股东同意的证据，可以是股东会议材料，也可以是当事人通过其他合法途径取得的股东的书面声明材料。

第七十四条　人民法院审理离婚案件，涉及分割夫妻共同财产中以一方名义在合伙企业中的出资，另一方不是该企业合伙人的，当夫妻双方协商一致，将其合伙企业中的财产份额全部或者部分转让给对方时，按以下情形分别处理：

（一）其他合伙人一致同意的，该配偶依法取得合伙人地位；

（二）其他合伙人不同意转让，在同等条件下行使优先购买权的，可以对转让所得的财产进行分割；

（三）其他合伙人不同意转让，也不行使优先购买权，但同意该合伙人退伙或者削减部分财产份额的，可以对结算后的财产进行分割；

（四）其他合伙人既不同意转让，也不行使优先购买权，又不同意该合伙人退伙或者削减部分财产份额的，视为全体合伙人同意转让，该配偶依法取得合伙人地位。

第七十五条 夫妻以一方名义投资设立个人独资企业的，人民法院分割夫妻在该个人独资企业中的共同财产时，应当按照以下情形分别处理：

（一）一方主张经营该企业的，对企业资产进行评估后，由取得企业资产所有权一方给予另一方相应的补偿；

（二）双方均主张经营该企业的，在双方竞价基础上，由取得企业资产所有权的一方给予另一方相应的补偿；

（三）双方均不愿意经营该企业的，按照《中华人民共和国个人独资企业法》等有关规定办理。

第七十六条 双方对夫妻共同财产中的房屋价值及归属无法达成协议时，人民法院按以下情形分别处理：

（一）双方均主张房屋所有权并且同意竞价取得的，应当准许；

（二）一方主张房屋所有权的，由评估机构按市场价格对房屋作出评估，取得房屋所有权的一方应当给予另一方相应的补偿；

（三）双方均不主张房屋所有权的，根据当事人的申请拍卖、变卖房屋，就所得价款进行分割。

第七十七条 离婚时双方对尚未取得所有权或者尚未取得完全所有权的房屋有争议且协商不成的，人民法院不宜判决房屋所有权的归属，应当根据实际情况判决由当事人使用。

当事人就前款规定的房屋取得完全所有权后，有争议的，可以另行向人民法院提起诉讼。

第七十八条 夫妻一方婚前签订不动产买卖合同，以个人财产支付首付款并在银行贷款，婚后用夫妻共同财产还贷，不动产登记于首付款支付方名下的，离婚时该不动产由双方协议处理。

依前款规定不能达成协议的，人民法院可以判决该不动产归登记一方，尚未归还的贷款为不动产登记一方的个人债务。双方婚后共同还贷支付的款项及其相对应财产增值部分，离婚时应根据民法典第一千零八十七条第一款规定的原则，由不动产登记一方对另一方进行补偿。

第七十九条　婚姻关系存续期间，双方用夫妻共同财产出资购买以一方父母名义参加房改的房屋，登记在一方父母名下，离婚时另一方主张按照夫妻共同财产对该房屋进行分割的，人民法院不予支持。购买该房屋时的出资，可以作为债权处理。

第八十条　离婚时夫妻一方尚未退休、不符合领取基本养老金条件，另一方请求按照夫妻共同财产分割基本养老金的，人民法院不予支持；婚后以夫妻共同财产缴纳基本养老保险费，离婚时一方主张将养老金账户中婚姻关系存续期间个人实际缴纳部分及利息作为夫妻共同财产分割的，人民法院应予支持。

第八十一条　婚姻关系存续期间，夫妻一方作为继承人依法可以继承的遗产，在继承人之间尚未实际分割，起诉离婚时另一方请求分割的，人民法院应当告知当事人在继承人之间实际分割遗产后另行起诉。

第八十二条　夫妻之间订立借款协议，以夫妻共同财产出借给一方从事个人经营活动或者用于其他个人事务的，应视为双方约定处分夫妻共同财产的行为，离婚时可以按照借款协议的约定处理。

第八十三条　离婚后，一方以尚有夫妻共同财产未处理为由向人民法院起诉请求分割的，经审查该财产确属离婚时未涉及的夫妻共同财产，人民法院应当依法予以分割。

第八十四条　当事人依据民法典第一千零九十二条的规定向人民法院提起诉讼，请求再次分割夫妻共同财产的诉讼时效期间为三年，从当事人发现之日起计算。

※法规解读：离婚时的财产分割是离婚所产生的重要法律后果，因为其涉及双方当事人的财产利益，因此现实中往往纠纷较多。为此，最高人民法院的司法解释对离婚时的财产分割问题做了较为详细的规定。在具体适用时应注意以下问题：

第一，夫妻双方在离婚时就财产以及债务达成的处理协议，是以办理协议离婚或者经人民法院调解离婚为条件的附条件民事法律行为，该协议能否生效取决于所附的条件能否成就。如果双方办理了协议离婚,或者经人民法院调解离婚,则该协议发生效力,对双方均具有法律约束力。未办理协议离婚或者未经人民法院调解离婚,事后一方在离婚诉讼中不认可该协议的,该协议不生效力,对双方没有约束力。人民法院应根据财产的具体情况,按照照顾子女、女方和无过错方权益的原则判决。共同财产不足清偿夫妻共同债务或者财产归各自所有的,由双方协议清偿夫妻共同债务,协议不成的,由人民法院判决。离婚协议中当事人就财产分割达成的协议是各方意思表示一致的结果,协议离婚后,离婚协议对当事人具有法律约束力。任何一方违反协议约定,不按照协议进行财产分割的,权利受到侵害的对方当事人有权向人民法院提起诉讼,人民法院应当受理。

第二,协议离婚后,任何一方就财产分割问题反悔的,可向人民法院起诉要求撤销财产分割协议,人民法院应当受理。人民法院审理后,如发现订立财产分割协议时存在欺诈、胁迫等情形,应当依法判决撤销财产分割协议,否则依法驳回当事人的诉讼请求。

第三,对于股票、债券、投资基金份额等有价证券以及未上市股份有限公司的股份等投资性财产,由于这些财产权利的价值往往处于变化之中,不同的交易时点可能使当事人获得的实际财产数量不同甚至差额巨大,因此在当事人就上述财产分割协商不成的情况下,法院不宜强行变现或折价分割,而应当从保护当事人利益的角度出发,根据投资性财产的数量在当事人之间按比例分配。当然,对于股票以及未上市股份有限公司的股份等投资性财产进行分割时,还要考虑《公司法》等法律法规的某些强制性规定。例如,《公司法》即对股票及未上市股份有限公司的股份转让作出了限制性规定。受这些规定限制,无法对股票或未上市股份有限公司的股份按数量进行分割的,则应当按分割时的市场价格折价分割。

第四,夫妻共同财产中以一方名义在有限责任公司的出资额,另一方不是该公司股东的,夫妻协商一致,由股东一方将出资额部分或者全部转让给非股东一方的,这实际上是有限责任公司股东向股东以外的人转让股权,对此应按照有关规定区别对待:(1)过半数股东同意转让、其他股东明确表示放弃优先购买权的,该股东的配偶可以成为该公司股东;(2)半数以上股东不同意转让,但愿意以同等条件购买该出资额的,该股东的配偶不能成为该公司股东,人民法院可以对转让出资所得财产进行分割;(3)半数以上股东不同意转让,也不愿意以同等条件购买该出资额的,视为其同意转让,该股东的配偶可以成为该公司股东。司法解释之所以这样规定,是因为有限责任公司是体现一定人合性的组织,因此股东向股东以外的人转让股权要受到一定限制,应征得过半数股东的同意,且其他股东在同等条件下有优先购买权。但如果股东既不同意转让,也不愿意以同等条件购买转让的股权,则为保护股东转让股权的权利,法律规定在此情况下视为同意转让。

第五,夫妻共同财产中以一方名义在合伙企业中的出资,另一方不是该企业合伙人的,当夫妻双方协商一致,将其合伙企业中的财产份额全部或者部分转让给对方时,这实际上是合伙企业合伙人向合伙人以外的人转让其在合伙企业中的财产份额,对此应按照有关规定区别对待:(1)其他合伙人一致同意的,该配偶依法取得合伙人地位;(2)其他合伙人不同意转让,在同等条件下行使优先购买权的,可以对转让所得的财产进行分割;(3)其他合伙人不同意转让,也不行使优先购买权,但同意该合伙人退伙或者削减部分财产份额的,可以对结算后的财产进行分割;(4)其他合伙人既不同意转让,也不行使优先购买权,又不同意该合伙人退伙或者削减部分财产份额的,视为全体合伙人同意转让,该配偶依法取得合伙人地位。司法解释之所以这样规定,是因为合伙企业是最能体现人合性特点的企业组织,合伙人之间必须基于高度的信赖,因此合伙人向合伙人以外的其他人转让其在合伙企业中的财产份额时,应征得其他合伙人一致同意。其他合伙人也可以行使优先购买权,或者同意该合伙人将欲转让给配偶一方的合伙企业财产份额从合伙企业中退出,这样就避免了该合伙人的配偶加入合伙。为保护合伙人转让合伙企业财产的权利,其他合伙人既不同意转让,也不行使优先购买权,又不同意该合伙人退伙或者削减部分财产份额的,视为全体合伙人同意转让,该合伙人的配偶依法取得合伙人地位。

第六,对于夫妻以一方名义投资设立个人独资企业的,分割在该独资企业中的共同财产时,如一方要求经营,应由该方按企业资产评估价值对另一方给予补偿;如双方均要求经营,则出价高者取得企业资产所有权,并由该方对另一方给予补偿;如双方都不愿经营,按照《个人独资企业法》的规定对独资企业进行解散、清算,个人独资企业财产清偿全部债务后仍有剩余的,作为夫妻共同财产进行分割。

第七,对不动产的分割,首先应明确该不动产是否属于夫妻共同财产。针对现实中经常出现的问题,司法解释作出了如下规定:(1)由一方婚前承租、婚后用共同财产购买的房屋,不动产权属证书登记在一方名下的,应当认定为夫妻共同财产。这样规定也是符合现实生活情况的。不动产虽由一方婚前承租,但于婚后用共同财产购买,理应属于夫妻共同财产。(2)父母出资购置的房屋,按照司法解释的规定应区别对待:①当事人结婚前,父母为双方购置房屋出资的,该出资应当认定为对自己子女的个人赠与,但父母明确表示赠与双方的除外。②当事人结婚后,父母为双方购置房屋出资的,依照约定处理,即出资父母表示赠与双方的,则为对双方的赠与,赠与任何一方的,则为对该方的赠与。没有约定或者约定不明确的,视为对双方的赠与。(3)婚前一方签订不动产买卖合同并支付首付,婚后夫妻共同还贷购买的房屋,如果不动产登记于首付款支付方名下,离婚时双方不能就该不动产归属达成协议,人民法院可以判决该不动产归产权登记一方,尚未归还的贷款为产权登记一方的个人债务。应该注意的是,司法解释使用的是"可以"判决房产归产权登记的一方,并非"必须",裁判时仍可根据具体情况灵活处理。司法解释同时也考虑到了对于产权登记人配偶一方的保护,规定双方婚后共同还贷支付的款项及其相对应财产增值部分,应由不动产登记一方对另一方进行补偿。例如,丈夫婚前首付购买房屋一套,婚姻关系存续期间夫妻共同还贷 20 万元,该房屋登记在丈夫名下。离婚时争议房屋已从购置时的 100 万元增值为 200 万元,如果双方不能就房屋归属达成协议,则法院可以判决房屋归丈夫所有,但丈夫应将夫妻共同还贷部分中属于妻子的 10 万元,以及相对应财产增值部分 10 万元,合计 20 万元对妻子予以补偿。

在对属于夫妻共同财产的不动产进行分割时,也要根据情况区别对待:(1)不动产已经取得完全产权。首先应由双方协商处理,不能达成一致的,由人民法院按以下情形分别处理:①双方均主张房屋所有权的,出价高者取得所有权,并由该方对另一方给予补偿;②一方主张所有权,由该方按房屋评估价值对另一方给予补偿;③双方均不主张房屋所有权的,根据当事人的申请拍卖、变卖房屋,就所得价款进行分割。(2)离婚时不动产未取得所有权或未完全取得所有权。首先应由双方协商处理,不能达成一致的,由于当事人尚未取得或尚未完全取得房屋所有权,房屋权属涉及第三人利益,因此法院在此情况下不能判决房屋所有权的归属,只能就房屋的居住使用作出判决。待当事人就争议房屋取得完全所有权后,可以另行起诉确认房屋归属。

第八,婚姻关系存续期间,双方用夫妻共同财产出资购买以一方父母名义参加房改的房屋,产权登记在一方父母名下,该房屋不属于夫妻共同财产。购买该房屋时的出资,按借贷关系处理。

关联法规索引

《民法典》第 1092 条;《妇女权益保障法》第 30 ~ 33、47 ~ 48 条

典型案例

肖某、叶某离婚后财产纠纷案[1]

案件事实

邵某某与叶某系母女关系。肖某、叶某于 2018 年 3 月 16 日登记结婚,于 2020 年 6 月 1 日协议离婚,协议离婚时,双方未对案涉房屋予以分割。2018 年 1 月 18 日,邵某某出面签订了一份《存量房屋买卖合同》,向案外人王某某购买了位于宁海县某小区 3 幢 2 号 1005 室、1006 室的房产;2018 年 1 月 29 日,案涉房屋过户登记至双方当事人名下,产权登记情况为双方按份共有,肖某享有 60%,叶某享有 40%。肖某诉至法院,请求判令确认坐落于宁海县某小区 3 幢 2 号 1005 室、1006 室的房产归肖某所有(市场价值为 1,800,000 元)。

争议焦点

本案中,主要争议焦点是案涉房屋是否为夫妻共同财产。

判决结果

一审法院认为,肖某主张购房定金、首付款、房贷及税费等相关费用由其个人出资,案涉房屋应为其个人财产,但案涉房屋的购房合同签订于双方结婚登记前,由叶某母亲邵某某出面签订,于婚前登记在双方当事人名下,明确按份共有,肖某享有 60%,叶某享有 40%,故肖某的上述主张不予采纳。双方确认案涉房屋目前的市场价值为 1,800,000 元,双方离婚时的房贷未还金额为 655,421.42 元,叶某同意案涉房屋归肖某所有,并要求肖某支付对价 457,831.43 元,法院予以准许。综上,判决案涉房产归肖某所有,该房屋剩余银行贷款由肖某负责偿还,肖某于本判决生效之日起 15 日内补偿叶某房屋折价款 457,831.43 元;……肖某不服一审判决,提起上诉。二审法院认为,根据案涉房屋的不动产权证书,可以证实案涉房屋系双方当事人按份共有,双方协议离婚时未曾对该房屋作出分割,一审法院根据

---

[1] 浙江省宁波市中级人民法院(2021)浙 02 民终 4709 号。

双方产权登记时约定的份额作出分割并无不当。肖某虽称案涉房屋的产权登记系叶某母亲在办理，房产证上添加叶某名字其不知情，但根据其陈述在办理案涉房屋产权证明过程中，双方当事人当时均在场并均在相关材料上签字，叶某签字时其并未予以阻止，故其称案涉房屋产权登记在双方名下其不知情的陈述明显不可信。结合案涉房屋的买卖合同上有叶某母亲及肖某签字、出卖人出具给双方当事人的收条以及案涉房屋的税费、中介费由叶某母亲支付等事实，应能认定案涉房屋系双方共同购买，肖某要求按房屋出资比例分割份额与案涉房屋产权登记上双方的约定不符，该院不予支持。综上，判决驳回上诉，维持原判。

案例解读

上述判例中法院判决主要适用的是《民法典》第 1087 条第 1 款的规定，即“离婚时，夫妻的共同财产由双方协议处理；协议不成的，由人民法院根据财产的具体情况，按照照顾子女、女方和无过错方权益的原则判决”。本案中，双方对于案涉房屋归属不能达成协议，根据《〈民法典〉婚姻家庭编司法解释（一）》第 76 条第 2 项的规定，即“一方主张房屋所有权的，由评估机构按市场价格对房屋作出评估，取得房屋所有权的一方应当给予另一方相应的补偿”，人民法院判决案涉房屋归肖某所有，由肖某按照房屋价值（扣除剩余银行贷款）补偿叶某相应房屋折价款。

第一千零八十八条　【离婚经济补偿】夫妻一方因抚育子女、照料老年人、协助另一方工作等负担较多义务的，离婚时有权向另一方请求补偿，另一方应当给予补偿。具体办法由双方协议；协议不成的，由人民法院判决。

条文解读

本条是关于负担较多义务的一方在离婚时享有经济补偿的权利的规定。

现实中，女性一方由于自身原因和社会原因，获得的工作机会和工作报酬往往低于男性；同时，我国的大多数家庭又往往遵循“男主外，女主内”这一不成文的规律，女性为照顾家庭、养老育幼付出了较男性更多的劳动，甚至有些女性为照顾家庭而牺牲了自己的事业，放弃了工作。为此，本条规定，“一方因抚育子女、照料老年人、协助另一方工作等负担较多义务的，离婚时有权向另一方请求补偿，另一方应当给予补偿”。具体适用时应注意，夫妻之间无论是实行分别财产制还是共同财产制，也无论是女方还是男方，负担较多义务的一方均有权在离婚时提出经济补偿的要求。

关联法规索引

《妇女权益保障法》第 47 条

典型案例

冯某、杨某 1 离婚纠纷案[1]

案件事实

冯某和杨某 1 于××××年××月××日在新民市民政局婚姻登记处办理结婚登记，婚后育有一女杨某 2，于××××年××月××日出生，今年一岁，现婚生女杨某 2 由冯某抚养照顾。冯某抚养幼女，现无工作。冯某、杨某 1 婚后无共同财产。现冯某诉至法院，请求判令双方离婚，婚生女杨某 2 由自己抚养，杨某 1 每月支付抚养费 5000 元，一次性付清；请求杨某 1 给付补偿款 75,000 元，全部一次性付清（从 2021 年 2 月至 7 月孩子的抚养费补偿每月 5000 元，6 个月，共计 30,000 元；因冯某照顾孩子，每个月给付冯某 5000 元补偿款，9 个月，共计 45,000 元）；由杨某 1 承担本案的诉讼费用。

争议焦点

本案中，主要争议焦点是：(1)婚生女杨某 2 由谁抚养及抚养费的数额和给付方式如何；(2)杨某应否给予冯某补偿款及其数额。

判决结果

一审法院认为，冯某、杨某 1 虽系自愿结婚，但婚后并未建立起真挚的情感。双方经常因家庭琐事发生矛盾，经主持调解后双方坚持离婚，可以认定夫妻感情确已破裂，对冯某的离婚诉讼请求予以支持；关于子女抚养问题，婚生女杨某 2 尚不到 1 岁，且一直由母亲冯某抚养，从有利于子女学习生活的角度出发，故由冯某抚养监护为宜；杨某 1 应依据法律规定支付子女抚养费，杨某 1 庭审中亦同意每月支

---

〔1〕 辽宁省沈阳市中级人民法院(2021)辽 01 民终 12594 号。

付2000元抚养费，对杨某1的该答辩意见予以支持；关于冯某主张要求杨某1支付补偿款的诉讼请求，因在婚姻存续期间，双方均有抚养孩子的义务。考虑到婚生女年龄尚幼，冯某尚无工作、无其他生活来源、生活消费无力负担，杨某1亦自认在年后因经济原因未给付冯某生活费用，冯某因抚育子女负担较多义务，杨某1应给予冯某一定补偿，故酌定支持杨某1补偿冯某每月1000元，共9个月，共计9000元。冯某不服一审判决，提起上诉。二审法院判决驳回上诉，维持原判。

案例解读

上述判例中，法院关于杨某1补偿冯某9000元的判决主要适用的是《民法典》第1088条的规定，即"夫妻一方因抚育子女、照料老年人、协助另一方工作等负担较多义务的，离婚时有权向另一方请求补偿，另一方应当给予补偿。具体办法由双方协议；协议不成的，由人民法院判决"。本案中，婚生女杨某2尚不到1岁，一直由母亲冯某抚养，冯某因抚育子女负担较多义务，因此在离婚时有权要求杨某1给付适当补偿。

第一千零八十九条　【离婚时夫妻共同债务清偿】离婚时，夫妻共同债务应当共同偿还。共同财产不足清偿或者财产归各自所有的，由双方协议清偿；协议不成的，由人民法院判决。

条文解读

本条是关于离婚时夫妻债务清偿责任的规定。

分割夫妻共同财产是离婚的重要法律后果之一，这里的财产分割既包括分割积极财产，也包括分割消极财产，即对离婚后的债务承担问题作出安排。根据本条规定，离婚时，夫妻共同债务应以夫妻共同财产清偿，夫妻个人债务应以个人财产清偿。共同财产不足清偿的，或约定财产归各自所有没有夫妻共同财产的，由双方协议清偿；协议不成时，由人民法院判决。

本书前文已经对夫妻共同财产的界定进行了解析，在此不再赘述。如何界定夫妻共同债务？依据《民法典》第1064条的规定，下列债务属于夫妻共同债务：(1)夫妻双方共同签字认可的债务；(2)虽然没有夫妻双方共同签字，但一方事后追认的债务；(3)夫妻一方在婚姻关系存续期间以个人名义为家庭日常生活需要所负的债务。夫妻一方在婚姻关系存续期间以个人名义超出家庭日常生活需要所负的债务，不属于夫妻共同债务；但是，债权人能够证明该债务用于夫妻共同生活、共同生产经营或者基于夫妻双方共同意思表示的除外。

配套法规及解读

《〈民法典〉婚姻家庭编司法解释（一）》（2020年12月29日）

第三十三条　债权人就一方婚前所负个人债务向债务人的配偶主张权利的，人民法院不予支持。但债权人能够证明所负债务用于婚后家庭共同生活的除外。

第三十四条　夫妻一方与第三人串通，虚构债务，第三人主张该债务为夫妻共同债务的，人民法院不予支持。

夫妻一方在从事赌博、吸毒等违法犯罪活动中所负债务，第三人主张该债务为夫妻共同债务的，人民法院不予支持。

第三十五条　当事人的离婚协议或者人民法院生效判决、裁定、调解书已经对夫妻财产分割问题作出处理的，债权人仍有权就夫妻共同债务向男女双方主张权利。

一方就夫妻共同债务承担清偿责任后，主张由另一方按照离婚协议或者人民法院的法律文书承担相应债务的，人民法院应予支持。

第三十六条　夫或者妻一方死亡的，生存一方应当对婚姻关系存续期间的夫妻共同债务承担清偿责任。

※法规解读：根据我国《民法典》婚姻家庭编的规定，离婚时债务承担的基本原则是共同债务以共同财产清偿，个人债务以个人财产清偿。因此，一方婚前所负个人债务应以其个人财产清偿，债务人的配偶不负代偿义务。但如果债务人婚前所负的债务用于婚后家庭共同生活，则根据权利义务相一致原则，债务人的配偶对此债务也应当承担清偿责任。当然，债权人对债务人所负债务用于婚后家庭共同生活承担举证责任。虚假债务和非法债务不受法律保护，负债人的配偶不负清偿责任。

人民法院审理离婚案件进行财产分割、处理债务承担问题时，债权人对此可能不知情，也可能因为无法参加离婚诉讼而不能主张自己的债权。为保护债权人的合法权益，司法解释规定，当事人的离婚协议或人民法院生效的裁判文书已经对夫妻财产分割问题作出处理的,债权人仍有权就夫妻共同债务向男女双方主张权利,要求双方承担连带清偿责任。夫妻任何一方不得以离婚协议或生效的裁判文书对抗债权人。夫妻中任何一方对共同债务承担了连带清偿责任后,如果清偿的数额超过了离婚协议或生效的裁判文书确定的应承担数额,则该方有权依据离婚协议或裁判文书向原配偶追偿。同样地,配偶一方死亡,生存一方应对夫妻共同债务承担清偿责任。

关联法规索引

《〈民法典〉婚姻家庭编司法解释(一)》第69条第1款

典型案例

阿某、闵某1等民间借贷纠纷案〔1〕

案件事实

2020年1月9日,闵某2向闵某1借款,闵某1以微信转账方式分两次给闵某2转账20,000元(一次15,000元、一次5000元),后闵某2给闵某1补写一份借条,内容为:“我闵某2向闵某1借款20,000元(贰万元整)我保证一年半内还清。”2020年3月17日,闵某2再次向闵某1借款,闵某1通过中国农业银行给闵某2转账35,000元,后闵某2给闵某1补写一份借条,内容为:“我闵某2向闵某1借款35,000元(叁万伍千元整)我保证一年内还清。”阿某未在两份借条借款人处签名或捺印。两笔借款闵某2至今未还。依据闵某2提供的中国农业银行卡交易明细清单,其所借的35,000元款于2020年4月1日用于支付了买房首付款。另查明,闵某2与阿某于2018年2月6日登记结婚。2021年2月2日,一审法院受理闵某2诉阿某离婚纠纷一案,于2021年3月23日作出判决,准予闵某2与阿某离婚。闵某1向法院起诉请求判令阿某、闵某2共同归还其借款55,000元。

争议焦点

本案中,主要争议焦点是两笔借款是否属于夫妻共同债务。

---

〔1〕 新疆维吾尔自治区高级人民法院伊犁哈萨克自治州分院(2022)新40民终149号。

判决结果

一审法院认为,债务应当清偿。闵某2向闵某1借款55,000元事实清楚,证据确实充分,予以认定。现闵某1要求闵某2偿还借款55,000元的诉讼请求成立,予以支持。对于闵某2于2020年1月9日所借的20,000元,虽发生在闵某2与阿某婚姻关系存续期间,但闵某1、闵某2均未举出充分证据证明该借款属闵某2与阿某婚姻期间所付的共同债务,故闵某1要求阿某对该笔借款承担共同还款责任的诉讼请求,证据不足,不予支持。闵某2于2020年3月17日所借的35,000元,用于支付买房首付款,故该笔借款属闵某2与阿某婚姻期间共同债务,应由闵某2和阿某共同偿还。判决闵某2偿还闵某1借款20,000元;闵某2、阿某共同偿还闵某1借款35,000元。阿某不服一审判决,提起上诉。二审法院判决驳回上诉,维持原判。

案例解读

上述判例中,法院判决认定35,000元系夫妻共同债务,主要适用的是《民法典》第1064条第2款的规定,即"夫妻一方在婚姻关系存续期间以个人名义超出家庭日常生活需要所负的债务,不属于夫妻共同债务;但是,债权人能够证明该债务用于夫妻共同生活、共同生产经营或者基于夫妻双方共同意思表示的除外"。本案中,闵某2虽以个人名义借款35,000元,但该笔借款用于婚姻关系存续期间支付购房款首付,因此属于夫妻共同债务。根据《民法典》第1089条的规定,"离婚时,夫妻共同债务应当共同偿还。共同财产不足清偿或者财产归各自所有的,由双方协议清偿;协议不成的,由人民法院判决"。闵某2与阿某应当对夫妻共同债务承担连带清偿责任。

第一千零九十条　【离婚经济帮助】离婚时,如果一方生活困难,有负担能力的另一方应当给予适当帮助。具体办法由双方协议;协议不成的,由人民法院判决。

条文解读

本条是关于离婚后,一方对生活困难的另一方给予适当经济帮助的规定。

婚姻关系存续期间,夫妻双方有互相扶养的义务。在婚姻关系终止时,夫妻之间基于夫妻身份关系而产生的人身关系以及财产关系均归于消灭,夫妻之间不负相互扶养的义务。但根据本条规定,离婚时,如一方生活困难,有负担能力的另一方应给予适当帮助。这是夫妻之间互相扶养的法定义务在离婚后的延伸,同时也体现了互助互爱的道德风尚。特别是在我国的社会现实背景下,妇女的经济能力一般要低于男性,法律作出这样的规定,有利于保护处于弱势地位的妇女的合法权益,使其在离婚时可以获得对方适当的帮助,从而打消其经济顾虑,实现事实上的离婚自由。适用本条时,有权要求给予经济帮助的一方是生活困难一方。"一方生活困难",是指依靠个人财产和离婚时分得的财产无法维持当地基本生活水平。一方离婚后没有住处的,属于生活困难。具体帮助的方式可由双方协商确定,既可以由一方向生活困难方给付一定的金钱,也可以从其住房等个人财产中给予适当帮助,其他形式的帮助也可以。协商不成时,由人民法院判决。

关联法规索引

《妇女权益保障法》第 48 条

典型案例

谭某某与郑某某离婚后财产纠纷案[1]

案件事实

2007 年 11 月 2 日,原告谭某某与被告郑某某登记结婚,婚后共同生育长女郑某 1、次子郑某 2。2020 年 1 月 6 日,原、被告因感情不和登记离婚,双方签订《离婚协议书》。《离婚协议书》第 2 条约定,"婚生长女郑某 1,现年 14 岁,双方离婚后长女由男方抚养,并由男方承担长女的抚养费用。婚生次子郑某 2,现年 13 岁,双方离婚后次子由男方抚养,并由男方承担次子的抚养费用";第 3 条约定,"男女双方婚后现有房屋一套位于长寿区 ×× 镇 ×× 正街,双方离婚后该房屋产权归次子郑某 2 所有。男女双方婚后现有小车一辆,双方离婚后该小车归男方所有。男女双方离婚后,由男方每个月支付女方生活费人民币 1000 元(大写:壹仟元整),直至女

[1] 重庆市长寿区人民法院(2021)渝 0115 民初 2755 号。

方再婚时止”。离婚后，被告郑某某按约定向原告谭某某支付生活费至2020年12月，2021年1月起，被告郑某某未再向原告谭某某支付生活费。原告遂诉至法院。

争议焦点

本案中，主要争议焦点是郑某某是否应向谭某某支付生活费。

判决结果

法院认为，原告谭某某、被告郑某某在离婚时签订了《离婚协议书》。该《离婚协议书》系双方当事人真实意思表示，不违反法律法规强制性规定，合法有效，对双方当事人均具有约束力。对于被告郑某某提出因其父亲去世，长女高中在读，次子初中在读，其需赡养母亲及抚养子女，无力支付原告生活费的意见。法院认为，因被告在其父亲去世后仍向原告支付了4个月的生活费，以及被告在庭审中陈述其现在的收入为1万余元，同时结合当地的生活水平情况、子女的抚养情况等，认为被告辩称不能成立，法院不予采纳。原、被告签订的《离婚协议书》第3条约定，被告向原告提供经济帮助至原告再婚时止，而被告未提交证据证明原告已再婚，故被告应按双方的约定继续履行。本案中，原、被告签订的《离婚协议书》第3条对被告郑某某向原告提供经济帮助的金额及时间进行了约定。离婚后，被告亦按约定向原告支付生活费至2020年12月。2021年1月至2021年6月，被告本应支付原告生活费6000元，但未支付，该部分属于已经到期的应付款项，构成实际违约，法院予以主张。对于2021年7月及以后的款项，因尚未到期，原告可在期满后另行主张权利，本案中不予支持。

案例解读

上述判例中法院判决主要适用的是《民法典》第1090条的规定，即“离婚时，如果一方生活困难，有负担能力的另一方应当给予适当帮助。具体办法由双方协议；协议不成的，由人民法院判决”。本案中，因原告患病需要长期休息治疗且没有经济收入，属于“生活困难”，而被告月收入1万余元，属于“有负担能力”的情况，应当给予原告适当的经济帮助。并且双方在《离婚协议书》中已经就经济帮助的金额和给付期限进行了约定，被告应当依约履行。

第一千零九十一条 【离婚损害赔偿】有下列情形之一，导致离婚的，无过错方有权请求损害赔偿：

（一）重婚；

（二）与他人同居；

（三）实施家庭暴力；

（四）虐待、遗弃家庭成员；

（五）有其他重大过错。

条文解读

本条是关于离婚损害赔偿制度的规定。

规定本条的目的在于对离婚案件中的无过错方进行保护。需要强调的是，我国《民法典》不支持婚内损害赔偿。只有因本条规定原因导致离婚的情况下，无过错方才有权请求损害赔偿。换句话说，仅有上述情形但并未导致夫妻离婚的，包括当事人不起诉离婚和人民法院判决不准离婚的，无过错方无权请求损害赔偿。夫妻双方均有本条规定的过错情形，一方或者双方向对方提出离婚损害赔偿请求的，人民法院不予支持。根据司法解释的规定，无过错方作为原告基于该条规定向人民法院提起损害赔偿请求的，必须在起诉离婚的同时提出；无过错方作为被告的离婚诉讼案件，如果被告不同意离婚也不基于该条规定提起损害赔偿请求，可以在判决离婚后就此单独提起诉讼。无过错方作为被告的离婚诉讼案件，一审时被告未基于本条规定提出损害赔偿请求，二审期间提出的，人民法院应当进行调解；调解不成的，告知当事人另行起诉。双方当事人同意由第二审人民法院一并审理的，第二审人民法院可以一并裁判。

损害赔偿责任的主体，为离婚诉讼当事人中无过错方的配偶。至于无过错方请求赔偿的范围，则要根据不同情形区别对待。如果因一方的上述过错行为给对方造成精神痛苦并导致离婚，则无过错方有权主张精神损害赔偿；如果过错方的行为既给对方造成了精神痛苦，同时又给对方造成了人身伤害，则无过错方有权同时主张精神损害赔偿及物质损害赔偿。

当事人在婚姻登记机关办理离婚登记手续后，以本条规定为由向人民法院提出损害赔偿请求的，人民法院应当受理。但当事人在协议离婚时已经明确表示放弃该项请求的,人民法院不予支持。

配套法规及解读

《〈民法典〉婚姻家庭编司法解释(一)》(2020 年 12 月 29 日)

第八十六条 民法典第一千零九十一条规定的“损害赔偿”,包括物质损害赔偿和精神损害赔偿。涉及精神损害赔偿的,适用《最高人民法院关于确定民事侵权精神损害赔偿责任若干问题的解释》的有关规定。

第八十七条 承担民法典第一千零九十一条规定的损害赔偿责任的主体,为离婚诉讼当事人中无过错方的配偶。

人民法院判决不准离婚的案件,对于当事人基于民法典第一千零九十一条提出的损害赔偿请求,不予支持。

在婚姻关系存续期间,当事人不起诉离婚而单独依据民法典第一千零九十一条提起损害赔偿请求的,人民法院不予受理。

第八十八条 人民法院受理离婚案件时,应当将民法典第一千零九十一条等规定中当事人的有关权利义务,书面告知当事人。在适用民法典第一千零九十一条时,应当区分以下不同情况:

(一)符合民法典第一千零九十一条规定的无过错方作为原告基于该条规定向人民法院提起损害赔偿请求的,必须在离婚诉讼的同时提出。

(二)符合民法典第一千零九十一条规定的无过错方作为被告的离婚诉讼案件,如果被告不同意离婚也不基于该条规定提起损害赔偿请求的,可以就此单独提起诉讼。

(三)无过错方作为被告的离婚诉讼案件,一审时被告未基于民法典第一千零九十一条规定提出损害赔偿请求,二审期间提出的,人民法院应当进行调解;调解不成的,告知当事人另行起诉。双方当事人同意由第二审人民法院一并审理的,第二审人民法院可以一并裁判。

第八十九条 当事人在婚姻登记机关办理离婚登记手续后,以民法典第一千零九十一条规定为由向人民法院提出损害赔偿请求的,人民法院应当受理。但当事人在协议离婚时已经明确表示放弃该项请求的,人民法院不予支持。

第九十条 夫妻双方均有民法典第一千零九十一条规定的过错情形,一方或者双方向对方提出离婚损害赔偿请求的，人民法院不予支持。

※**法规解读**：根据司法解释的规定，离婚过错赔偿的义务人是因有《民法典》第1091条规定的过错行为而导致离婚的过错一方，请求权人是婚姻关系的无过错一方，无过错一方只能向过错方请求损害赔偿，而无权要求"第三者"赔偿。无过错方有权主张的损害赔偿范围，包括物质损害赔偿和精神损害赔偿。物质损害赔偿应包括无过错方的全部实际损害。精神损害赔偿的数额则应当根据最高人民法院的有关规定确定。此外，我国《民法典》不支持婚内赔偿制度，因此，当事人不起诉离婚而单独提起损害赔偿请求，或者当事人虽起诉离婚但人民法院判决不准离婚的案件，其损害赔偿请求不能获得支持。

关联法规索引

《民法典》第1165条；《〈民法典〉婚姻家庭编司法解释（一）》第1～2条

典型案例

孙某1、王某离婚后损害责任纠纷案[1]

案件事实

王某与孙某1于××××年××月××日登记结婚，婚后生育一子，于2020年9月25日协议离婚，双方关于婚生子的抚养及财产分割进行了约定。××××年××月××日，孙某1与张某某登记结婚，××××年××月××日，二人生育一女孙某3，出生孕周为41周。王某提交《出生医学证明》首次签发登记表、出生医学证明，显示孙某3于××××年××月××日在洛阳某妇产医院出生，出生孕周为41周，母亲为张某某，父亲为孙某1。王某认为孙某1违背夫妻忠实义务而导致二人离婚，遂向法院起诉请求判令孙某1一次性支付原告精神损害赔偿金50,000元。

争议焦点

本案中，主要争议焦点是孙某1应否向王某支付精神损害赔偿金。

[1] 河南省洛阳市中级人民法院（2021）豫03民终7677号。

判决结果

一审法院认为，侵害他人人身权益，造成他人严重精神损害的，被侵权人可以请求精神损害赔偿。婚姻家庭关系中，夫妻应当互相忠实，互相尊重，互相关爱。婚姻关系中无过错的一方有权利要求有过错方给予精神损害赔偿。根据已经查明的事实，王某与孙某1于2020年9月25日协议离婚，后孙某1与张某某于××××年××月××日登记结婚，××××年××月××日，二人生育一女，出生孕周为41周。结合本案证据及相关事实，从常理分析判断，张某某的孕期可以推算出被告孙某1在与王某婚姻存续期间与他人发生性关系，被告孙某1违反了夫妻之间互相忠实的义务，亦侵犯了王某的配偶权，给王某的精神造成了巨大伤害，王某要求被告孙某1赔偿其精神损害赔偿金的诉讼请求，予以支持；综合本案案情，酌定孙某1向王某赔偿精神损害抚慰金20,000元。孙某1不服一审判决，提起上诉。二审法院判决驳回上诉，维持原判。

案例解读

上述判例中法院判决主要适用的是《民法典》第1091条的规定，即"有下列情形之一，导致离婚的，无过错方有权请求损害赔偿：(一)重婚；(二)与他人同居；(三)实施家庭暴力；(四)虐待、遗弃家庭成员；(五)有其他重大过错"。本案中，根据上述双方离婚及孙某1再婚生育女儿的时间，并结合出生医学证明显示的出生孕周情况，能够推算出孙某1在和王某婚姻关系存续期间存在与他人发生性关系的行为，属于"有其他重大过错"的情形，因此导致王某与孙某1协议离婚，王某有权要求孙某1给予精神损害赔偿。

第一千零九十二条 【一方侵害夫妻共同财产的法律后果】夫妻一方隐藏、转移、变卖、毁损、挥霍夫妻共同财产，或者伪造夫妻共同债务企图侵占另一方财产的，在离婚分割夫妻共同财产时，对该方可以少分或者不分。离婚后，另一方发现有上述行为的，可以向人民法院提起诉讼，请求再次分割夫妻共同财产。

条文解读

本条是关于离婚时隐藏、转移、变卖、毁损夫妻共同财产或伪造夫妻共同债务企图侵占他方财产的一方应该承担的法律责任的规定。

夫妻共同财产应归双方共同共有，按照我国《民法典》的规定，在夫妻关系存续期间，夫妻对共同所有的财产，有平等的处理权。在离婚导致夫妻关系终止时，共同共有的基础丧失，必然涉及夫妻共有财产的分割。尽管《民法典》规定，分割夫妻共同财产如双方协商不成时，由人民法院按照照顾子女、女方和无过错方权益为原则进行判决，对于生活困难的一方，有负担能力的另一方还应当以个人财产给予适当帮助。但总体来说，按照民法的基本原理及《民法典》的相关规定，对于夫妻共同财产的分割，原则上应夫妻均等。任何一方以侵占另一方财产为目的，故意从事本条规定的行为，均属于侵犯另一方合法财产权的侵权行为，在分割夫妻共同财产时，应对其进行惩罚，根据具体情节的轻重，决定对其少分或者不分。如果在离婚时没有发现，在离婚以后才发现一方有上述行为，则权利受到侵害的一方可以向人民法院提起诉讼，请求再次分割夫妻共同财产。

配套法规及解读

《〈民法典〉婚姻家庭编司法解释（一）》（2020 年 12 月 29 日）

第八十三条 离婚后，一方以尚有夫妻共同财产未处理为由向人民法院起诉请求分割的，经审查该财产确属离婚时未涉及的夫妻共同财产，人民法院应当依法予以分割。

第八十四条 当事人依据民法典第一千零九十二条的规定向人民法院提起诉讼，请求再次分割夫妻共同财产的诉讼时效期间为三年，从当事人发现之日起计算。

第八十五条 夫妻一方申请对配偶的个人财产或者夫妻共同财产采取保全措施的，人民法院可以在采取保全措施可能造成损失的范围内，根据实际情况，确定合理的财产担保数额。

※法规解读：离婚时，夫妻一方发现另一方已经或者将要从事《民法典》第 1092 条规定的行为时，为保护自己的合法权益免受侵害，可以申请人民法院对夫妻共同财产采取保全措施。同时，为了保护另一方的合法权益，法院可根据实际情况要求申请财产保全的一方提供相应担保，以免其滥用权利。如事后证明另一方不存在《民法典》第 1092 条规定的行为，则应以该方提供的担保赔偿因此给另一方造成的损失。

关联法规索引

《民事诉讼法》第 111 条

典型案例

许某与王某离婚后财产纠纷案[1]

案件事实

王某向一审法院起诉请求:(1)依法分割某号房屋;(2)本案诉讼费由许某承担。法院经审理查明:王某与许某原系夫妻关系,王某于 2015 年诉至法院要求与许某离婚,经审理,二人于 2017 年 7 月 18 日经法院判决离婚。双方在离婚诉讼中,对于某号房屋的问题,法院查明:双方自 2001 年起即居住在某号房屋内,对于此房,王某称系双方婚后共同租住,并提供了其与吴某于 2015 年 8 月 10 日签订的房屋租赁合同,许某对此不予认可,称某号房屋系婚后共同购置,并提交了王某与王某 1(吴某之夫)于 2001 年 5 月 15 日签订的购房协议复印件,以及因许某欠款后被法院强制执行时法院出具的裁定书。王某对协议的真实性认可,但称该协议没有实际履行,对于为何在此居住,其表示因与王某 1 之间存在欠款问题,所以一直租住该房屋。对上述意见,许某不予认可。经核实,某号房屋未取得房屋所有权证书。故法院认为,对于双方主张的某号房屋的问题,根据现有证据,无法确认王某、许某对此房享有所有权,故在离婚时此房未予处理。

2017 年 8 月,王某以排除妨碍为由将许某、许某 1、许某 2、陈某诉至法院,要求其腾退某号房屋。经审理,法院作出(2017)京 0108 民初 × 号判决书驳回了王某的诉讼请求。王某不服提出上诉,二审作出(2017)京 01 民终 × 号民事判决书,维持了一审判决结果。

2019 年 1 月 8 日,王某作为原告,以吴某、王某 4 为被告,许某为第三人诉至法院,请求依法确认王某与王某 1 于 2001 年 5 月 15 日签订的《购房协议》有效。法院判决王某与王某 1 于 2001 年 5 月 15 日签订的《购房协议》有效。此判决现已生效。

---

〔1〕 北京市第一中级人民法院(2022)京 01 民终 625 号。

另查,现在某号房屋由许某及其子一家三口在此居住。此房屋为二层小楼,约160平方米,一层有两个卧室、一个客厅、一个储藏间、一个厨房和一个卫生间;二层有两个卧室(其中一个卧室含客厅)、一个储藏间和一个卫生间。

争议焦点

本案中,主要争议焦点是案涉房屋应如何分割。

判决结果

一审法院认为,夫妻一方隐藏、转移、变卖、毁损、挥霍夫妻共同财产,或者伪造夫妻共同债务企图侵占另一方财产的,在离婚分割夫妻共同财产时,对方可以少分或者不分。根据本案查明的事实可以确认,某号房屋系王某、许某在婚姻存续期间所购,应作为夫妻共同财产予以分割。王某在离婚诉讼时有违诚信原则,故意隐瞒某号房屋的来源,企图侵占对方财产,其应当少分。现某号房屋未办理房屋产权登记手续,法院仅对其使用权进行处理。对于房屋居住使用问题,法院根据双方的实际情况,酌情予以判定。判决:(1)位于北京市海淀区香山南路某号房屋由王某、许某共同居住使用;其中一层两个卧室、一个卫生间由王某居住使用;二层由许某居住使用。双方对于一层的客厅、储藏间、厨房共用。(2)驳回王某、许某其他诉讼请求。许某不服一审判决,提起上诉。二审法院判决驳回上诉,维持原判。

案例解读

上述判例中法院判决主要适用的是《民法典》第1092条的规定,即"夫妻一方隐藏、转移、变卖、毁损、挥霍夫妻共同财产,或者伪造夫妻共同债务企图侵占另一方财产的,在离婚分割夫妻共同财产时,对该方可以少分或者不分。离婚后,另一方发现有上述行为的,可以向人民法院提起诉讼,请求再次分割夫妻共同财产"。本案中,王某在离婚诉讼时有违诚信原则,故意隐瞒某号房屋的来源,企图侵占对方财产,其应当少分。

第五章　收　　养

本章介绍

收养，是指公民依照法律规定的条件和程序，对他人的子女进行领养，使收养人与被收养人之间产生法律拟制的血亲关系。本章的主要内容包括：收养关系的成立、收养的效力、收养关系的解除。

第一节　收养关系的成立

第一千零九十三条　【被收养人的范围】下列未成年人，可以被收养：

（一）丧失父母的孤儿；

（二）查找不到生父母的未成年人；

（三）生父母有特殊困难无力抚养的子女。

条文解读

本条是关于被收养人范围的规定。

被收养人首先必须是未成年人。这是由收养的性质所决定的。以未成年人为收养对象，有利于培养建立养亲子间的感情，有利于收养关系的稳定和发展。公民不能收养成年子女。如果为了实现老有所养的愿望，可以通过与特定的成年公民签订遗赠扶养协议的方式得以实现。可以被收养的未成年人具体包括三类：丧失父母的孤儿；查找不到生父母的未成年人；生父母有特殊困难无力抚养的子女。关于生父母有特殊困难无力抚养的情形，应当根据具体情况来认定。比如，父母无经济负担能力、患有严重疾病、丧失民事行为能力等而导致不能或不宜抚养子女的，应认定其为无力抚养。

关联法规索引

《民法典》第 17 条

典型案例

邱某 1 与朱某确认收养关系纠纷案[1]

案件事实

原告邱某 1 又名邱某飞、黄某飞，系邱某 2 和黄某所生。1988 年 4 月，因邱某 2、黄某生活困难，将 4 岁的原告邱某 1 送给当时没有子女的郭某和朱某夫妇（郭某于 2009 年 3 月 10 日死亡）抚养，双方未办理收养手续。领养后原告邱某 1 改名为郭某某（又名郭敬某），就读于被告居住处附近小学及中学，其学生姓名为郭某某，家庭成员登记为父亲郭某、母亲朱某。1996 年，原告和被告夫妇作为一户申请建房用地，获得批准；后三人又以家庭承包方式取得了承包期限为 1999 年 2 月至 2028 年 12 月的农村土地承包经营权。现原告诉至法院，请求判决确认原、被告之间收养关系成立。

争议焦点

本案中，主要争议焦点是原、被告之间收养关系是否成立。

判决结果

法院认为，虽相关当事人未办理相应的收养手续，但有关基层组织、原告亲生父母及住房用地批复、农村土地承包经营权证等均证明被告夫妇收养原告的事实，故法院对原、被告之间的事实收养关系可以认定。判决确认原告邱某 1 和被告朱某之间的收养关系成立。

案例解读

上述判例中法院判决主要适用的是《民法典》第 1093 条的规定，即“下列未成年人，可以被收养：（一）丧失父母的孤儿；（二）查找不到生父母的未成年人；（三）生父母有特殊困难无力抚养的子女”和第 1111 条的规定，即“自收养关系成立之日起，养父母与养子女间的权利义务关系，适用本法关于父母子女关系的规定；养子

---

〔1〕 上海市崇明区人民法院（2021）沪 0151 民初 8349 号。

女与养父母的近亲属间的权利义务关系,适用本法关于子女与父母的近亲属关系的规定。养子女与生父母以及其他近亲属间的权利义务关系,因收养关系的成立而消除”。本案中,邱某1因生父母生活困难,在4岁时即被郭某和朱某夫妇领养,自此以后一直与郭某和朱某夫妇共同生活,虽然没有办理收养登记,但是邱某1与郭某和朱某夫妇之间始终行使与履行父母子女权利和义务,因此法院对于原、被告之间的收养关系予以确认。值得注意的是,本案邱某1被收养于1988年,自1999年4月1日后收养子女未到民政部门办理收养登记,收养行为无效。

第一千零九十四条　【送养人的范围】下列个人、组织可以作送养人:

(一)孤儿的监护人;

(二)儿童福利机构;

(三)有特殊困难无力抚养子女的生父母。

条文解读

本条是关于送养人范围的规定。

送养人既可以是个人也可以是组织。可以作为送养人的个人或者组织的共同特征是依法对被收养人享有监护权,并且正在履行着监护职责。其他个人或者组织不能作为送养人。根据本条规定,下列个人、组织可以作为送养人:

一是孤儿的监护人。监护人是依照法律对无民事行为能力人和限制民事行为能力人的人身、财产及其他合法权益负有监护和保护责任的人。根据《民法典》第27条第2款的规定,未成年人的父母已经死亡或者没有监护能力的,由下列有监护能力的人按顺序担任监护人:(1)祖父母、外祖父母;(2)兄、姐;(3)其他愿意担任监护人的个人或者组织,但是须经未成年人住所地的居民委员会、村民委员会或者民政部门同意。孤儿父母生前担任监护人的,可以通过遗嘱指定在自己死后孤儿的监护人。依法具有监护资格的人之间可以协议确定监护人。协议确定监护人应当尊重被监护人的真实意愿。对监护人的确定有争议的,由被监护人住所地的居民委员会、村民委员会或者民政部门指定监护人,有关当事人对指定不服的,可以向人民法院申请指定监护人;有关当事人也可以直接向人民法院申请指定监护人。居民委员会、村民委员会、民政部门或者人民法院应当尊重被监护人的真实意愿，按照最有利于被监护人的原则在依法具有监护资格的人中指定监护人。没有依法具有监护资格的人的，监护人由民政部门担任，也可以由具备履行监护职责条件的被监护人住所地的居民委员会、村民委员会担任。

二是儿童福利机构。儿童福利机构，是指由民政部门举办的收容养育孤儿及查找不到生父母的未成年人的儿童福利院或者其他综合性福利院。

三是有特殊困难无力抚养子女的生父母。生父母有下列情况之一的，可以视为"有特殊困难无力抚养子女"：(1)患有重特大疾病；(2)重度残疾；(3)被人民法院判处有期徒刑或无期徒刑、死刑；(4)其他客观原因确实无力抚养子女。生父母有特殊困难无力抚养子女的，应当根据民政部门的要求由有关部门提供相关证明材料。值得注意的是，根据《民政部办公厅关于收养人因生活困难不能继续抚养被收养人有关问题的复函》(民办函〔2009〕177 号)的意见，有特殊困难无力抚养子女的养父母也可以作为送养人送养其子女。养父母送养子女应当严格按照生父母送养的登记程序办理。

配套法规

《中国公民收养子女登记办法》(2019 年 3 月 2 日修订)

第六条 送养人应当向收养登记机关提交下列证件和证明材料：

(一)送养人的居民户口簿和居民身份证(组织作监护人的，提交其负责人的身份证件)；

(二)收养法规定送养时应当征得其他有抚养义务的人同意的，并提交其他有抚养义务的人同意送养的书面意见。

社会福利机构为送养人的，并应当提交弃婴、儿童进入社会福利机构的原始记录，公安机关出具的捡拾弃婴、儿童报案的证明，或者孤儿的生父母死亡或者宣告死亡的证明。

监护人为送养人的，并应当提交实际承担监护责任的证明，孤儿的父母死亡或者宣告死亡的证明，或者被收养人生父母无完全民事行为能力并对被收养人有严重危害的证明。

生父母为送养人的，并应当提交与当地计划生育部门签订的不违反计划生育规定的协议；有特殊困难无力抚养子女的，还应当提交送养人有特殊困难的声明。

其中，因丧偶或者一方下落不明由单方送养的，还应当提交配偶死亡或者下落不明的证明。对送养人有特殊困难的声明，登记机关可以进行调查核实；子女由三代以内同辈旁系血亲收养的，还应当提交公安机关出具的或者经过公证的与收养人有亲属关系的证明。

被收养人是残疾儿童的，并应当提交县级以上医疗机构出具的该儿童的残疾证明。

关联法规索引

《民法典》第27、29～39条；《民政部关于规范生父母有特殊困难无力抚养的子女和社会散居孤儿收养工作的意见》；《民政部办公厅关于收养人因生活困难不能继续抚养被收养人有关问题的复函》

第一千零九十五条 【监护人送养未成年人的特殊规定】未成年人的父母均不具备完全民事行为能力且可能严重危害该未成年人的，该未成年人的监护人可以将其送养。

条文解读

本条是关于监护人送养的规定。

根据我国《民法典》总则编的规定，成年人为完全民事行为能力人，可以独立实施民事法律行为。16周岁以上的未成年人，以自己的劳动收入为主要生活来源的，视为完全民事行为能力人。不能辨认自己行为的成年人为无民事行为能力人，不能完全辨认自己行为的成年人为限制民事行为能力人。未成年人的父母是其法定代理人，但如果未成年人的父母均不具备完全民事行为能力，则应当依据《民法典》总则编的规定确定未成年人的监护人。在未成年人的父母均不具备完全民事行为能力且可能严重危害该未成年人的情况下，该未成年人的监护人可以将其送养。按照民政部门的意见，此时送养人应当提交下列证明材料：(1)人民法院出具的能够证明生父母双方均不具备完全民事行为能力的文书；(2)监护人所在单位或村(居)民委员会出具的监护人实际承担监护责任的证明；(3)其他有抚养义务的人(祖父母、外祖父母、成年兄姐)出具的经公证的同意送养的书面意见;(4)生父母所在单位、村(居)民委员会、医疗机构、司法鉴定机构或者其他有权机关出具的生父母对被收养人有严重危害可能的证明。

关联法规索引

《民法典》第18、21～22条;《民政部关于规范生父母有特殊困难无力抚养的子女和社会散居孤儿收养工作的意见》

第一千零九十六条 【监护人送养孤儿的特殊规定】监护人送养孤儿的,应当征得有抚养义务的人同意。有抚养义务的人不同意送养、监护人不愿意继续履行监护职责的,应当依照本法第一编的规定另行确定监护人。

条文解读

本条是关于监护人送养孤儿的特别规定。

根据本条规定,监护人送养孤儿的,应当征得有抚养义务的人同意。所谓有抚养义务的人,是指有负担能力的孤儿的祖父母、外祖父母、兄、姐。相比较其他收养人,一般认为监护人对孤儿的监护更有利于实现被监护人的利益最大化。为此,当监护人想要送养孤儿,不愿意继续履行监护职责时,应当征得有抚养义务的人同意。如果有抚养义务的人不同意送养,则监护人不能送养。此时,如果监护人不愿意继续履行监护职责而又强令其继续履行,则很有可能会出现监护不力甚至监护人损害被监护人合法权益的行为。在此情况下,应当依照《民法典》总则编的规定另行确定监护人,以保护被监护人的合法权益。

关联法规索引

《民法典》第29～39条、第1074条第1款、第1075条第1款

第一千零九十七条 【生父母送养】生父母送养子女,应当双方共同送养。生父母一方不明或者查找不到的,可以单方送养。

条文解读

本条是关于生父母送养子女的规定。

子女是父母共同的子女，生父母送养子女时，必须双方协商一致共同送养，任何一方未经另一方同意，不得单独送养子女，否则，送养行为不发生法律效力。但有下列情况之一的，生父或者生母可以单方送养子女，送养具有法律效力：(1)生父母一方下落不明或查找不到，另一方可以单独送养；(2)非婚生子女的生父无法确定或者经法院宣告失踪，或者自然死亡或经法院宣告死亡，其生母可单方送养；(3)生父母双方确有困难无力抚养，且其中一方不具备完全民事行为能力，另一方可以单独送养。生父母一方单独送养时，另一方的父母即未成年子女的祖父母或外祖父母，可以对被送养的未成年人主张优先抚养权。

关联法规索引

《民法典》第 1108 条

第一千零九十八条 【收养人的条件】收养人应当同时具备下列条件：

（一）无子女或者只有一名子女；

（二）有抚养、教育和保护被收养人的能力；

（三）未患有在医学上认为不应当收养子女的疾病；

（四）无不利于被收养人健康成长的违法犯罪记录；

（五）年满三十周岁。

条文解读

本条是关于收养人条件的规定。

收养人应同时具备以下条件：(1)无子女或者只有一名子女。所谓“无子女”，是指收养人既没有亲生子女，也没有养子女和继子女。(2)有抚养、教育和保护被收养人的能力。所谓“有抚养、教育和保护被收养人的能力”，是指收养人应当具有完全民事行为能力，在身体、智力、经济、道德品质和教育子女等方面具有抚养、教育和保护被收养人的能力，能够履行父母对子女应尽的义务。(3)未患有在医学上认为不应当收养子女的疾病，主要包括精神疾病和传染病。(4)无不利于被收养人健康成长的违法犯罪记录。为保障被收养人的身心健康和其他合法权益，如果收养人有虐待、遗弃未成年人等不利于被收养人健康成长的违法犯罪记录，则不能收养未成年人。但与此无关的其他违法犯罪记录，在符合其他条件的情况下，还是可以收养子女的。(5)年满 30 周岁。所谓“年满 30 周岁”，包括 30 周岁本数在内。夫妻共同收养，则必须双方都年满 30 周岁。

配套法规

《中国公民收养子女登记办法》(2019 年 3 月 2 日修订)

第五条 收养人应当向收养登记机关提交收养申请书和下列证件、证明材料：

(一)收养人的居民户口簿和居民身份证；

(二)由收养人所在单位或者村民委员会、居民委员会出具的本人婚姻状况和抚养教育被收养人的能力等情况的证明，以及收养人出具的子女情况声明；

(三)县级以上医疗机构出具的未患有在医学上认为不应当收养子女的疾病的身体健康检查证明。

收养查找不到生父母的弃婴、儿童的，并应当提交收养人经常居住地计划生育部门出具的收养人生育情况证明；其中收养非社会福利机构抚养的查找不到生父母的弃婴、儿童的，收养人还应当提交下列证明材料：

(一)收养人经常居住地计划生育部门出具的收养人无子女的证明；

(二)公安机关出具的捡拾弃婴、儿童报案的证明。

收养继子女的，可以只提交居民户口簿、居民身份证和收养人与被收养人生父或者生母结婚的证明。

对收养人出具的子女情况声明，登记机关可以进行调查核实。

关联法规索引

《家庭寄养管理办法》第 8 条

典型案例

王某1与王某2确认收养关系纠纷案[1]

案件事实

徐某与王某1系父子关系。2001年12月21日,王某1申请收养“非社会福利机构抚养的弃婴”王某2为养子,在北京市海淀区民政局办理了收养手续,取得《收养登记证》。2020年7月3日,法院作出(2020)京0108民特×号民事判决书,认定王某1为限制民事行为能力人,指定王某2为王某1的监护人。王某1之法定代理人徐某表示王某1患有精神分裂症,不具备完全民事行为能力及收养条件,王某1与王某2没有共同生活过,收养文件资料不符合事实情况,王某2不是弃婴,是其女儿徐某1的亲生子女,一直与徐某1共同生活,要求确认二人的收养关系无效。

争议焦点

本案中,主要争议焦点是王某1与王某2的收养关系是否有效。

判决结果

法院认为,收养人应当同时具备抚养、教育和保护被收养人的能力,未患有医学上认为不应当收养子女的疾病等条件。被送养人的条件为丧失父母的孤儿、查找不到生父母的未成年人或生父母有特殊困难无力抚养的子女。收养应当向县级以上人民政府民政部门登记。根据王某1之法定代理人徐某提交的病历,王某1在收养王某2之前即患有精神分裂症且未治愈,不符合收养人的条件。且根据双方及证人自述,王某2系王某1之姐徐某1的亲生子,并非收养登记档案中所记载的王某2为社会弃婴,存在向收养登记部门进行虚假陈述的行为,亦不符合被收养人的条件。综上,王某1之法定代理人徐某要求确认王某1与王某2的收养关系无效,具有事实与法律依据,法院予以支持。

案例解读

上述判例中法院判决主要适用的是《民法典》第1093条的规定,即“下列未成年人,可以被收养:(一)丧失父母的孤儿;(二)查找不到生父母的未成年人;(三)生

---

〔1〕 北京市海淀区人民法院(2021)京0108民初29219号。

父母有特殊困难无力抚养的子女”；第1098条的规定，即“收养人应当同时具备下列条件：（一）无子女或者只有一名子女；（二）有抚养、教育和保护被收养人的能力；（三）未患有在医学上认为不应当收养子女的疾病；（四）无不利于被收养人健康成长的违法犯罪记录；（五）年满三十周岁”。本案中，被收养人王某2是王某1之姐徐某1的亲生子，不满足被收养人条件；同时，王某1在收养王某2之时患有精神分裂症，不具备抚养、教育和保护被收养人的能力，不符合收养人条件。因此，王某1与王某2的收养关系无效。

第一千零九十九条　【收养三代以内旁系同辈血亲子女的特殊规定】收养三代以内旁系同辈血亲的子女，可以不受本法第一千零九十三条第三项、第一千零九十四条第三项和第一千一百零二条规定的限制。

华侨收养三代以内旁系同辈血亲的子女，还可以不受本法第一千零九十八条第一项规定的限制。

条文解读

本条是关于收养三代以内旁系同辈血亲子女的特殊规定。

所谓三代以内的旁系同辈血亲，是指与己身出自同一父母或同一祖父母、外祖父母的同辈血亲。具体范围包括：兄弟姐妹（包括同父异母、同母异父的兄弟姐妹）、堂兄弟姐妹、表兄弟姐妹。根据本条规定，收养三代以内旁同辈系血亲的子女可以放宽条件，不受以下法定条件的限制：（1）被收养人为生父母有特殊困难无力抚养的子女，即生父母无特殊困难、有抚养能力的子女，可以作为被收养人；（2）送养人为有特殊困难无力抚养子女的生父母，即无特殊困难，有抚养能力的生父母，可以作为送养人；（3）无配偶者收养异性子女的，收养人与被收养人的年龄应当相差40周岁以上。此外，收养人如为华侨，除了不受上述所列举的三项条件的限制外，无论收养人有无子女及有几名子女，都可以收养三代以内旁系同辈血亲的子女。

关联法规索引

《民法典》第1093条第3项、第1094条第2项、第1098条第1项、第1102条

第一千一百条　【收养子女的人数】无子女的收养人可以收养两名子女；有子女的收养人只能收养一名子女。

收养孤儿、残疾未成年人或者儿童福利机构抚养的查找不到生父母的未成年人，可以不受前款和本法第一千零九十八条第一项规定的限制。

条文解读

本条是关于收养子女人数的规定。

本条规定与第1098条第1项收养人应当“无子女或者只有一名子女”相对应。但随着我国三孩生育政策的执行，在实际执行中，无子女的收养人可以收养三名子女；有子女的收养人应当根据自身拥有子女人数收养一名或者两名子女。

也有例外情况，如收养对象属于孤儿、残疾未成年人或者儿童福利机构抚养的查找不到生父母的未成年人，考虑到由个人收养更有利于未成年人的健康成长及减轻社会负担，收养人可以不受无子女或者只有一名子女以及收养人数的限制。值得注意的是，并不是收养所有查找不到生父母的未成年人都不受前述限制，收养非儿童福利机构抚养的未成年人的，同样要受到相应限制。

关联法规索引

《中国公民收养子女登记办法》

典型案例

刘某1、姜某1等继承纠纷案[1]

案件事实

五被告与原告系姐弟关系。原、被告的父亲姜某某于2014年10月27日因病去世，母亲王某某于2020年9月1日因病去世，原告刘某1系二位老人的养子。二位老人去世后遗留位于莱阳市某村房屋一栋，房产证号为×。因继承过户事宜，

---

〔1〕 山东省莱阳市人民法院(2021)鲁0682民初995号。

原告与五被告协商未果,原告诉至法院,请求处理。在审理过程中,被告姜某1、姜某2向法院证实,原告刘某1系其父母通过姑姑收养的一名残疾弃婴,多次手术后至今仍然留下残疾,父母生前一直与原告共同生活。原告主张,父母生前曾口头留下遗嘱,即去世后涉案房屋归原告所有,对此被告姜某1、姜某3无异议。被告姜某2、姜某4有异议,称不知道口头遗嘱一事。针对自己的主张,原告向法院提交了一份放弃房屋继承协议书,证实姜某1、姜某3、姜某4、姜某5四被告在协议中表示放弃房屋继承权利。在质证时,被告姜某1、姜某3表示无异议;被告姜某2表示自己未在协议上签字,一直同意原告居住,不同意过户;被告姜某4称,协议上是自己亲笔签名捺印,是因为当时原告没有地方住,现在有地方住就不同意过户给原告。原告提供证人王殿某到庭作证,证实父母在世时曾说过他们去世后把留下的房子让原告继承。

争议焦点

本案中,主要争议焦点是案涉房屋应如何继承。

判决结果

法院认为,依法成立的遗嘱才能受到法律保护。本案中,原告系姜某某、王某某于1986年收养的残疾弃婴,其养父母姜某某、王某某去世后,原告应当与五被告共同享有依法继承遗产的权利。本案中,原告要求按遗嘱继承涉案房产,证据不足,法院不予支持。原告提交的被告姜某1、姜某3、姜某4、姜某5自愿放弃房产归原告所有的书面协议,系上述四被告的真实意思表示,法院予以确认。被告姜某4以当时原告没有地方住、现在有地方住而不同意过户给原告为抗辩理由,否认协议的效力,理由不当,法院不予支持。本案应按法定继承结合已经生效的协议,处分涉案房产,原告刘某1分得该房产的5/6,被告姜某2分得该房产的1/6。判决案涉房屋由原告刘某1继承房产的5/6、被告姜某2继承房产的1/6。

案例解读

上述案例中,对于原告作为法定继承人的认定,法院判决主要适用的是《民法典》第1093条的规定,即“下列未成年人,可以被收养:(一)丧失父母的孤儿;(二)查找不到生父母的未成年人;(三)生父母有特殊困难无力抚养的子女”。第1098条的规定,即“收养人应当同时具备下列条件:(一)无子女或者只有一名子女;(二)有抚养、教育和保护被收养人的能力;(三)未患有在医学上认为不应当收养子女的疾病;(四)无不利于被收养人健康成长的违法犯罪记录;(五)年满三十周岁”。第

1100 条第 2 款的规定，即"收养孤儿、残疾未成年人或者儿童福利机构抚养的查找不到生父母的未成年人，可以不受前款和本法第一千零九十八条第一项规定的限制"。本案中，原告是被继承人姜某某夫妇收养的残疾弃婴，原告符合被收养人条件，姜某某夫妇符合收养人条件，同时由于原告系残疾弃婴，姜某某夫妇收养原告不受子女人数的限制，因此原告与姜某某夫妇形成收养关系，原告作为养子女与其他子女享有同等权利，有权作为第一顺序法定继承人参与继承。

第一千一百零一条　【共同收养】有配偶者收养子女，应当夫妻共同收养。

条文解读

本条是关于夫妻共同收养的规定。

符合法定条件，经婚姻登记机关登记结婚的男女双方互为配偶。根据本条规定，配偶任何一方收养子女，应当夫妻共同收养。其实质是夫妻双方一致同意收养子女，在形式上表现为共同办理收养登记。有配偶者离婚或者配偶死亡的，不适用本条规定。

配套法规

《中国公民收养子女登记办法》(2019 年 3 月 2 日修订)

第四条第二款　夫妻共同收养子女的，应当共同到收养登记机关办理登记手续；一方因故不能亲自前往的，应当书面委托另一方办理登记手续，委托书应当经过村民委员会或者居民委员会证明或者经过公证。

关联法规索引

《外国人在中华人民共和国收养子女登记办法》第 8 条

第一千一百零二条　【无配偶者收养异性子女】无配偶者收养异性子女的，收养人与被收养人的年龄应当相差四十周岁以上。

条文解读

本条是关于无配偶者收养异性子女年龄限制的规定。

无配偶者，是指因未婚、离婚或丧偶而处于非婚姻状态的人。我国允许无配偶者收养异性子女，但对这种收养作了特别的限制性规定，旨在防止无配偶者借收养之名对被收养的异性子女进行不法行为的情况发生，以及违反社会公德的事件发生。因此，无配偶的男性收养女孩或者无配偶的女性收养男孩的，除必须满足收养人的一般条件外，还须与被收养人的年龄相差 40 周岁以上。无配偶者收养自己三代以内旁系同辈血亲的异性子女时，可以不受年龄相差 40 周岁以上的条件限制。无配偶者收养同性子女，收养人只需符合一般收养人的条件，而没有收养人与被收养人年龄差距的限制。

关联法规索引

《民法典》第 1099 条

典型案例

曾某与曾某 1 解除收养关系纠纷案〔1〕

案件事实

1997 年，时年 39 岁的原告曾某在沿河县大桥处遇见一名被遗弃的尚在襁褓中的女婴，即本案被告曾某 1，原告遂将被告带回家中抚养，但一直未到民政部门办理收养登记，后原告以父女关系在沿河县板场派出所为被告办理了户籍登记，并独自一人抚养被告，被告长大成人后外嫁组建新的家庭，现育有两个小孩（一个 3 岁，一个 2 岁）。2019 年，原告因脑梗在沿河县人民医院进行住院治疗，被告支付了原告的部分医疗费，并照顾原告一个多月，原告因脑梗死后遗症瘫痪在床，生活无法自理，被告与原告的亲戚在如何照料被告的问题上发生矛盾，被告遂外出一直未对原告进行照料。因原告瘫痪在床，肢体二级残疾，需要专人护理，但原告一直未婚

〔1〕 贵州省沿河土家族自治县人民法院（2021）黔 0627 民初 139 号。

无配偶,亦无其他子女,原告所在的村委会指定原告的兄弟曾某强作为原告的监护人对其进行照看。因被告一年多来未对原告进行照料,原告向本院提起诉讼,要求解除双方的收养关系,由被告返还原告抚养被告所产生的抚养费。

争议焦点

本案中,主要争议焦点是双方收养关系是否应当解除。

判决结果

法院认为,《收养法》于1992年4月1日起施行,该法第15条规定:“收养应当向县级以上人民政府民政部门登记。收养关系自登记之日起成立。”而原告在1997年收养被告后并未到当地的民政部门办理收养登记,且依据《民法典》第1102条规定:“无配偶者收养异性子女的,收养人与被收养人的年龄应当相差四十周岁以上。”故原告、被告之间的收养行为不符合法律规定的收养条件,其收养关系无效。但被告将原告抚养长大,确实付出了精力和财力,现被告瘫痪在床,无收入也无配偶或其他子女对其进行照料赡养,而被告现已成年,被告应补偿原告将其抚养长大而支出的费用,但原告要求被告归还抚养费173,604元的诉求金额过高,且原告未提供证据证实该项金额的合理性,法院综合当地消费生活水平,以及被告目前无固定收入加之有两个年幼的小孩需要抚养的现实状况,酌情确定由被告分期补偿原告抚养费共计60,000元。

案例解读

上述案例中,法院判决主要适用的是《民法典》第1102条的规定,即“无配偶者收养异性子女的,收养人与被收养人的年龄应当相差四十周岁以上”。1997年,原告收养被告时适用的是1992年《收养法》,当时《收养法》规定“收养关系自登记之日起成立”;同时,1992年《收养法》第9条规定“无配偶的男性收养女性的,收养人与被收养人的年龄应当相差四十周岁以上”。因此,原告、被告之间的收养关系无效,原告有权向被告主张补偿抚养费用,被告应当予以补偿。

第一千一百零三条 【继父母收养继子女的特殊规定】继父或者继母经继子女的生父母同意,可以收养继子女,并可以不受本法第一千零九十三条第三项、第一千零九十四条第三项、第一千零九十八条和第一千一百条第一款规定的限制。

条文解读

本条是关于继父母收养继子女的特殊规定。

继父母对继子女的收养属于对特殊主体的收养,可以适当放宽收养条件,适用特别规定。为了防止因双重权利义务的界限不明确而发生纠纷,继父或继母经继子女的生父母同意可以收养继子女。继子女一旦被继父或者继母收养,则继子女与其亲生父亲或者母亲的权利义务关系消灭,特别是对不与继子女共同生活的亲生父亲或者母亲影响巨大,属于二者人身关系的重大变更,因此收养继子女以其生父母同意为要件。继父母对继子女的收养是在已经形成抚养关系的条件下进行收养,并且是基于收养人与被收养人的父或母结婚的事实,所以法律规定的条件更为宽松。根据本条规定,继父或继母收养继子女,可以不受收养条件中的以下内容限制:(1)被收养人为生父母有特殊困难无力抚养的子女;(2)送养人为有特殊困难无力抚养子女的生父母;(3)收养人应当无子女或者只有一名子女,年满30周岁,有抚养、教育和保护被收养人的能力,无不利于被收养人健康成长的违法犯罪记录且未患有在医学上认为不应当收养子女的疾病;(4)收养子女人数。此外,继父母收养继子女不受"有配偶者收养子女,应当夫妻共同收养"规定的限制,只能是继父或继母的单方收养。因为继子女和与其共同生活的生父或生母之间本来就存在父母子女关系,不存在收养的问题,但是,继父或继母收养继子女时,须事先征得其再婚配偶(被收养人的生母或生父)的同意,并且取得不与被收养人共同生活的另一方生父或生母的同意。继子女年满8周岁以上的,还应征得其本人的同意。

继父或继母与继子女一旦形成收养关系,就会发生收养的法律后果,继子女就变成继父或继母一方的养子女,其与再婚关系之外的一方生父或生母的权利义务关系终止,但与再婚的婚姻关系之内的生母或生父一方之间,仍保留原直系血亲的母子或父子的权利义务关系。

该收养关系一经成立,就适用关于父母子女关系的规定,也适用法律关于子女与父母的近亲属关系的规定。

关联法规索引

《民法典》第1093~1094、1098、1100条;《〈民法典〉婚姻家庭编司法解释(一)》第59条

第一千一百零四条　【收养、送养自愿】收养人收养与送养人送养，应当双方自愿。收养八周岁以上未成年人的，应当征得被收养人的同意。

条文解读

本条是关于收养合意的规定。

根据本条规定，收养关系的成立以各方当事人自愿为前提，收养人和送养人应就收养和送养在平等自愿的基础上协商一致。有配偶者收养子女的，须夫妻双方均同意收养；生父母送养子女的，除生父母一方不明或者查找不到的可由单方送养外，应由生父母双方共同送养。

收养年满8周岁以上未成年人的，应当征得被收养人的同意。年满8周岁的未成年人，属于限制民事行为能力人。依据《民法典》总则编规定，8周岁以上的未成年人是限制民事行为能力人，可以进行与他的年龄、智力相适应的民事活动；其他民事活动由他的法定代理人代理，或者征得其法定代理人的同意、追认。8周岁以上的未成年人初步具备了判断、辨明一些行为及其可能产生的后果的能力。当收养他们作为养子女时，应当征求、尊重其本人的意愿，取得其同意，这样做能更好地建立起和睦的养父母子女关系。

关联法规索引

《民法典》第19条

第一千一百零五条　【收养登记、收养公告、收养协议、收养公证、收养评估】收养应当向县级以上人民政府民政部门登记。收养关系自登记之日起成立。

收养查找不到生父母的未成年人的，办理登记的民政部门应当在登记前予以公告。

收养关系当事人愿意签订收养协议的，可以签订收养协议。

收养关系当事人各方或者一方要求办理收养公证的,应当办理收养公证。

县级以上人民政府民政部门应当依法进行收养评估。

条文解读

本条是关于收养登记的规定。

办理收养登记是收养关系成立的法定程序。尽管当事人之间就收养问题达成协议是收养关系成立的法定条件,但仅有当事人的协议并不意味着收养关系已经成立。根据本条规定,收养应当办理登记,收养关系自登记之日起成立,并依法受到法律保护。

查找不到生父母的未成年人的生父母下落不明,为了维护收养关系的稳定,办理登记的民政部门应当在登记前予以公告,寻找这些未成年人的生父母。公告期为60日,自公告之日起满60日,未成年人的生父母或者其他监护人未认领的,视为查找不到生父母的未成年人,可以办理收养登记,允许收养人收养。

现实中,有些当事人依法达成了收养协议甚至办理了收养公证,即认为收养关系合法,这种理解是错误的。是否办理收养公证取决于收养关系当事人的意愿,并非收养关系成立的必经法律程序。如果当事人已经办理了收养登记,则收养公证起到了强化收养关系存在的证明作用;如果当事人没有办理收养登记,则收养公证只能证明当事人就收养达成了合意,但收养关系并未成立。

县级以上人民政府民政部门应当依法进行收养评估。收养评估能够更好地确定收养人是否满足收养条件,是否具备抚养、教育和保护被收养未成年人的能力,从而实现最有利于被收养人原则。

配套法规

《中国公民收养子女登记办法》(2019年3月2日修订)

第二条 中国公民在中国境内收养子女或者协议解除收养关系的,应当依照本办法的规定办理登记。

办理收养登记的机关是县级人民政府民政部门。

第三条　收养社会福利机构抚养的查找不到生父母的弃婴、儿童和孤儿的，在社会福利机构所在地的收养登记机关办理登记。

收养非社会福利机构抚养的查找不到生父母的弃婴和儿童的，在弃婴和儿童发现地的收养登记机关办理登记。

收养生父母有特殊困难无力抚养的子女或者由监护人监护的孤儿的，在被收养人生父母或者监护人常住户口所在地（组织作监护人的，在该组织所在地）的收养登记机关办理登记。

收养三代以内同辈旁系血亲的子女，以及继父或者继母收养继子女的，在被收养人生父或者生母常住户口所在地的收养登记机关办理登记。

第四条　收养关系当事人应当亲自到收养登记机关办理成立收养关系的登记手续。

夫妻共同收养子女的，应当共同到收养登记机关办理登记手续；一方因故不能亲自前往的，应当书面委托另一方办理登记手续，委托书应当经过村民委员会或者居民委员会证明或者经过公证。

《外国人在中华人民共和国收养子女登记办法》（1999年5月12日）

第九条　外国人来华收养子女，应当与送养人订立书面收养协议。协议一式三份，收养人、送养人各执一份，办理收养登记手续时收养登记机关收存一份。

书面协议订立后，收养关系当事人应当共同到被收养人常住户口所在地的省、自治区、直辖市人民政府民政部门办理收养登记。

关联法规索引

《收养登记工作规范》；《华侨以及居住在香港、澳门、台湾地区的中国公民办理收养登记的管辖以及所需要出具的证件和证明材料的规定》；《国务院对民政部〈关于做好收养登记工作急需解决的几个问题的请示〉的批复》；《民政部、公安部、司法部等关于解决国内公民私自收养子女有关问题的通知》

典型案例

宗某某与吴某某确认收养关系纠纷案〔1〕

案件事实

吴某某(曾用名宗某平)于2002年8月16日出生。宗某某于2003年10月13日到原重庆市铜梁县公证处办理收养吴某某公证。在办理收养公证后,吴某某一直跟随其亲生父母生活至成年,未与宗某某共同生活。2019年6月18日,吴某某的户籍以父母子女相互投靠为由迁至其亲生母亲陈某某户籍处。宗某某向法院提起诉讼,请求法院判令确认宗某某与吴某某收养关系无效。

争议焦点

本案中,主要争议焦点是宗某某与吴某某收养关系是否有效。

判决结果

法院认为,宗某某与吴某某在办理收养公证后,吴某某一直随其亲生父母生活居住,未与宗某某生活,双方在主观上没有建立收养关系的真实意思表示,在客观上也不存在抚养的事实,同时双方亦未到民政部门办理收养登记,该收养行为违反了法律的强制性规定,故收养关系无效。

案例解读

上述案例中,法院判决主要适用的是《民法典》第1105条第1款的规定,即"收养应当向县级以上人民政府民政部门登记。收养关系自登记之日起成立"。本案中,即使原告办理了收养被告的公证,但由于原告、被告双方并未办理收养登记,因此收养关系并未成立。

第一千一百零六条 【被收养人户口登记】收养关系成立后,公安机关应当按照国家有关规定为被收养人办理户口登记。

〔1〕 重庆市铜梁区人民法院(2021)渝0151民初755号。

条文解读

本条是关于为被收养人办理户口登记的规定。

收养关系成立后，收养人和被收养人之间形成了法律拟制的父母子女关系，根据《民法典》的规定，养父母与养子女间的权利义务关系，适用《民法典》关于父母子女关系的规定，因此，有必要为被收养人办理户口登记，将被收养人纳入收养人的户籍之中。按照《中国公民收养子女登记办法》第 8 条的规定，收养关系成立后，需要为被收养人办理户口登记或者迁移手续的，由收养人持收养登记证到户口登记机关按照国家有关规定办理。实践中，为被收养人办理户口登记应注意以下几点：(1)收养关系合法成立。收养关系自登记之日起成立。办理收养登记后，登记部门向收养人发放收养登记证，由收养人持证办理被收养人户口登记手续。(2)由公安机关负责办理被收养人户口登记。(3)被收养人户口登记包括原始户口登记和户口迁移。(4)为被收养人办理户口登记不得违反国家有关规定，如假借收养之名违规落户。

配套法规

《中国公民收养子女登记办法》(2019 年 3 月 2 日修订)

第八条　收养关系成立后，需要为被收养人办理户口登记或者迁移手续的，由收养人持收养登记证到户口登记机关按照国家有关规定办理。

典型案例

王某 1 与王某 2 解除收养关系纠纷案[1]

案件事实

王某 2 与王某 1 的户籍均登记在北京市海淀区西三环中路某号某区某楼某门某号房屋，王某 1 户籍登记为王某 2 之女。王某 2 原配妻子杨某于 2016 年 1 月 9 日去世。2017 年 5 月 12 日，王某 2 与案外人王某 3 再婚。2019 年 9 月，王某 2 要

[1] 北京市第一中级人民法院(2021)京 01 民终 5282 号。

求王某1搬出位于北京市丰台区的共同居所，王某1搬出共同居所至今。王某2自述于1977年在北京市顺义区收养了王某1，王某1对此不予认可。根据王某2的申请，2020年12月15日，北京信诺司法鉴定所出具司法鉴定意见书，鉴定意见为排除王某2是王某1的生物学父亲。王某2向一审法院起诉请求解除双方之间的收养关系。

争议焦点

本案中，主要争议焦点是王某2与王某1之间的收养关系是否恶化、无法共同生活，收养关系的维持与解除是否有利于王某2晚年生活及权益保障。

判决结果

一审法院认为，养父母与成年养子女关系恶化、无法共同生活的，可以协议解除收养关系；不能达成协议的，可以向人民法院提起诉讼。本案中，依据现有证据和鉴定机关出具的鉴定意见，可以确认王某2与王某1之间存在事实上的收养关系。现王某2坚决要求解除收养关系，根据王某2提交的证据及双方陈述，王某2与王某1因王某2再婚等问题发生矛盾，关系恶化，双方于2019年9月分开居住，无法共同生活。有鉴于此，王某2要求解除与王某1的收养关系的诉讼请求，具备事实及法律依据，法院予以支持。综上，法院判决解除王某2与王某1之间的收养关系。王某1不服一审判决，提起上诉。二审法院认为，本案中，王某2与王某1形成收养关系并共同生活达40余年，父女之情来之不易。现王某2主张王某1未尽赡养义务，对其再婚生活进行干涉，对王某3进行人身攻击，拿走独生子女证、存折、戒指等物品，并以上述事实为由认定双方关系恶化，坚决要求解除双方的收养关系。但就本案在案证据来看，王某1与王某3存在一定矛盾，与王某2之间并不存在关系明显恶化的事实，且王某1现已不再与王某2共同居住，双方矛盾具备缓和的条件，故王某2就其与王某1关系恶化的主张并未提供充分证据加以证实，其主张缺乏事实及法律依据。因王某1表示愿意承担对王某2的赡养义务，尊重王某2的生活意愿，故从有利于王某2的晚年生活和权益保障的角度出发，现应维持该收养关系。王某2与王某1之间的关系一直较为融洽，并一直共同居住生活，后双方因家庭琐事及其他原因产生一定矛盾，导致双方关系紧张，王某1搬出了之前的居所。王某1作为王某2的子女，应当珍惜双方40余年的感情、亲情，主动化解矛盾，改善家庭关系，促进家庭和谐，积极履行对王某2精神上慰藉、生活上照料、物质上帮助的义务，促进双方关系的缓和。王某2作为王某1的养父，亦应考虑其将王某1抚养长大成人过程中的付出与陪伴，现王某1表示履行对王某2的赡养义务，并表示对这段亲情难以割舍，王某2应对王某1作为子女的心情多加理解、体谅，给双方这段亲情一次机会。因此，判决撤销一审法院判决，驳回王某2的诉讼请求。

案例解读

上述案例中，法院判决主要适用的是《民法典》第1106条的规定，即"收养关系成立后，公安机关应当按照国家有关规定为被收养人办理户口登记"；第1115条的规定，即"养父母与成年养子女关系恶化、无法共同生活的，可以协议解除收养关系。不能达成协议的，可以向人民法院提起诉讼"。本案中，王某2于1977年收养王某1，彼时收养关系的成立不以登记为成立条件。王某1的户籍关系登记为王某2之女，双方共同生活40余年，收养关系成立。王某2虽然要求解除收养关系，但现有证据不足以证明其与王某1关系恶化，无法共同生活，且王某1表示愿意赡养王某2并尊重王某2生活意愿，因此法院对王某2的诉讼请求不予支持。

第一千一百零七条 【抚养】孤儿或者生父母无力抚养的子女，可以由生父母的亲属、朋友抚养；抚养人与被抚养人的关系不适用本章规定。

条文解读

本条是关于生父母的亲属或者朋友抚养其子女不适用收养的规定。

根据本条规定，对于孤儿或者生父母无力抚养的子女，除了被符合条件的收养人依法收养外，还可以由生父母的亲属、朋友抚养。考虑到生父母与其亲属、朋友之间的感情和关系，由他们来抚养未成年人，能够更好地实现未成年人利益最大化。生父母的亲属、朋友抚养未成年人时，由于他们之间并未形成收养关系，因此不适用本章有关收养的规定。

关联法规索引

《烈士褒扬条例》第14条；《最高人民法院、最高人民检察院、财政部关于印发〈人民法院、人民检察院因公牺牲法官、检察官特别补助金和特别慰问金管理暂

行规定〉的通知》第 2 条;《全国公安民警英烈抚恤补助基金暂行管理规定》第 12 条

典型案例

周某、巩某 1 等赡养费纠纷案[1]

案件事实

巩某 3 与周某系夫妻,巩某 3 于 2019 年因交通事故去世,巩某 1 系巩某 3 与周某的长女,巩某 2 系巩某 3 与周某的次女。现原告周某年事已高,体弱多病,频繁住院治疗,需两被告进行赡养并支付赡养费。另查明,被告巩某 1 的户口自 1975 年 2 月 20 日迁至济南,随其祖父巩某某生活至成年。原告遂诉至法院,要求依法判决两被告巩某 1、巩某 2 每人每月支付原告赡养费 2000 元。

争议焦点

本案中,主要争议焦点是巩某 1 应否向原告支付赡养费。

判决结果

法院认为,本案中,根据周某、巩某 1、巩某 2 所诉的巩某 3 交通事故(2020)鲁 1621 民初 1628 号生效判决书认定的巩某 1 系巩某 3 长女的事实、巩某 3 与周某系夫妻关系的事实、巩某 1 认可巩某 3 的父亲巩某某系其祖父的事实,足以认定巩某 1 系巩某 3 与周某夫妻的长女。原告周某已是年近八旬的老人,除每月大约 300 元的低保金外没有其他生活来源,体弱多病,频繁住院治疗,急需两被告进行赡养,两被告理应每月向原告支付赡养费用。法院根据当地生活水平、原告的实际需要和两被告的实际支付能力酌情支持两被告每人每月向原告支付 500 元赡养费。

案例解读

上述案例中,法院判决主要适用的是《民法典》第 1067 条第 2 款的规定,即"成年子女不履行赡养义务的,缺乏劳动能力或者生活困难的父母,有要求成年子女给付赡养费的权利";第 1107 条的规定,即"孤儿或者生父母无力抚养的子女,可以由生父母的亲属、朋友抚养;抚养人与被抚养人的关系不适用本章规定"。本案中,巩

[1] 山东省惠民县人民法院(2021)鲁 1621 民初 1620 号。

某1虽自幼随其祖父巩某某生活至成年，但这并不能改变其与周某的母女关系。现周某年老体弱，缺乏劳动能力且生活困难，有权要求两被告给付赡养费。

第一千一百零八条 【抚养优先权】配偶一方死亡，另一方送养未成年子女的，死亡一方的父母有优先抚养的权利。

条文解读

本条是关于抚养优先权的规定。

抚养优先权设立的价值取向主要是照顾被抚养人的利益和死亡一方父母的感情。一般而言，当自己的子女死亡后，祖父母、外祖父母都愿意承担起抚养孙子女、外孙子女的责任。由祖父母、外祖父母抚养未成年人，通常要比他人收养更有利于未成年人的利益保护。但是，祖父母、外祖父母的抚养优先权并不是绝对的，优先抚养权的行使需考虑以下因素：(1)祖父母、外祖父母的年龄因素。实践中，大多数祖父母、外祖父母年龄较大，从生理角度讲，这并不利于未成年人的抚养、成长。(2)祖父母、外祖父母的体能状况。年龄较大者一般身体较弱，不利于与其共同生活的未成年人的健康成长。(3)祖父母、外祖父母有无重大传染性疾病及其他不利于未成年人成长的疾病。对于祖父母、外祖父母有此状况的，应不准予其行使该权利。(4)是否祖父母、外祖父母夫妻双方均主张。实践中，有的夫妻双方只有一方主张抚养优先权，而另一方出于某种目的或原因并不主张抚养未成年人。对于此种情况，应征询双方意见，防止出现一方同意而另一方反对的现象，对具有此种现象的也不应该支持抚养优先权的行使。(5)祖父母、外祖父母的经济状况。如果祖父母、外祖父母的经济状况较差，再由其抚养未成年人则经济上更加困难，对于此种情况，也不宜支持其主张优先抚养权。(6)未成年人自身意愿。对于达到一定年龄、智力状况达到一定程度的未成年人，如果其本人反对，则也不宜支持该抚养优先权。(7)祖父母、外祖父母和收养主张者双方条件的对比程度。如果双方对比，祖父母、外祖父母所具有的对未成年人抚养、成长的综合条件明显不如收养主张者的综合条件的，且这种条件也不优于当地一般生活条件的，也不宜支持抚养优先权的行使。(8)收养主张者是否为特殊关系人。对于收养主张者为未成年人近亲属或其他有特殊关系的人，一般也不宜支持优先抚养权的行使。

关联法规索引

《最高人民法院民事审判庭关于夫妻一方死亡另一方将子女送他人收养是否应当征得愿意并有能力抚养的祖父母或外祖父母同意的电话答复》;《最高人民法院关于印发〈第八次全国法院民事商事审判工作会议(民事部分)纪要〉的通知》第3条

第一千一百零九条 【涉外收养】外国人依法可以在中华人民共和国收养子女。

外国人在中华人民共和国收养子女,应当经其所在国主管机关依照该国法律审查同意。收养人应当提供由其所在国有权机构出具的有关其年龄、婚姻、职业、财产、健康、有无受过刑事处罚等状况的证明材料,并与送养人签订书面协议,亲自向省、自治区、直辖市人民政府民政部门登记。

前款规定的证明材料应当经收养人所在国外交机关或者外交机关授权的机构认证,并经中华人民共和国驻该国使领馆认证,但是国家另有规定的除外。

条文解读

本条是关于涉外收养的规定。

涉外收养有广义和狭义之分。广义的涉外收养,是指含有涉外因素的收养,即在收养人与被收养人之间至少有一方为外国人。狭义的涉外收养,是指外国人在中华人民共和国境内收养中国公民的子女。本条规定的是狭义的涉外收养。

根据本条第1款规定,外国人依法可以在中华人民共和国收养子女。这里的"依法",当然是指依照中国法律,主要是指依照我国有关收养的法律法规进行收养。根据本条第2款规定,外国人在中华人民共和国收养子女,还要遵守其所在国法律,应当经其所在国主管机关依照该国法律审查同意。在程序上,收养人应当提供由其所在国有权机构出具的有关其年龄、婚姻、职业、财产、健康、有无受过刑事处罚等状况的证明材料,这些证明材料须经收养人所在国外交机关或者外交机关授权的机构认证,并经中华人民共和国驻该国使领馆认证(国家另有规定的除外)。

外国收养人应与送养人签订书面协议，并亲自来华到被收养人常住户口所在地的省级民政部门办理收养登记手续。

配套法规

《外国人在中华人民共和国收养子女登记办法》（1999年5月25日）

第一条　为了规范涉外收养登记行为，根据《中华人民共和国收养法》，制定本办法。

第二条　外国人在中华人民共和国境内收养子女（以下简称外国人在华收养子女），应当依照本办法办理登记。

收养人夫妻一方为外国人，在华收养子女，也应当依照本办法办理登记。

第三条　外国人在华收养子女，应当符合中国有关收养法律的规定，并应当符合收养人所在国有关收养法律的规定；因收养人所在国法律的规定与中国法律的规定不一致而产生的问题，由两国政府有关部门协商处理。

第四条　外国人在华收养子女，应当通过所在国政府或者政府委托的收养组织（以下简称外国收养组织）向中国政府委托的收养组织（以下简称中国收养组织）转交收养申请并提交收养人的家庭情况报告和证明。

前款规定的收养人的收养申请、家庭情况报告和证明，是指由其所在国有权机构出具，经其所在国外交机关或者外交机关授权的机构认证，并经中华人民共和国驻该国使馆或者领馆认证的下列文件：

（一）跨国收养申请书；

（二）出生证明；

（三）婚姻状况证明；

（四）职业、经济收入和财产状况证明；

（五）身体健康检查证明；

（六）有无受过刑事处罚的证明；

（七）收养人所在国主管机关同意其跨国收养子女的证明；

（八）家庭情况报告，包括收养人的身份、收养的合格性和适当性、家庭状况和病史、收养动机以及适合于照顾儿童的特点等。

在华工作或者学习连续居住一年以上的外国人在华收养子女，应当提交前款规定的除身体健康检查证明以外的文件，并应当提交在华所在单位或者有关部门出具的婚姻状况证明，职业、经济收入或者财产状况证明，有无受过刑事处罚证明以及县级以上医疗机构出具的身体健康检查证明。

第五条 送养人应当向省、自治区、直辖市人民政府民政部门提交本人的居民户口簿和居民身份证（社会福利机构作送养人的，应当提交其负责人的身份证件）、被收养人的户籍证明等情况证明，并根据不同情况提交下列有关证明材料：

（一）被收养人的生父母（包括已经离婚的）为送养人的，应当提交生父母有特殊困难无力抚养的证明和生父母双方同意送养的书面意见；其中，被收养人的生父或者生母因丧偶或者一方下落不明，由单方送养的，并应当提交配偶死亡或者下落不明的证明以及死亡的或者下落不明的配偶的父母不行使优先抚养权的书面声明；

（二）被收养人的父母均不具备完全民事行为能力，由被收养人的其他监护人作送养人的，应当提交被收养人的父母不具备完全民事行为能力且对被收养人有严重危害的证明以及监护人有监护权的证明；

（三）被收养人的父母均已死亡，由被收养人的监护人作送养人的，应当提交其生父母的死亡证明、监护人实际承担监护责任的证明，以及其他有抚养义务的人同意送养的书面意见；

（四）由社会福利机构作送养人的，应当提交弃婴、儿童被遗弃和发现的情况证明以及查找其父母或者其他监护人的情况证明；被收养人是孤儿的，应当提交孤儿父母的死亡或者宣告死亡证明，以及有抚养孤儿义务的其他人同意送养的书面意见。

送养残疾儿童的，还应当提交县级以上医疗机构出具的该儿童的残疾证明。

第六条 省、自治区、直辖市人民政府民政部门应当对送养人提交的证件和证明材料进行审查，对查找不到生父母的弃婴和儿童公告查找其生父母；认为被收养人、送养人符合收养法规定条件的，将符合收养法规定的被收养人、送养人名单通知中国收养组织，同时转交下列证件和证明材料：

（一）送养人的居民户口簿和居民身份证（社会福利机构作送养人的，为其负责人的身份证件）复制件；

（二）被收养人是弃婴或者孤儿的证明、户籍证明、成长情况报告和身体健康检查证明的复制件及照片。

省、自治区、直辖市人民政府民政部门查找弃婴或者儿童生父母的公告应当在省级地方报纸上刊登。自公告刊登之日起满60日，弃婴和儿童的生父母或者其他监护人未认领的，视为查找不到生父母的弃婴和儿童。

第七条　中国收养组织对外国收养人的收养申请和有关证明进行审查后，应当在省、自治区、直辖市人民政府民政部门报送的符合收养法规定条件的被收养人中，参照外国收养人的意愿，选择适当的被收养人，并将该被收养人及其送养人的有关情况通过外国政府或者外国收养组织送交外国收养人。外国收养人同意收养的，中国收养组织向其发出来华收养子女通知书，同时通知有关的省、自治区、直辖市人民政府民政部门向送养人发出被收养人已被同意收养的通知。

第八条　外国人来华收养子女，应当亲自来华办理登记手续。夫妻共同收养的，应当共同来华办理收养手续；一方因故不能来华的，应当书面委托另一方。委托书应当经所在国公证和认证。

第九条　外国人来华收养子女，应当与送养人订立书面收养协议。协议一式三份，收养人、送养人各执一份，办理收养登记手续时收养登记机关收存一份。

书面协议订立后，收养关系当事人应当共同到被收养人常住户口所在地的省、自治区、直辖市人民政府民政部门办理收养登记。

第十条　收养关系当事人办理收养登记时，应当填写外国人来华收养子女登记申请书并提交收养协议，同时分别提供有关材料。

收养人应当提供下列材料：

（一）中国收养组织发出的来华收养子女通知书；

（二）收养人的身份证件和照片。

送养人应当提供下列材料：

（一）省、自治区、直辖市人民政府民政部门发出的被收养人已被同意收养的通知；

（二）送养人的居民户口簿和居民身份证（社会福利机构作送养人的，为其负责人的身份证件）、被收养人的照片。

第十一条　收养登记机关收到外国人来华收养子女登记申请书和收养人、被收养人及其送养人的有关材料后，应当自次日起7日内进行审查，对符合本办法第十条规定的，为当事人办理收养登记，发给收养登记证书。收养关系自登记之日起成立。

收养登记机关应当将登记结果通知中国收养组织。

第十二条 收养关系当事人办理收养登记后，各方或者一方要求办理收养公证的，应当到收养登记地的具有办理涉外公证资格的公证机构办理收养公证。

第十三条 被收养人出境前，收养人应当凭收养登记证书到收养登记地的公安机关为被收养人办理出境手续。

第十四条 外国人在华收养子女，应当向登记机关交纳登记费。登记费的收费标准按照国家有关规定执行。

中国收养组织是非营利性公益事业单位，为外国收养人提供收养服务，可以收取服务费。服务费的收费标准按照国家有关规定执行。

为抚养在社会福利机构生活的弃婴和儿童，国家鼓励外国收养人、外国收养组织向社会福利机构捐赠。受赠的社会福利机构必须将捐赠财物全部用于改善所抚养的弃婴和儿童的养育条件，不得挪作它用，并应当将捐赠财物的使用情况告知捐赠人。受赠的社会福利机构还应当接受有关部门的监督，并应当将捐赠的使用情况向社会公布。

第十五条 中国收养组织的活动受国务院民政部门监督。

第十六条 本办法自发布之日起施行。1993 年 11 月 3 日国务院批准，1993 年 11 月 10 日司法部、民政部发布的《外国人在中华人民共和国收养子女实施办法》同时废止。

关联法规索引

《华侨以及居住在香港、澳门、台湾地区的中国公民办理收养登记的管辖以及所需要出具的证件和证明材料的规定》第 4 条

第一千一百一十条 【收养保密义务】收养人、送养人要求保守收养秘密的，其他人应当尊重其意愿，不得泄露。

条文解读

本条是关于保守收养秘密的规定。

收养关系一旦成立，涉及送养人、收养人、被收养人等多方主体，当事人一般都希望保守收养秘密。一方面，保守收养秘密，能够避免对被收养人的心理产生影响，有利于被收养人健康成长。另一方面，有助于收养人和被收养人及其近亲属之间形成亲密稳定的亲属关系，实现家庭稳定和睦。对于送养人而言，将未成年人送养给他人，往往有其苦衷，其他人保守收养秘密，有利于维护送养人隐私，告别往日生活，避免今后的生活受到侵扰。总之，当事人以及当事人之外的其他人应当尽可能保守收养秘密，避免影响业已形成的收养关系。

第二节　收养的效力

第一千一百一十一条　【收养效力】自收养关系成立之日起，养父母与养子女间的权利义务关系，适用本法关于父母子女关系的规定；养子女与养父母的近亲属间的权利义务关系，适用本法关于子女与父母的近亲属关系的规定。

养子女与生父母以及其他近亲属间的权利义务关系，因收养关系的成立而消除。

条文解读

本条是关于收养的效力的规定。

收养的效力，是指因收养民事法律行为的成立而导致的相应的法律后果。自收养关系成立之日起，将产生一系列的法律效力。主要表现为：新亲子关系及其他亲属关系产生，而原亲子关系归于消灭。这不仅涉及养父母、养子女及其生父母关系，而且涉及养父母、养子女与其他近亲属的关系。

根据本条第1款规定，自收养关系成立之日起，养父母与养子女之间产生拟制直系血亲关系。他们之间的权利和义务关系与自然血亲的父母子女之间的权利义务关系相同，适用本法关于父母子女关系的规定。养父母对于不能独立生活的养子女有抚养的义务，同时有保护和教育未成年养子女的权利义务；成年养子女对养父母有赡养扶助的义务；养子女与养父母之间有相互继承遗产的权利，养父母与养子女互为第一顺序法定继承人。同时，养子女与养父母的近亲属之间形成相应的拟制血亲关系，他们之间的权利义务关系，适用本法关于子女与父母的近亲属关系的规定。当养子女与养父母之间的收养关系成立时，养子女与养父母的父母之间形成拟制的祖孙关系，与养父母的其他各类有权利义务的子女之间形成养兄弟姐妹关系。在一定条件下，他们之间产生扶养、监护和继承等方面的权利义务。此外，养子女与养父母的兄弟姐妹之间也形成拟制的旁系血亲关系。

根据本条第2款规定，自收养关系成立之日起，养子女与生父母及其他近亲属之间的权利义务关系，因收养关系的成立而消除。我国只承认完全收养。收养只能消除养子女与生父母及其近亲属在法律上的权利义务关系，而他们之间的血缘联系是无法割断的。所以，养子女与生父母及其近亲属之间仍要遵守法律中有关通婚的禁止性规定。

关联法规索引

《民法典》第1058、1067～1070、1074～1075、1127条

典型案例

周某、杨某等赡养费纠纷案[1]

案件事实

杨某生育了景某1、景某2、吴某，并从周某约6周岁时起收养周某。现杨某年老，且有一定的老年病症，除每月有100元左右的农村居民养老保险费收入外，无其他固定收入。杨某向一审法院起诉请求：判决周某、景某1、景某2、吴某每月给付赡养费300元并分担医疗费。

争议焦点

本案中，主要争议焦点是周某是否应当对杨某承担赡养义务。

判决结果

一审法院认为，周某在未成年时被杨某收养，双方已形成养母子关系，应当依法对杨某承担赡养义务。周某关于杨某再婚、购买房屋未写自己名字、系养子应当

[1] 四川省绵阳市中级人民法院（2021）川07民终3141号。

减轻赡养费给付等理由均不能成立。法院判决：周某、景某1、景某2、吴某分别自判决生效之日起至杨某死亡时止每月15日前向杨某支付当月赡养费200元，并各承担杨某医疗保险报销后医疗费用的25%。周某不服一审判决，提起上诉，二审判决驳回上诉，维持原判。

案例解读

上述案例中，法院判决主要适用的是《民法典》第1111条中的规定，即"自收养关系成立之日起，养父母与养子女间的权利义务关系，适用本法关于父母子女关系的规定"；第1067条第2款的规定，即"成年子女不履行赡养义务的，缺乏劳动能力或者生活困难的父母，有要求成年子女给付赡养费的权利"。本案中，周某系杨某养子，他们之间的权利义务关系与亲生的父母子女之间的权利义务关系相同。现杨某年老体弱，周某作为养子女，应和其他亲生子女一样承担赡养义务。

第一千一百一十二条　【养子女的姓氏】养子女可以随养父或者养母的姓氏，经当事人协商一致，也可以保留原姓氏。

条文解读

本条是关于养子女姓氏选取的规定。

按照本条规定，养子女姓氏的选取充分尊重了当事人的意愿，养子女既可以随养父或者养母的姓氏，经当事人协商一致，也可以保留原姓氏。《民法典》第1015条第1款规定："自然人应当随父姓或者母姓，但是有下列情形之一的，可以在父姓和母姓之外选取姓氏：（一）选取其他直系长辈血亲的姓氏；（二）因由法定扶养人以外的人扶养而选取扶养人姓氏；（三）有不违背公序良俗的其他正当理由。"收养关系成立后，养父母与养子女之间形成了拟制父母子女关系，养子女可以随养父或者养母的姓氏。经过当事人协商一致，养子女也可以保留原姓氏。

关联法规索引

《〈民法典〉婚姻家庭编司法解释（一）》第59条

第一千一百一十三条 【无效收养行为】有本法第一编关于民事法律行为无效规定情形或者违反本编规定的收养行为无效。

无效的收养行为自始没有法律约束力。

条文解读

本条是关于收养无效的情形和效力规定。

根据本条规定，导致收养无效的情形有：(1)违反《民法典》总则编关于民事法律行为无效规定情形的收养行为。第一，无民事行为能力人或者限制民事行为能力人实施的收养行为。第二，虚假的收养行为。第三，违反法律、行政法规的强制性规定的收养行为。第四，违背公序良俗的收养行为。第五，恶意串通的收养行为。(2)违反《民法典》婚姻家庭编规定的收养行为。第一，收养主体不合格。一是收养人不合格。有三名或者三名以上子女的、未满30周岁者收养子女的、无配偶者收养异性子女年龄差不够40周岁的、患有医学上认为不应当收养子女的疾病的、有不利于被收养人健康成长的违法犯罪记录的，以及不具备抚养教育被收养人的能力的人，都属于收养人不合格。当然，华侨收养三代以内旁系同辈血亲的子女，可以不受原有子女人数的限制。二是被收养人不合格。被收养人不合格，是指被收养人不属于孤儿或查找不到生父母的未成年人，也不属于生父母有特殊困难无力抚养的子女(收养三代以内旁系同辈血亲的子女除外)。第二，因自愿性有瑕疵而导致收养无效，是指未经被收养人的生父母双方同意送养的(一方下落不明或查找不到的除外)；未经夫妻双方同意收养的；未经8周岁以上的被收养人同意的；配偶一方死亡，另一方送养子女未经死亡一方父母同意的；孤儿的监护人送养未经孤儿的其他抚养义务人同意的。由于上述情况违反了法律关于收养成立的有效条件，因而导致收养无效。第三，收养关系也因当事人未办理登记手续而导致收养无效。

收养无效的确认，可依诉讼程序，也可依行政程序。(1)行政程序。《中国公民收养子女登记办法》指出，收养关系当事人弄虚作假骗取收养登记的，收养关系无效，由收养登记机关撤销登记，收缴收养登记证。(2)诉讼程序。在审判实践中，依诉讼程序确认收养无效有两种情况：第一，当事人或利害关系人提出请求确认收养无效之诉，由人民法院判决宣告该项收养关系无效；第二，人民法院在审理有关案件的过程中发现无效收养行为，在有关判决中确认该项收养关系无效。

收养行为由收养登记机关撤销登记或被人民法院确认无效的，从行为开始时起就没有法律效力。无效收养的当事人存在违法犯罪行为的，应承担相应的刑事法律后果。如收养人借收养名义拐卖儿童，按照《刑法》第240、241条的规定追究刑事责任；出卖亲生子女的，由公安机关没收其非法所得，并处以罚款，构成犯罪的，也要依法追究刑事责任。

配套法规

《中国公民收养子女登记办法》(2019年3月2日修订)

第十二条　收养关系当事人弄虚作假骗取收养登记的，收养关系无效，由收养登记机关撤销登记，收缴收养登记证。

关联法规索引

《民法典》第144～146、153～154条；《刑法》第240～241条

第三节　收养关系的解除

第一千一百一十四条　【当事人协议解除及因违法行为而解除】收养人在被收养人成年以前，不得解除收养关系，但是收养人、送养人双方协议解除的除外。养子女八周岁以上的，应当征得本人同意。

收养人不履行抚养义务，有虐待、遗弃等侵害未成年养子女合法权益行为的，送养人有权要求解除养父母与养子女间的收养关系。送养人、收养人不能达成解除收养关系协议的，可以向人民法院提起诉讼。

条文解读

本条是关于收养人、送养人协议解除及诉讼解除收养关系的规定。

收养关系成立后，收养人与被收养人之间成立了拟制父母子女关系，他们之间的权利义务关系与亲生的父母子女关系相同。根据《民法典》的规定，父母对于未

成年子女有抚养、教育、保护的义务。根据本条第 1 款规定，收养人在被收养人成年以前，不得解除收养关系。法律之所以这样规定，目的在于保护未成年子女利益，防止出现收养人单方解除收养关系后未成年子女无人抚养的情况。当然，并非绝对禁止解除收养关系。收养人、送养人双方可以达成合意，通过协议解除收养关系。如果被收养人 8 周岁以上，合意解除收养关系的，还应当征得被收养人同意。

如果收养人不仅不履行抚养义务，甚至有虐待、遗弃等侵害未成年养子女合法权益的行为，在此情况下，为了未成年子女健康成长，防止收养人继续侵害被收养人的合法权益，送养人可以要求解除养父母与养子女间的收养关系。如果送养人、收养人不能达成解除收养关系协议，可以向人民法院提起诉讼请求解除收养关系。

第一千一百一十五条 【养父母与成年养子女解除收养关系】养父母与成年养子女关系恶化、无法共同生活的，可以协议解除收养关系。不能达成协议的，可以向人民法院提起诉讼。

条文解读

本条是关于养父母与成年养子女解除收养关系的规定。

养子女成年后，无论因何种原因与养父母关系恶化、无法共同生活的，双方可以协商解除收养关系。就协议解除收养关系不能达成一致的，双方均可向人民法院起诉要求解除收养关系。

本条在适用中应当注意：(1)本条适用于养子女成年后与养父母关系恶化、无法共同生活的情形，如果养子女尚未成年，不能适用本条规定。(2)双方既可协议解除，也可诉讼解除。通过诉讼解除的，双方均有权利提起诉讼。(3)收养关系解除后，经养父母抚养的成年养子女，对缺乏劳动能力又缺乏生活来源的养父母，应当给付生活费。因养子女成年后虐待、遗弃养父母而解除收养关系的，养父母可以要求养子女补偿收养期间支出的抚养费。

典型案例

孙某1、杨某等赡养费纠纷案〔1〕

案件事实

孙某1、杨某系夫妻关系，被告孙某3、孙某4系两原告的婚生子女。被告孙某2系由两原告之母发现后交由两原告收养。在孙某2被收养期间，由于双方关系恶化，双方于2011年签订解除收养协议，协议载明："协议证明书 甲乙双方自愿解除收养关系，甲方养父母自愿不再向乙方追究任何责任，甲方自愿放弃向乙方支付抚养费等，乙方自此以后和甲方不再有任何关系。甲方孙某1 杨某 乙方孙某2 2011年古5月初3日办"。两原告身体多有不适，在2020年至2021年共计支出医疗费用29,402.44(23,170.04+6232.4)元，经报销后个人承担2883.65(2144.65+739)元。孙某1、杨某向法院提出诉讼请求：(1)依法判令三被告支付原告赡养费每人每月600元；(2)依法判令三被告每人承担医疗费1000元；(3)依法判令三被告承担后续治疗费每人每月1000元。

争议焦点

本案中，主要争议焦点是孙某2是否应当承担赡养义务。

判决结果

法院认为，根据《民法典》规定，收养关系可以协议解除与诉讼解除，本案中，被告孙某2成年后与两原告签订的解除收养关系协议，系双方真实意思表示，合法有效，法院予以确认。收养关系解除后，经养父母抚养的成年养子女，对缺乏劳动能力又缺乏生活来源的养父母，应当给付生活费。本案中两原告对其生活来源与劳动能力方面未提供证据证实，故对其请求被告孙某2承担赡养费与后续治疗费用，无事实与法律依据，法院不予支持。但考虑其对孙某2的抚养支出情况，酌情支持相应的治疗费用。被告孙某3、孙某4系两原告的婚生子女，依法应承担对两原告的赡养费用，关于后续治疗费用待其实际发生后另行主张为宜。综上，原告请求合理合法部分，法院予以支持。案经调解无效，判决：(1)被告孙某2、被告孙某3、被告孙某4于本判决生效后每人各支付给原告孙某1、杨某治疗费用961.2元(2883.65

〔1〕 山东省莒县人民法院(2021)鲁1122民初3896号。

元/3 人);(2)被告孙某 3 于本判决生效后每月支付给原告孙某 1、杨某生活费 600 元;(3)被告孙某 4 于本判决生效后每月支付给原告孙某 1、杨某生活费 600 元;(4)驳回原告孙某 1、杨某的其他诉讼请求。

案例解读

上述案例中,法院判决主要适用的是《民法典》第 1115 条的规定,即"养父母与成年养子女关系恶化、无法共同生活的,可以协议解除收养关系。不能达成协议的,可以向人民法院提起诉讼"。本案中,孙某 2 成年后与养父母关系恶化,无法共同生活,双方经过协商后协议解除收养关系,因此双方之间的父母子女关系解除。但是根据《民法典》第 1118 条第 1 款第 1 句规定:"收养关系解除后,经养父母抚养的成年养子女,对缺乏劳动能力又缺乏生活来源的养父母,应当给付生活费。"所以即使解除收养关系,也并不免除成年养子女给付生活费的义务。本案中,法院认为两原告对其生活来源与劳动能力方面未提供证据证实,因此不支持其请求被告孙某 2 承担赡养费与后续治疗费用,笔者认为值得商榷。应由孙某 2 举证证明原告不存在"缺乏劳动能力又缺乏生活来源"的情形,否则孙某 2 应向两原告给付生活费。

第一千一百一十六条 【解除收养关系登记】当事人协议解除收养关系的,应当到民政部门办理解除收养关系登记。

条文解读

本条是关于解除收养关系登记的规定。

根据民政部的有关规定,收养关系当事人协议解除收养关系的,应当持居民户口簿、居民身份证、收养登记证和解除收养关系的书面协议,共同到被收养人常住户口所在地的收养登记机关办理解除收养关系登记。收养登记机关收到解除收养登记申请书及有关材料后,应当自次日起 30 天内进行审查。对符合法律相关规定的,为当事人办理解除收养的登记并收回收养登记证,发给解除收养关系证明。

配套法规

《中国公民收养子女登记办法》(2019年3月2日修订)

第九条 收养关系当事人协议解除收养关系的,应当持居民户口簿、居民身份证、收养登记证和解除收养关系的书面协议,共同到被收养人常住户口所在地的收养登记机关办理解除收养关系登记。

第十条 收养登记机关收到解除收养关系登记申请书及有关材料后,应当自次日起30日内进行审查;对符合收养法规定的,为当事人办理解除收养关系的登记,收回收养登记证,发给解除收养关系证明。

典型案例

曲某1与曲某2解除收养关系纠纷案〔1〕

案件事实

曲某1与妻子高某于1973年登记结婚,现妻子已去世,婚后无子女。1978年,曲某1在公主岭打工时通过中间人刘某某收养曲某2,多年来对曲某2尽了收养义务,形成了收养关系。曲某2婚后生有一子,与丈夫在五年前已离婚,自己带着孩子生活,由于经济收入有限,生活比较困难,现由于曲某1年纪较大,没有劳动能力,又没有生活来源,曲某2因生活困难无法尽赡养老人的义务,经双方商定后曲某2已同意解除收养关系。故诉至法院。

争议焦点

本案中,主要争议焦点是法院应否判决解除收养关系。

判决结果

法院认为,曲某1称曲某2无能力赡养老人,但庭审中称曲某2系农民,分有承包田,且在公主岭市工作,每月工资2000元左右。曲某1诉状中称曲某2已同意解除收养关系,但曲某2未到庭认可此事,且依据法律规定,法院仅处理养父女双方无法达成协议的情形。如曲某1、曲某2已达成解除收养关系协议,应当到民政部门办理解除收养关系登记。曲某1未提供证据证实其与曲某2感情恶化、曲

---

〔1〕 吉林省公主岭市人民法院(2021)吉0184民初149号。

某2存在遗弃虐待曲某1等行为，故对于曲某1的诉讼请求法院不予支持。

案例解读

上述案例中，法院判决主要适用的是《民法典》第1115条的规定，即"养父母与成年养子女关系恶化、无法共同生活的，可以协议解除收养关系。不能达成协议的，可以向人民法院提起诉讼"；第1116条的规定，即"当事人协议解除收养关系的，应当到民政部门办理解除收养关系登记"。本案中，曲某1欲与曲某2解除收养关系，但并未举证双方关系恶化、无法共同生活，而是自述经过双方同意解除收养关系，在此情况下，曲某1与曲某2应当共同到民政部门办理解除收养关系登记而非到人民法院起诉，因此法院判决驳回了原告诉讼请求。

第一千一百一十七条　【解除收养关系后的身份效力】收养关系解除后，养子女与养父母以及其他近亲属间的权利义务关系即行消除，与生父母以及其他近亲属间的权利义务关系自行恢复。但是，成年养子女与生父母以及其他近亲属间的权利义务关系是否恢复，可以协商确定。

条文解读

本条是关于收养关系解除的法律后果的规定。

收养关系解除后，会产生下列法律后果：(1)因解除收养而消除了养子女与养父母以及其他近亲属间的权利义务关系。养子女与养父母之间不再存在父母与子女的身份关系，养子女与养父母的近亲属也不再具有法律拟制的直系或旁系血亲的身份关系。(2)因解除收养，未成年的养子女与生父母以及其他近亲属间的权利义务关系自行恢复；但成年养子女与生父母及其近亲属间的权利义务关系是否恢复，可以协商确定。这样规定是为了保护未成年人的合法权益，不至于使未成年人因收养关系解除而导致无人抚养、教育和保护。而成年养子女则不存在这一问题，因此在收养关系解除后，其与生父母及其他近亲属之间是否恢复权利义务关系，应该由双方协商确定。(3)养子女死亡或养父母死亡的，只终止死者与养父母或养子女之间的亲属关系，其他亲属关系并不当然终止。特别是死者的父母与养孙子女之间的相应权利义务，并不因此而消灭。养子女与养(外)祖父母的关系亦是如此。如果养子女与养(外)祖父母共同生活多年，或者养子女由养(外)祖父母抚养长大,养(外)祖父母又无其他孙子女,而生存的养父或养母因其配偶死亡而再婚时,可以考虑养(外)祖父母的抚养、监护养(外)孙子女的要求。

典型案例

马某1与马某2、马某3等继承纠纷案〔1〕

案件事实

被继承人马某5与被继承人马某6系夫妻关系,生育马某7、马某2、马某1、韩某四子女,继承人马某7与配偶高某生育马某3、马某4两子。被继承人马某5于1999年12月28日因病去世,被继承人马某6于2005年1月12日因病去世,继承人马某7于1997年12月22日因病去世。

被继承人马某5、马某6有位于乌鲁木齐市天山区某号房产一处,该房产登记在被继承人马某5名下……在1996年1月11日乌鲁木齐县人民政府土地登记审批表中记载土地使用者马某5……2000年8月20日,马某1向大湾乡申请增建,大湾乡于2000年8月26日批复"同意增建"并加盖乌鲁木齐县大湾乡村委会印章。在2016年乌鲁木齐市住房情况查询中显示所有权人系被继承人马某5……2019年9月11日,乌鲁木齐市天山区房屋征收与补偿管理办公室与马某1签署《天山区房屋征收与补偿协议书》中被征收人房屋产权内容记载:产权证人马某5,实际占有人马某1……产权住宅补偿费为3,780,454元,未登记住宅补偿费为185,890元,附属设施补偿141,912元,一次性搬家补助费1500元,一次性临时安置补偿费5400元,10日内搬迁,奖励140,977元,合计补偿款4,256,133元。

庭审中,马某1认为在原有的房屋基础上加盖了332.55平方米的房屋,加盖的部分虽然登记在被继承人马某5名下,但认为加盖的部分系马某1自行出资加盖,因此属于马某1的个人财产,并非被继承人的遗产。马某2、马某3、马某4对此不予认可,认为当年马某1没有经济能力出资加盖,是被继承人马某6出资加盖。双方均未向法庭出示直接有效的证据予以证实其主张。庭审中,双方均认可涉案房屋由马某1和父母一直居住使用,在被继承人马某5、马某6去世后至拆迁

〔1〕 新疆维吾尔自治区乌鲁木齐市中级人民法院(2021)新01民终1114号。

前，由马某1居住使用。

另，庭审中双方均称韩某被送由韩某1与马某8夫妻抚养，未办理收养等相关法律手续，韩某1于1986年9月去世，马某8于2001年去世，后韩某与马某1及被继承人马某6共同生活，被继承人马某6去世后，韩某随马某1共同生活。韩某经法院判决为无民事行为能力人，马某1经法院判决指定其为韩某监护人。双方均认可韩某现与马某1共同生活，一直由马某1照顾。现马某2、马某3、马某4向法院提起诉讼，请求判决案涉房屋拆迁款4,256,133元的2/3的款项，由马某2、马某3、马某4共同继承（其中马某2继承1,425,804.55元，马某3继承712,902.27元，马某4继承712,902.27元）。

争议焦点

本案中，主要争议焦点是：（1）涉案拆迁款是否为被继承人遗产；（2）韩某是否具有继承权；（3）涉案房屋拆迁款如何继承分割。

判决结果

法院认为，案涉房产在1992年6月2日登记人系马某5，在1996年1月11日土地登记审批表中登记土地使用者系马某5，在2005年住房查询记录中显示所有权人均系马某5。且涉案房产自1992年中记载的建筑面积为177.12m^2，到增建后在拆迁中征收的面积为545.58m^2，均登记在被继承人马某5名下，因不动产物权以产权登记为准，产权登记是物权归属和内容的根据，故案涉房产属于被继承人马某5与被继承人马某6的夫妻共同财产。马某1认为涉案房屋已登记住宅部分中的332.55m^2及未登记建筑住宅35.81m^2、附属设施属于其个人财产的辩称意见，因未向法庭提交足以证实其主张的证据，故不予采纳。对马某1辩称一次性搬家补助费1500元，一次性临时安置补偿费5400元，10日内搬迁奖励140,977元属于其个人财产，因双方均认可马某1在涉案拆迁房屋居住，拆迁各项事务亦由马某1办理，故对马某1的该项辩称意见予以采信。

庭审中双方称韩某自幼被生父母送养给韩某1、马某8夫妇，随养父母共同生活，自养父母去世后，韩某与生父母共同生活。本案中，韩某被送养发生在20世纪60年代，经查当时并无法律规定，应当认定韩某与养父母之间形成事实收养关系。根据法律规定，收养关系解除后，养子女与养父母以及其他近亲属间的权利义务关系即行消除，与生父母以及其他近亲属间的权利义务关系自行恢复。但是，成年养子女与生父母以及其他近亲属的权利义务关系是否恢复，可以协商确定。韩某在养父母去世后与生父母共同生活时已是成年人,韩某跟随生父母共同生活的情形即视为已与生父母权利义务的自行恢复,故韩某亦属于本案继承人,依法享有继承权。马某2、马某3、马某4认为韩某不享有继承权的辩称无事实和法律依据,故不予支持。

本案中,马某1称被继承人马某6留有代书遗嘱,因该代书遗嘱不符合法律形式要件,故对马某1认为涉案房屋加盖部分属于个人财产的辩称意见不予采信。马某1称自己常年与父母生活在一起,对父母的照顾较多,尽了主要的赡养义务,应当多分。马某1在父母生前与父母共同生活,对父母的生活起到主要的帮助义务,在父母去世后照顾无民事行为能力人的妹妹韩某,故对马某1的辩称意见予以采信。韩某称系无民事行为能力人,根据法律规定,对生活有特殊困难的、缺乏劳动能力的继承人,分配遗产时,应当予以照顾。韩某系无民事行为能力人在生活起居上需要有人照顾及管理,故对韩某的辩称意见予以采信。

综合上述,案涉房产一套的拆迁补偿款共计4,256,133元,其中4,108,256元系被继承人马某5、马某6的遗产,因代书遗嘱不符合法律规定,本案应当依照法定继承处理。被继承人马某5、马某6的继承人有马某7、马某2、马某1、韩某四个子女。因继承人马某7先于被继承人马某5、马某6死亡,其遗产份额由马某3、马某4代位继承。因马某1常年与父母居住在一起,对父母的日常生活起居照顾较多,在父母去世后继续照顾无民事行为能力人的韩某,故马某1分得该拆迁款中的遗产份额为30%;韩某系无民事行为能力人根据法律规定应分得该拆迁款中的遗产份额为26%;马某2占遗产份额的22%;马某3占遗产份额的11%;马某4占遗产份额的11%,涉案拆迁房屋在拆迁之前一直由马某1居住使用并办理拆迁各项事务等,故一次性搬家补助费1500元,一次性临时安置补偿费5400元,10日内搬迁奖励140,977元,合计147,877元,归马某1所有。马某1不服一审判决,提起上诉,二审判决驳回上诉,维持原判。

案例解读

上述案例中,关于韩某是否有继承权,法院判决主要适用的是《民法典》第1117条的规定,即"收养关系解除后,养子女与养父母以及其他近亲属间的权利义务关系即行消除,与生父母以及其他近亲属间的权利义务关系自行恢复。但是,成年养子女与生父母以及其他近亲属间的权利义务关系是否恢复,可以协商确定"。本案中,韩某在养父母去世后与生父母共同生活时已是成年人,韩某跟随生父母共同生活的情形即视为已与生父母权利义务的自行恢复,故韩某亦属于本案继承人,依法享有继承权。又因为韩某是无民事行为能力人,在分配遗产时应当予以照顾,因此法院判决韩某按26%继承遗产份额。

第一千一百一十八条 【解除收养关系后的财产效力】 收养关系解除后，经养父母抚养的成年养子女，对缺乏劳动能力又缺乏生活来源的养父母，应当给付生活费。因养子女成年后虐待、遗弃养父母而解除收养关系的，养父母可以要求养子女补偿收养期间支出的抚养费。

生父母要求解除收养关系的，养父母可以要求生父母适当补偿收养期间支出的抚养费；但是，因养父母虐待、遗弃养子女而解除收养关系的除外。

条文解读

本条是关于收养关系解除后的费用给付的规定。

收养关系解除后，经养父母抚养的成年养子女，对缺乏劳动能力又缺乏生活来源的养父母，应当给付生活费。因养子女成年后虐待、遗弃养父母而解除收养关系的，养父母可以要求养子女补偿收养期间支出的抚养费。在养子女未成年以前，生父母要求解除收养关系的，养父母可以要求生父母适当补偿收养期间支出的抚养费，但因养父母虐待、遗弃养子女而解除收养关系的除外。此外，在收养关系解除时，养子女在收养期间因继承、遗赠、赠与等所取得的财产，仍属于养子女个人所有的财产，应由养子女带走。在与养父母共同生活期间，因养子女的劳动收入所形成的共同财产，在解除收养关系时应进行分割。无法分割的，由原养父母给予原养子女以适当的补偿，以保护各方当事人的合法利益。

典型案例

靳某1、张某等赡养费纠纷案[1]

案件事实

原告靳某1、张某于1974年收养被告靳某2，于1978年生育女儿靳某4，于

[1] 河南省许昌市建安区人民法院(2021)豫1003民初3672号。

1979 年生育儿子靳某3。被告靳某2结婚后与原告靳某1、张某分别在不同宅院居住。后因双方逐渐产生矛盾，原告靳某1、张某向法院提起诉讼，要求解除与被告靳某2的收养关系。2014年7月15日，经法院主持调解，双方达成协议解除收养关系，靳某2自2014年7月起每月给付原告张某生活费200元。现二原告向法院提起诉讼，要求被告靳某2向原告张某每月支付赡养费1000元，并向二原告支付收养期间所支出的18年抚养费用120,000元。

争议焦点

本案中，主要争议焦点是靳某2向原告支付赡养费的数额以及靳某2是否应当向原告支付收养期间的抚养费用。

判决结果

法院认为，本案中，靳某1、张某将靳某2抚养成年，现张某缺乏劳动能力，且患有慢性疾病，靳某2应对张某承担给付生活费的义务。虽然二原告与被告在2014年解除收养关系时约定被告每月给付原告张某生活费200元，但距今已逾7年，所在地区的生活水平、物价水平均有所变化，故综合考虑当地平均生活水平、张某患有疾病、原告靳某1有退休金及二原告尚有另外两名成年子女情况，酌定被告每月给付原告张某生活费增加至300元为宜。原告主张每月支付赡养费1000元的请求过高，不予支持。原、被告系因家庭矛盾发生纠纷而解除收养关系，但二原告未提供证据证实被告除因家庭矛盾外，有虐待、遗弃养父母行为，故其主张被告支付收养期间18年抚养费用120,000元依据不足，不予支持。

案例解读

上述案例中，法院判决主要适用的是《民法典》第1118条第1款的规定，即"收养关系解除后，经养父母抚养的成年养子女，对缺乏劳动能力又缺乏生活来源的养父母，应当给付生活费。因养子女成年后虐待、遗弃养父母而解除收养关系的，养父母可以要求养子女补偿收养期间支出的抚养费"。本案中，原、被告双方虽然解除了收养关系，但是原告张某缺乏劳动能力又缺乏生活来源，综合考虑各方面因素，酌情将生活费提高至每月300元是合理的。由于原告未能举证证明被告有虐待、遗弃养父母的行为，因此要求被告支付收养期间的抚养费用不能获得支持。

第六编　继　　承

第一章　一般规定

本章介绍

本章是《民法典》继承编的一般规定。继承，是指自然人死亡后而由与其有一定亲属关系的人按照法律规定或者遗嘱取得其财产的法律制度。本章的主要内容包括继承编的调整范围、继承的开始时间、遗产的范围、继承的方式、继承和遗赠的接受和放弃、继承权的丧失等。

第一千一百一十九条　【继承编的调整范围】本编调整因继承产生的民事关系。

条文解读

本条是关于继承编调整范围的规定。

根据本条规定，继承编调整的是因继承产生的民事关系，即继承关系，具体包括：(1)继承法律关系的主体，主要包括被继承人、继承人、受遗赠人；(2)继承法律关系的客体，即遗产，是指被继承人死亡时遗留的个人合法财产；(3)继承法律关系的内容，即继承法律关系的当事人之间享有的权利和承担的义务。

第一千一百二十条　【继承权受国家保护】国家保护自然人的继承权。

条文解读

本条是关于保护继承权的规定。

继承权，是指自然人依法享有继承被继承人死亡时遗留的个人合法财产的权利。《宪法》第13条第2款规定："国家依照法律规定保护公民的私有财产权和继承权。"因此，对自然人继承权的保护是《宪法》规定在《民法典》中的具体体现。

继承人取得和实现继承权须同时满足以下条件：(1)继承人与被继承人具有法定的亲属关系。只有被继承人法定范围内的亲属才享有继承权，除此之外的其他人取得遗产的，称为受遗赠。(2)被继承人死亡。在被继承人死亡之前，法定范围内的亲属虽有继承权，但这种继承权只是一种期待权而非既得权，被继承人可能通过遗嘱排除部分或者全部继承人的继承权，继承人也可能因为发生法定事由而丧失继承权。因此，只有在被继承人死亡之时，继承人既未被遗嘱排除在继承人之外，也没有丧失或者放弃继承权的，继承人的继承权才从期待权转化为既得权。(3)继承人既没有丧失继承权，也没有放弃继承权。如果继承人丧失或者放弃继承权，自然无法实现遗产继承。

继承权的具体内容包括：(1)接受与放弃继承的权利。继承权作为一种财产性权利，继承人有权接受或者放弃。(2)取得遗产的权利。被继承人死亡时继承开始，继承人有权依据继承权取得相应的遗产。(3)继承权受到侵害时取得救济的权利。继承权受到侵害时，继承人可以通过向法院起诉寻求救济，依法保护继承权。

关联法规索引

《最高人民法院关于适用〈中华人民共和国民法典〉时间效力的若干规定》第13条；《最高人民法院关于适用〈中华人民共和国民法典〉总则编若干问题的解释》第14条

典型案例

吴某1、吴某2等继承纠纷案[1]

案件事实

吴某2、吴某3、吴某4、吴某5与吴某1系兄弟姐妹关系，其五人均为吴某某、万某某夫妇的子女。吴某某、万某某夫妇生前于1984年在大冶市建有一栋二层砖木结构房屋，面积为351.72m^2。1986年后，吴某2、吴某3由于升学、工作等原因迁出某村，吴某4、吴某5也嫁到外地居住生活，只有吴某1仍留在某村生活。2019年，该房屋被划入金山章山棚改项目拆迁范围，2020年10月22日，吴某1单方面就该房屋与某村委会签订了一份《房屋拆迁安置补偿协议书》，该协议书约定的拆迁补偿款为728,255元和120m^2还建房一套。吴某1在2019年时对上述房屋进行两次装修共计花去装修款52,490元。现吴某2、吴某3、吴某4、吴某5认为其对案涉房屋享有继承权，吴某1在未通知四人的情况下私自签订了拆迁补偿协议，并领取了拆迁补偿款侵犯了其合法权益，故诉至法院要求分割而成讼。

争议焦点

本案中，主要争议焦点是：(1)案涉拆迁房屋的归属问题；(2)案涉拆迁赔偿款及还建房分配问题。

判决结果

一审法院认为，本案涉案房屋系吴某某、万某某生前所建，吴某某、万某某已去世，该房屋继承开始，吴某某、万某某的子女吴某2、吴某3、吴某4、吴某5、吴某1等五人应依法平均享有该房屋的继承权，因案涉房屋于2020年被拆迁征收，吴某1独自与某村委会签订了《房屋拆迁安置补偿协议书》并获得拆迁补偿款728,255元（该款尚在第三人某村委会处存放）和120m^2还建房一套，因上述房屋所有权人吴某某、万某某夫妇生育的五个子女，均为第一顺序继承人，扣除吴某1支出的装修款52,490元，每个子女平均分割遗产拆迁补偿款675,765元，故吴某2、吴某3、吴某4、吴某5应平均分得上述遗产房屋拆迁补偿款人民币135,153元，还建房屋120m^2的1/5份额。吴某1不服一审判决，提起上诉。二审法院认为：关于焦点1，

---

〔1〕 湖北省黄石市中级人民法院(2021)鄂02民终2331号。

物权法规定,不动产权的设立、变更、转让和消灭,经依法登记方发生效力。本案中,根据双方陈述及书证证明,案涉房屋系吴某某、万某某生前所建。二审中,吴某1虽主张吴某某、万某某在生前已将房屋分配给其所有,并提供证人证明,但证人对于相关细节并不了解,并未参与见证全部过程,不足以达到房屋已分配给其所有的证明目的,法院对该主张不予支持。另吴某1主张其在后期对房屋进行了重建,但提供的相关证据不足以证明存在重建的事实。故综合以上情况,应认定位于案涉拆迁房屋及拆迁后的补偿款属于吴某某和万某某的夫妻共同财产。关于焦点2。继承从被继承人死亡时开始,继承开始后,按照法定继承办理,同一顺序继承人继承遗产的份额,一般应当均等。本案中,案涉房屋系吴某某、万某某夫妻共同财产,吴某某、万某某已去世,继承开始后,涉案房屋发生法定继承,吴某2、吴某3、吴某4、吴某5、吴某1五人享有对案涉拆迁房屋的平等继承权。2020年案涉房屋被拆迁征收,房屋权益转化为拆迁补偿款728,255元及120m²还建房一套。法院认为,案涉房屋确定拆迁前常年无人居住,吴某1未尽到通知其他继承人的义务便单方面对案涉房屋进行装修,损害了其他继承人的权利,一审法院扣除维修款再进行平均分割是公平原则的体现,并无不妥。综上,判决驳回上诉,维持原判。

案例解读

上述案例中,法院判决主要适用的是《民法典》第1120条的规定,即"国家保护自然人的继承权";第1123条的规定,即"继承开始后,按照法定继承办理;有遗嘱的,按照遗嘱继承或者遗赠办理;有遗赠扶养协议的,按照协议办理";第1124条第1款的规定,即"继承开始后,继承人放弃继承的,应当在遗产处理前,以书面形式作出放弃继承的表示;没有表示的,视为接受继承";第1127条第1款和第2款的规定,即"遗产按照下列顺序继承:(一)第一顺序:配偶、子女、父母;(二)第二顺序:兄弟姐妹、祖父母、外祖父母。继承开始后,由第一顺序继承人继承,第二顺序继承人不继承;没有第一顺序继承人继承的,由第二顺序继承人继承"。第1130条第1款的规定,即"同一顺序继承人继承遗产的份额,一般应当均等"。本案中,被继承人吴某某和万某某生前并未留下遗嘱,应按法定继承分配遗产。吴某2、吴某3、吴某4、吴某5、吴某1五人作为被继承人子女均为第一顺序的法定继承人,且五人均未放弃继承,因此应当平分遗产。吴某2、吴某3、吴某4、吴某5的继承权受到侵害,有权向人民法院起诉请求保护。

第一千一百二十一条 【继承开始的时间及死亡先后的推定】继承从被继承人死亡时开始。

相互有继承关系的数人在同一事件中死亡,难以确定死亡时间的,推定没有其他继承人的人先死亡。都有其他继承人,辈份不同的,推定长辈先死亡;辈份相同的,推定同时死亡,相互不发生继承。

条文解读

本条是关于继承开始的时间以及死亡先后推定的规定。

继承的开始,意味着继承人、受遗赠人和遗产范围的确定,也意味着遗产继承顺序和应继承份额的确定。继承的开始也是判断被继承人生前的遗嘱是否有效以及20年最长权利保护期限的起算点的重要时间节点。继承的开始意味着继承法律关系发生,也是将继承权由期待权转为可实现的权利的界限。此外,继承开始的时间还决定着继承人所作的放弃继承的意思表示是否有效。继承人只有在继承开始后,遗产分割前以书面形式表示放弃继承权的,放弃继承权的意思表示方为有效。

死亡在我国法律的规定中分为生理死亡和宣告死亡。生理死亡,又称自然死亡,是指自然人生命的终结。一般以呼吸停止和心脏搏动停止为生理死亡的时间。宣告死亡,是指经利害关系人申请,由法院宣告下落不明满一定期间的自然人死亡的制度。无论是哪种形式的死亡,都可以引起继承的开始。宣告死亡后又撤销的,依据《民法典》第53条第1款,被撤销死亡宣告的人有权请求依照继承编取得其财产的民事主体返还财产;无法返还的,应当给予适当补偿。

本条第2款是对相互有继承关系的数人在同一事件中死亡,难以确定死亡时间时对于死亡先后的推定。在此情形下,死亡时间的确定对于相关主体是否享有继承权以及继承遗产的份额等具有重要意义。相互有继承关系的数人在同一事件中死亡,如果能够确定各自死亡时间,则按死亡时间确定死亡先后顺序。难以确定死亡时间的,推定没有其他继承人的人先死亡。法律之所以这样规定,目的在于使没有其他继承人的被继承人遗产能够被继承;如果推定没有其他继承人的人后死亡,则其个人财产以及在此次死亡事件中所继承的他人财产将无人继承(当然,被继承人生前留有遗嘱将全部遗产遗赠他人除外)。如果他们都有其他继承人,但死亡之人辈分不同，推定长辈先死亡；辈分相同的，推定同时死亡，相互不发生继承。

配套法规及解读

《〈民法典〉继承编司法解释（一）》（2020年12月29日）

第一条　继承从被继承人生理死亡或者被宣告死亡时开始。

宣告死亡的，根据民法典第四十八条规定确定的死亡日期，为继承开始的时间。

《民法典》（2020年5月28日）

第四十八条　被宣告死亡的人，人民法院宣告死亡的判决作出之日视为其死亡的日期；因意外事件下落不明宣告死亡的，意外事件发生之日视为其死亡的日期。

※法规解读：继承从被继承人死亡时开始。自然人死亡包括生理死亡和宣告死亡。宣告死亡，是指自然人下落不明达到法定期限，经利害关系人申请，人民法院经过法定程序在法律上推定失踪人死亡的一项制度。《民法典》第46条规定："自然人有下列情形之一的，利害关系人可以向人民法院申请宣告该自然人死亡：（一）下落不明满四年；（二）因意外事件，下落不明满二年。因意外事件下落不明，经有关机关证明该自然人不可能生存的，申请宣告死亡不受二年时间的限制。"自然人一旦被宣告死亡，与自然死亡产生相同的法律效力，因此被宣告死亡的人的死亡日期即继承开始的时间。根据《民法典》第48条的规定，被宣告死亡的人，人民法院宣告死亡的判决作出之日视为其死亡的日期；因意外事件下落不明宣告死亡的，意外事件发生之日视为其死亡的日期。

关联法规索引

《最高人民法院关于失踪多年的人的财产是否须经过死亡宣告程序继承人才始得开始继承问题的复函》；《最高人民法院关于适用〈中华人民共和国保险法〉若干问题的解释（三）》第15条

典型案例

臧某1、臧某2等法定继承纠纷案[1]

案件事实

被继承人臧某某与孙某某育有五名子女:长子臧某义、次子臧某2、三子臧某5、四子臧某1、长女臧某6。江某系臧某义之妻,臧某3、臧某4系臧某义之女。臧某某于2008年5月25日去世,自此臧某1一家与孙某某一起生活。孙某某于2010年9月6日去世。被继承人臧某某与孙某某留有一套住房,位于大连市某区某街17号1－1,面积69.12m^2。2020年4月22日,臧某义去世。因继承人之间未能就遗产继承份额及分割时间、方式、方法取得一致意见,协商未果,为此臧某2诉至一审法院,要求按照法定继承分割案涉房屋。

争议焦点

本案中,主要争议焦点是案涉房屋应如何分割。

判决结果

一审法院认为,本案原、被告均系被继承人合法继承人。关于房屋价值的认定,应以给出价值较高的160万元为宜,由原告继承,原告给付其他继承人相应折价款。同时关于房屋的分配,因被告臧某1最后与其母亲一起生活,可以适当多分遗产。其他继承人取得同等份额。臧某义去世后,臧某义继承份额依法应当由其妻江某、女儿臧某3、女儿臧某4各转继承其应继承份额的1/3。综上,判决:(1)案涉房屋作价160万元,由原告臧某2继承;被告臧某1、江某、臧某3、臧某4、臧某5、臧某6配合原告臧某2办理相应的房屋过户手续,相关费用由臧某2负担;(2)被告臧某1继承房屋价值的40万元,由原告臧某2给付被告臧某1 40万元房屋折价款;(3)被告臧某5、臧某6各继承房屋价值的30万元,由原告臧某2给付被告臧某5、臧某6每人30万元房屋折价款;(4)被告江某、臧某3、臧某4各转继承房屋价值的10万元,由原告臧某2给付江某、臧某3、臧某4每人10万元房屋价值款。臧某1不服一审判决,提起上诉。二审法院组织上诉人臧某1与被上诉人臧某2对房屋竞价,臧某1认可房屋价值为161万元,被上诉人臧某2认可房屋价值为

[1] 辽宁省大连市中级人民法院(2021)辽02民终9658号。

175 万元。臧某2确认房屋价值为175万元，高于上诉人臧某1认可的房屋价值161万元，因此，案涉房屋应由臧某2继承，由臧某2给付其他继承人房屋折价款，臧某2在二审中竞价多出的15万元可由各继承人平均分配。综合案涉房屋的房价及各继承人所尽的赡养义务，二审法院判决臧某1可继承43万元；臧某5、臧某6各继承33万元；江某、臧某3、臧某4共同继承33万元，即每人11万元。

案例解读

上述案例中，法院判决主要适用的是《民法典》第1121条第1款的规定，即“继承从被继承人死亡时开始”。本案中，案涉房屋系臧某某与孙某某的夫妻共同财产，在臧某某和孙某某分别于2008年和2010年去世时，属于他们各自所有的房产份额部分即已开始继承，只是没有实际分割。在此期间，案涉房屋归全体继承人共同共有。被继承人生有五名子女，都是第一顺序法定继承人，臧某1因与被继承人孙某某共同生活，可以多分遗产。臧某义去世后，其应当继承的遗产份额转由其继承人江某、女儿臧某3、女儿臧某4各继承1/3。

第一千一百二十二条　【遗产的定义】遗产是自然人死亡时遗留的个人合法财产。

依照法律规定或者根据其性质不得继承的遗产，不得继承。

条文解读

本条是关于遗产的定义的规定。

遗产，是指被继承人死亡时遗留的个人合法所有财产和法律规定可以继承的其他财产权益，包括积极遗产和消极遗产。积极遗产，是指死者生前个人享有的财物和可以继承的其他合法权益，如债权和著作权中的财产权益等。消极遗产，是指死者生前所欠的个人债务。

遗产是被继承人死亡时遗留的个人合法所有财产。其法律特征是：(1)时间的特定性。被继承人的死亡时间是划定遗产的特定的时间界限。自然人死亡时，不再具有权利能力，不能享有权利和负担义务，其财产才转化为遗产。因此，应以被继承人死亡时的财产状况来确定遗产的范围。(2)内容上的财产性。现代意义的继承是财产继承，作为继承标的的只能是财产权利和财产义务。人身性权利和义务不属于遗产。(3)范围上的限定性。即只有在被继承人生前属于被继承人个人所有的财产,才能成为遗产,以下几种情况不属于遗产:第一,被继承人生前占有,但不为被继承人所有的他人的财产。第二,被继承人占有的但与其他人共有的财产,不属于被继承人的部分,不属于遗产。(4)性质上的合法性。只有个人合法取得的财产,才有可能成为遗产。非法取得的财产不能成为遗产。

本条第2款规定了不得继承的遗产范围,主要包括:(1)依照法律规定不得继承的遗产。如果允许这类遗产被继承,则属违法。(2)根据其性质不得继承的遗产。这类遗产虽然是被继承人生前所享有的财产权利,但因其具有专属性,而不能转为他人继承,如以人身关系为基础的权利义务。

配套法规及解读

《〈民法典〉继承编司法解释(一)》(2020年12月29日)

第二条 承包人死亡时尚未取得承包收益的,可以将死者生前对承包所投入的资金和所付出的劳动及其增值和孳息,由发包单位或者接续承包合同的人合理折价、补偿。其价额作为遗产。

※法规解读:承包,即承包经营管理,是指企业或农村各级集体组织与承包者间订立承包经营合同,将企业的经营管理权、农林牧渔开发权等属于企业或集体所有的权利的全部或部分在一定期限内交给承包者,由承包者进行经营管理,并承担经营风险及获取收益的行为。

个人承包所得的收益属于《民法典》第1122条规定的被继承人个人合法财产,可以作为遗产由继承人继承。《农村土地承包法》第32条第1款规定:"承包人应得的承包收益,依照继承法的规定继承。"第54条第1句规定,"依照本章规定通过招标、拍卖、公开协商等方式取得土地经营权的,该承包人死亡,其应得的承包收益,依照继承法的规定继承"。由此可见,承包收益是可以继承的。

根据《〈民法典〉继承编司法解释(一)》第2条的规定,承包人死亡时尚未取得承包收益的,可以将死者生前对承包所投入的资金和所付出的劳动及其增值和孳息,由发包单位或者接续承包合同的人合理折价、补偿。其价额作为遗产。其中,增值,是指相对价格的提高。孳息,是指由原物产生的物,包括天然孳息和法定孳息。天然孳息,是指根据物的属性所产生的物,如果树结的果实、奶牛产的牛奶等;

法定孳息,是指依一定的法律关系由原物产生的物,如出租房屋租金、银行存款利息等。

关联法规索引

《最高人民法院关于空难死亡赔偿金能否作为遗产处理的复函》;《著作权法》第21条第1款;《计算机软件保护条例》第15条;《〈民法典〉继承编司法解释(一)》第31、39条;《保险法》第42条;《公司法》第75条;《合伙企业法》第80条;《社会保险法》第14条

典型案例

周某1、周某2等继承纠纷案[1]

案件事实

被继承人周某某(其配偶去世多年)生前有五个子女,分别为周某2、周某3、周某4、周某5和周某1。2017年4月27日上午,周某某因意外受伤,经连云港市中级人民法院作出民事调解书,确认:三被告共同赔偿周某某22,246.64元。周某1自认实际收到款项为20,169.32元,扣除医疗费、诉讼费、鉴定费、代理费、交通费等,还剩余款项约为12,400元。周某1承认周某某领取了赔偿金,并交给了周某1,用于周某某的开支。周某某生前在周某3、周某1家轮流生活,平时身体比较健康,没有生过大病,直至2021年7月21日自然死亡。周某某去世前未立下遗嘱。周某某生前委托周某3作为诉讼代理人起诉周某1,要求周某1返还赔偿金22,246.64元,因周某某去世,周某3作为代理人申请撤诉,法院准许撤回起诉。另查明,周某4在一审庭审中明确表示放弃自己应继承的份额。周某2、周某3、周某5向法院提出诉讼请求:判决按份分割父亲周某某的遗产22,246.64元。

争议焦点

本案中,主要争议焦点是赔偿金在周某某去世后是否还实际存在,如果还存在,实际金额为多少。

---

〔1〕 江苏省连云港市中级人民法院(2022)苏07民终267号。

判决结果

一审法院认为,赔偿金是实际存在的,理由为:(1)兄弟姊妹们都尽了赡养义务,且周某某生前也无大病,其个人日常开销不会太高;(2)被告周某1作为长子,理应为兄弟姊妹们作出表率,却独自占有赔偿金,导致兄弟姊妹们心生不忿,造成家庭内部矛盾丛生而引发诉讼,应承担责任;(3)赡养义务是为人子女应尽的义务,而老人所得的赔偿金,是属于其个人所有,不得混为一谈,不能以赡养为由用赔偿金进行日常开销,且被告周某1仅行使保管职责,未经许可不能擅自处分该款项,同时其也没有提供充分证据证实赔偿金是在得到周某某授权允许的情况下被开销的事实;(4)周某某在生前曾起诉过周某1,表明对该赔偿金的归属是存有争议的,只不过案件未经审理老人却已去世,也未留下遗嘱,导致真相被掩盖。对于赔偿金的实际数额,该院认为,鉴于家庭事务纷繁复杂,被告周某1确实为诉讼费心费力以及考虑到各兄弟姊妹们的情感,该院酌定剩余赔偿金数额为12,000元,由原告周某2、周某3、周某5和被告周某1四人均分,即每人3000元,由被告周某1向三原告返还9000元(每人3000元);对于原告周某4自愿放弃继承份额,不违反法律规定,该院予以支持。周某1不服一审判决,提起上诉。二审法院认为,遗产是公民死亡时遗留的个人合法财产。本案中,被继承人周某某生前获得的赔偿金在其去世后应属于遗产范围,该赔偿金被周某某领取后交给了周某1,周某1称已全部用于周某某的开支,但周某1的诉讼代理人周某在一审庭审中自认实际收到款项为20,169.32元,扣除医疗费、诉讼费、鉴定费、代理费、交通费等,还剩余款项约为12,400元。周某1称赔偿金已全部用于周某某的开支,既没有事实根据,也未得到其他继承人的认可,从周某某曾起诉要求周某1返还赔偿金22,246.64元的事实可以证明周某某并不认可周某1擅自处分其赔偿金。综上,判决驳回上诉,维持原判。

案例解读

上述案例中,法院判决主要适用的是《民法典》第1122条第1款的规定,即"遗产是自然人死亡时遗留的个人合法财产"。本案中,被继承人周某某生前获得的人身损害赔偿金是其个人取得的合法财产,在其死亡时尚余12,000元。周某某生前未留遗嘱,应按法定继承处理。周某2、周某3、周某4、周某5和周某1均为第一顺序的法定继承人,现周某4自愿放弃继承,上述遗产应由周某2、周某3、周某5和周某1四人均分,每人继承3000元。

第一千一百二十三条　【法定继承、遗嘱继承、遗赠和遗赠扶养协议的效力】继承开始后，按照法定继承办理；有遗嘱的，按照遗嘱继承或者遗赠办理；有遗赠扶养协议的，按照协议办理。

条文解读

本条是关于继承方式的规定。

法定继承，是指被继承人生前未立遗嘱或者所立遗嘱无效、部分无效或者有部分遗产遗嘱未加处分，在此情况下，由法律直接规定继承人的范围、继承顺序、遗产分配原则的一种继承形式。遗嘱继承，是指按照立遗嘱人生前所立合法有效遗嘱的要求，确定继承人范围及各继承人应继承遗产的份额的方式。遗赠，是指被继承人通过遗嘱的方式，将其遗产的一部分或全部赠与国家、社会或者法定继承人以外的人的一种民事法律行为。立遗嘱人称为遗赠人，接受遗赠的人称为受遗赠人。遗赠是遗赠人死后才生效的单方、无偿民事法律行为。遗赠的标的仅仅是财产权利，遗赠人不得把债务转移给受遗赠人。遗赠扶养协议，是指自然人生前与法定继承人之外的个人或者组织订立的有关扶养、遗赠的协议。扶养人负对被扶养人生养死葬的义务，同时有权获得被扶养人的遗产；被扶养人生前有权要求扶养人履行扶养义务，同时有义务将遗产遗赠给扶养人。

相较于法定继承，遗嘱继承或者遗赠扶养协议是被继承人在生前的真实意思的体现，因此应当在遗产继承中具有优先效力。自然人生前既立有遗嘱，又签订遗赠扶养协议的，由于遗赠扶养协议的扶养人履行了相应义务，其应当优先于遗嘱继承人取得相应遗产。遗嘱财产不等同于遗嘱人财产，遗嘱财产是指遗嘱中明确表示能够通过遗嘱进行分配的财产，其范围是小于遗嘱人财产的。在很多情况下，遗嘱人没有对自己的全部财产进行分配，那么剩余的部分就应当按照法定继承的原则来进行。

配套法规及解读

《〈民法典〉继承编司法解释（一）》(2020 年 12 月 29 日)

第三条　被继承人生前与他人订有遗赠扶养协议，同时又立有遗嘱的，继承开始后,如果遗赠扶养协议与遗嘱没有抵触,遗产分别按协议和遗嘱处理;如果有抵触,按协议处理,与协议抵触的遗嘱全部或者部分无效。

第四条 遗嘱继承人依遗嘱取得遗产后,仍有权依照民法典第一千一百三十条的规定取得遗嘱未处分的遗产。

※法规解读:有效的遗赠扶养协议和遗嘱都是被继承人真实意思的表示,相比较法定继承而言更符合被继承人的意愿,因此遗赠扶养协议和遗嘱继承优先于法定继承执行。被继承人生前与他人订有遗赠扶养协议,同时又立有遗嘱的,继承开始后,如果遗赠扶养协议与遗嘱没有抵触,遗产分别按协议和遗嘱处理;如果有抵触,按协议处理,与协议抵触的遗嘱全部或者部分无效。这是因为遗赠扶养协议的扶养人为获得遗产支付了对价,即按协议履行了对被继承人的生养死葬义务,而遗嘱继承人则是无偿取得财产,因此按协议处理更符合权利义务相一致原则和公平原则。

继承开始后,有遗嘱的,先按遗嘱继承执行。遗嘱继承人依遗嘱取得遗产后,对于遗嘱未处分的遗产,仍然可以以法定继承人的身份参与继承,除继承人协商同意之外,一般应与其他法定继承人均分遗产。该人如果属于生活有特殊困难又缺乏劳动能力的继承人,分配遗产时,应当予以照顾;如果属于对被继承人尽了主要扶养义务或者与被继承人共同生活的继承人,分配遗产时,可以多分;如果属于有扶养能力和有扶养条件的继承人,不尽扶养义务的,分配遗产时,应当不分或者少分。

关联法规索引

《〈民法典〉继承编司法解释(一)》第3、29、40条

典型案例

许某1、许某2等遗赠纠纷案[1]

案件事实

许某3系被继承人许某某孙女,许某某与妻子吴某某共育有三名子女即许某1、

〔1〕 辽宁省沈阳市中级人民法院(2021)辽01民终18598号。

许某2、许某4,许某某、吴某某的父母均先于二人死亡。被继承人吴某某于2016年4月19日死亡,被继承人许某某于2020年1月1日死亡,留有位于沈阳市铁西区××××路××号×××房屋一处。该房屋系许某某、吴某某夫妻共同财产。另查,被继承人许某某于2015年3月23日手书“房产遗交”一份,内容为将案涉房子给许某3,等其和吴某某不在时由许某3接收,许某4、许某2、许某1三人不要和许某3要一分钱。该“房产遗交”上分别由许某某、吴某某、许某2、许某4本人签字,许某1本人签名许某艳。2017年10月20日,被继承人许某某再次手书“遗嘱”一份,内容为其与吴某某有案涉房子,二人决定把该房给孙女,两个女儿和一个儿子均同意,其爱人吴某某于2016年4月19日去世,许某某决定把$78m^2$这套房子还是给孙女许某3。该“遗嘱”由许某某本人签字。上述“房产遗交”“遗嘱”均由许某4保管,并于2021年6月初交给许某3。现许某3明确表示继承房屋,请求法院确认许某某名下的涉案房屋由其继承。

争议焦点

本案中,主要争议焦点是案涉房屋能否归许某3所有。

判决结果

一审法院认为,被继承人许某某于2015年3月23日手书“房产遗交”中就其名下位于沈阳市铁西区××××路××号×××,建筑面积$78.19m^2$房屋遗赠给许某3作出明确意思表示,共有人吴某某亦签字确认,许某某、吴某某所作遗嘱合法有效。2017年10月20日,许某某再次手书“遗嘱”仍确定诉争房产还是给许某3,所作遗嘱合法有效。许某3依据合法有效的遗嘱主张继承被继承人的遗产,有事实和法律依据,予以支持。关于许某2和许某1提出的诉争房产中有吴某某的份额,许某3不能按遗嘱继承吴某某的遗产的抗辩,因吴某某在2015年3月23日许某某手书的“房产遗交”签字,该遗嘱系许某某、吴某某共同作出,说明其同意将诉争房产遗赠给许某3,故对许某2和许某1此项辩解,不予采信。关于许某2和许某1提出的许某3主张遗赠继承超过时效,应按法定继承的抗辩,法律规定受遗赠人应当在知道受遗赠后60日内,作出接受或者放弃受遗赠的表示,许某2和许某1称许某3早就知道遗嘱的存在和内容,但未能举证证明,许某3在遗嘱设立时并不在场,亦不能推断与许某3存在血亲关系的许某4知道遗嘱内容即许某3知道遗嘱内容,本案许某3在2021年6月接收到遗嘱后即提起诉讼,并未超过法律规定的期限,故对许某2和许某1此项辩解,不予采信。综上,判决案涉房屋由许某3

继承所有。

许某1、许某2不服一审判决，提起上诉。二审法院认为，继承开始后，按照法定继承办理；有遗嘱的，按照遗嘱继承或者遗赠办理；有遗赠扶养协议的，按照协议办理。经查，本案在案的“房产遗交”的书证能够证实，被继承人许某某、吴某某生前均有将涉案房产给予孙女许某3的意愿，该书证由许某某书写，许某某与吴某某分别签名，亦附有日期，该书证已符合自书遗嘱的法定形式要件，许某1及许某2并未提供该书证所示内容非吴某某真实意思表示或在遭受到胁迫后签名的证据，且许某某、吴某某分别签名的位置并非法定形式要件，另许某某在吴某某去世后又书写了一份遗嘱，再次表明愿将涉案房产留给孙女许某3的意愿。因涉案房产系许某某及吴某某的共同财产，其二人在同一份书证共同处分该房产，亦符合法律规定。许某3陈述其于2021年6月才知晓涉案遗嘱的事宜，遂主张产权更名，在许某1、许某2不予配合后遂提起本诉，为此亦提供了微信截图和电话录音的证据，用以证实其陈述具有真实性。另查，许某1、许某2未能提供证据证实许某3上述陈述不具有真实性。综上，判决驳回上诉，维持原判。

案例解读

上述案例中，法院判决主要适用的是《民法典》第1123条的规定，即“继承开始后，按照法定继承办理；有遗嘱的，按照遗嘱继承或者遗赠办理；有遗赠扶养协议的，按照协议办理”；第1124条第2款的规定，即“受遗赠人应当在知道受遗赠后六十日内，作出接受或者放弃受遗赠的表示；到期没有表示的，视为放弃受遗赠”。本案中，被继承人许某某、吴某某生前留有遗嘱，且遗嘱合法有效，应当按遗嘱继承或者遗赠办理。遗嘱指定由法定继承人之外的许某3继承案涉房屋，属于遗赠。受遗赠人许某3在知道受遗赠之日起60日内表示接受遗赠，符合法律规定，法院判决案涉房屋归许某3所有是正确的。

第一千一百二十四条　【继承和遗赠的接受和放弃】继承开始后，继承人放弃继承的，应当在遗产处理前，以书面形式作出放弃继承的表示；没有表示的，视为接受继承。

受遗赠人应当在知道受遗赠后六十日内，作出接受或者放弃受遗赠的表示；到期没有表示的，视为放弃受遗赠。

条文解读

本条是关于继承和遗赠的接受和放弃的规定。

继承的放弃，是指继承人通过明示的方式表示自己放弃继承权的行为，放弃继承权必须在遗产处理之前明确表示，否则视为接受继承。在理解上，应注意以下几点：(1)继承人放弃继承权的时间只能是发生在继承开始后，遗产分割前。遗产分割后表示放弃的不再是继承权，而是对所继承的遗产的所有权。(2)放弃继承权和受遗赠权，应当以书面形式向遗产管理人或者其他继承人表示。一方面，有助于提醒继承人慎重考虑，避免冲动行事；另一方面，在当事人就是否放弃继承或受遗赠发生争议时方便举证。在诉讼中，继承人向人民法院以口头方式表示放弃继承的，要制作笔录，由放弃继承的人签名。(3)放弃继承权的效力，意味着：第一，放弃继承权的效力，溯及至自继承开始时起，放弃继承权的人退出继承法律关系，不得继承被继承人生前的财产权利，也不承受被继承人生前的债务。第二，继承人放弃继承权的不能取得遗产，其晚辈直系血亲也不能代位继承。第三，遗产处理前或在诉讼进行中，继承人对放弃继承反悔的，由人民法院根据其提出的具体理由，决定是否予以承认。遗产处理后，继承人对放弃继承表示反悔的，不予承认。(4)继承人放弃继承权后，原则上应当不许撤回放弃的意思表示，只有在放弃的意思表示有瑕疵的情况下，才可允许其撤销。

根据本条第2款的规定，对于遗赠的接受必须以明示的方式作出，即受遗赠人应当在知道受遗赠后60日内，明确作出接受遗赠的意思表示。到期未作表示的，视为放弃受遗赠。

需要注意的是，继承人因放弃继承权，致其不能履行法定义务的，放弃继承权的行为无效。继承开始后，受遗赠人表示接受遗赠，并于遗产分割前死亡的，其接受遗赠的权利转移给其继承人。

配套法规及解读

《〈民法典〉继承编司法解释(一)》(2020年12月29日)

第三十二条　继承人因放弃继承权，致其不能履行法定义务的，放弃继承权的行为无效。

第三十三条　继承人放弃继承应当以书面形式向遗产管理人或者其他继承人

表示。

第三十四条　在诉讼中,继承人向人民法院以口头方式表示放弃继承的,要制作笔录,由放弃继承的人签名。

第三十五条　继承人放弃继承的意思表示,应当在继承开始后、遗产分割前作出。遗产分割后表示放弃的不再是继承权,而是所有权。

第三十六条　遗产处理前或者在诉讼进行中,继承人对放弃继承反悔的,由人民法院根据其提出的具体理由,决定是否承认。遗产处理后,继承人对放弃继承反悔的,不予承认。

第三十七条　放弃继承的效力,追溯到继承开始的时间。

※**法规解读:**继承人或者受遗赠人放弃继承权或者受遗赠权是对自身财产权利的处分,法律应当允许。在具体适用法律时应注意以下几点:(1)继承权的放弃不能影响继承人履行法定义务,否则放弃继承权的行为无效。这里的"法定义务",通常是指继承人法定的赡养、抚养和扶养义务。(2)继承权的放弃应以书面形式作出。在诉讼中,继承人向人民法院以口头方式表示放弃继承的,要制作笔录,由放弃继承的人签名。法律之所以作出上述规定,是因为放弃继承权对继承人关系重大,以书面形式或以签名确认形式作出放弃继承权的意思表示,方便举证,避免因是否放弃继承权发生不必要的纠纷。(3)继承人放弃继承权的时间只能发生在继承开始后,遗产分割前。遗产分割后表示放弃的不再是继承权,而是对所继承的遗产的所有权。(4)放弃继承权的效力,溯及至自继承开始时起,放弃继承权的人退出继承法律关系,不得继承被继承人生前的财产权利,也不承受被继承人生前的债务。

关联法规索引

《〈民法典〉继承编司法解释(一)》第32~38、44条

典型案例

陈某、田某2等与田某1、田某3法定继承纠纷案〔1〕

案件事实

案涉争议房屋位于酉阳县某镇某村7组，该房屋在土地改革时登记户主为“田某某”，人口为“妻：陈某某、子：田某福、女：田某润”。田某碧于1955年出生，系田某某与陈某某之女、田某福与田某润之妹。1987年4月22日，田某福就案涉房屋办理了宅基地使用证，证上载明：“户主姓名：田某福，人口：6”。1990年，田某某去世；1999年，陈某某去世。2012年11月7日，田某福就案涉房屋办理了【315房地证2012字第027×××号】房地产权证，证上载明权利人为“田某福（户）”，土地使用权面积：“163.8平方米”，房屋建筑面积：“113.40平方米”。2015年，田某福去世，其去世前未对案涉房屋进行处理，现田某碧主张分割其对案涉房屋32.2m^2中自己应享有的面积份额。

争议焦点

本案中，主要争议焦点是：（1）田某碧起诉是否超过诉讼时效；（2）田某碧分割涉案的房屋面积是多少。

判决结果

一审法院认为，本案争议房屋共32.2m^2，系田某某、陈某某、田某福、田某润共同共有，四人依法对案涉房屋各自享有8.05平方米的面积份额。田某某系田某福、田某润之父，陈某某系田某福、田某润之母，田某碧是田某某与陈某某之女，田某润、田某福之妹。1990年田某某去世后，其对案涉房屋享有的份额由陈某某、田某福、田某润、田某碧继承，田某碧依法享有2.0125m^2的面积份额；1999年陈某某去世后，其对案涉房屋享有份额由田某福、田某润、田某碧继承，田某碧依法享有3.354,16m^2的面积份额。因此，田某碧基于继承权对争议房屋依法享有5.366,66m^2的面积份额。本案田某碧未表示过放弃继承，应视为接受继承。判决田某碧依法对案涉房屋享有5.366,66m^2的面积份额。被告不服一审判决，提起上诉，二审判决驳回上诉，维持原判。

---

〔1〕 重庆市第四中级人民法院（2021）渝04民终1533号。

案例解读

上述案例中,关于田某碧起诉是否超过诉讼时效的问题,法院判决主要适用的是《民法典》第 1124 条第 1 款的规定,即"继承开始后,继承人放弃继承的,应当在遗产处理前,以书面形式作出放弃继承的表示;没有表示的,视为接受继承"。本案中,各被告认为本案超过诉讼时效,就应当举示田某碧曾经作出放弃继承的意思表示且已超过 3 年的证据,但各被告并未举示相关证据,物权登记也并不能证明田某碧放弃继承,法院据此认定田某碧未表示过放弃继承并应视为接受继承是正确的,本案并未超过诉讼时效。

第一千一百二十五条　【继承权的丧失和恢复】继承人有下列行为之一的,丧失继承权:

(一)故意杀害被继承人;

(二)为争夺遗产而杀害其他继承人;

(三)遗弃被继承人,或者虐待被继承人情节严重;

(四)伪造、篡改、隐匿或者销毁遗嘱,情节严重;

(五)以欺诈、胁迫手段迫使或者妨碍被继承人设立、变更或者撤回遗嘱,情节严重。

继承人有前款第三项至第五项行为,确有悔改表现,被继承人表示宽恕或者事后在遗嘱中将其列为继承人的,该继承人不丧失继承权。

受遗赠人有本条第一款规定行为的,丧失受遗赠权。

条文解读

本条是关于继承权丧失和恢复的规定。

继承权的丧失,又称继承权的剥夺,是指依照法律规定在发生法定事由时取消继承人继承被继承人遗产资格的法律制度。继承权丧失可以分为:(1)绝对丧失,即继承权因继承人的行为而永久地丧失,即使得到被继承人的宽宥,也不能恢复。(2)相对丧失,即继承权因继承人的行为导致丧失,若其有悔过表现,又得到被继承人的宽恕,继承权可以恢复。

本条第 1 款规定了五种继承权丧失的法定事由:(1)故意杀害被继承人。这是一种严重的犯罪行为,无论继承人是否受到刑事责任的追究,都丧失继承权。对此,应注意以下两点:第一,继承人杀害被继承人存在主观故意。因过失犯罪或者正当防卫致使被继承人死亡的,不丧失继承权。对于犯罪动机,不以继承人为了取得被继承人遗产为必要。第二,继承人客观上实施了故意杀害被继承人的行为,不论是既遂还是未遂,均应确认其丧失继承权。(2)为争夺遗产而杀害其他继承人。这一行为的构成须具备以下两个要件:第一,继承人所杀害的是我国法律规定的法定继承人范围内的人。第二,杀害的目的在于争夺遗产。如果因其他原因杀害其他继承人,则不构成丧失继承权的原因。(3)遗弃被继承人,或者虐待被继承人情节严重。遗弃,是指家庭成员中负有赡养、扶养、抚养义务的一方,对需要赡养、扶养和抚养的另一方,不履行其应尽义务的违法行为。遗弃以不作为的形式出现,该为而不为,致使被遗弃人的权益受到侵害。遗弃被继承人情节严重的,丧失继承权。虐待,是指一个人以胁迫或暴力的方式控制另一个人的一种行为模式。虐待造成身体上的伤害和心理上的恐惧,它使被虐待者不能做自己想做的事,或强迫其以不情愿的方式做事。虐待包括使用人身暴力和性暴力、威胁和恐吓、情感虐待和经济剥夺。只有虐待被继承人情节严重的,才丧失继承权。至于情节严重的衡量标准,可以从实施虐待行为的时间、手段、后果和社会影响等方面认定。虐待被继承人情节严重的,不论是否追究刑事责任,均可确认其丧失继承权。(4)伪造、篡改、隐匿或者销毁遗嘱,情节严重。对此,应注意以下几点:第一,伪造遗嘱,是指继承人以被继承人的名义制作假的遗嘱。第二,篡改遗嘱,是指继承人改变被继承人所立遗嘱的内容。它限制了被继承人生前对自己合法财产的处分。第三,隐匿遗嘱,是指继承人对被继承人所立的遗嘱予以藏匿,不告知其他继承人或者遗产管理人。第四,销毁遗嘱,是指继承人将被继承人所立的遗嘱完全破坏、毁灭。这是一种完全否定被继承人生前意愿的行为,是对被继承人生前对其财产处分权的一种剥夺。关于情节严重的标准,《〈民法典〉继承编司法解释(一)》第9条规定:"继承人伪造、篡改、隐匿或者销毁遗嘱,侵害了缺乏劳动能力又无生活来源的继承人的利益,并造成其生活困难的,应当认定为民法典第一千一百二十五条第一款第四项规定的'情节严重'。"(5)以欺诈、胁迫手段迫使或者妨碍被继承人设立、变更或者撤回遗嘱,情节严重。欺诈,是指继承人故意告知被继承人虚假情况,或者故意隐瞒真实情况,诱使被继承人作出错误意思表示设立遗嘱、变更遗嘱或者撤回遗嘱。胁迫,是指以施加损害相威胁,使被继承人产生恐惧并因此设立遗嘱、变更遗嘱或者撤回遗嘱。前述情形只有“情节严重”，继承人才丧失继承权。需要注意的是，继承人有本条第1款第1项或者第2项所列的行为，而被继承人以遗嘱将遗产指定由该继承人继承的，可以确认遗嘱无效，并确认该继承人丧失继承权。

本条第2款规定的是继承权的恢复。继承权的恢复须满足如下条件：(1)继承人因本条第1款第3项至第5项行为而丧失继承权的，在满足其他条件的情况下方可恢复。因本条第1款第1、2项而丧失继承权的，不得恢复。(2)继承人确有悔改表现。继承人既有主观态度的改正，也有外在积极的悔改行为。(3)被继承人表示宽恕或者事后在遗嘱中将其列为继承人。无论被继承人采用其中哪种方式，都可视为对继承人继承权的恢复。

本条第3款规定的是受遗赠权的丧失。受遗赠人有本条第1款规定行为的，丧失受遗赠权。受遗赠权的丧失为绝对丧失，不能恢复。

配套法规及解读

《〈民法典〉继承编司法解释(一)》(2020年12月29日)

第五条 在遗产继承中，继承人之间因是否丧失继承权发生纠纷，向人民法院提起诉讼的，由人民法院依据民法典第一千一百二十五条的规定，判决确认其是否丧失继承权。

第六条 继承人是否符合民法典第一千一百二十五条第一款第三项规定的“虐待被继承人情节严重”，可以从实施虐待行为的时间、手段、后果和社会影响等方面认定。

虐待被继承人情节严重的，不论是否追究刑事责任，均可确认其丧失继承权。

第七条 继承人故意杀害被继承人的，不论是既遂还是未遂，均应当确认其丧失继承权。

第八条 继承人有民法典第一千一百二十五条第一款第一项或者第二项所列之行为，而被继承人以遗嘱将遗产指定由该继承人继承的，可以确认遗嘱无效，并确认该继承人丧失继承权。

第九条 继承人伪造、篡改、隐匿或者销毁遗嘱，侵害了缺乏劳动能力又无生活来源的继承人的利益，并造成其生活困难的，应当认定为民法典第一千一百二十五条第一款第四项规定的“情节严重”。

※**法规解读：**继承人之间因是否丧失继承权发生纠纷，向人民法院提起诉讼的，人民法院只能依据《民法典》第 1125 条的规定，判决确认其是否丧失继承权。除继承人有《民法典》第 1125 条规定的情形外，人民法院不能因为其他原因判决确认继承人丧失继承权。

《民法典》第 1125 条第 1 款第 3 项规定的“虐待被继承人情节严重”，可以从实施虐待行为的时间、手段、后果和社会影响等方面认定。根据司法实践，具有虐待持续时间较长、次数较多；虐待手段残忍；虐待造成被害人轻微伤或者患较严重疾病；对未成年人、老年人、残疾人、孕妇、哺乳期妇女、重病患者实施较为严重的虐待行为等情形，属于《刑法》第 260 条第 1 款规定的虐待“情节恶劣”，应当依法以虐待罪定罪处罚。[1] 这一规定可资借鉴。此外，因虐待他人造成严重社会不良影响的，也应认定为“情节恶劣”。由于虐待犯罪案件属于“告诉才处理”的自诉案件，除了被害人没有能力告诉或者因受到强制、威吓无法告诉以外，被害人不向人民法院起诉的，行为人不被追究刑事责任。但只要继承人虐待被继承人情节严重，则无论是否被追究刑事责任，均可确认其丧失继承权。

继承人因故意杀害被继承人而丧失继承权的，不以犯罪既遂为条件。只要继承人主观上存在杀害被继承人的故意，不论是既遂还是未遂，均应当确认其丧失继承权。

继承人因故意杀害被继承人或者为争夺遗产而杀害其他继承人而丧失继承权的，为继承权的绝对丧失，继承权不能恢复。被继承人以遗嘱将遗产指定由该继承人继承的，可以确认遗嘱无效，按法定继承处理。

关联法规索引

《最高人民法院关于适用〈中华人民共和国民法典〉时间效力的若干规定》第 13 条

---

〔1〕《最高人民法院、最高人民检察院、公安部、司法部关于依法办理家庭暴力犯罪案件的意见》第 17 条。

典型案例

梁某、兰某等法定继承纠纷案〔1〕

案件事实

被继承人梁某某系梁某、兰某女儿,系张某2妻子,系张某1母亲,在烟台某区被丈夫张某2勒颈致死。法院以被告人张某2犯故意杀人罪,判处有期徒刑六年。梁某某名下有位于开发区房屋一套;张某2名下有某山庄房屋一套。原告梁某、兰某主张开发区房产应归原告所有,主张某山庄房产系梁某某与被告的共同财产,二原告应各分得1/6的份额,贷款如由二原告还,要求增加1/6的份额。

争议焦点

本案中,主要争议焦点是:(1)案涉房屋属于梁某某的遗产份额是多少;(2)梁某某的遗产应当如何分配。

判决结果

一审法院认为,案涉两套房屋均系梁某某、张某2婚后取得,故该两套房产属梁某某、张某2夫妻共同财产,双方各占1/2。据此,该两套房产中每套的1/2份额应属梁某某遗产。梁某、兰某主张开发区房产应归其所有,证据不足,不予支持。张某2对梁某某犯故意杀人罪,判处有期徒刑六年,张某2的行为属于故意型犯罪,对被继承人梁某某的遗产丧失继承权。故梁某某的遗产应由其他第一顺序法定继承人即由梁某(梁某某父亲)、兰某(梁某某母亲)和张某1(梁某某女儿)予以继承。梁某、兰某均系事业单位退休人员,每月领取退休金。而张某1系未成年人,刚满13周岁,现上初中,无生活来源和劳动能力,亦无父母关爱与照顾,属于生活特殊困难又缺乏劳动能力的继承人,应对其予以照顾,适当多分得被继承人的遗产。综上,判决案涉两套房屋中被继承人梁某某遗有的1/2所有权份额,均由梁某、兰某享有其中的1/4份额,张某1享有其中1/4份额。梁某、兰某不服一审判决,提起上诉,二审判决驳回上诉,维持原判。

案例解读

上述案例中,法院判决主要适用的是《民法典》第1125条第1款第1项的规

---

〔1〕 山东省烟台市中级人民法院(2022)鲁06民终55号。

定，即“继承人有下列行为之一的，丧失继承权：（一）故意杀害被继承人”；第1130条第2款的规定，即“对生活有特殊困难又缺乏劳动能力的继承人，分配遗产时，应当予以照顾”。本案中，张某2故意杀害被继承人梁某某，丧失继承权，因此其遗产由其他第一顺序法定继承人即梁某、兰某和张某1予以继承。张某1作为被继承人女儿，现上初中，无生活来源和劳动能力，亦无父母关爱与照顾，属于生活特殊困难又缺乏劳动能力的继承人，应对其予以照顾。因此，法院的判决是正确的。

第二章　法定继承

本章介绍

法定继承，是指依照法律直接规定的继承人范围、继承顺序、继承份额等，继承被继承人遗产的一种继承方式。本章的主要内容包括继承人的范围及顺序、代位继承、遗产分配规则、酌情分得遗产权等。

第一千一百二十六条　【男女平等享有继承权】继承权男女平等。

条文解读

本条是关于继承权男女平等的规定。

男女平等是宪法规定的一项原则，也是民法平等原则的延伸。继承权男女平等，是指自然人作为继承权的主体，不因性别的差异而影响其权利的享有与行使。不论是男性还是女性，都享有平等的继承权。强调继承权男女平等，其实质是侧重于对妇女继承权的保护。无论妇女已婚、未婚、再婚，也不论是参加社会工作，还是从事家务劳动，都与男子享有同样的继承权，具体体现在：夫妻之间在继承上有平等的权利，他们有相互继承财产的权利；遗孀可以继承丈夫的财产，也可以携带其继承的财产改嫁，他人不得阻挠、干涉；同一顺序的继承人不论男女都享有平等的继承权；在代位继承上也是男女平等。

关联法规索引

《宪法》第48条；《妇女权益保障法》第1~2条

典型案例

欧某平、欧某志等共有纠纷案〔1〕

案件事实

欧某志、欧某燕与欧某平系欧某某的子女。坐落于宁远县某街道某号房屋系欧某某祖遗房屋。欧某某于2008年去世。2020年9月25日,宁远县住房保障服务中心作为甲方与欧某志、欧某燕、欧某平作为乙方签订协议书,约定:“乙方承认某街道某号祖屋按当时土改政策除留作自住的房屋外多余房屋被收归国有;甲方明确乙方占住的正房右侧后耳房一间属乙方所有……”由于涉案房屋在政府棚户区改造范围之内,欧某平以涉案房屋应由其个人继承,欧某志、欧某燕无权继承为由拒绝签字。欧某志、欧某燕认为欧某平的行为导致二人至今不能办理不动产权证,也无法取得安置房和补偿金。欧某志、欧某燕为维护其权利,特向法院提起诉讼,请求依法判决三人各自享有坐落于宁远县某街某号房屋后栋正房和右侧后耳房及公用面积1/3的份额。

争议焦点

本案中,主要争议焦点是欧某志、欧某燕对案涉房屋及其公有面积是否各享有1/3的份额。

判决结果

一审法院认为,本案原、被告争执的房屋目前为止并未办理相关产权证予以确权,故法院不能对房屋本身进行处理。但法院认为可以先行确认各个权利人对房屋所占有的份额,通过确认此份额,在将来可以办理产权登记时,依据各自的份额获得相应的房屋产权。本案原、被告三人均为被继承人欧某某的子女,共同与宁远县住房保障服务中心签订协议书,且三人未对房屋份额作出特别约定,故原、被告三人应当等额分配该房屋。故对于二原告要求法院判决原、被告各自享有案涉房屋及其公有面积1/3的份额以及要求被告欧某平协助二原告办理不动产权证的诉请,法院予以支持。对于被告欧某平辩称二原告没有履行子女赡养父母义务,无权继承房屋的答辩意见,因证据不充分,法院不予采纳。综上,判决欧某志、欧某燕对

---

〔1〕 湖南省永州市中级人民法院(2021)湘11民终3467号。

案涉房屋及其公有面积各享有 1/3 的份额。欧某平不服一审判决，提起上诉。二审法院认为，本案中，涉案房屋为祖遗房屋，因历史遗留问题，至今未办理产权登记。现当事人的父母均已去世，涉案房屋亦无其他相关权利人，欧某志、欧某燕作为被继承人欧某某的子女，应同等享有对涉案房屋的继承权。三人共同与宁远县住房保障服务中心就祖遗房屋签订协议书，在协议中并未对涉案房屋份额作出特别约定。因此，三人应当等额分配该房屋。综上，判决驳回上诉，维持原判。

案例解读

上述案例中，法院判决主要适用的是《民法典》第 1126 条的规定，即“继承权男女平等”；第 1130 条第 1 款的规定，即“同一顺序继承人继承遗产的份额，一般应当均等”。本案中，被继承人共有三名子女，他们平等地享有继承权，都是第一顺序的法定继承人，对被继承人遗产应当平均分配，因此各自对案涉房屋及其公有面积享有 1/3 的份额。

第一千一百二十七条 【法定继承人的范围及继承顺序】 遗产按照下列顺序继承：

（一）第一顺序：配偶、子女、父母；

（二）第二顺序：兄弟姐妹、祖父母、外祖父母。

继承开始后，由第一顺序继承人继承，第二顺序继承人不继承；没有第一顺序继承人继承的，由第二顺序继承人继承。

本编所称子女，包括婚生子女、非婚生子女、养子女和有扶养关系的继子女。

本编所称父母，包括生父母、养父母和有扶养关系的继父母。

本编所称兄弟姐妹，包括同父母的兄弟姐妹、同父异母或者同母异父的兄弟姐妹、养兄弟姐妹、有扶养关系的继兄弟姐妹。

条文解读

本条是关于法定继承人的范围及继承顺序的规定。

法定继承是遗嘱继承的补充。被继承人死亡后，有遗赠扶养协议的，首先是执行遗赠扶养协议，其次是遗嘱，最后是法定继承。法定继承人，是指由法律直接规定的可以依法继承被继承人遗产的自然人。我国《民法典》继承编确定的法定继承人范围比较狭窄，仅限于近亲属，即配偶、子女、父母、兄弟姐妹、祖父母、外祖父母。

关于法定继承人的继承顺序，《民法典》继承编依据我国的国情和继承法的原则，将法定继承人的继承顺序分为两个顺序，继承开始后，应由第一顺序继承人继承，第二顺序的继承人不能继承。只有在没有第一顺序继承人的情况下，或者第一顺序继承人全部放弃继承权或丧失继承权的，第二顺序继承人才可以继承遗产。

根据本条第 3、4 款的规定，《民法典》继承编所称的子女，包括婚生子女、非婚生子女、养子女和有扶养关系的继子女；所称的父母，包括生父母、养父母和有扶养关系的继父母。根据《民法典》婚姻家庭编的规定，非婚生子女与婚生子女享有同等的权利；养父母与养子女之间的权利义务关系、形成抚养教育关系的继父母与继子女之间的权利义务关系，适用《民法典》关于父母子女关系的规定。因此，本条第 3、4 款规定与婚姻家庭编的规定是一致的。需要注意的是，即使继子女未受继父母抚养教育，但只要继子女对继父母进行了赡养，则根据本条第 3 款和第 4 款款的规定，继子女和继父母可以互为第一顺序继承人。

根据本条第 5 款规定，《民法典》继承编所称的兄弟姐妹，包括同父母的兄弟姐妹、同父异母或者同母异父的兄弟姐妹、养兄弟姐妹、有扶养关系的继兄弟姐妹。其中，养子女与生子女之间、养子女与养子女之间，系养兄弟姐妹；“有扶养关系的继兄弟姐妹”，既包括受被继承人生前扶养的继兄弟姐妹，也包括扶养被继承人的继兄弟姐妹。

配套法规及解读

《〈民法典〉继承编司法解释（一）》（2020 年 12 月 29 日）

第十条　被收养人对养父母尽了赡养义务，同时又对生父母扶养较多的，除可以依照民法典第一千一百二十七条的规定继承养父母的遗产外，还可以依照民法典第一千一百三十一条的规定分得生父母适当的遗产。

第十一条　继子女继承了继父母遗产的，不影响其继承生父母的遗产。

继父母继承了继子女遗产的，不影响其继承生子女的遗产。

第十二条　养子女与生子女之间、养子女与养子女之间，系养兄弟姐妹，可以互为第二顺序继承人。

被收养人与其亲兄弟姐妹之间的权利义务关系，因收养关系的成立而消除，不能互为第二顺序继承人。

第十三条 继兄弟姐妹之间的继承权，因继兄弟姐妹之间的扶养关系而发生。没有扶养关系的，不能互为第二顺序继承人。

继兄弟姐妹之间相互继承了遗产的，不影响其继承亲兄弟姐妹的遗产。

※法规解读：《民法典》第1111条规定，自收养关系成立之日起，养父母与养子女间的权利义务关系，适用民法典关于父母子女关系的规定；养子女与养父母的近亲属间的权利义务关系，适用民法典关于子女与父母的近亲属关系的规定。养子女与生父母以及其他近亲属间的权利义务关系，因收养关系的成立而消除。根据该条规定，被收养人作为子女可以第一顺序法定继承人的身份继承养父母的遗产，但不能继承生父母的遗产。但是，如果被收养人对生父母扶养较多的，可以依照《民法典》第1131条的规定，作为继承人以外的对被继承人扶养较多的人，分得生父母适当的遗产。

继子女和继父母之间相互继承遗产，源于他们相互之间形成了扶养关系。这一关系的形成并不影响继子女与其生父母以及继父母与其生子女之间的父母子女关系，相应地，他们之间的权利义务关系也不受影响。因此，继子女继承了继父母遗产的，不影响其继承生父母的遗产。继父母继承了继子女遗产的，不影响其继承生子女的遗产。

继兄弟姐妹之间有无继承权，取决于他们之间是否存在扶养关系。存在扶养关系的继兄弟姐妹相互之间有继承权，互为第二顺序继承人；否则，相互之间没有继承权，不能互为第二顺序继承人。继兄弟姐妹之间因存在扶养关系而相互继承遗产的，并不影响继承人与其亲兄弟姐妹之间的权利义务关系，继承人与其亲兄弟姐妹之间仍然可以相互继承遗产。

关联法规索引

《因公死亡职工供养亲属范围规定》；《最高人民法院关于继承权问题意见的复函》；《最高人民法院关于处理继承案件中几个问题的意见》

典型案例

白某1、金某等继承纠纷案〔1〕

案件事实

2012年3月21日，董某某与被告金某结婚，双方系再婚夫妻关系。白某1与白某2系金某的儿子，董某1、董某2、董某3系董某某的子女。2019年10月17日，董某某死亡。2010年8月18日，董某某从延边恒基房地产开发有限公司购买位于延吉市长白路南侧、光华路北侧阳光四季某幢某单元5层，建筑面积为47.57m^2的商品房，但至今尚未取得产权证。董某某死亡后，所属单位向其家属发放死亡抚恤金60,758.30元（丧葬费为12,751.50元，抚恤金为48,006.80元）。另查明，白某1于1989年结婚成家，白某2于1992年结婚成家。白某1向法院起诉请求依法分割被继承人名下房屋及死亡抚恤金。

争议焦点

本案中，主要争议焦点是白某1是否享有继承权。

判决结果

一审法院认为，白某1系金某的儿子，金某与被继承人董某某再婚时，白某1已成年，其未与继父董某某形成抚养关系，也未能提供长期对继父进行赡养扶助的证据，不能认定其为有抚养关系的继子女，故上诉人白某1不享有继承权。对白某1的诉讼请求，法院不予支持，判决驳回白某1的诉讼请求。白某1不服一审判决，提起上诉，二审判决驳回上诉，维持原判。

案例解读

上述案例中，法院判决主要适用的是《民法典》第1127条第3款的规定，即"本编所称子女，包括婚生子女、非婚生子女、养子女和有扶养关系的继子女"。本案中，白某1既未受董某某抚养教育，也不能证明成年后其对董某某进行了赡养扶助，故白某1不属于与被继承人有扶养关系的继子女，不能作为法定继承人继承遗产。

〔1〕 吉林省延边朝鲜族自治州中级人民法院(2022)吉24民终7号。

第一千一百二十八条 【代位继承】 被继承人的子女先于被继承人死亡的，由被继承人的子女的直系晚辈血亲代位继承。

被继承人的兄弟姐妹先于被继承人死亡的，由被继承人的兄弟姐妹的子女代位继承。

代位继承人一般只能继承被代位继承人有权继承的遗产份额。

条文解读

本条是关于代位继承的规定。

代位继承，是与本位继承相对应的一种继承制度，是指在法定继承中，被继承人的子女或者兄弟姐妹先于被继承人死亡时，由被继承人子女的晚辈直系血亲或者兄弟姐妹的子女代替其继承被继承人遗产的法律制度。先于被继承人死亡的继承人，叫作被代位继承人，简称被代位人。代替被代位人继承遗产的人，叫作代位继承人，简称代位人。代位人代替被代位人继承遗产的权利，叫作代位继承权。直系血亲，是指有直系关系的亲属，是与自己同一血缘的亲属。从自身往上数的亲生父母、祖父母(外祖父母)等均为长辈直系血亲。从自身往下数的亲生子女、孙子女、外孙子女均为晚辈直系血亲。

根据本条规定，适用代位继承应当注意以下几方面的内容：(1)须有被代位继承人先于被继承人死亡这一法律事实。死亡包括自然死亡和宣告死亡。(2)须被代位继承人是被继承人的子女或者兄弟姐妹。根据《民法典》第1127条的规定，“子女”包括婚生子女、非婚生子女、养子女、有扶养关系的继子女，“兄弟姐妹”包括同父母的兄弟姐妹、同父异母或者同母异父的兄弟姐妹、养兄弟姐妹、有扶养关系的继兄弟姐妹。(3)被代位继承人是被继承人的子女的，代位继承人只能是被代位人的直系晚辈血亲，被继承人的孙子女、外孙子女、曾孙子女、外曾孙子女都可以代位继承，代位继承人不受辈数的限制。被继承人的养子女、已形成扶养关系的继子女的生子女可以代位继承；被继承人亲生子女的养子女可以代位继承；被继承人养子女的养子女可以代位继承；与被继承人已形成扶养关系的继子女的养子女也可以代位继承。被代位继承人是被继承人的兄弟姐妹的，代位继承人只能是被代位人的子女。(4)代位继承只适用于法定继承，不适用于遗嘱继承。在遗嘱继承中，被继承人指定的继承人先于被继承人死亡的，该部分遗产按法定继承处理。

(5)被代位继承人必须具有继承权。如果被代位继承人在死亡前已经丧失继承权，则代位人不可以代位继承。如果该代位继承人缺乏劳动能力又没有生活来源，或者对被继承人尽赡养义务较多，可以适当分给遗产。(6)代位继承人无论有几人，一般只能取得被代位继承人应得的遗产份额。

配套法规及解读

《〈民法典〉继承编司法解释(一)》(2020年12月29日)

第十四条　被继承人的孙子女、外孙子女、曾孙子女、外曾孙子女都可以代位继承，代位继承人不受辈数的限制。

第十五条　被继承人的养子女、已形成扶养关系的继子女的生子女可以代位继承；被继承人亲生子女的养子女可以代位继承；被继承人养子女的养子女可以代位继承；与被继承人已形成扶养关系的继子女的养子女也可以代位继承。

第十六条　代位继承人缺乏劳动能力又没有生活来源，或者对被继承人尽过主要赡养义务的，分配遗产时，可以多分。

第十七条　继承人丧失继承权的，其晚辈直系血亲不得代位继承。如该代位继承人缺乏劳动能力又没有生活来源，或者对被继承人尽赡养义务较多的，可以适当分给遗产。

第十八条　丧偶儿媳对公婆、丧偶女婿对岳父母，无论其是否再婚，依照民法典第一千一百二十九条规定作为第一顺序继承人时，不影响其子女代位继承。

※法规解读：发生代位继承时，被代位继承人是被继承人的子女的，代位继承人是被代位继承人的直系晚辈血亲，被继承人的孙子女、外孙子女、曾孙子女、外曾孙子女都可以代位继承，代位继承人不受辈数的限制。

被继承人的养子女、已形成扶养关系的继子女因为与被继承人之间产生父母子女之间的权利义务关系，因此他们的生子女与被继承人之间是祖孙关系，可以代位继承；被继承人亲生子女的养子女与被继承人亲生子女之间产生父母子女之间的权利义务关系，因此被继承人亲生子女的养子女与被继承人之间是祖孙关系，可以代位继承；同理，被继承人养子女的养子女与被继承人之间是祖孙关系，与被继承人已形成扶养关系的继子女的养子女与被继承人之间也是祖孙关系，都可以代位继承被继承人遗产。

代位继承人代位继承遗产源于被代位继承人的继承权。如果被代位继承人丧失继承权，则其晚辈直系血亲不得代位继承。但是，如果该代位继承人缺乏劳动能力又没有生活来源，或者对被继承人尽赡养义务较多的，可以适当分给遗产。此时，该代位继承人是依据法律规定适当分得遗产而非代位继承遗产。

丧偶儿媳对公婆、丧偶女婿对岳父母尽了主要赡养义务，作为第一顺序继承人继承被继承人遗产的，其子女仍可代位继承被继承人遗产。

关联法规索引

《最高人民法院关于适用〈中华人民共和国民法典〉总则编若干问题的解释》第14、16条；《最高人民法院关于适用〈中华人民共和国民法典〉时间效力的若干规定》第14条；《最高人民法院民事审判庭关于王敬民诉胡宁声房屋继承案的复函》；《最高人民法院关于处理继承案件中几个问题的意见》

典型案例

刘某1、刘某2等继承纠纷案[1]

案件事实

被继承人刘某某与前妻王某某(××××年××月××日去世)生前育有五个子女，分别为刘某5、刘某华(2011年5月12日去世，女儿刘某4)、刘某2、刘某3、刘某1。刘某某有房改房一套。××××年××月××日，被继承人刘某某与吴某办理了结婚登记，双方均系再婚，婚后无子女。2020年7月11日，被继承人刘某某因病去世(刘某某的父母均先于其去世)，名下有存款若干。吴某、刘某5向法院起诉请求：(1)依法继承分割被继承人刘某某名下案涉房屋；(2)判决被继承人刘某某名下遗留现金一半金额，归原告吴某一人继承单独所有；(3)依法分割被继承人刘某某名下的一半现金，由被告刘某2向其他原、被告支付；(4)判决被继承人刘某某名下股票款中的一半金额，归原告吴某一人继承单独所有，剩余部分再依法分割，由被告刘某2向其他原、被告支付；(5)依法分割被继承人刘某某的抚恤金、丧

〔1〕 河南省洛阳市中级人民法院(2021)豫03民终6411号。

葬费，由被告刘某2向其他原、被告支付；(6)本案诉讼费、鉴定费由被告承担。

争议焦点

本案中，主要争议焦点是被继承人的遗产如何分割。

判决结果

一审法院认为，吴某系被继承人刘某某之妻，刘某5及刘某2、刘某3、刘某1系被继承人刘某某的子女，均属于法定继承人，均依法享有对被继承人刘某某遗产的继承权。刘某4系刘某某之子刘某华的女儿，也依法享有代位继承权。案涉房产系房改房，房改时间在王某某去世之后，刘某某与吴某结婚之前，故该房产应属于刘某某婚前个人财产，吴某、刘某5、刘某2、刘某3、刘某1、刘某4均有权继承。因刘某5在刘某某生前及住院期间未尽赡养义务，依法应予少分。故吴某、被告刘某1、刘某2、刘某3、刘某4(系刘某华的代位继承人)各继承房屋份额的18%，刘某5继承房屋份额的10%。关于被继承人刘某某建设银行账户余额，该款项系被继承人刘某某与吴某婚姻关系存续期间所得，应属于二人夫妻共同财产，吴某依法享有50%，剩余的50%属于被继承人刘某某的遗产，由吴某、刘某5、刘某1、刘某2、刘某3、刘某4共同继承。因刘某5在刘某某生前及住院期间未尽赡养义务，依法应予少分。故吴某、刘某1、刘某2、刘某3、刘某4(系刘某华的代位继承人)各继承18%，刘某5继承10%。吴某、刘某5提交的2021年8月11日加盖"洛阳市社会保险中心企业职工养老待遇专用章"的企业离退休人员终止待遇计算单，因无单位公章和负责人、经办人签名，且刘某2并未占有该款项，故吴某、刘某5"依法分割被继承人刘某某的抚恤金、丧葬费，由刘某2向其他继承人支付"的诉讼请求证据不足，不予支持。关于被继承人刘某某工商银行账户的原有款项，刘某1、刘某2、刘某3、刘某4均称用于被继承人刘某某生前花费和后事丧葬等支出，吴某、刘某5也未提供其用于刘某某的花费票据，故刘某1、刘某2、刘某3、刘某4的答辩主张符合情理，予以采信。吴某、刘某5主张继承刘某某名下的股票款80,000元，未提供证据加以证明。故吴某、刘某5的其他诉讼请求证据不足，亦不予支持。刘某1、刘某2、刘某3、刘某4不服一审判决，提起上诉，二审判决驳回上诉，维持原判。

案例解读

上述案例中，法院判决主要适用的是《民法典》第1127条第1款第1项的规定，即"遗产按照下列顺序继承：(一)第一顺序：配偶、子女、父母"；第1128条第1款的规定，即"被继承人的子女先于被继承人死亡的，由被继承人的子女的直系晚辈血亲代位继承”；第1130条第1、4款的规定，即“同一顺序继承人继承遗产的份额，一般应当均等”“有扶养能力和有扶养条件的继承人，不尽扶养义务的，分配遗产时，应当不分或者少分”；第1153条第1款的规定，即“夫妻共同所有的财产，除有约定的外，遗产分割时，应当先将共同所有的财产的一半分出为配偶所有，其余的为被继承人的遗产”。本案中，案涉房屋为被继承人与吴某结婚之前购买，为被继承人的婚前个人财产，因此案涉房屋全部为被继承人遗产。而被继承人名下存款为其与吴某的夫妻共同财产，其中一半为吴某个人财产，另一半才是遗产。刘某华为被继承人子女，先于被继承人死亡，刘某4作为刘某华的晚辈直系血亲，有权代位继承，其所取得的份额相当于刘某华有权取得的遗产份额。因此吴某、刘某1、刘某2、刘某3、刘某5作为第一顺序法定继承人，刘某4作为代位继承人，均有权取得被继承人遗产。由于刘某5有扶养能力和扶养条件，但在被继承人生前及住院期间未尽赡养义务，依法应予少分。

第一千一百二十九条 【丧偶儿媳、丧偶女婿的继承权】丧偶儿媳对公婆，丧偶女婿对岳父母，尽了主要赡养义务的，作为第一顺序继承人。

条文解读

本条是关于丧偶儿媳或女婿的继承权的规定。

一般来说，丧偶儿媳或女婿对公公、婆婆（岳父、岳母）的遗产是没有继承权的。根据本条规定，丧偶儿媳对公婆，丧偶女婿对岳父母，尽了主要赡养义务的，作为第一顺序继承人。这是因为我国现阶段的国情决定了大多数家庭的老人还需要子女或其他亲属进行家庭供养。法律规定对公婆、岳父母尽了主要赡养义务的丧偶儿媳、丧偶女婿为第一顺序继承人，符合中华民族传统美德和社会主义核心价值观，有利于促进家庭和睦，倡导尊重和主动赡养老人的良好风气，也符合权利义务相一致原则。同时，丧偶儿媳对公婆、丧偶女婿对岳父母，依照本条规定作为第一顺序继承人时，无论其是否再婚，都不影响其子女代位继承。对被继承人生活提供了主要经济来源，或者在劳务等方面给予了主要扶助的，应当认定其尽了主要赡养义务。

配套法规

《〈民法典〉继承编司法解释（一）》（2020 年 12 月 29 日）

第十八条　丧偶儿媳对公婆、丧偶女婿对岳父母，无论其是否再婚，依照民法典第一千一百二十九条规定作为第一顺序继承人时，不影响其子女代位继承。

第十九条　对被继承人生活提供了主要经济来源，或者在劳务等方面给予了主要扶助的，应当认定其尽了主要赡养义务或主要扶养义务。

关联法规索引

《最高人民法院关于适用〈中华人民共和国民法典〉总则编若干问题的解释》第 14 条；《妇女权益保障法》第 35 条

典型案例

何某 2 等与何某 4 等继承纠纷案[1]

案件事实

何某某与解某某系夫妻关系，二人育有三子，分别是何某春、何某平、何某 2。何某某与解某某共同购买了 302 号房屋。解某某于 2004 年×月×日去世，其去世后各方均未就其财产进行分割继承。何某某于 2019 年×月×日去世。何某春于 2008 年去世，其生前有过两次婚姻，第一段婚姻关系于 2003 年结束，婚内育有一子何某 4，后于 2007 年与周某再婚，育有一子何某 3。何某平与李某 1 结婚后育有一女何某 1，何某平于 2017 年×月×日去世。被继承人何某某去世后，各方就 302 号房屋以及何某某名下的存款、抚恤金等遗产的分割一直无法达成一致意见，故何某 1、李某 1、何某 2 起诉至法院，请求依法分割被继承人的遗产。三原告及三被告何某 3、周某、何某 4 均称何某某、解某某去世前未留有遗嘱及遗赠扶养协议，何某某、解某某的父母在二人去世前均已过世，何某某、解某某亦无其他继子女、养子女及非婚生子女。何某某系某局管理的退休干部，该局于 2019 年×月×日发出提

〔1〕 北京市朝阳区人民法院（2020）京 0105 民初 14479 号。

示，载明要向何某某的账户发放慰问金、丧葬费、抚恤金。

争议焦点

本案中，主要争议焦点是被继承人的遗产应如何分配。

判决结果

法院认为，根据庭审查明的事实，何某某在离世前与三被告共同生活居住在302号房屋内。本案中，周某与何某4主张主要由其二人对两位被继承人何某某、解某某进行照顾，其申请了包括何某某的同事、邻居、人民调解员以及何某某离世前四年照顾其起居生活的保姆等证人出庭作证，三原告虽不认可证人证言的相关内容，但未能就此提交反证，且证人的来源身份多样，法院认为可以从一定程度上反映何某某离世前家庭生活的情况，对周某与何某4对何某某尽了主要赡养义务的主张予以采信。丧偶儿媳对公婆尽了主要赡养义务的，作为第一顺序继承人。因此，法院对周某作为何某某第一顺序继承人的主张予以采纳。另，虽然何某4与李某1的电话录音中，李某1称其与何某平没怎么管过何某某，但李某1系残疾人士，而何某平亦患有重病，二人并非故意不尽赡养义务，故法院对三被告关于对何某平等人不分或少分财产的主张不予采纳。考虑到何某4从小跟随解某某、何某某共同生活，且在其成年后对何某某尽了主要赡养义务，故法院对其所享有的份额将予以多分。判决案涉房屋，由原告何某1继承17%的份额、原告李某1继承8%的份额、原告何某2继承25%的份额、被告何某3继承10%的份额、被告周某继承18%的份额、被告何某4继承22%的份额。何某某名下存款，扣除周某已支付的丧葬费、302号房屋的物业费以及何某某在世期间302号房屋尚欠缴供暖费的情况，考虑各方应有的份额予以酌情判定。慰问金、丧葬费、抚恤金等款项，考虑各方应有的份额予以酌情判定。

案例解读

上述案例中，法院判决主要适用的是《民法典》第1127条第1款第1项的规定，即“遗产按照下列顺序继承：(一)第一顺序：配偶、子女、父母”；第1128条第1款的规定，即“被继承人的子女先于被继承人死亡的，由被继承人的子女的直系晚辈血亲代位继承”；第1129条的规定，即“丧偶儿媳对公婆，丧偶女婿对岳父母，尽了主要赡养义务的，作为第一顺序继承人”。本案中，周某作为丧偶儿媳，对被继承人尽了主要赡养义务，应作为第一顺序继承人参与继承。何某春、何某平先于被继承人死亡，何某3和何某4作为何某春的儿子、何某1作为何某平的女儿代位继承何某春和何某平的应继承份额。李某1作为丧偶儿媳，未对被继承人尽赡养义务，无权作为第一顺序继承人参与继承。其继承的份额是解某某去世后，应由何某平继承的解某某遗产中属于李某1的部分，以及在何某平去世后，何某某遗产中属于何某平的部分应由李某1继承的部分。

第一千一百三十条　【遗产分配的原则】同一顺序继承人继承遗产的份额，一般应当均等。

对生活有特殊困难又缺乏劳动能力的继承人，分配遗产时，应当予以照顾。

对被继承人尽了主要扶养义务或者与被继承人共同生活的继承人，分配遗产时，可以多分。

有扶养能力和有扶养条件的继承人，不尽扶养义务的，分配遗产时，应当不分或者少分。

继承人协商同意的，也可以不均等。

条文解读

本条是关于法定继承的遗产分配原则的规定。

遗产分配，是指财产所有人死亡后根据法定继承、遗嘱或其他法律规定对其遗产进行分配的制度。法定继承的遗产分配原则，是指在法定继承中确定同一顺序的法定继承人应分得的遗产份额的基本准则。

根据本条第1款的规定，同一顺序继承人继承遗产的份额，一般应当均等。这是法定继承中遗产分配的一般原则。除非法律有特别规定，否则同一顺序的法定继承人应该平均分配遗产。

根据本条第2～5款规定，特殊情况下法定继承人的继承份额可以不均等。这些情况包括：(1)对生活有特殊困难又缺乏劳动能力的继承人，分配遗产时，应当予以照顾。继承人只有同时具备生活有特殊困难和缺乏劳动能力的情形，才能在遗产分配时给予照顾，而且一旦具备了这两个条件就应当给予照顾。(2)对被继承人尽了主要扶养义务或者与被继承人共同生活的继承人，分配遗产时，可以多分。对被继承人生活提供了主要经济来源，或者在劳务等方面给予了主要扶助的，应当认定其尽了主要扶养义务。(3)有扶养能力和有扶养条件的继承人,不尽扶养义务的,分配遗产时,应当不分或者少分。这是权利义务相一致原则的重要体现。需要注意的是,继承人有扶养能力和扶养条件,愿意尽扶养义务,但被继承人因有固定收入和劳动能力,明确表示不要求其扶养的,分配遗产时,一般不应因此而影响其继承份额。(4)继承人协商同意,也可以不均等。

根据相关司法解释,代位继承人缺乏劳动能力又没有生活来源,或者对被继承人尽过主要赡养义务的,分配遗产时,可以多分。有扶养能力和扶养条件的继承人虽然与被继承人共同生活,但对需要扶养的被继承人不尽扶养义务,分配遗产时,可以少分或者不分。

配套法规及解读

《〈民法典〉继承编司法解释(一)》(2020年12月29日)

第四条 遗嘱继承人依遗嘱取得遗产后,仍有权依照民法典第一千一百三十条的规定取得遗嘱未处分的遗产。

第十六条 代位继承人缺乏劳动能力又没有生活来源,或者对被继承人尽过主要赡养义务的,分配遗产时,可以多分。

第十九条 对被继承人生活提供了主要经济来源,或者在劳务等方面给予了主要扶助的,应当认定其尽了主要赡养义务或主要扶养义务。

第二十二条 继承人有扶养能力和扶养条件,愿意尽扶养义务,但被继承人因有固定收入和劳动能力,明确表示不要求其扶养的,分配遗产时,一般不应因此而影响其继承份额。

第二十三条 有扶养能力和扶养条件的继承人虽然与被继承人共同生活,但对需要扶养的被继承人不尽扶养义务,分配遗产时,可以少分或者不分。

※法规解读:继承开始后,首先按遗嘱处理遗产。对于遗嘱未处分的遗产,应按法定继承处理。同一继承人,依遗嘱继承遗产后,还可以法定继承人的身份取得遗嘱未处分的财产。法定继承中,同一顺序继承人继承遗产的份额,一般应当均等,但某些情形下也可以不均等。除了《民法典》第1130条第2~5款规定的情形外,发生代位继承时,代位继承人缺乏劳动能力又没有生活来源,或者对被继承人尽过主要赡养义务的,分配遗产时,可以多分。现实生活中,有些被继承人因为有

固定收入和劳动能力，虽然继承人有能力也有意愿扶养被继承人，但是被继承人明确表示不要求继承人扶养，这与继承人不愿扶养或没有能力扶养被继承人是完全不同的，不能因此而影响继承人的继承份额。《民法典》第 1130 条第 3 款中规定“与被继承人共同生活的继承人，分配遗产时，可以多分”，但如果该继承人虽然有扶养能力和扶养条件，却对需要扶养的被继承人不尽扶养义务，分配遗产时，不仅不能多分，反而可以少分或者不分。换句话说，不能仅仅因为继承人与被继承人共同生活就可以多分遗产，而是要看继承人对被继承人是否尽到了扶养义务。共同生活且尽到扶养义务的，可以多分遗产；虽共同生活但不尽扶养义务的，可以少分或者不分遗产。

典型案例

刘某 1、王某等继承纠纷案[1]

案件事实

刘某某系刘某 1、王某的儿子，系刘某 2 的父亲，系张某的丈夫。刘某某与张某 1994 年 11 月 20 日举行结婚仪式并与刘某 1、王某开始共同生活，××××年××月××日生育刘某 2，于××××年××月××日办理结婚登记。2002 年刘某某一家对居住的老房子进行翻建、房屋地基回填、装修，并修建了院墙、猪圈、牛棚等。刘某某于 2006 年农历七月二十八因矿难去世。2021 年 5 月，某镇人民政府对某村的房屋进行拆迁，刘某 1 与某镇人民政府签订了《动迁安置补偿协议》，并领取了动迁补偿款共计 421,314 元。其中砖木结构主房补偿金额为 305,170.8 元，主房装修补偿 8338 元，一部分砖石墙补偿 27,882 元，棚厦（牛棚）补偿 6508.8 元，猪圈补偿 10,504 元，土方补偿 7332.3 元，以上六项合计 365,735.9 元。刘某 2、张某诉至法院，请求确认二人和刘某 1、王某对刘某某所留遗产享有继承权，明确遗产范围和数额，依法判令刘某 1、王某向二人给付刘某某所留遗产折价款人民币 45,716.98 元。

争议焦点

本案中，主要争议焦点是：（1）案涉房屋是否为张某、刘某 1、王某及刘某某的

〔1〕 辽宁省阜新市中级人民法院（2022）辽 09 民终 17 号。

共同财产;(2)刘某2、张某能够分得的拆迁款数额是多少。

判决结果

一审法院认为,涉诉财产为原告张某与二被告和刘某某四人共有,各方未约定份额,也不能确定出资额,应视为等额共有,刘某某对涉诉财产依法享有1/4的份额,该1/4份额系刘某某的遗产。房屋所有权证中所有权人虽写有被告“刘某1”,共有人写有“壹口人”,房间数是3,面积为120m^2,但这与实际动迁房屋间数、面积均不符,缴纳农业税的凭证虽表明刘某1与刘某某分别缴纳,但这并不能证明双方未共同生活,所以刘某1、王某提供的证据不足以证明其观点,故法院不予采纳。现涉诉财产已动迁,刘某2、张某要求继承分割刘某某遗产有充分理由,故诉讼请求合理合法,依法予以支持。但因刘某某于2006年去世,刘某2、张某2008年从原住处搬离,动迁时间是2021年,这期间对房屋、院落进行管护的人系刘某1、王某,故在共同财产分割时对此应予以充分考虑,法院酌定刘某某的遗产折价款为人民币60,000元,对该60,000元由刘某2、张某和刘某1、王某依法继承。判决:刘某2、张某和刘某1、王某各继承分得刘某某遗产的1/4,即15,000元。刘某1、王某不服一审判决,提起上诉,二审判决驳回上诉,维持原判。

案例解读

上述案例中,法院判决主要适用的是《民法典》第1127条第1款第1项的规定,即“遗产按照下列顺序继承:(一)第一顺序:配偶、子女、父母”;第1130条第1款的规定,即“同一顺序继承人继承遗产的份额,一般应当均等”。本案中,刘某2、张某和刘某1、王某均为第一顺序法定继承人,应当均分被继承人遗产。

第一千一百三十一条　【酌情分得遗产权】对继承人以外的依靠被继承人扶养的人,或者继承人以外的对被继承人扶养较多的人,可以分给适当的遗产。

条文解读

本条是关于酌情分得遗产权的规定。

法定继承中,被继承人遗产主要由与被继承人有婚姻关系或血缘关系的法定继承人继承。实践中,有些与被继承人形成扶养关系的人虽然不属于法定继承人,但是与被继承人生前具有较为紧密的联系，这些人基于法律的特别规定，可以在一定条件下分得适当的遗产。其主要包括以下两种情况：(1)继承人以外的依靠被继承人扶养的人。(2)继承人以外的对被继承人扶养较多的人。依据本条可以适当分得遗产的人，在其依法取得被继承人遗产的权利受到侵犯时，本人有权以独立的诉讼主体资格向人民法院提起诉讼。遗产因无人继承又无人受遗赠归国家或者集体所有制组织所有时，可以分给适当遗产的人提出取得遗产的诉讼请求，人民法院应当视情况适当分给遗产。

本条在适用时应当注意以下几点：(1)酌情分得遗产的人只能是继承人以外的人。继承人范围内的人分得遗产是基于继承权，而继承人以外的人分得遗产是基于法律的特别规定。(2)酌情分得遗产的条件是继承人以外的人与被继承人之间具有扶养关系。包括依靠被继承人扶养的人，或者对被继承人扶养较多的人。(3)酌情分得遗产只能发生在法定继承中，遗嘱继承中不能发生。遗嘱继承中被继承人没有给具有扶养关系的人保留遗产份额的，具有扶养关系的人不得依据本条规定要求分得适当遗产，否则有违被继承人意愿。(4)可以分给适当遗产的人，分给他们遗产时，按具体情况可以多于或者少于继承人。

配套法规及解读

《〈民法典〉继承编司法解释(一)》(2020年12月29日)

第十条　被收养人对养父母尽了赡养义务，同时又对生父母扶养较多的，除可以依照民法典第一千一百二十七条的规定继承养父母的遗产外，还可以依照民法典第一千一百三十一条的规定分得生父母适当的遗产。

第十七条　继承人丧失继承权的，其晚辈直系血亲不得代位继承。如该代位继承人缺乏劳动能力又没有生活来源，或者对被继承人尽赡养义务较多的，可以适当分给遗产。

第二十条　依照民法典第一千一百三十一条规定可以分给适当遗产的人，分给他们遗产时，按具体情况可以多于或者少于继承人。

第二十一条　依照民法典第一千一百三十一条规定可以分给适当遗产的人，在其依法取得被继承人遗产的权利受到侵犯时，本人有权以独立的诉讼主体资格向人民法院提起诉讼。

第四十一条　遗产因无人继承又无人受遗赠归国家或者集体所有制组织所有时，按照民法典第一千一百三十一条规定可以分给适当遗产的人提出取得遗产的诉讼请求，人民法院应当视情况适当分给遗产。

※法规解读：《民法典》第1111条规定，自收养关系成立之日起，养父母与养子女间的权利义务关系，适用《民法典》关于父母子女关系的规定；养子女与养父母的近亲属间的权利义务关系，适用《民法典》关于子女与父母的近亲属关系的规定。养子女与生父母以及其他近亲属间的权利义务关系，因收养关系的成立而消除。根据该条规定，被收养人作为子女可以第一顺序法定继承人的身份继承养父母的遗产，但不能继承生父母的遗产。但是，如果被收养人对生父母扶养较多的，可以依照《民法典》第1131条的规定，作为继承人以外的对被继承人扶养较多的人，分得生父母适当的遗产。依照《民法典》第1131条的规定，可以分给适当遗产的人，分给他们遗产时，按具体情况可以多于或者少于继承人。如果是继承人以外对被继承人扶养较多的人，可以考虑与法定继承人相比扶养得多少，如果其比法定继承人对被继承人扶养得更多，则分给遗产的数量可以多于法定继承人，否则可以少于法定继承人；如果是继承人以外依靠被继承人扶养的人，则要结合该人有无其他经济来源、当地生活水平以及法定继承人的经济实力综合考虑分得的遗产数额。

对继承人以外的依靠被继承人扶养的人，或者继承人以外的对被继承人扶养较多的人，可以分给适当的遗产，这是法律赋予他们的权利。如果这一权利受到侵害，可以分得遗产的人有权向人民法院提起诉讼，请求保护该项权利。遗产无人继承又无人受遗赠的，有权分得遗产的人有权向人民法院请求分得适当遗产，人民法院视情况适当分给遗产后，其他遗产方归国家或者集体所有制组织所有。

典型案例

王某1、王某2与杨某某法定继承纠纷案〔1〕

案件事实

杨某某与被继承人王某3系夫妻关系，两人婚后未生育子女。杨某某系再婚，

〔1〕 上海市第二中级人民法院(2021)沪02民终2934号。

杨某某法定代理人秦某系杨某某与其前夫所生之女。王某3与王某1、王某2系兄妹关系，其父王某某于1989年×月×日报死亡，其母管某某于2002年×月×日报死亡。大连路房屋系杨某某与王某3于2009年12月共同购买的产权房，并于2010年1月25日登记在杨某某与王某3二人名下。杨某某患精神分裂症，系二级×××残疾。杨某某自2009年4月入住某区精神卫生中心至今。被继承人王某3自2009年起右眼失明，其生活起居、看病住院等主要由王某1照顾。经鉴定，被鉴定人杨某某目前应被评定为无民事行为能力人。2019年3月20日王某3去世。现杨某某、王某1、王某2为继承王某3名下遗产协商不成致诉讼至一审法院。

争议焦点

本案中，主要争议焦点是：(1)系争代书遗嘱是否有效；(2)被继承人遗产应如何分配。

判决结果

一审法院认为，本案系争代书遗嘱不能确认是被继承人的真实意思表示，应认定为无效。本案系争遗产应按法定继承处理。遗产是自然人死亡时遗留的个人合法财产。夫妻在婚姻关系存续期间所得的共同所有的财产，除有约定的以外，在分割遗产时，应当先将共同所有的财产的一半分出为配偶所有，其余作为被继承人的遗产。对继承人以外的对被继承人扶养较多的人，可以分给他们适当的遗产。大连路房屋系杨某某与被继承人的夫妻共同财产，故其中50%产权归杨某某所有，剩余50%产权应作为被继承人遗产，由其第一顺序的法定继承人即杨某某继承。考虑到杨某某本身是无民事行为能力人，王某1自2009年起对被继承人王某3及其家人尽了较多的扶养照顾义务，应分得适当的遗产。结合遗产性质及杨某某的身体与经济状况，法院认为，被继承人在大连路房屋中的50%产权由杨某某分得80%，王某1分得20%较为适宜。王某1、王某2不服一审判决，提起上诉，二审判决驳回上诉，维持原判。

案例解读

上述案例中，法院判决主要适用的是《民法典》第1127条第1款第1项的规定，即“遗产按照下列顺序继承：(一)第一顺序：配偶、子女、父母”；第1131条的规定，即“对继承人以外的依靠被继承人扶养的人，或者继承人以外的对被继承人扶养较多的人，可以分给适当的遗产”；第1133条第1款的规定，即“自然人可以依照本法规定立遗嘱处分个人财产……”；第1143条第2款的规定，即“遗嘱必须表示遗嘱人的真实意思……”本案中,法院结合证据确认系争代书遗嘱无效,应按法定继承进行。杨某某作为被继承人配偶,是唯一的第一顺序法定继承人,应由杨某某继承被继承人遗产。考虑到王某1对于被继承人及其家人尽了较多的扶养照顾义务,可以分得适当遗产。

第一千一百三十二条 【继承处理方式】继承人应当本着互谅互让、和睦团结的精神,协商处理继承问题。遗产分割的时间、办法和份额,由继承人协商确定;协商不成的,可以由人民调解委员会调解或者向人民法院提起诉讼。

条文解读

本条是关于处理继承问题的精神和遗产分割问题的规定。

法定继承人之间往往具有亲属关系,法定继承有着强烈的家庭和人身特征,因此出现继承问题时,继承人应当本着互谅互让、和睦团结的精神,以当事人自愿达成协议为主要解决方式,能调解的尽量调解,尽量减少继承中的各种纷争。

遗产分割的时间、办法和份额,由继承人协商确定。遗产分割的时间,可以发生在继承开始后的任何时间;遗产分割的办法,主要有实物分割、变价分割、补偿分割、按份共有四种方式。实物分割,是指当遗产为可分物时,直接将遗产进行分割;变价分割,是指当遗产为不可分物,并且继承人都不愿取得该遗产原物,将遗产变卖所得价款进行分割;补偿分割,是指遗产是不可分物,由某一继承人取得该遗产所有权,并由该人向其他继承人补偿相应价款;按份共有,是指不宜对遗产进行分割,或者各继承人都想取得遗产原物,在此情况下,各个继承人可以根据各自的继承份额对遗产按份共有;遗产分割的份额,应当依照本法第1130条规定进行确定,即“同一顺序继承人继承遗产的份额,一般应当均等。对生活有特殊困难又缺乏劳动能力的继承人,分配遗产时,应当予以照顾。对被继承人尽了主要扶养义务或者与被继承人共同生活的继承人,分配遗产时,可以多分。有扶养能力和有扶养条件的继承人,不尽扶养义务的,分配遗产时,应当不分或者少分。继承人协商同意的,也可以不均等”。

继承人对遗产分割协商不成的,可以由人民调解委员会调解或者向人民法院提起诉讼。人民调解不是当事人进行继承纠纷诉讼必经的前置程序。人民调解委员会主持调解时，应当坚持自愿原则，当事人不愿调解或调解无法达成协议的，不应当强制进行调解。经人民调解委员会主持调解并达成的协议并不具有强制执行的效力，只具有合同的性质。只有经当事人申请并经人民法院确认有效，该调解协议方才具有强制执行效力。

关联法规索引

《〈民法典〉婚姻家庭编司法解释（一）》第81条；《民事案件案由规定》

典型案例

高某1、高某2继承纠纷案〔1〕

案件事实

高某2、高某1系兄弟关系，苏某某系其母亲。2018年4月17日，苏某某将坐落于沈阳市沈河区某某路×号4-4-3室房改房以250,000元价格卖给高某1。同年5月31日，苏某某因病去世。高某2、高某1父亲早于其母亲去世。除高某2、高某1外，苏某某再无其他法定继承人。高某2以高某1未向母亲苏某某支付房屋价款为由，诉讼来院，要求继承房屋价款的一半即125,000元。

争议焦点

本案中，主要争议焦点是高某1是否向苏某某给付购房款25万元。

判决结果

一审法院认为，首先，作为主张法律关系存在的当事人，关于继承人、被继承人、遗产范围，高某2已完成举证证明责任；但作为主张法律关系变更、消灭的当事人，高某1仅提交存、取款单，用以证明已向被继承人苏某某支付房屋价款，但并未提交苏某某亲笔书写的收条等有力证据，明显不能达到证明目的。故被继承人生前对高某1享有250,000元债权，该债权系被继承人遗产。其次，继承分为法定继承和遗嘱继承。本案被继承人生前未立遗嘱，故依法适用法定继承。高某2、高某1

〔1〕 辽宁省沈阳市中级人民法院（2021）辽01民终17662号。

作为第一顺序继承人，均依法享有继承权。双方并未提交多分或少分遗产的证据，故其应均分遗产。最后，关于概括继承问题。概括继承，是指被继承人死亡后，其财产上的权利和义务统由继承人承受。概言之，即继承人为二人以上，如果遗产属于可分性质，各继承人按各自的应继承份额取得被继承人的财产权利，承担财产义务。本案中，高某1除对被继承人的财产享有继承权，还需承担对被继承人履行债务的义务，其存在权利义务竞合问题。故高某1在继承遗产时，应履行偿还对被继承人欠款的义务。综上，判决高某1于判决发生法律效力后10日内给付高某2人民币125,000元。高某1不服一审判决，提起上诉。二审法院认为，被继承人苏某某与高某1签订房屋买卖合同，将名下房屋以25万元价格出售给高某1，并办理房屋更名手续，此后一月余苏某某去世，苏某某遗产中没有该笔售房款。现高某2要求继承苏某某生前对高某1享有25万元债权，高某1主张已将房屋价款给付苏某某，并由苏某某偿还其所欠债务，对此应由高某1承担相应的举证责任。现高某1提供的证据不足以证明其已将购房款项给付苏某某，高某1需承担举证不能的后果。故判决驳回上诉，维持原判。

案例解读

上述案例中，法院判决主要适用的是《民法典》第1122条第1款的规定，即“遗产是自然人死亡时遗留的个人合法财产”；第1127条第1款第1项的规定，即“遗产按照下列顺序继承：(一)第一顺序：配偶、子女、父母”；第1130条第1款的规定，即“同一顺序继承人继承遗产的份额，一般应当均等”；第1132条的规定，即“继承人应当本着互谅互让、和睦团结的精神，协商处理继承问题。遗产分割的时间、办法和份额，由继承人协商确定；协商不成的，可以由人民调解委员会调解或者向人民法院提起诉讼”。本案中，苏某某生前享有对高某1的25万元债权，在苏某某去世后该债权成为其遗产，高某1和高某2作为苏某某的子女，均为第一顺序法定继承人，二人应均分遗产。在协商不成的情况下，高某2有权向人民法院提起诉讼，请求解决继承纠纷。

第三章　遗嘱继承和遗赠

本章介绍

遗嘱继承，是指按照被继承人生前所立的合法有效的遗嘱来继承遗产的继承方式。遗赠，是指自然人以遗嘱的方式将其个人财产在其死后赠给国家、集体或者法定继承人以外的组织、个人。遗嘱继承和遗赠直接反映了被继承人的意愿，是意思自治原则在继承领域的体现。本章规定了遗嘱继承和遗赠的含义，遗嘱的形式即自书遗嘱、代书遗嘱、打印遗嘱、录音录像遗嘱、口头遗嘱和公证遗嘱，不能作为遗嘱见证人的人员、必留份、遗嘱的撤回与变更、遗嘱的无效、附有义务的遗嘱继承和遗赠等。

第一千一百三十三条　【遗嘱处分个人财产】自然人可以依照本法规定立遗嘱处分个人财产，并可以指定遗嘱执行人。

自然人可以立遗嘱将个人财产指定由法定继承人中的一人或者数人继承。

自然人可以立遗嘱将个人财产赠与国家、集体或者法定继承人以外的组织、个人。

自然人可以依法设立遗嘱信托。

条文解读

本条是关于自然人可以立遗嘱处分个人财产的规定。

根据本条第 1 款的规定，自然人可以依照本法规定立遗嘱处分个人财产，并可以指定遗嘱执行人。立遗嘱，是指自然人生前按照法律规定的方式处分其个人财产，并在其死后发生法律效力的民事法律行为。法律允许自然人通过立遗嘱处分个人财产，是意思自治原则在继承领域的体现，也体现了国家对于私人所有财产的保护。遗嘱继承是与法定继承相对的一种继承方式，由于其充分反映了被继承人的意愿，因此遗嘱继承优先于法定继承。自然人除了可以立遗嘱处分个人财产外，还可以在遗嘱中指定遗嘱执行人。遗嘱执行人，是指被继承人在遗嘱中指定的，有权按照遗嘱人的意志执行遗嘱的人。遗嘱执行人的主要职责是在继承开始后管理遗产并按遗嘱分配和交付遗产。

本条第 2 款规定了遗嘱继承，即自然人以遗嘱的方式将个人财产指定由法定继承人中的一人或者数人继承。其中，立遗嘱的人叫遗嘱人，根据遗嘱有权继承被继承人遗产的法定继承人叫遗嘱继承人。

本条第 3 款规定了遗赠，即自然人以遗嘱的方式将个人财产赠与国家、集体或者法定继承人以外的组织、个人。其中，立遗嘱人为遗赠人，接受遗赠的人称受遗赠人。可见，遗赠与遗嘱继承的区别在于，在遗嘱继承中，取得遗产的人为法定继承人范围内的人；在遗赠中，取得遗产的人为法定继承人范围以外的人。

根据本条第 4 款的规定，自然人还可以依法设立遗嘱信托。遗嘱信托，是指被继承人通过在遗嘱中设立信托的方式处分其遗产的制度。遗嘱人将遗产的全部或一部分委托给受托人，受托人将遗产利益按遗嘱要求交付给指定的受益人，并在遗嘱指定条件成就或者时间到来时将遗产权利转移给指定的受益人。我国《信托法》规定了遗嘱信托，第 13 条第 1 款规定："设立遗嘱信托，应当遵守继承法关于遗嘱的规定。"

配套法规及解读

《〈民法典〉继承编司法解释(一)》(2020 年 12 月 29 日)

第二十六条　遗嘱人以遗嘱处分了国家、集体或者他人财产的，应当认定该部分遗嘱无效。

※法规解读：遗产是被继承人死亡时遗留的个人合法财产，不属于被继承人个人所有的财产，不是遗产。遗嘱人以遗嘱处分了国家、集体或者他人财产的，应当认定该部分遗嘱无效。现实中比较常见的是夫妻一方以遗嘱形式处分了夫妻共同财产，如房屋虽登记在夫妻一方名下，但是在婚姻关系存续期间购买，因此属于夫妻共同财产。夫妻一方以遗嘱处分共有房屋的，对属于配偶的一半房屋的处分遗嘱无效，属于遗嘱人的一半房屋按遗嘱处理。

关联法规索引

《信托法》第 13 条;《老年人权益保障法》第 22 条

典型案例

姜某 1 与贺某某遗赠纠纷案〔1〕

案件事实

被继承人姜某 2 于 2020 年 10 月 14 日去世。姜某 2 的父母、配偶、子女均先于其去世。姜某 2 在 2017 年 5 月 5 日立下自书遗嘱,自愿将其个人单独所有的北京市 × ×2 号房屋(以下简称涉案房屋)赠与给贺某某,并以录像形式记录了姜某 2 书写遗嘱的过程。贺某某多次联系姜某 1 继承遗产事宜,姜某 1 均拒绝沟通,导致贺某某合法权益受损,特向法院起诉,请求判令北京市 × ×2 号房屋归贺某某所有。

争议焦点

本案中,主要争议焦点是贺某某提交的遗嘱是否符合自书遗嘱的形式要件并有效。

判决结果

一审法院认为,本案中,根据贺某某提交的遗嘱及录像,可以认定遗嘱是被继承人姜某 2 本人书写,符合自书遗嘱的形式要件。从录像中可见,姜某 2 意识清晰、表达自由,姜某 1 主张姜某 2 行为能力欠缺、受到胁迫或欺诈,但就此并未举证,故该院对姜某 1 前述抗辩意见不予采纳,对遗嘱的真实性、合法性予以采纳。涉案房屋,经公证继承,归姜某 2 一人所有,系姜某 2 的个人财产。姜某 2 去世后,依据遗嘱,涉案房屋应由贺某某继承,现贺某某以此主张涉案房屋归其所有,于法有据,该院予以支持。判决:北京市朝阳区 × ×2 号房屋归贺某某所有。姜某 1 不服一审判决,提起上诉,二审判决驳回上诉,维持原判。

案例解读

上述案例中,法院判决主要适用的是《民法典》第 1133 条第 3 款的规定,即"自然人可以立遗嘱将个人财产赠与国家、集体或者法定继承人以外的组织、个人";第

---

〔1〕 北京市第三中级人民法院(2021)京 03 民终 17983 号。

1134 条的规定,即“自书遗嘱由遗嘱人亲笔书写,签名,注明年、月、日”。本案中,贺某某自称姜某2亲生姐妹,法院对此并未进行审查。这是因为,在姜某2遗嘱合法有效的前提下,无论贺某某是否为姜某2亲生姐妹,其都可以依据遗嘱取得财产。姜某1虽然主张姜某2行为能力欠缺、受到胁迫或欺诈,但就此并未举证,因此认定遗嘱合法有效,贺某某可以受遗赠人的身份取得案涉房产所有权。

第一千一百三十四条 【自书遗嘱】自书遗嘱由遗嘱人亲笔书写,签名,注明年、月、日。

条文解读

本条是关于自书遗嘱的规定。

自书遗嘱,是指遗嘱人亲笔书写的遗嘱。这种方式简便易行,不需要见证人在场见证,而且便于通过笔迹鉴定等方式鉴别真伪,也方便保密。此类遗嘱须由遗嘱人亲笔书写下其全部内容,并须由遗嘱人亲笔签名。没有立遗嘱人签名,只有盖章或者捺指印的,由于难以判断是否被继承人的真实意思表示,因此应认为遗嘱无效。遗嘱人在自书遗嘱中还应当注明年、月、日。遗嘱中时间的记载有多重作用:(1)确定遗嘱人遗嘱能力的依据。遗嘱人立遗嘱时如果不具备遗嘱能力,则遗嘱无效。(2)在遗嘱人立有多份内容矛盾的遗嘱时,以最后所立的遗嘱为准。(3)确定遗嘱所立时间,遗嘱人发生在这一时间后的某些行为,可能导致遗嘱全部无效或者部分不生效力。根据《〈民法典〉继承编司法解释(一)》的规定,自然人在遗书中涉及死后个人财产处分的内容,确为死者的真实意思表示,有本人签名并注明了年、月、日,又无相反证据的,可以按自书遗嘱对待。

配套法规及解读

《〈民法典〉继承编司法解释(一)》(2020 年 12 月 29 日)

第二十七条 自然人在遗书中涉及死后个人财产处分的内容,确为死者的真实意思表示,有本人签名并注明了年、月、日,又无相反证据的,可以按自书遗嘱对待。

※法规解读:现实中,自然人可能并未订立专门的遗嘱处分遗产,而是生前留

有遗书。遗书中涉及死后个人财产的处分，只要确为死者的真实意思表示，有本人签名并注明了年、月、日，也即符合自书遗嘱的形式要件，没有相反证据的，可以按自书遗嘱对待。有相反证据，是指自然人生前留有与该遗书内容不相一致的其他遗书或者遗嘱，且其他遗书或者遗嘱所立日期在后并且符合法定形式要件，也无证据证明在后的遗书或遗嘱违背自然人真实意愿。

典型案例

周某1、万某等遗嘱继承纠纷案[1]

案件事实

万某与周某元（已故）系夫妻，生育有三个儿子周某1、周某2、周某3及一个女儿周某4。2019年，周某元去世，其名下有一处房产，位于×县×山庄，面积1026.76m^2。该房屋所占土地登记在周某1之子周某某名下。周某元在世时曾于2014年9月12日写下遗嘱，遗嘱中关于房产的继承部分载明："坐落在×县×山庄的土地是儿子周某2出钱于1994年1月17日从×县×山庄×管理委员会处购买的，当时是以我的名义与管委会签订用地建房合同书。孙子周某某的名字是添加的。1998年10月7日，×县房地产管理局为我颁发了证号为×县×镇字第××××××××号的房屋所有权证。在我过世后，该房屋和土地归我儿子周某2个人继承，家庭其他任何人员均不得继承。本遗嘱一式三份，分别由周某2、周某4、周某3各执一份。立遗嘱人周某元、万某。"该遗嘱上有唐某某、万某群、蒋某某、万某贤作为见证人签名并捺了手印。在周某元去世后，周某2要求按照遗嘱继承房屋，被告周某1、周某3、周某4认为该房产属于家庭共同财产，且土地使用权也不在周某元名下，遗嘱处分了他人的合法财产，应属无效，周某2遂起诉至法院，请法院根据周某元的遗嘱，将案涉房屋中属于周某元的513.38m^2判归周某2所有，将案涉房屋中属于万某的513.38m^2判归周某2所有。

争议焦点

本案中，主要争议焦点是周某元的遗嘱是否有效。

---

〔1〕 湖南省永州市中级人民法院(2021)湘11民终2966号。

判决结果

一审法院认为，在符合法律规定的情形下，遗嘱人有权利决定自己死后遗产的分配及处理方式。周某元的遗嘱系其亲笔所写，有自己签名，并注明了年、月、日，也有见证人签名，根据本案事实和证人当庭陈述，该遗嘱是周某元的真实意思表示，对遗嘱的真实性、合法性予以确认。周某1诉称遗嘱无效，但没有提供证据证实，也未申请笔迹鉴定，法院不予采信。又因涉案房屋产权证登记在遗嘱人名下，而土地使用权证登记在第三人名下，遗嘱人擅自将涉案房屋所有权及土地使用权遗赠给周某2，侵害了第三人的权利，其遗赠土地使用权的行为，应当无效。万某系涉案房产的共有人，周某2要求继承房屋，万某可作为第三人或被告参加诉讼，但其并非本案适格的原告。在庭审中，万某表示将自己享有的涉案房产的一半份额赠与给周某2，是其真实意思表示，但这属于二人之间的赠与行为，与本案无关。综上，判决周某元2014年9月12日自书遗嘱部分有效，即对涉案房屋自己份额部分处分是有效的，涉及土地使用权部分的处分无效。周某1不服一审判决，提起上诉，二审判决驳回上诉，维持原判。

案例解读

上述案例中，法院判决主要适用的是《民法典》第1133条第2款的规定，即“自然人可以立遗嘱将个人财产指定由法定继承人中的一人或者数人继承”；第1134条的规定，即“自书遗嘱由遗嘱人亲笔书写，签名，注明年、月、日”；《〈民法典〉继承编司法解释（一）》第26条的规定，即“遗嘱人以遗嘱处分了国家、集体或者他人财产的，应当认定该部分遗嘱无效”。本案中，被继承人周某元有权以遗嘱形式处分自己的财产。系争遗嘱为周某元亲笔书写，且能够证明是其真实意思表示，有周某元亲笔签名且注明了年、月、日，符合自书遗嘱的形式要件。但是案涉房屋的土地使用权登记在周某某名下，且案涉房屋属于周某元与万某的夫妻共同财产，周某元所立遗嘱对土地使用权以及案涉房屋中属于万某部分的处分是无效的，对案涉房屋自己份额部分的处分是有效的。

第一千一百三十五条 【代书遗嘱】代书遗嘱应当有两个以上见证人在场见证，由其中一人代书，并由遗嘱人、代书人和其他见证人签名，注明年、月、日。

条文解读

本条是关于代书遗嘱的规定。

代书遗嘱，是指遗嘱人自己不能书写遗嘱或者不愿亲笔书写遗嘱，由遗嘱人表达遗嘱内容，由他人代笔制作书面遗嘱。根据本条规定，代书遗嘱应当满足以下形式要件：(1)有两个以上见证人在场见证。日后如因代书遗嘱的真实性发生争议时，在场见证的见证人可以证实代书遗嘱的真实性。见证人应符合本法第1140条规定的条件。(2)由其中一个见证人代为书写遗嘱。代书遗嘱只能由其中一个见证人亲笔书写，不能采取其他形式。代为书写遗嘱的见证人必须完整准确地记录遗嘱人的全部意思。(3)遗嘱人、代书人和其他见证人签名。代书人代为书写遗嘱后，应当将遗嘱交由遗嘱人和其他见证人核对，遗嘱人和其他见证人核对无误后，遗嘱人、代书人和其他见证人都要在遗嘱上签名，缺一不可。(4)注明年、月、日。

配套法规及解读

《民法典》(2020年5月28日)

第一千一百四十条 下列人员不能作为遗嘱见证人：

(一)无民事行为能力人、限制民事行为能力人以及其他不具有见证能力的人；

(二)继承人、受遗赠人；

(三)与继承人、受遗赠人有利害关系的人。

※法规解读：参见第1140条条文解读。

典型案例

王某1与王某2、王某3等遗嘱继承纠纷案[1]

案件事实

王某某与刘某某均系再婚，王某某结婚时带王某花(已去世)、被告王某2、被告王某7，刘某某结婚时带原告王某1。王某某与刘某某婚后生育被告王某4、王某6、

[1] 山东省淄博市中级人民法院(2021)鲁03民终4364号。

王某5、王某3。王某某于2013年8月18日去世，刘某某于2020年7月21日（农历六月初一）去世。王某花先于王某某去世，其现有子女均书面表示放弃对涉案房屋的继承。经法院查询，涉案房屋无房产证等权属证书，本案在审理过程中，×县村民委员会出具的证明一份，证明案涉房屋系王某某所有。本案在审理过程中，经向王某1释明法律关系后，王某1不要求按照法定继承主张权利，坚持按照遗嘱继承主张权利，请求判令王某1按照遗嘱继承涉案房屋。

争议焦点

本案中，主要争议焦点是自书遗嘱和代书遗嘱是否有效。

判决结果

一审法院认为，王某1提交的第一份遗嘱，王某1陈述由其本人书写，王某某及刘某某捺印，该份遗嘱并未经遗嘱人签名，也未注明年、月、日，不符合自书遗嘱和代书遗嘱的程序和要件。王某1提交的2013年8月1日的遗嘱，王某1陈述系他人代写，为代书遗嘱，但该份遗嘱中没有代书人签字，亦没有其他见证人签字。被告王某3、王某5、王某6、王某4、王某7虽在该遗嘱上签字，但其均系王某某和刘某某的继承人，根据法律规定，上述人员不能作为见证人，且签字时，王某某已经去世。因此该遗嘱均不符合代书遗嘱的法律规定。综上，该两份遗嘱不符合法律规定的程序和要件，对此不予采信。王某1提交的刘某某录像证据中，从录像中可以看出，其母刘某某年事已高，其陈述系在她人引领下所作的陈述，刘某某当时尚不能正确表达自己的意志，故对该录像不予采信。王某1提交王某10、张某某的证人证言，均不能证明遗嘱继承的问题。综上所述，王某1提交的证据不能证明涉案房屋应由其按照遗嘱继承主张，该主张证据不足，不予支持。综上，判决驳回原告王某1的诉讼请求。王某1不服一审判决，提起上诉，二审判决驳回上诉，维持原判。

案例解读

上述案例中，法院对于自书遗嘱、代书遗嘱效力的认定主要适用的是《民法典》第1134条的规定，即“自书遗嘱由遗嘱人亲笔书写，签名，注明年、月、日”；第1135条的规定，即“代书遗嘱应当有两个以上见证人在场见证，由其中一人代书，并由遗嘱人、代书人和其他见证人签名，注明年、月、日”。本案中，王某1提交的两份遗嘱均不符合自书遗嘱和代书遗嘱的程序与要件，因此遗嘱无效。王某1提供的其他证据也不能证明案涉房屋应由王某1继承，因此法院判决驳回王某1的诉讼请求。

第一千一百三十六条 【打印遗嘱】打印遗嘱应当有两个以上见证人在场见证。遗嘱人和见证人应当在遗嘱每一页签名，注明年、月、日。

条文解读

本条是关于打印遗嘱的规定。

打印遗嘱，是指遗嘱由打印机等打印而成的遗嘱。根据本条规定，打印遗嘱应满足如下形式要件：(1)应当有两个以上见证人在场见证。见证人应符合本法第1140条规定的条件。(2)遗嘱人和见证人应当在遗嘱每一页签名。由于打印遗嘱并非遗嘱人亲笔书写，因此存在被替换的可能。当遗嘱有多页时，遗嘱人和见证人应当在遗嘱每一页签名，防止遗嘱的部分页被替换。(3)注明年、月、日。遗嘱人和见证人在每一页签名的同时，应在每一页注明年、月、日。

配套法规及解读

《民法典》(2020年5月28日)

第一千一百四十条 下列人员不能作为遗嘱见证人：

(一)无民事行为能力人、限制民事行为能力人以及其他不具有见证能力的人；

(二)继承人、受遗赠人；

(三)与继承人、受遗赠人有利害关系的人。

※法规解读：参见第1140条条文解读。

关联法规索引

《最高人民法院关于适用〈中华人民共和国民法典〉时间效力的若干规定》第15条

典型案例

孙某1与孙某2继承纠纷案[1]

案件事实

孙某3与齐某系夫妻关系,均系初婚,婚后生育二子女,即孙某2、孙某1。齐某于2013年12月20日去世,孙某3于2017年9月29日去世。孙某3、齐某父母均早于二人去世。

孙某3与×院于2008年1月6日签订经济适用房买卖合同,购买1502号房屋。后1502号房屋于2011年1月4日登记至孙某3名下。孙某2向法院起诉请求:法定继承被继承人孙某3名下1502号房屋,1502号房屋归孙某1所有,孙某1支付孙某2房屋现价值1/2的折价款。

争议焦点

本案中,主要争议焦点是涉案遗嘱效力以及遗产分割比例。

判决结果

一审法院认为,打印遗嘱应当有两个以上见证人在场见证。遗嘱人和见证人应当在遗嘱每一页签名,注明年、月、日。本案遗嘱仅见证人孙某3自认注明年、月、日,遗嘱人及其他见证人均未注明年、月、日,应认定该遗嘱不符合打印遗嘱的形式要件,属无效遗嘱。故本案应按照法定继承办理,按照法定继承的规则,应按照下列顺序继承。第一顺序:配偶、子女、父母。第二顺序:兄弟姐妹、祖父母、外祖父母。继承开始后,由第一顺序继承人继承,第二顺序继承人不继承。没有第一顺序继承人继承的,由第二顺序继承人继承。除本案当事人外,孙某3、齐某没有其他第一顺位继承人,故其遗产应当在孙某2、孙某1之间进行分割。同一顺序继承人继承遗产的份额,一般应当均等。对生活有特殊困难的缺乏劳动能力的继承人,分配遗产时,应当予以照顾。对被继承人尽了主要扶养义务或者与被继承人共同生活的继承人,分配遗产时,可以多分。就赡养一事,孙某1称自己对被继承人尽到了主要赡养义务,要求多分,但从在案证据、庭审情况综合判断,一审法院无法确认孙某1对孙某3、齐某尽到了主要赡养义务。故1502号房屋应由孙某2、孙某1

[1] 北京市第三中级人民法院(2021)京03民终13597号。

各继承1/2的份额。房屋系不动产,从充分发挥不动产的使用价值,简化所有权结构角度出发,应当尽可能登记在一人名下。一审庭审中,孙某2、孙某1均主张1502号房屋归孙某1所有,且孙某1称有经济能力向孙某2支付相应折价款,一审法院不持异议。因此,一审法院确定1502号房屋由孙某1继承,孙某1向孙某2支付1502号房屋折价款500万元。孙某1不服一审判决,提起上诉。

二审法院认为,打印遗嘱应当有两人以上见证人在场见证。遗嘱人和见证人应当在遗嘱的每一项签名,注明年、月、日。本案中,孙某3所立遗嘱存在其本人及见证人签名,其中见证人孙某3注明日期,但立遗嘱人孙某3本人未注明日期,故该遗嘱不符合法律规定打印遗嘱的形式要件。据此,一审法院认定涉案遗嘱属无效遗嘱,并无不当,该院予以维持。同一顺序继承人继承遗产的份额,一般应当均等。对被继承人尽了主要扶养义务或者与被继承人共同生活的继承人,分配遗产时,可以多分。本案据已查明事实,齐某、孙某3生前与孙某1共同居住,后孙某1搬至他处,但在齐某去世后,孙某1继续与孙某3共同居住至其去世,孙某2对此亦予以认可,但孙某2同时主张其对孙某3、齐某亦进行了赡养。对此,在认定孙某2对孙某3、齐某履行了赡养义务的同时,该院认为与被继承人共同生活的子女在陪伴、照顾等方面必然付出更多的时间及精力,且孙某1多年与孙某3、齐某共同居住,应属法律规定对被继承人尽到主要赡养义务的情形,故法院认定孙某1对孙某3、齐某尽到了主要赡养义务,分割遗产时应予适当多分。对于涉案1502号房屋,双方均认可暂无法上市交易,故1502号房屋因无法处分,其所有权权能并不完整,对于该房屋的继承应以分割份额的方式为宜,双方可待具备上市交易条件后另行对1502号房屋进行共有物分割。对于遗嘱中现金及存款,因一审中孙某2的诉讼请求为分割1502号房屋,双方在一审程序中亦均未提出要求分割被继承人现金及存款,故一审法院仅就孙某2诉讼请求作出判决,并无不当,该院予以维持。综上,二审法院改判孙某3名下位于北京市朝阳某地1502号房屋由孙某1、孙某2共同继承所有,其中孙某1继承3/5的份额,孙某2继承2/5的份额。

案例解读

上述案例中,法院判决主要适用的是《民法典》第1130条第3款的规定,即“对被继承人尽了主要扶养义务或者与被继承人共同生活的继承人,分配遗产时,可以多分”;第1136条的规定,即“打印遗嘱应当有两个以上见证人在场见证。遗嘱人和见证人应当在遗嘱每一页签名,注明年、月、日”。本案中,遗嘱人虽然在打印遗嘱上签名，但未签署日期，打印遗嘱因不符合法定形式要件而无效，只能按法定继承办理。孙某1长期与齐某、孙某3共同生活，分配遗产时可以多分，因此法院判决孙某1继承案涉房屋的3/5份额，孙某2继承2/5份额。

第一千一百三十七条　【录音录像遗嘱】以录音录像形式立的遗嘱，应当有两个以上见证人在场见证。遗嘱人和见证人应当在录音录像中记录其姓名或者肖像，以及年、月、日。

条文解读

本条是关于录音录像遗嘱的规定。

录音遗嘱，是指以录音方式记录下来的遗嘱人的口述遗嘱。录像遗嘱，是以录像方式记录下来的遗嘱人的口述遗嘱。遗嘱人无法口述遗嘱的，可以采用其他方式，如打手语等表达遗嘱内容。录音录像遗嘱较口头遗嘱更为可靠，且取证方便，不需他人的复述。但是，录音录像遗嘱也容易被人剪辑、伪造。根据本条规定，录音录像遗嘱应当满足以下形式要件：(1)应当有两个以上的见证人在场见证。见证人应符合本法第1140条规定的条件。(2)遗嘱人和见证人应当在录音录像中记录其姓名或者肖像。通过这种方式，记录遗嘱人和见证人的身份，同时表明见证人在场见证遗嘱人立遗嘱的过程。(3)遗嘱人和见证人应当在录音录像中记录年、月、日。

配套法规及解读

《民法典》(2020年5月28日)

第一千一百四十条　下列人员不能作为遗嘱见证人：

(一)无民事行为能力人、限制民事行为能力人以及其他不具有见证能力的人；

(二)继承人、受遗赠人；

(三)与继承人、受遗赠人有利害关系的人。

※**法规解读：**参见第1140条条文解读。

典型案例

刘某1、佟某等法定继承纠纷案[1]

案件事实

被继承人刘某某(父)、杜某某(母)于××××年结婚,育有刘某2(长女)、刘某3(次女)、刘某4(子)、刘某(四女)、刘某1(三女)四女一男,其中四女刘某于2000年12月17日过世,其独生子佟某现居于北京。2003年1月29日,被继承人刘某某、杜某某通过公房购买的方式购买了涉案房产并获得了房产证书。被继承人刘某某于2007年11月28日过世后该房产由配偶杜某某继续居住使用。2020年12月9日被继承人杜某某过世,该房产由刘某1(三女)占有使用。现刘某2、刘某3(次女)、刘某4(子)、佟某(幺女刘某之子)、刘某1就遗产继承不能达成一致的分割意见。刘某2向法院起诉请求依法分割被继承人位于青岛市市北区×户房产。

争议焦点

本案中,主要争议焦点是涉案遗嘱的效力问题及诉争遗产应如何分配。

判决结果

一审法院认为,本案中,因诉争房屋为刘某某和杜某某的夫妻共同财产,故涉及两次继承。继承人佟某因主动放弃对诉争房屋的继承权故不参与遗产分配。本案中,刘某某先于杜某某死亡,且未留有遗嘱,故刘某某的遗产应当按照法定继承办理,由杜某某、刘某2、刘某3、刘某4、刘某1平均分割,即每人分得诉争房屋10%的产权份额。杜某某死亡后,未留有遗嘱,但刘某1在杜某某生前与其共同生活并对杜某某照顾、赡养较多,根据法律规定,刘某1对杜某某的遗产可以适当多分,故法院认为杜某某对诉争房屋的产权份额(60%)由刘某2继承13%、刘某3继承13%、刘某4继承13%、刘某1继承21%为宜。诉讼过程中,原、被告双方对诉争房屋的所有权归属和房屋补偿款问题未达成一致,为维护各方当事人合法权益、防止因执行产生诉累,法院认为现阶段诉争房屋由各方当事人按份共有比较适宜,即刘某2占诉争房屋23%的产权份额、刘某3占诉争房屋23%的产权份额、刘某4占诉讼房屋23%的产权份额、刘某1占诉讼房屋31%的产权份额。刘某1不

---

[1] 山东省青岛市中级人民法院(2022)鲁02民终209号。

服一审判决,提起上诉。

二审法院认为,本案中,根据一、二审查明的事实,刘某1主张被继承人杜某某生前订立口头遗嘱,将涉案房屋交由刘某1继承,刘某1提交被继承人杜某某的录音录像资料,以证明上述主张。口头遗嘱的订立系遗嘱人在危急情况下作出的,危急解除后,遗嘱人应当以书面或录音录像的方式订立遗嘱,经查明,刘某1并没有证据证明被继承人杜某某在危急情形下作出的上述遗嘱,即被继承人杜某某案涉录音录像遗嘱既不符合口头遗嘱的法定形式,也不符合录音录像遗嘱的法定形式,一审法院认定涉案遗嘱不符合法定形式要件并依照法定继承的相关规定,对被继承人杜某某的遗产进行分割,于法有据,该院予以维持。刘某1主张该遗嘱系口头遗嘱,合法有效,无证据证明,该院不予支持。结合刘某1在杜某某生前与其共同生活并照顾、赡养较多等事实,一审法院酌定由刘某1适当多分得杜某某的涉案遗产,即刘某1分得涉案房屋31%的产权,刘某2、刘某3、刘某4各分得涉案房屋23%的产权,并无不当,该院予以维持。刘某1主张依照杜某某口头遗嘱的内容,其应当分得案涉房屋70%的产权,于法无据,该院不予支持。综上,判决驳回上诉,维持原判。

案例解读

上述案例中,法院判决主要适用的是《民法典》第1137条的规定,即"以录音录像形式立的遗嘱,应当有两个以上见证人在场见证。遗嘱人和见证人应当在录音录像中记录其姓名或者肖像,以及年、月、日";第1138条的规定,即"遗嘱人在危急情况下,可以立口头遗嘱。口头遗嘱应当有两个以上见证人在场见证。危急情况消除后,遗嘱人能够以书面或者录音录像形式立遗嘱的,所立的口头遗嘱无效";第1130条第3款的规定,即"对被继承人尽了主要扶养义务或者与被继承人共同生活的继承人,分配遗产时,可以多分"。本案中,刘某1提交的录音录像资料,既不符合口头遗嘱的法定形式,亦不符合录音录像遗嘱的法定形式,遗嘱无效,应按法定继承处理。刘某1与被继承人生前共同生活,对被继承人照顾、赡养较多,可以多分遗产,因此法院的判决是正确的。

第一千一百三十八条　【口头遗嘱】遗嘱人在危急情况下,可以立口头遗嘱。口头遗嘱应当有两个以上见证人在场见证。危急情况消除后,遗嘱人能够以书面或者录音录像形式立遗嘱的,所立的口头遗嘱无效。

条文解读

本条是关于口头遗嘱的规定。

口头遗嘱，是指由遗嘱人口头表述而不以任何方式记载的遗嘱。法律对这种遗嘱方式进行了严格的限制。这是一种特殊方式的遗嘱，立遗嘱人只有处在危急的情况下，来不及或者不能以其他方式设立遗嘱的，才能立口头遗嘱。根据本条规定，口头遗嘱应当满足以下形式要件：(1)遗嘱人处在危急情况下。遗嘱人只有在危急情况下所立的口头遗嘱方能有效；在非危急情况下，遗嘱人完全可以以其他形式立遗嘱，此时所立的口头遗嘱无效。(2)应当有两个以上见证人在场见证。见证人应符合本法第1140条规定的条件。(3)危急情况消除后，遗嘱人能够用书面或者录音录像形式立遗嘱的，所立的口头遗嘱不生效力。遗嘱人事后没有另立其他形式的遗嘱的，视为没有遗嘱，按法定继承处理。

配套法规及解读

《民法典》(2020年5月28日)

第一千一百四十条　下列人员不能作为遗嘱见证人：

(一)无民事行为能力人、限制民事行为能力人以及其他不具有见证能力的人；

(二)继承人、受遗赠人；

(三)与继承人、受遗赠人有利害关系的人。

※法规解读：参见第1140条条文解读。

典型案例

朱某1、王某等继承纠纷案[1]

案件事实

王某与被继承人朱某系夫妻关系，二人育有朱某3、朱某2。被继承人朱某于2014年11月17日去世。被继承人朱某父亲朱某某与母亲郭某某均先于朱某去

---

〔1〕辽宁省抚顺市中级人民法院(2021)辽04民终2280号。

世。朱某3于2021年1月去世，其与汤某为夫妻关系，育有朱某1。2012年5月5日被继承人朱某与某局签订两份房屋征收产权调换协议书，以其原有建筑面积为70.06m^2房屋一处分别回迁抚顺市新抚区、建筑面积94.51m^2房屋和2单元302号、建筑面积为65.18m^2房屋，上述两处房屋于2014年12月配户，目前尚未办理房屋所有权证。双方均认可两处房屋价值为1800元/m^2。王某向法院起诉请求依法分割被继承人朱某与王某共同所有的建筑面积94.51m^2以及302号、建筑面积为65.18m^2的两处房屋。

争议焦点

本案中，主要争议焦点是案涉房屋应如何分割。

判决结果

一审法院认为，公民的继承权受法律保护。原告诉请分割的两处房屋产权系原告王某与被继承人朱某婚姻存续期间取得，属于二人的夫妻共同财产。其二人婚生子朱某3去世后，被告汤某和朱某1可继承应由朱某3继承的份额。被告汤某抗辩称被继承人朱某生前留有口头遗嘱，坐落于新抚区房屋赠与朱某3与汤某一节，根据《民法典》相关规定，口头遗嘱为遗嘱人在危急情况下，有两个以上见证人在场见证。而汤某在答辩中陈述的赠与是原告在被继承人朱某去世后转述，不符合口头遗嘱的要件，故对汤某的此节抗辩一审法院不予采信，本案应按照法定继承办理。两处房屋共计159.69m^2，原告王某得2/3份额，被告朱某2得1/6份额，被告汤某和朱某1得1/6份额。关于被告汤某提出房屋由其装修，原告应给予补偿一节，汤某并未向一审法院提交合法有效的装修合同及付款凭证，故一审法院无法认定。综上所述，判决：坐落于抚顺市新抚区、建筑面积为94.51m^2的房屋和坐落于抚顺市新抚区、建筑面积为65.18m^2的房屋归原告王某所有；由原告王某给付被告朱某2房屋折价款47,916元、给付被告汤某和朱某1房屋折价款47,916元。汤某和朱某1不服一审判决，提起上诉。二审法院认为，通过查明事实可知，双方争议房屋本身系遗产。同时，各方当事人均认可，该房屋交由上诉人家庭居住时是清水房，是由上诉人家庭进行的装修。虽王某主张装修款是被继承人出的，但亦未能提供任何证据证明自己的主张。故依据现有证据可认定上诉人家庭在该遗产上存在"添附"行为。该"添附"价值本身并非遗产，应从遗产总价值中扣除。因房屋已装修使用多年，且上诉人家庭亦是该添附行为的实际受益者，虽上诉人提供了部分证据证明装修费用，但上诉人方证人出庭陈述称证据材料是近期形成的，上诉人的证据并不具有客观真实性。此外，虽上诉人申请评估鉴定，但考虑当事人的诉讼成本，该院依据上诉人提供的装修明细（全包项目明细表）酌定装修折价款20,000元。该笔款项应从遗产总额159.69平方米×1800元/平方米=287,442元中扣除，即可继承的遗产总额为267,442元，其中王某享有2/3份额，两上诉人及朱某2各享有1/6份额。王某应给付两上诉人及被上诉人朱某2的房屋折价款267,442/6=44,574元。因该房屋最终由王某所有，故王某应给付两上诉人装修补偿金20,000元。故王某应给付上诉人的总金额为64,574元，给付朱某244,574元。

案例解读

上述案例中，法院判决主要适用的是《民法典》第1127条第1款第1项的规定，即“遗产按照下列顺序继承：（一）第一顺序：配偶、子女、父母”。第1130条第1款的规定，即“同一顺序继承人继承遗产的份额，一般应当均等”。第1138条的规定，即“遗嘱人在危急情况下，可以立口头遗嘱。口头遗嘱应当有两个以上见证人在场见证。危急情况消除后，遗嘱人能够以书面或者录音录像形式立遗嘱的，所立的口头遗嘱无效”。第1153条第1款的规定，即“夫妻共同所有的财产，除有约定的外，遗产分割时，应当先将共同所有的财产的一半分出为配偶所有，其余的为被继承人的遗产”。本案中，案涉房屋属于王某与朱某夫妻共同财产，其中一半为王某所有，另一半为朱某遗产。汤某虽主张被继承人留有口头遗嘱，但口头遗嘱不符合法定形式因而无效，应按法定继承处理。王某、朱某2、朱某3均是朱某的第一顺序法定继承人，继承份额均等，各继承朱某遗产的1/3，即涉案房屋的1/6。朱某3在朱某去世后、遗产分割前去世，应由朱某3继承的朱某遗产转由汤某和朱某1继承。因此，王某占案涉房屋的2/3（1/2+1/6），汤某和朱某1占1/6，朱某2占1/6。房屋装修价款应从遗产总额中扣除，由王某另行补偿给汤某和朱某1。

第一千一百三十九条　【公证遗嘱】公证遗嘱由遗嘱人经公证机构办理。

条文解读

本条是关于公证遗嘱的规定。

公证遗嘱，是指经过公证机关公证的遗嘱。司法部于2000年颁布的《遗嘱公证细则》对遗嘱公证作出了详细规定:遗嘱公证由遗嘱人住所地或者遗嘱行为发生地公证处管辖。遗嘱人申办遗嘱公证应当亲自到公证处提出申请。遗嘱人亲自到公证处有困难的,可以书面或者口头形式请求有管辖权的公证处指派公证人员到其住所或者临时处所办理。遗嘱公证应当由两名公证人员共同办理,由其中一名公证员在公证书上署名。因特殊情况由一名公证员办理时,应当有一名见证人在场,见证人应当在遗嘱和笔录上签名。根据《公证程序规则》的规定,应对遗嘱人订立遗嘱的过程录音录像。根据《遗嘱公证细则》的规定,遗嘱人提供的遗嘱,无修改、补充的,遗嘱人应当在公证人员面前确认遗嘱内容、签名及签署日期属实。遗嘱人提供的遗嘱或者遗嘱草稿,有修改、补充的,经整理、誊清后,应当交遗嘱人核对,并由其签名。遗嘱人未提供遗嘱或者遗嘱草稿的,公证人员可以根据遗嘱人的意思表示代为起草遗嘱。公证人员代拟的遗嘱,应当交遗嘱人核对,并由其签名。公证人员发现有下列情形之一的,公证人员在与遗嘱人谈话时应当录音或者录像:(1)遗嘱人年老体弱;(2)遗嘱人为危重伤病人;(3)遗嘱人为聋、哑、盲人;(4)遗嘱人为间歇性精神病患者、弱智者。对于符合下列条件的,公证处应当出具公证书:(1)遗嘱人身份属实,具有完全民事行为能力;(2)遗嘱人意思表示真实;(3)遗嘱人证明或者保证所处分的财产是其个人财产;(4)遗嘱内容不违反法律规定和社会公共利益,内容完备,文字表述准确,签名、制作日期齐全;(5)办证程序符合规定。不符合前款规定条件的,应当拒绝公证。公证遗嘱采用打印形式。遗嘱人根据遗嘱原稿核对后,应当在打印的公证遗嘱上签名。遗嘱人不会签名或者签名有困难的,可以盖章方式代替在申请表、笔录和遗嘱上的签名;遗嘱人既不能签字又无印章的,应当以捺手印方式代替签名或者盖章。有前款规定情形的,公证人员应当在笔录中注明。以捺手印代替签名或者盖章的,公证人员应当提取遗嘱人全部的指纹存档。

关联法规索引

《遗嘱公证细则》;《公证程序规则》第53条

典型案例

宋某1与宋某6等继承纠纷案〔1〕

案件事实

被继承人宋某7与高某系夫妻，二人育有宋某2、宋某1、宋某3、宋某5、宋某4、宋某6六个子女。宋某7于2014年11月29日死亡，高某于2001年9月5日死亡。二人之父母均先于二人死亡。位于北京市西城区××街×楼3－15号房屋于2001年5月23日登记在宋某7名下，为宋某7与高某夫妻共同财产。宋某2向法院起诉请求宋某2依法继承被继承人宋某7、高某位于北京市西城区××街×楼3－15号房屋（以下简称涉案房屋）的9/14份额。

争议焦点

本案中，主要争议焦点是被继承人高某、宋某7之遗产分别以法定继承、遗嘱继承予以处理是否适当。

判决结果

一审法院认为，继承从被继承人死亡时开始。遗产是公民死亡时遗留的个人合法财产。继承开始后，按照法定继承办理；有遗嘱的，按照遗嘱或遗赠继承办理，有遗赠扶养协议的，按照协议办理。自然人可以立遗嘱将个人财产指定由法定继承人中的一人或者数人继承。公证遗嘱由遗嘱人经公证机构办理。遗嘱人可以撤回、变更自己所立的遗嘱。被继承人高某死亡后，其遗产继承开始。宋某1虽然提交了由宋某7书写并签有"高某"的遗嘱一份，但在宋某2不予认可该遗嘱，提出并非其母亲笔签名，且宋某1不能证明该遗嘱为其母签名的情况下，法院对该份遗嘱的真实性不予采信，高某遗产应由其法定继承人平均继承。因高某法定继承人为宋某7、宋某2、宋某1、宋某3、宋某4、宋某5、宋某6，故涉案房屋中的1/2份额属于高某遗产，由其七人平均继承。其中涉案房屋中宋某7占有8/14份额，宋某2、宋某1、宋某3、宋某4、宋某5、宋某6各占有1/14份额。被继承人宋某7死亡后，其遗产继承开始，其生前留有公证遗嘱，涉案房屋中属于宋某7遗产的部分应按照其公证遗嘱继承。宋某1持2005年的北京医院病情总结，欲证明宋某7于2004

---

〔1〕 北京市第二中级人民法院（2021）京02民终10999号。

年5月27日订立公证遗嘱时患有阿尔茨海默症，不具有完全民事行为能力，该证据证明力较弱，法院对此不予采信。故对宋某2之诉讼请求应予以支持。综上，判决被继承人宋某7名下涉案房屋由宋某2继承9/14份额，由宋某1、宋某3、宋某4、宋某5、宋某6各继承1/14份额。宋某1不服一审判决，提起上诉。二审判决驳回上诉，维持原判。

案例解读

上述案例中，法院判决主要适用的是《民法典》第1123条的规定，即“继承开始后，按照法定继承办理；有遗嘱的，按照遗嘱继承或者遗赠办理；有遗赠扶养协议的，按照协议办理”；第1127条第1款第1项的规定，即“遗产按照下列顺序继承：（一）第一顺序：配偶、子女、父母”；第1139条的规定，即“公证遗嘱由遗嘱人经公证机构办理”；第1142条第1款的规定，即“遗嘱人可以撤回、变更自己所立的遗嘱”。本案中，宋某1虽提供了高某的自书遗嘱，但不能证明该遗嘱为其母签名，法院不予采信，故高某的遗产按法定继承处理，宋某和六名子女各自继承涉案房屋的1/14（1/2÷7）。宋某2004年订立公证遗嘱，视为对在先遗嘱的撤回，应按公证遗嘱分配宋某遗产（1/2+1/14=8/14）。因此，宋某2合计取得涉案房屋的9/14份额。

第一千一百四十条　【遗嘱见证人资格的限制性规定】下列人员不能作为遗嘱见证人：

（一）无民事行为能力人、限制民事行为能力人以及其他不具有见证能力的人；

（二）继承人、受遗赠人；

（三）与继承人、受遗赠人有利害关系的人。

条文解读

本条是关于遗嘱见证人资格的限制性的规定。

遗嘱见证人，是指遗嘱人立遗嘱时身在现场，能够证明遗嘱真实性的人。见证人证明的真伪直接关系遗嘱的效力，关系对遗产的处置。因此，遗嘱见证人必须是能够客观、公正地证明遗嘱真实性的人。根据《民法典》的规定，代书遗嘱、打印遗嘱、录音录像遗嘱和口头遗嘱都必须有两个以上的见证人在场见证。《遗嘱公证细则》规定，遗嘱公证应当由两名公证人员共同办理，由其中一名公证员在公证书上署名。因特殊情况由一名公证员办理时，应当有一名见证人在场，见证人应当在遗嘱和笔录上签名。可见，多数遗嘱都要求有遗嘱见证人作为形式要件。

遗嘱见证人应具备的条件是：(1)具有完全民事行为能力。完全民事行为能力人能够认识和判断自己行为的后果，能够对遗嘱的内容和订立遗嘱的过程进行证明。虽然具有完全民事行为能力，但由于各种原因导致在事实上不具有见证能力的人，也不能作为遗嘱见证人。例如，盲人、文盲就不能作为代书遗嘱、打印遗嘱的见证人。(2)不是继承人或受遗赠人。继承人和受遗赠人都是基于有效遗嘱获得遗产的人，由他们作为遗嘱见证人，未必能够真实反映立遗嘱时的情形，或者影响遗嘱人表达真实意愿，因此，继承人或受遗赠人不能作为遗嘱见证人。(3)与继承人、受遗赠人没有利害关系。与继承人、受遗赠人有利害关系的人作为遗嘱见证人，可能会基于利益原因作出虚假证明，因此这些人不能担任遗嘱见证人。除了继承人、受遗赠人的近亲属外，继承人、受遗赠人的债权人、债务人，共同经营的合伙人，也应当视为与继承人、受遗赠人有利害关系，不能作为遗嘱的见证人。

配套法规

《〈民法典〉继承编司法解释(一)》(2020 年 12 月 29 日)

第二十四条　继承人、受遗赠人的债权人、债务人，共同经营的合伙人，也应当视为与继承人、受遗赠人有利害关系，不能作为遗嘱的见证人。

典型案例

杨某 1、杨某 2 等法定继承纠纷案[1]

案件事实

2017 年 5 月 1 日，被告刘某作为乙方与新安县×村民委员会作为甲方签订《×村社区房屋买卖合同书》一份，购买位于新安县房屋一套。××××年××月××

〔1〕 河南省洛阳市中级人民法院(2021)豫 03 民终 1684 号。

日，被告刘某与四原告之父杨某某在新安县民政局办理结婚登记，杨某某于2019年3月8日为被告刘某出具代书遗嘱一张，主要内容载明："我叫杨某某，我自愿承诺，我百年后，将我名下的所有房产及存款全部给刘某所有。其他人不得干涉。立遗嘱人：杨某某并捺手印。证明人：高英某、×村委，证明人：杨某丽，并加盖×村民委员会公章，证明人杨某丽签名并加盖本人私章。"后杨某某于2019年7月24日死亡，其第一顺序继承人有刘某（系杨某某之妻）、杨某1（系杨某某长子）、杨某2（系杨某某长女）、杨某3（系杨某某次女）、杨某4，经法院对证明人杨某丽、高英某依法调查查明：杨某某（已死亡）于2019年3月8日为被告刘某出具的代书遗嘱系遗嘱人杨某某（已死亡）真实意思表示，证明人杨某丽系时任×村民委员会村主任，证明人高英某系时任×村民委员会民调主任，遗嘱主文由证明人杨某丽代书，并由遗嘱人杨某某（已死亡）和证明人杨某丽、高英某签名，注明年、月、日，证明人杨某丽、高英某系与继承人、遗嘱人杨某某（已死亡）无利害关系的人。杨某1、杨某2、杨某3、杨某4为继承上述案涉房产遂诉至法院。

争议焦点

本案中，主要争议焦点是：(1)案涉房产是否系杨某某（已死亡）遗产；(2)杨某某（已死亡）于2019年3月8日为刘某出具的代书遗嘱是否有效。

判决结果

一审法院认为，案涉房产系被告刘某于2017年5月1日购买，而被告刘某和杨某某（已死亡）于××××年××月××日在新安县民政局办理结婚登记，故案涉房产应属被告刘某个人财产，不属于杨某某（已死亡）的遗产。杨某某（已死亡）于2019年3月8日为被告刘某出具的代书遗嘱符合法律规定，为有效的遗嘱。综上，案涉房屋系被告刘某个人财产且有杨某某（已死亡）为其出具的遗嘱。故原告杨某1、杨某2、杨某3、杨某4的诉讼请求，既无事实根据也无法律依据，法院不予支持。杨某1、杨某2、杨某3、杨某4不服一审判决，提起上诉。二审法院认为，结合一、二审证据，案涉房产系杨某某出资、刘某出面签订购房合同，双方的行为均为获得该拆迁安置房产及婚后共同生活居住所作，故认定该房产系杨某某生前与刘某的夫妻共同财产为宜，其中一半应属于杨某某所有、另一半属于刘某所有。被继承人杨某某生前立有代书遗嘱一份，形式合法且系被继承人真实意思表示，该遗嘱真实有效，于法有据，予以确认。根据该遗嘱，刘某继承享有属杨某某的一半产权，故案涉房产应属于刘某个人所有。综上，判决驳回上诉，维持原判。

案例解读

上述案例中,法院对于代书遗嘱效力的认定主要适用的是《民法典》第1135条的规定,即"代书遗嘱应当有两个以上见证人在场见证,由其中一人代书,并由遗嘱人、代书人和其他见证人签名,注明年、月、日";第1140条的规定,即"下列人员不能作为遗嘱见证人:(一)无民事行为能力人、限制民事行为能力人以及其他不具有见证能力的人;(二)继承人、受遗赠人;(三)与继承人、受遗赠人有利害关系的人"。本案中,代书遗嘱由杨某丽、高英某在场见证,由见证人之一杨某丽代书,并由遗嘱人杨某某、见证人杨某丽、高英某签名并注明年、月、日,符合代书遗嘱的形式要件。并且见证人杨某丽、高英某时任×村职务,具有见证能力,不是继承人或受遗赠人,也不是继承人或受遗赠人的利害关系人,具有见证人资格。综上,代书遗嘱有效,应按该遗嘱分配被继承人遗产。

第一千一百四十一条　【必留份】遗嘱应当为缺乏劳动能力又没有生活来源的继承人保留必要的遗产份额。

条文解读

本条是关于必留份的规定。

必留份,是指法律规定的必留份权利人享有的必须为其保留继承遗产的份额。这是一种强制性的规定,主要是为保护缺乏劳动能力又没有生活来源的继承人基本的生存权而设置的。遗嘱人未保留缺乏劳动能力又没有生活来源的继承人的遗产份额,遗产处理时,应当为该继承人留下必要的遗产,所剩余的部分,才可参照遗嘱确定的分配原则处理。该条在适用时应当注意以下几点:

(1)法律规定必留份制度是对遗嘱人遗嘱自由的限制。必留份只是被继承人遗产的一部分,对必留份以外的其他财产,被继承人仍有遗嘱处分的自由。

(2)必留份的权利人是"缺乏劳动能力又没有生活来源"的法定继承人。继承人是否缺乏劳动能力又没有生活来源,应当按遗嘱生效时该继承人的具体情况确定。只有在遗嘱生效、继承开始时,符合"缺乏劳动能力又没有生活来源"这一条件的法定继承人才可以成为必留份权利人。

(3)必留份权利是不可侵害的权利,受法律的保护。即使被继承人的遗产不足以清偿债务，也应为缺乏劳动能力又没有生活来源的继承人保留必要的遗产份额，然后再按有关规定清偿债务。

配套法规及解读

《〈民法典〉继承编司法解释（一）》（2020 年 12 月 29 日）

第二十五条 遗嘱人未保留缺乏劳动能力又没有生活来源的继承人的遗产份额，遗产处理时，应当为该继承人留下必要的遗产，所剩余的部分，才可参照遗嘱确定的分配原则处理。

继承人是否缺乏劳动能力又没有生活来源，应当按遗嘱生效时该继承人的具体情况确定。

※法规解读：遗嘱应当为缺乏劳动能力又没有生活来源的继承人保留必要的遗产份额，这被称为必留份制度。遗嘱人在遗嘱中未保留必留份的，遗产处理时，应当先扣除必留份，剩余部分才可参照遗嘱确定的分配原则处理。继承人是否缺乏劳动能力又没有生活来源，不能以遗嘱订立时的情况加以判断，而应根据被继承人死亡、遗嘱生效时该继承人的具体情况确定。

关联法规索引

《老年人权益保障法》第 22 条第 3 款

典型案例

范某 1、范某 2 等遗嘱继承纠纷案〔1〕

案件事实

被告范某 1 系原告张某 1 继母。2006 年 12 月 22 日，因原告之父张某某与被告范某 1 感情不和，经都匀市人民法院判决离婚，同时将位于都匀市 × 住房一套（案涉房屋）判由张某某使用（因该房屋未办理产权证），现该房屋不动产登记地址

〔1〕 贵州省黔南布依族苗族自治州中级人民法院（2021）黔 27 民终 3660 号。

为都匀市。2019 年 6 月 11 日，张某某自己写下遗嘱书，将案涉房屋指定由女儿张某 1 一个人继承。2019 年 6 月 15 日，张某某作出关于 2019 年 6 月 11 日遗嘱的补充说明："1. 为什么没有让女儿张某 2 继承房产份额。因为她已改姓更名为范某 2，并且是在没有与我商量和通知的情况下改的，她奶奶去世时我通知范某 1 让张某 2 前来悼念，可是张某 2 不仅没来，并且电话都没回一个，这一点说明她已不是张家后人。所以她不能继承张姓财产。2. 因为该房产是我个人婚前财产，已在二次婚姻前已办完所有房产手续和首付钱款，还贷也是我个人还的，直到还贷清结。3. 该房产是我单位职工个人集资加单位补助资金而建的，所以我认为是我的个人财产，给谁就是谁的。任何人都无权干涉。"2020 年 6 月，张某某与被告范某 1 复婚。2020 年 8 月，张某某病逝，被告一直在案涉房屋中居住。原告要求被告搬离案涉房屋未果，双方为此发生纠纷。原告特起诉至一审法院，请求：(1) 依法确认张某某于 2019 年 6 月 11 日书写的遗嘱书合法有效；(2) 请求依法判令都匀市房屋使用权归原告所有；(3) 请求依法判令被告限期搬离房屋。

争议焦点

本案中，主要争议焦点是：(1) 案涉房屋是否可作为张某某遗产予以继承；(2) 涉案房屋是否应由张某 1 遗嘱继承。

判决结果

一审法院认为，公民依法享有财产继承权。对于遗产即案涉房屋，张某某在与被告范某 1 离婚时，已经明确该房屋由张某某享有所有权，张某某给付范某 1 经济帮助费 26,000 元，已经对该房屋的财产权利进行了处置，该房屋已属于张某某个人的合法财产。虽然遗嘱人有自书遗嘱，但未保留了未成年的被告范某 2 的遗产份额，一审法院结合案件情况并综合考量后，酌情由原告补偿被告范某 2 人民币 60,000 元，由原告继承享有案涉房屋的财产权利。范某 1、范某 2 不服一审判决，提起上诉。

二审法院认为，双方确认该房屋系张某某在其与范某 1 结婚前张某某单位集资房屋。虽然张某某与范某 1 结婚后在偿还购买该房屋的借款时形成了部分共同财产，但是张某某与范某 1 于 2006 年 11 月离婚时，因涉案房屋未取得所有权或完全所有权，故判决该房屋由张某某使用，并因张某某取得房屋由张某某支付范某 1 经济帮助费 26,000 元。此时，范某 1 对涉案房屋便不再享有权利。虽然该房屋至今仍未办理产权证，但都匀市房匀他字第 × × 号他项权证中已载明张某某即涉案房屋的所有权人，所有权证号处于待办状态。而各方对张某某对涉案房屋享有权利均无异议。因此，可以确认张某某系涉案房屋权利人。虽然从视频中可看出张某某的遗嘱系从手机中抄写，但是，也可以看出张某某书写遗嘱时意志清楚、意思表示自由，不能证明其书写的遗嘱不是其真实意思表示。张某某在遗嘱中已将涉案房屋遗嘱由张某1继承，故应根据遗嘱确认涉案房屋由张某1遗嘱继承，故一审确认遗嘱效力判决涉案房屋由张某1遗嘱继承并无不当。范某2系张某某女儿，在张某某所留遗嘱生效时未成年，故一审判决对范某2保留必要份额符合法律规定。综上，判决驳回上诉，维持原判。

案例解读

上述案例中，法院判决主要适用的是《民法典》第1123条的规定，即"继承开始后，按照法定继承办理；有遗嘱的，按照遗嘱继承或者遗赠办理；有遗赠扶养协议的，按照协议办理"；第1141条的规定，即"遗嘱应当为缺乏劳动能力又没有生活来源的继承人保留必要的遗产份额"。本案中，张某某自书遗嘱真实有效，应按遗嘱继承，由张某1继承案涉房屋。但范某2是未成年人，属于缺乏劳动能力又没有生活来源的人，遗嘱未为其保留必要的遗产份额，因此应从遗产中扣除必要的份额，由张某1向范某2给予适当补偿。

第一千一百四十二条　【遗嘱的撤回、变更以及遗嘱效力顺位】遗嘱人可以撤回、变更自己所立的遗嘱。

立遗嘱后，遗嘱人实施与遗嘱内容相反的民事法律行为的，视为对遗嘱相关内容的撤回。

立有数份遗嘱，内容相抵触的，以最后的遗嘱为准。

条文解读

本条是关于遗嘱的撤回、变更以及遗嘱效力顺位的规定。

遗嘱的撤回，是指遗嘱人在设立遗嘱后，又取消了原来所立的遗嘱。遗嘱的变更，是指遗嘱人在遗嘱设立后，对遗嘱内容的部分修改。遗嘱人只要出于其本意，且符合法律规定，可以于遗嘱设立后的任何时间变更、撤回遗嘱，无须征得任何人的同意，这是遗嘱自由原则的具体体现。遗嘱被撤回的，该遗嘱不生效力；遗嘱被变更的，被变更的部分不生效力，按照变更后的内容进行遗嘱继承。

撤回、变更遗嘱的方式有：(1)明示撤回、变更。遗嘱人以明确的意思表示撤回或者变更遗嘱。(2)视为撤回。这是指遗嘱人虽然未以明确的意思表示撤回遗嘱，但法律根据遗嘱人的行为，视为遗嘱人对遗嘱相关内容的撤回。例如，遗嘱人在遗嘱中指定某一财产由某一法定继承人继承，但之后将该财产出售或者赠与他人，则可视为遗嘱人撤回了涉及该财产的遗嘱内容。

根据本条第3款规定，遗嘱人立有数份内容相抵触的遗嘱，无论遗嘱以何种形式所立，以最后所立的遗嘱为准。

关联法规索引

《最高人民法院关于适用〈中华人民共和国民法典〉时间效力的若干规定》第23条；《〈民法典继承编〉司法解释(一)》第3条

典型案例

全某1、全某2遗嘱继承纠纷案[1]

案件事实

全某1、全某2双方的父母全某某、李某某生前患有多种慢性疾病，二人均部分程度肢体活动受限，行动不便。2020年7月16日，全某某、李某某向淅川县某社区居民委员会提出申请："我们老两口现年事已高，需有人照顾生活。为此，经与二个女儿及女婿商议，并经我们老两口同意，决定由长女全某1及女婿苏某某作为我们老两口的赡养人，负责我们的日常生活起居，并负责处理我们老两口的后事(活养死葬)。我们去世后，我们名下位于×的房产[房权证号：淅房权字第××号；土地证号：淅国用(95)字第××号]和财产归全某1、女婿苏某某二人所有。全某某 李某某"。淅川县某社区居民委员会备注同意申请，并加盖公章。自2017年至2021年两位老人先后因脑梗死等疾病多次住院均由全某2照料，平时在家也多由全某2照料。2020年12月27日，在某律师事务所律师刘某1、刘某2(代书人)以

[1] 河南省南阳市中级人民法院(2021)豫13民终4078号。

及邻居赵某某(被告证人)、全某茹的见证下,全某某、李某某在家中立遗嘱:"由于本人年岁已高,为防止本人过世后,子女因遗产继承发生纠纷造成不睦。现在本人头脑神志清醒的前提下,特立此遗嘱对本人合法拥有的财产进行分配……一、财产:立遗嘱人生前在淅川县某居委会二组建砖混结构平房三间,面积61.8平方米(淅房权字第××号),无其他存款等财产。二、处理意见:上述财产均由次女全某2(411××0148)继承,其他人均无权继承以上房产。三、以上遗嘱经律师代书,在所邀请邻居赵某某、全某茹二人的参与下,经本人核对无误签字后生效……立遗嘱人:全某某　李某某　见证人:刘某1、刘某2　参与人:赵某某　全某茹"。上述过程由律师全程录有视频资料。二老分别于2021年2月10日、2021年2月12日去世,全某2负责办理丧葬事宜。随后,全某2将父母建设银行卡内活期存款分别取出8190元及10,210元,二老在中国邮政储蓄银行某支行尚留有定期存款88,055元及相应利息。全某1向法院起诉请求:判决被继承人全某某、李某某所有的位于淅川县,房产证号为淅房权字第××号,土地证号为淅国用(95)字第××号的房屋及10万元存款和其他财产均由全某1继承。

争议焦点

本案中,主要争议焦点是:(1)对案涉代书遗嘱的效力应如何认定;(2)涉案房产及财产应当由谁继承。

判决结果

一审法院认为,自然人可以依照法律规定立遗嘱处分个人财产。遗嘱继承附有义务的,继承人应当履行义务。没有正当理由不履行义务的,经利害关系人或者有关组织请求,人民法院可以取消其接受附义务部分遗产的权利。全某某、李某某二老在晚年,因罹患脑梗死、冠心病等疾病均有肢体受限,行动不便等情形,需要子女日常及住院治疗时看护照料。在2020年7月16日二老经向社区居民委员会申请,由长女全某1、女婿苏某某负责二人的活养死葬后继承房产及财产。该申请为附有条件的遗嘱,全某1及苏某某可在履行赡养义务的条件下获取继承房产的权利。在本案诉讼过程中,全某1均未提交其离开住所地驻马店,在淅川履行赡养及埋葬义务的相关证据,反而在屡次的住院病历及全某1证人的陈述中均显示全某2照顾两位老人的情形,故全某1作为诉请的主张方应当承担举证不利的举证责任,一审法院依法推定全某1未完成遗嘱中限制的义务条件,不能直接获取遗嘱中全部房产及财产。全某2在庭审中提交的2020年12月27日律师见证的代书遗嘱,符合法律规定的代书遗嘱的要件，时间晚于全某1持有的2020年7月16日申请，且与之前申请内容矛盾，根据《民法典》第1142条的规定，遗嘱人立有数份遗嘱的，内容相抵触的，以最后的遗嘱为准。全某1虽对该遗嘱的效力及录像视频提出异议，但并未提出有力的证据予以反驳，且对其中二老的签字未申请鉴定，一审法院认为该书证效力高于原告方证人证言的陈述，故一审法院对时间在后的全某2方持有的代书遗嘱予以认定，对全某1的辩解主张不予采信。全某1作为二老的长女其可另行主张其法定继承应得的遗产份额。判决驳回原告全某1的诉讼请求。全某1不服一审判决，提起上诉。

二审法院认为，遗嘱人立数份遗嘱，内容相抵触的，以最后的遗嘱为准。全某某、李某某于2020年12月27日所立遗嘱，由两位见证律师及他人见证，其中一位律师代书，全某某在遗嘱上签字确认并代李某某签字，李某某本人捺指印，河南某律师事务所又出具见证书对遗嘱订立情况予以说明，明确见证律师详细询问了立遗嘱人的意见，立遗嘱行为系全某某和李某某的真实意思表示，该遗嘱已符合代书遗嘱的法律要件，对其效力应当予以认定。全某1虽否认该遗嘱的效力，并通过根据视频资料指出个人所分析存在的问题，但留存视频资料并非代书遗嘱的必要要件，且该视频资料仅直接反映了遗嘱签署的部分过程，不能据此否定当事人遗嘱内容进行过沟通，视频中内容也没有足以否定遗嘱是立遗嘱人真实意思的明确内容，故法院不予采信。全某某、李某某在2020年7月16日虽然向社区居委会出具过申请，明确由长女全某1、女婿苏某某负责二人的活养死葬后继承案涉房产及财产，该申请虽具有附条件遗嘱的性质，但遗嘱所明确的附加的活养死葬义务与作为儿女对父母的正常照顾和看望不同，其要求更为严格，而全某某、李某某之后实际一直在跟随全某2生活，主要由全某2照顾抚养，二人去世后也主要是全某2负责办理的丧葬事宜，故不应认定全某1完成了申请所附义务条件，全某1不能依照该申请取得其他财产。全某某、李某某在出具上述申请后，又于2020年12月27日立下代书遗嘱，在该遗嘱中明确案涉房产由全某2继承，该遗嘱形成时间晚于上述申请，内容上涉及房产继承问题与申请相抵触，依法应以该代书遗嘱为准。综上，判决驳回上诉，维持原判。

案例解读

上述案例中，法院判决主要适用的是《民法典》第1135条的规定，即“代书遗嘱应当有两个以上见证人在场见证，由其中一人代书，并由遗嘱人、代书人和其他见证人签名,注明年、月、日”;第 1142 条第 3 款的规定,即“立有数份遗嘱,内容相抵触的,以最后的遗嘱为准”;第 1144 条的规定,即“遗嘱继承或者遗赠附有义务的,继承人或者受遗赠人应当履行义务。没有正当理由不履行义务的,经利害关系人或者有关组织请求,人民法院可以取消其接受附义务部分遗产的权利”。本案中,代书遗嘱符合法定形式要件,代书遗嘱有效。又因代书遗嘱所立时间晚于在先的申请(实为附义务的遗嘱),因此对于案涉房屋的处分以在后的代书遗嘱为准,应由全某 2 继承。由于在先的申请实为附义务的遗嘱,而全某 1 夫妇并未履行所附义务,因此不能依据该遗嘱取得被继承人存款,其可依法定继承主张权利。

第一千一百四十三条 【遗嘱的实质要件】无民事行为能力人或者限制民事行为能力人所立的遗嘱无效。

遗嘱必须表示遗嘱人的真实意思,受欺诈、胁迫所立的遗嘱无效。

伪造的遗嘱无效。

遗嘱被篡改的,篡改的内容无效。

条文解读

本条是关于遗嘱无效的规定。

根据本条规定,下列遗嘱无效:(1)遗嘱人在立遗嘱时不具有遗嘱能力。完全民事行为能力人具有遗嘱能力,无民事行为能力人或者限制民事行为能力人没有遗嘱能力,所立的遗嘱无效。遗嘱人立遗嘱时必须具有完全民事行为能力。无民事行为能力人或者限制民事行为能力人所立的遗嘱,即使其本人后来具有完全民事行为能力,仍属无效遗嘱。遗嘱人立遗嘱时具有完全民事行为能力,后来成为无民事行为能力人或者限制民事行为能力人的,不影响遗嘱的效力。(2)遗嘱并非遗嘱人的真实意思表示。受欺诈、胁迫所立的遗嘱无效;伪造的遗嘱无效;遗嘱被篡改的,篡改的内容无效。

此外,根据《民法典》总则编的规定,遗嘱不得违反法律、行政法规的强制性规定,不得违反公序良俗,否则遗嘱无效。遗嘱的形式必须符合法律规定,否则遗嘱无效。

配套法规及解读

《〈民法典〉继承编司法解释(一)》(2020 年 12 月 29 日)

第二十八条 遗嘱人立遗嘱时必须具有完全民事行为能力。无民事行为能力人或者限制民事行为能力人所立的遗嘱,即使其本人后来具有完全民事行为能力,仍属无效遗嘱。遗嘱人立遗嘱时具有完全民事行为能力,后来成为无民事行为能力人或者限制民事行为能力人的,不影响遗嘱的效力。

※法规解读:无民事行为能力人或者限制民事行为能力人所立的遗嘱无效。因此,要求遗嘱人立遗嘱时必须具有完全民事行为能力,这样才能真实地表达遗嘱人的意思并清楚认识到所立遗嘱可能产生的法律后果。遗嘱人立遗嘱之前或者之后是否具有完全民事行为能力与遗嘱的效力无关。

关联法规索引

《民法典》第 18 ~ 19、22、148 ~ 150 条

典型案例

杨某 1、杨某等遗嘱继承纠纷案[1]

案件事实

杨某 1 与杨某 2、杨某 3、吴某四人系杨某某的女儿。2011 年 6 月 20 日,杨某某在证明人白某、葛某、蔡某的见证下立遗嘱:“我的房子 × 号(以房产证为准)我死后赠送给小女杨某 1 个人所有,其余子女不可争执。”立遗嘱人杨某某及三证明人在遗嘱上签字捺手印。杨某某于 2018 年 7 月 4 日去世。原告杨某 1 认为母亲杨某某所作的遗嘱真实有效,× 号房屋根据遗嘱应由原告继承,属原告个人所有。原告故诉至法院。

另查明,原告生父早年去世,原告母亲杨某某 1986 年与方某某再婚,方某某再婚时,带着与前妻所生女儿方某。方某某于 2003 年去世。杨某某去世后,方某于

[1] 湖南省吉首市人民法院(2021)湘 3101 民初 3392 号。

2021 年 1 月 5 日向法院提起诉讼，请求确认其对 × 号房屋拥有 1/3 所有权。经二审终审判决驳回方某的诉讼请求。

争议焦点

本案中，主要争议焦点是杨某 1 能否遗嘱继承案涉房屋。

判决结果

法院认为，公民的继承权受法律保护。系争房屋产权登记于杨某某名下，且为杨某某单独所有。2011 年 6 月 20 日，杨某某在证明人白某、葛某、蔡某的见证下订立遗嘱："我的房子 × 号（以房产证为准）我死后赠送给小女杨某 1 个人所有，其余子女不可争执。"立遗嘱人杨某某及三证明人在遗嘱上签字捺手印。该遗嘱符合法定形式要件，且系遗嘱人的真实意思，为有效遗嘱。杨某某于 2018 年 7 月 4 日去世，因其他继承人对遗嘱没有异议，故原告诉请遗嘱所涉遗产 × 号房屋归原告所有，法院予以支持。

案例解读

上述案例中，法院判决主要适用的是《民法典》第 1133 条第 1、2 款的规定，即"自然人可以依照本法规定立遗嘱处分个人财产，并可以指定遗嘱执行人。自然人可以立遗嘱将个人财产指定由法定继承人中的一人或者数人继承"；第 1143 条的规定，即"无民事行为能力人或者限制民事行为能力人所立的遗嘱无效。遗嘱必须表示遗嘱人的真实意思，受欺诈、胁迫所立的遗嘱无效。伪造的遗嘱无效。遗嘱被篡改的，篡改的内容无效"。本案中，被继承人所立遗嘱符合法定形式要件，且系遗嘱人的真实意思，不存在法律规定的遗嘱无效的情形，为有效遗嘱，案涉房屋应按遗嘱继承由杨某 1 所有。

第一千一百四十四条　【附义务遗嘱】遗嘱继承或者遗赠附有义务的，继承人或者受遗赠人应当履行义务。没有正当理由不履行义务的，经利害关系人或者有关组织请求，人民法院可以取消其接受附义务部分遗产的权利。

条文解读

本条是关于附义务遗嘱的规定。

附义务的遗嘱，是指遗嘱人在遗嘱中对遗嘱继承人或者受遗赠人提出的须履行某项附加义务的要求。其实质是在遗赠或者在遗嘱继承中附加义务。附义务的遗嘱是附随于受遗赠权或者遗嘱继承权的，受遗赠人、遗嘱继承人履行遗嘱所附义务的前提条件是其接受遗赠、遗嘱继承，如果放弃受遗赠、放弃遗嘱继承则无须履行义务。附义务的遗嘱所附的义务是必须履行的，具有不可免除性。只要遗嘱人的遗嘱不违背法律和社会公德，不违反社会公共利益，又是可以履行的，接受了遗产的受遗赠人或者遗嘱继承人就必须履行遗嘱中所附的义务而不得免除。附义务的遗嘱继承或者遗赠，如义务能够履行，而继承人、受遗赠人无正当理由不履行，经受益人或者其他继承人请求，人民法院可以取消其接受附义务部分遗产的权利，由提出请求的继承人或者受益人负责按遗嘱人的意愿履行义务，接受遗产。

对于所附的义务要注意：(1)附义务的遗嘱中所设定的义务，只能由遗嘱继承人或受遗赠人承担。(2)附义务的遗嘱中所设定的义务，不得违反法律和社会公共利益。(3)附义务的遗嘱中所设定的义务，必须是有可能实现的。如果没有实现的可能，法律对此种遗嘱中规定的义务不予保护。(4)遗嘱中所设定的义务，不得超过继承人或受遗赠人所取得的遗产利益。

配套法规及解读

《〈民法典〉继承编司法解释(一)》(2020 年 12 月 29 日)

第二十九条　附义务的遗嘱继承或者遗赠，如义务能够履行，而继承人、受遗赠人无正当理由不履行，经受益人或者其他继承人请求，人民法院可以取消其接受附义务部分遗产的权利，由提出请求的继承人或者受益人负责按遗嘱人的意愿履行义务，接受遗产。

※法规解读：如果遗嘱人在遗嘱中对遗嘱继承人或者受遗赠人取得遗产设定了义务，则遗嘱继承人或者受遗赠人只有履行了相关义务，才能取得遗产。遗嘱继承人、受遗赠人无正当理由不履行遗嘱所附义务的，不能取得遗产，否则有违遗嘱人真实意愿。此时，经因遗嘱所附义务的履行而受益的人或者其他继承人请求，人民法院可以取消其接受附义务部分遗产的权利。提出请求的继承人或者受益人履行遗嘱所附的义务后取得该部分遗产。

关联法规索引

《民法典》第 663 条

第四章 遗产的处理

本章介绍

本章规定了遗产处理的程序和规则，具体包括遗产管理人制度、继承开始后的通知、遗产的保管、转继承、遗产的认定、法定继承的适用范围、胎儿预留份、遗产分割的原则和方法、再婚时对所继承遗产的处分权、遗赠扶养协议、遗产分割时的义务、无人继承遗产的归属、被继承人税款、债务清偿的原则、清偿被继承人税款、债务优先于执行遗赠的原则、既有法定继承又有遗嘱继承、遗赠时税款和债务的清偿等。

第一千一百四十五条 【遗产管理人的选任】继承开始后，遗嘱执行人为遗产管理人；没有遗嘱执行人的，继承人应当及时推选遗产管理人；继承人未推选的，由继承人共同担任遗产管理人；没有继承人或者继承人均放弃继承的，由被继承人生前住所地的民政部门或者村民委员会担任遗产管理人。

条文解读

本条是关于遗产管理人的选任的规定。

根据本条规定，继承开始后，遗产管理人可以通过以下方式选任：(1)有遗嘱执行人的，遗嘱执行人为遗产管理人。遗嘱执行人是遗嘱人在遗嘱中指定的执行遗嘱相关事务的人。相比较其他人，由遗嘱执行人担任遗产管理人更符合遗嘱人意愿。(2)没有遗嘱执行人的，由继承人推选遗产管理人。如果被继承人未立遗嘱，或者虽有遗嘱但没有指定遗嘱执行人，则应由继承人共同推选遗产管理人。现实中，由被继承人的亲属推选出的，为被继承人办理身后事宜的人，同时应为遗产管理人。(3)继承人未推选的，由继承人共同担任遗产管理人。(4)没有继承人或者继承人均放弃继承的，遗产属于无人继承的遗产。本法第1160条规定："无人继承又无人受遗赠的遗产，归国家所有，用于公益事业；死者生前是集体所有制组织成员的，归所在集体所有制组织所有。”在此情况下，城镇居民的遗产由被继承人生前住所地的民政部门担任遗产管理人；集体所有制组织成员的遗产，由被继承人生前所在的村民委员会担任遗产管理人。

典型案例

任某某、潘某某等民间借贷纠纷案[1]

案件事实

任某某、潘某某、牛某、任某、任某勇分别系死者任某波的父亲、母亲、妻子、儿子、同胞弟弟。任某波生前与牛某共同经营一处养殖场，饲养了十几头牛。2020年11月5日，任某波向任某登借款40,000元，任某登通过其子任某成的微信当日转给任某波10,000元，另外30,000元系以现金形式给付，双方约定借款期限为一年，年利息为4800元。2021年3月6日，任某波去世。任某登要求牛某等人偿还40,000元借款及利息未果，遂诉来一审法院。另查明，任某波与任某勇系同胞兄弟关系，任某波与牛某结婚前，任某波的父亲任某某、母亲潘某某在任家村建了一处住宅，其中有北屋八间、南屋四小间及院落一处，任某某、潘某某将八间北屋中的东边四间赠与给了任某波，西边四间赠与给了任某勇。在任某波去世后，东边四间北屋属于任某波的遗产。任某波与牛某结婚后，双方共同在任家村建了养殖场一处，截至2021年10月18日经一审法院清点尚有14头成年牛、1头小牛犊，现在由任某某、任某勇进行经营管理，另外，任某波生前在其父母居住的四小间南屋房顶上花费66,000元安装了太阳能光伏发电板。养殖场一处、14头成年牛、1头小牛犊和太阳能光伏发电板属于任某波与牛某的夫妻共同财产，其中的1/2属于任某波的遗产。任某波去世时，其尾号为6978的中国农业银行卡中尚有存款27,017.75元，属于夫妻共同财产，其中的1/2即13,508.88元属于任某波的遗产。

争议焦点

本案中，主要争议焦点是：(1)任某波向任某登借款40,000元及利息是否真实

---

〔1〕 山东省滨州市中级人民法院(2021)鲁16民终3445号。

存在；(2)任某某、潘某某、牛某、任某是否负有前述债务清偿责任。

判决结果

一审法院认为，任某波于2020年11月5日向任某登借款40,000元，双方约定借款期限为一年，月利率为1分，年利息为4800元，由任某波书写的借条一份、微信转账记录和任某登的陈述及证人孟某某的证言予以证实，任某波与任某登之间的民间借贷关系合法有效，应受法律保护。五被告虽然对涉案借款提出异议，但未提供充分的证据予以证明自己的抗辩主张，应承担举证不能的责任。因借条中的保人任某勇系任某波书写，而非任某勇书写，因此任某勇不承担担保责任。任某波去世时的遗产有位于任家村××号房屋、农业银行卡中的存款、任家村的养殖场一处、14头成年牛、1头小牛犊及太阳能光伏发电板的价值的1/2。任某某、潘某某、牛某、任某系任某波的第一顺序法定继承人，有权继承任某波的遗产，因任某某、潘某某、牛某、任某均未明确表示放弃对上述财产的继承，应当在各自实际继承的上述遗产份额的范围内对任某波的债务承担还款责任。牛某在庭审中称养殖场、饲养的牛、太阳能光伏发电板均给予了任某勇，并由任某勇负责替任某波和牛某偿还所欠债务，一审法院认为对于任某波的遗产中属于牛某有权继承的遗产份额，牛某有权处分给任某勇，而属于任某、任某某、潘某某有权继承的遗产份额，牛某无权进行处分，并且任某某、潘某某也未明确表示放弃对任某波遗产的继承权，因此任某某、潘某某、牛某、任某均应在各自实际继承任某波遗产的范围内向任某登承担还款责任。判决：被告任某某、潘某某、牛某、任某于本判决生效之日起5日内在各自实际继承任某波遗产的范围内向原告任某登清偿借款本金40,000元、借期内利息4800元及逾期还款利息。任某某、潘某某、牛某、任某不服一审判决，提起上诉。

二审法院认为，任某登对涉案40,000元借款本金及4800元利息发生时间、借贷过程、交付方式的陈述符合常理，与涉案借条、证人证言等证据相互印证，能够形成完整的证据链，认定涉案40,000元的借款及年利息4800元的约定真实存在并实际发生。因借条中的保人任某勇系任某波书写，而非任某勇书写，因此任某勇不承担担保责任。本案中，继承自被继承人任某波死亡时开始。继承开始后，任某某、潘某某、牛某、任某对部分遗产(14头成年牛、1头小牛犊及养殖场)已经进行了处理，故四人二审中书面放弃继承该部分遗产的行为无效。本案二审中，虽然四人全部放弃继承，但未提交证据证实已将任某波的遗产交由任某波生前住所地的民政部门或者村民委员会管理，也没有提交证据证实依法推选遗产管理人，结合四人与任某波的身份关系及涉案遗产由四人管理的实际情况，四人应系任某波遗产的当然管理人。故即使四人放弃遗产继承，其作为遗产管理人应在管理任某波遗产的范围内来偿还涉案债务。由上所述，二审法院判决驳回上诉，维持原判。

案例解读

上述案例中，法院判决主要适用的是《民法典》第1127条第1款第1项的规定，即“遗产按照下列顺序继承：（一）第一顺序：配偶、子女、父母”；第1145条的规定，即“继承开始后，遗嘱执行人为遗产管理人；没有遗嘱执行人的，继承人应当及时推选遗产管理人；继承人未推选的，由继承人共同担任遗产管理人；没有继承人或者继承人均放弃继承的，由被继承人生前住所地的民政部门或者村民委员会担任遗产管理人”；第1147条第4项的规定，即“遗产管理人应当履行下列职责：……（四）处理被继承人的债权债务……”本案中，任某某、潘某某、牛某、任某均为被继承人第一顺序法定继承人，被继承人生前未立遗嘱，没有指定遗嘱执行人，各继承人也未推选遗产管理人，应由继承人共同担任遗产管理人。作为第一顺序法定继承人，四人有义务在继承遗产范围内清偿被继承人生前所负债务；作为遗产管理人，四人亦有责任处理被继承人债权债务，以被继承人遗产清偿债务。

第一千一百四十六条　【遗产管理人的指定】对遗产管理人的确定有争议的，利害关系人可以向人民法院申请指定遗产管理人。

条文解读

本条是关于指定遗产管理人的规定。

本法第1145条规定了遗产管理人的选任。根据本条规定，对遗产管理人的确定有争议的，利害关系人可以向人民法院申请指定遗产管理人。适用本条时应注意以下几点：(1)确定遗产管理人的纠纷属于因继承遗产发生的纠纷，《民事诉讼法》第34条第3项规定，“因继承遗产纠纷提起的诉讼，由被继承人死亡时住所地或者主要遗产所在地人民法院管辖”。因此，确定遗产管理人的纠纷由被继承人死亡时住所地或者主要遗产所在地人民法院管辖。(2)人民法院应从本法第1145条规定的遗产管理人的范围中，综合考虑各种因素指定遗产管理人。

典型案例

刘某某与天津市河北区民政局申请指定遗产管理人案[1]

案件事实

徐某于2020年4月5日死亡,生前未婚、未生育子女。第一顺序继承人中,母亲吴某某与徐某于2020年4月5日坠楼死亡,徐某父亲先于徐某死亡。第二顺序继承人中,祖父、祖母、外祖父、外祖母均先于徐某死亡。徐某的户籍地为天津市河北区××村××号,本人系非农业户口。申请人刘某某于2020年7月2日以徐某为被告向天津市东丽区人民法院提起民间借贷纠纷诉讼,2020年12月9日天津市东丽区人民法院出具(2020)津0110民初×号之四民事裁定书,认为原告起诉时被告已死亡,裁定驳回原告的起诉。2020年12月30日申请人通过电话、函件的形式与被申请人天津市河北区民政局沟通,但被申请人以无法确定徐某是否存在其他继承人为由,建议通过诉讼解决。综上,申请人作为利害关系人,向法院提出申请,判决指定被申请人天津市河北区民政局作为徐某遗产的管理人。

争议焦点

本案中,主要争议焦点是被申请人应否被指定为徐某遗产管理人。

判决结果

法院认为,申请人以徐某无继承人为由,要求指定天津市河北区民政局作为徐某的遗产管理人。根据法院查明的事实,徐某于2020年4月5日死亡,依照当时有效的《继承法》第10条的规定,徐某第一顺位的继承人为其配偶、子女、父母,第二顺位继承人为兄弟姐妹、祖父母、外祖父母。因徐某母亲与徐某同日死亡,徐某并无《继承法》第10条规定的其他继承人,致其遗产处于无人管理的状态。《民法典》第1145、1146条对于没有继承人时遗产管理人的选任问题作出了新的规定。依照《最高人民法院关于适用〈中华人民共和国民法典〉时间效力的若干规定》第3条的规定,《民法典》施行前的法律事实引起的民事纠纷案件,当时的法律、司法解释没有规定而《民法典》有规定的,可以适用《民法典》的规定,但是明显减损当事人合法权益、增加当事人法定义务或者背离当事人合理预期的除外。本案中,在徐

---

〔1〕 天津市河北区人民法院(2021)津0105民特9号。

某没有继承人的情况下，以法院指定的方式确定遗产管理人，解决各权利人针对徐某遗产的争议，更有利于管理和维护徐某的遗产，确保各权利人利益得以顺利实现。因此，本案可以适用《民法典》第1145、1146条的规定。《民法典》第1145条规定，继承开始后，遗嘱执行人为遗产管理人；没有遗嘱执行人的，继承人应当及时推选遗产管理人；继承人未推选的，由继承人共同担任遗产管理人；没有继承人或者继承人均放弃继承的，由被继承人生前住所地的民政部门或者村民委员会担任遗产管理人。徐某系城市居民，其于2020年4月5日死亡，现无《继承法》第10条规定的继承人。在此情况下，依照《民法典》第1145条的规定，应由其居住地的天津市河北区民政局作为徐某的遗产管理人。

被申请人提出申请人主体不适格问题，因申请人已向法院提起债权之诉，法院以原告起诉时被告已死亡为由，裁定驳回起诉，应视为申请人刘某某与徐某存在利害关系。且选定天津市河北区民政局作为遗产管理人能够充分体现妥善管理、维护徐某财产的职责作用，因此对被申请人的主张不予支持。

依照《民法典》第1145、1146条，《继承法》第10条，《最高人民法院关于适用〈中华人民共和国民法典〉时间效力的若干规定》第3条，2017年《民事诉讼法》第177条的规定，判决如下：指定天津市河北区民政局为徐某的遗产管理人。

案例解读

上述案例中，法院判决主要适用的是《民法典》第1145条的规定，即"继承开始后，遗嘱执行人为遗产管理人；没有遗嘱执行人的，继承人应当及时推选遗产管理人；继承人未推选的，由继承人共同担任遗产管理人；没有继承人或者继承人均放弃继承的，由被继承人生前住所地的民政部门或者村民委员会担任遗产管理人"。第1146条的规定，即"对遗产管理人的确定有争议的，利害关系人可以向人民法院申请指定遗产管理人"。本案中，徐某生前未留遗嘱，没有遗嘱执行人，其法定继承人均先于徐某死亡或与徐某同时死亡，且徐某为城镇户口，因此应由徐某生前住所地的民政部门担任遗产管理人。由于被申请人不愿担任遗产管理人，属于《民法典》第1146条规定的"对遗产管理人的确定有争议的"的情形，刘某某作为利害关系人，有权请求人民法院指定遗产管理人。

第一千一百四十七条　【遗产管理人的职责】 遗产管理人应当履行下列职责：

（一）清理遗产并制作遗产清单；

（二）向继承人报告遗产情况；

（三）采取必要措施防止遗产毁损、灭失；

（四）处理被继承人的债权债务；

（五）按照遗嘱或者依照法律规定分割遗产；

（六）实施与管理遗产有关的其他必要行为。

条文解读

本条是关于遗产管理人的职责的规定。

根据本条规定，遗产管理人的职责包括：(1)清理遗产并制作遗产清单。遗产管理人只有了解被继承人有哪些遗产，才能更好地管理遗产。因此，遗产管理人首先需要清理遗产，并在清理遗产的基础上制作遗产清单，详细列明被继承人遗产情况。(2)向继承人报告遗产情况。遗产管理人清理遗产并制作遗产清单后，应当向继承人报告遗产情况。(3)采取必要措施防止遗产毁损、灭失。遗产管理人在发现遗产有毁损、灭失的风险时，应当采取必要措施防止遗产毁损、灭失。例如，遗产属于易腐物品，如不及时处理，遗产可能腐烂变质、贬损价值。在此种情况下，遗产管理人应当及时变卖遗产，将遗产变现。(4)处理被继承人的债权债务。遗产管理人发现被继承人留有债权的，应当要求债务人清偿债务。债务人拒绝的，遗产管理人有权提起诉讼。被继承人留有债务的，遗产管理人应当以所管理的遗产清偿债务。(5)按照遗嘱或者依照法律规定分割遗产。遗产管理人管理遗产的最终目的是分割遗产。根据本法第1123条的规定，“继承开始后，按照法定继承办理；有遗嘱的，按照遗嘱继承或者遗赠办理；有遗赠扶养协议的，按照协议办理”。这也是遗产管理人分割遗产的依据。有遗赠扶养协议的，应按遗赠扶养协议执行；没有遗赠扶养协议的，按遗嘱执行；二者都没有的，按法定继承分割遗产。(6)实施与管理遗产有关的其他必要行为。这是一个兜底性条款。虽然不属于上述5项列明的情形，但只要与遗产管理有关且有必要，都属于遗产管理人的职责范围。

典型案例

无锡红光某贸易有限公司、杨某某等买卖合同纠纷案[1]

案件事实

王某某于2019年4月至2020年1月13日陆续向某公司购买香烟和酒品，王某某收货后除支付部分货款外，尚结欠货款147,836元未付，并在记账明细上签名确认。而后，王某某未付款。

王某某因交通事故于2020年3月31日死亡，第一顺序继承人为其妻杨某某和女儿王某雅。王某某目前的遗产有：王某某与杨某某婚后在锡山区××镇××村××巷××号××层楼房两间属于王某某的一半份额，现由杨某某居住和使用，挂靠于无锡某建设有限公司名下的应收工程款约1000万元左右（已确认的为200万元）其中一半份额，为华某某代付建设厂房的工程款400万元（尚未对账）其中一半份额。某公司曾向杨某某催要欠款，未获，遂诉来法院，起诉请求：判令杨某某、王某雅在继承王某某的遗产范围内给付其公司货款147,836元，并偿付该款自其起诉之日起至实际给付之日按全国银行间同业拆借中心公布的贷款市场报价利率计算的利息。庭审中，王某雅表示放弃继承。

争议焦点

本案中，主要争议焦点是王某雅是否应当在继承王某某的遗产范围内对某公司承担清偿责任。

判决结果

一审法院认为，某公司与王某某间建立的业务关系，内容未违反法律禁止性规定，依法成立。王某某结欠某公司货款147,836元，事实清楚，证据充分，理应给付，并应承担逾期付款的违约责任，但因债务人王某某已死亡，其第一顺序继承人为杨某某和王某雅，因此某公司与杨某某、王某雅存在法律上的直接利害关系，应由杨某某、王某雅将王某某的遗产偿付债务，鉴于王某雅表示放弃继承，且现王某某房屋的遗产即房屋总价的一半实际由杨某某在使用，且夫妻婚姻存续期间尚有应收款，同时王某某的遗产实际由杨某某作为管理人在处置，故应由杨某某承担还

---

[1] 江苏省无锡市中级人民法院（2021）苏02民终4365号。

款义务,但应以王某某的遗产为限。判决:(1)由杨某某给付某公司货款147,836元,并偿付该款自2021年4月6日起至实际给付之日按全国银行间同业拆借中心公布的贷款市场报价利率计算的利息,以王某某的遗产为限,于本判决生效后10日内付清;(2)驳回某公司的其他诉讼请求。某公司不服一审判决,提出上诉。

二审法院认为,某公司提出应当对王某雅放弃继承的行为进行效力审查的问题。某公司该主张并无法律依据,且其公司也未举证证明王某雅所作意思表示不真实或实际继承了王某某的遗产,故法院对其公司该上诉意见不予采纳。王某雅作为权利人因王某某死亡而获得的赔偿款,不属于王某某的遗产,某公司认为王某雅实际继承了王某某遗产,无事实和法律依据,法院亦不予采纳。关于某公司提出王某雅放任杨某某对遗产的不当处分,造成遗产灭失的问题。(1)仅依据杨某某相关陈述并不足以认定相关事实属实。(2)即使杨某某陈述真实,如相关款项实际用于办理丧事,也不足以认定为不当处分遗产的行为,进而无从谈起王某雅存在放任过错。故某公司据此要求王某雅承担清偿责任,缺乏依据,法院不予支持。综上,判决驳回上诉,维持原判。

案例解读

上述案例中,法院判决主要适用的是《民法典》第1127条第1款第1项的规定,即"遗产按照下列顺序继承:(一)第一顺序:配偶、子女、父母";第1147条的规定,即"遗产管理人应当履行下列职责:(一)清理遗产并制作遗产清单;(二)向继承人报告遗产情况;(三)采取必要措施防止遗产毁损、灭失;(四)处理被继承人的债权债务;(五)按照遗嘱或者依照法律规定分割遗产;(六)实施与管理遗产有关的其他必要行为"。第1153条第1款的规定,即"夫妻共同所有的财产,除有约定的外,遗产分割时,应当先将共同所有的财产的一半分出为配偶所有,其余的为被继承人的遗产"。本案中,被继承人王某某的第一顺序法定继承人是妻子杨某某和女儿王某雅,现王某雅放弃继承,只有杨某某作为继承人继承王某某遗产,且王某某的主要遗产亦由杨某某占有使用,杨某某作为遗产管理人,应当履行处理被继承人债权债务的职责,因此法院判决是正确的。

第一千一百四十八条 【遗产管理人未尽职责的民事责任】遗产管理人应当依法履行职责,因故意或者重大过失造成继承人、受遗赠人、债权人损害的,应当承担民事责任。

条文解读

本条是关于遗产管理人未尽职责的民事责任的规定。

根据本条规定，遗产管理人应当依法履行职责，主要是指依照本法第 1147 条规定履行遗产管理人的职责，包括清理遗产并制作遗产清单，向继承人报告遗产情况，采取必要措施防止遗产毁损、灭失，处理被继承人的债权债务，分割遗产等。遗产管理人未依法履行职责，因故意或者重大过失造成继承人、受遗赠人、债权人损害的，应当承担民事责任。适用本条应注意以下几点：(1)遗产管理人承担民事责任的原因是遗产管理人未依法履行职责而给继承人、受遗赠人、债权人造成损害，如果是由于其他原因给继承人、受遗赠人、债权人造成损害，则不能适用本条规定；(2)遗产管理人主观上须为故意或者重大过失；(3)客观上给继承人、受遗赠人、债权人造成损害。只有同时满足上述条件，才能依据本条规定要求遗产管理人承担民事责任。

典型案例

张某某、易某云等民间借贷纠纷案〔1〕

案件事实

易某某于 2021 年 2 月 13 日死亡，易某云、易某、易某翠、吉某某系易某某第一顺位继承人，易某云、易某、易某翠以书面承诺方式放弃对易某某遗产的继承。易某云在易某某去世后，处分了易某某名下车辆一台，所得款项 42,000 元。张某某向一审法院起诉请求：(1)判令易某云、易某、易某翠、吉某某偿还张某某借款 50,000 元及利息(计算标准以欠付本金 50,000 元为基数，按月利率 1% 的标准从 2021 年 2 月 23 日起计算至欠款实际清偿之日止)；(2)该案诉讼费、保全费由易某云、易某、易某翠、吉某某承担。

争议焦点

本案中，主要争议焦点是易某云是否应在 42,000 元范围内承担偿还张某某借款本息的责任。

---

〔1〕 湖南省长沙市中级人民法院(2021)湘 01 民终 13013 号。

判决结果

一审法院认为:(1)依易某某出具的借条可知,张某某、易某某间已形成了真实合法的借贷关系。(2)合法的借贷关系受法律保护,由此产生的债务应当清偿。张某某已向易某某出借本金,在无证据证明借款已得到清偿的情况下,对张某某要求偿还其借款50,000元的主张,该院予以支持。(3)张某某要求以欠付本金50,000元为基数,按月息1%(年利率12%)的标准支付从2021年2月23日起计算至借款实际清偿之日止的逾期利息符合法律规定,该院予以支持。(4)张某某要求易某云、易某、易某翠、吉某某向其偿还借款本息的诉讼请求,因张某某未提供证据证明易某云、易某、易某翠已实际继承了易某某的遗产,该院认定易某云、易某、易某翠在放弃继承的情况下对涉案债务不承担清偿责任。判决:(1)限吉某某于判决生效后5日内,在继承易某某遗产范围内,对张某某借款本金50,000元及逾期利息承担清偿责任(逾期利息以欠付本金50,000元为基数,按年利率12%的标准从2021年2月23日起计算至欠款实际清偿之日止);(2)驳回张某某其他诉讼请求。张某某一审判决,提起上诉。

二审法院认为,本案中,易某某死后,无遗嘱执行人,继承人亦未推选遗产管理人,而易某云作为易某某遗产的法定继承人,虽书面承诺放弃对易某某遗产的继承,但其以行为作为遗产管理人处分了易某某名下车辆一台并获得款项42,000元,应在其处分易某某遗产范围内承担偿还借款本息的责任。易某云辩称处分车辆系受其母亲吉某某之委托且用于其他债务偿还,经法院释明其应提交相应证据予以证明,但易某云未提交相关的证据予以证明,其辩称因缺乏事实依据,法院不予采纳。故张某某主张易某云在处分遗产范围承担清偿责任,有事实和法律依据,法院予以支持,其请求易某、易某翠在继承、占有、处分、清理遗产范围内承担清偿责任,因易某、易某翠书面承诺放弃继承,亦无处分遗产行为,于法无据,法院不予支持。综上,判决:维持一审判决第1项,同时改判易某云在42,000元范围内承担偿还张某某借款本息的责任。

案例解读

上述案例中,法院判决主要适用的是《民法典》第1148条的规定,即"遗产管理人应当依法履行职责,因故意或者重大过失造成继承人、受遗赠人、债权人损害的,应当承担民事责任";第1161条的规定,即"继承人以所得遗产实际价值为限清偿被继承人依法应当缴纳的税款和债务。超过遗产实际价值部分,继承人自愿偿还的不在此限。继承人放弃继承的，对被继承人依法应当缴纳的税款和债务可以不负清偿责任”。本案中，易某云作为易某某遗产的法定继承人，虽书面承诺放弃对易某某遗产的继承，但其以行为作为遗产管理人处分了易某某名下车辆一台并获得款项42,000元，应在其处分易某某遗产范围内承担偿还借款本息的责任。易某、易某翠书面承诺放弃继承，亦无处分遗产行为，因此对涉案债务不承担清偿责任。

第一千一百四十九条 【遗产管理人的报酬】遗产管理人可以依照法律规定或者按照约定获得报酬。

条文解读

本条是关于遗产管理人的报酬的规定。

遗产管理人进行遗产管理需要花费一定的精力和财力，甚至可能因为重大过失造成继承人、受遗赠人、债权人损害而承担民事赔偿责任。从公平角度而言，遗产管理人可以依照法律规定或者按照约定获得报酬。获得报酬的多少，可以由当事人约定。

典型案例

钟某1、钟某等继承纠纷案[1]

案件事实

原告钟某1、被告钟某2、第三人钟某3系同胞兄妹。父亲钟某某1952年10月转业在原西康省（四川省）石棉县文教厅参加工作，1989年退休，1998年6月3日去世。母亲吴某某没有工作，生前随钟某某主要在四川省石棉县生活，2006年被被告钟某2、第三人钟某3接回湖南茶陵生活，2008年1月4日去世。原告钟某1随父母在四川省石棉县生活，被告钟某2、第三人钟某3在茶陵生活。1963年，第三人钟某3在湖南省湘潭县参加工作，1999年退休，长期在湖南省湘潭生活。

[1] 湖南省茶陵县人民法院(2021)湘0224民初984号。

钟某某、吴某某生前留有两处遗产，一处在四川省石棉县一厅的房子，另一处在湖南省茶陵县(现云阳街道)×号的房屋。四川省石棉县的房屋2006年被告和第三人在石棉县公证处签订协议，放弃对该处房产的继承。湖南省茶陵县(现云阳街道)×号的房屋原来租赁给茶陵县×社做厂房，后来由被告改造成可以居住形式的房屋在居住、管理、修缮。2019年4月，该房屋被茶陵县人民政府征收拆迁，原告与第三人于2019年2月与茶陵县政府签订《拆迁补偿协议》，协议约定由被告全权处置房屋征收拆迁事宜。2019年3月25日，茶陵县云阳街道办事处与茶陵县征收拆迁安置和房屋征收工作领导小组办公室对湖南省茶陵县(现云阳街道)×号的房屋征收货币化补偿、奖励确定总金额为:2,128,959元，具体分项为:(1)房屋补偿费:240,712元;(2)房屋装修、附属设施补偿、搬迁及移装等费用:3160元;(3)搬家费:2000元;(4)过渡费:7200元;(5)按期签字奖:111,706元;(6)按期搬家腾地奖:111,706元;(7)购房补助:432,000元;(8)住宅房屋占地面积:1,134,805元;(9)其他确权未确权土地补偿:85,670元。

另查明，钟某某文化程度较高，长期与被告、第三人及其他亲属保持书信来往，从提供的部分书信内容看，被告、第三人均尽各自的能力尽到了赡养义务。

原告钟某1向法院提出诉讼请求:(1)判令被告向原告支付继承钟某某和吴某某的遗产房屋拆迁款共1,064,479元;(2)判令被告承担本案诉讼费、保全费。

争议焦点

本案中，主要争议焦点是遗产的范围和继承的份额。

判决结果

法院认为，对父母尽到了赡养义务的子女，对父母的遗产均享有继承权。本案原、被告及第三人对父母均尽到了赡养义务，故对父母的遗产均享有继承权。湖南省茶陵县(现云阳街道)×号的房屋从茶陵县云阳街道办事处和茶陵县征收拆迁安置和房屋征收工作领导小组办公室征收货币化补偿、奖励确定的分项来看，房屋装修、附属设施补偿、搬迁及移装等费用、搬家费、过渡费、按期签字奖、按期搬家腾地奖、购房补助的费用系对房屋目前居住、管理、维修人员的奖励，该部分费用不予纳入遗产继承的范围，属于遗产继承的应当只有房屋补偿费、住宅房屋占地面积补偿、其他确权未确权土地补偿，故属于遗产继承的房屋拆迁款确定为1,461,187元。对各继承人应当继承的份额，本案原告和第三人长期在外地生活，对该房屋没有尽到管理责任，且一直是被告改造、管理、修缮，才有目前的货币化补偿价值，故被告可以适当多分。综上，判决：(1)原告钟某1、第三人钟某3分得父母遗产房屋拆迁款1,461,187元的30%，计438,356.1元，被告钟某2分得父母遗产房屋拆迁款1,461,187元的40%，计584,474.8元。(2)驳回原告钟某1的其他诉讼请求。

案例解读

上述案例中，法院判决主要适用的是《民法典》第1127条第1款第1项的规定，即“遗产按照下列顺序继承：(一)第一顺序：配偶、子女、父母”；第1149条的规定，即“遗产管理人可以依照法律规定或者按照约定获得报酬”。本案中，原告钟某1、被告钟某2、第三人钟某3均是被继承人第一顺序法定继承人，他们所分得的遗产份额一般应当均等。本案没有遗嘱执行人，三继承人虽未推选遗产管理人，但事实上是由被告钟某2担任遗产管理人，对被拆迁房屋进行改造、管理、修缮，故才有目前的货币化补偿价值，其可获得相应报酬，在分配遗产时可适当多分。因此法院的判决是公平合理的。

第一千一百五十条 【继承开始后的通知】继承开始后，知道被继承人死亡的继承人应当及时通知其他继承人和遗嘱执行人。继承人中无人知道被继承人死亡或者知道被继承人死亡而不能通知的，由被继承人生前所在单位或者住所地的居民委员会、村民委员会负责通知。

条文解读

本条是关于继承开始后的通知的规定。

继承开始后，由于种种原因，有的继承人或者遗嘱执行人可能不知道继承开始的事实，这样既不利于继承人及时行使或者放弃权利，也不利于遗嘱执行人执行遗嘱。因此，继承开始后，应将被继承人死亡的事实通知继承人和遗嘱执行人，以便其及时处理有关继承问题。这是继承开始的一个必要环节，也是继承人行使继承权的一个前提条件。负有通知义务的继承人或者单位、组织，如果隐瞒继承开始的事实因而造成其他继承人损失，应当承担相应的民事责任。

关于继承开始通知的具体时间和方式，我国《民法典》没有明确规定。一般情况下，负有通知义务的继承人或单位、组织，应当及时发出通知。通知的方式可采取口头或者书面方式。

典型案例

闫某某、田某某民间借贷纠纷案[1]

案件事实

原告闫某某称其丈夫王某某于2017年1月去世，王某某生前于2009年、2010年、2011年分三次共出借30,000元给被告田某某，田某某出具了欠条。原告闫某某提出诉讼请求：依法判决被告向原告偿还借款本金3万元及利息（暂计至2021年6月7日共计33,717.81元），以上共计63,717.81元；庭审时，原告称王某某的父母都已去世，其母亲是在王某某去世后一年左右去世的，王某某有两个兄弟一个妹妹，王某某还有四个子女，王某某去世时未留有遗嘱，四个子女均已出具声明，放弃对涉案债权的继承。

争议焦点

本案中，主要争议焦点是闫某某诉讼主体是否适格。

判决结果

法院认为，涉案债权为王某某去世时所留遗产，王某某去世时，除闫某某及其四个子女外，还有其他法定继承人，在遗产未继承的情况下，仅凭四个子女的声明，不能认定原告闫某某为涉诉债权的权利人，原告诉讼主体不适格，对其起诉，予以驳回。

案例解读

上述案例中，法院判决主要适用的是《民法典》第1127条第1款第1项的规定，即"遗产按照下列顺序继承：（一）第一顺序：配偶、子女、父母"。第1150条的规定，即"继承开始后，知道被继承人死亡的继承人应当及时通知其他继承人和遗嘱执行人。继承人中无人知道被继承人死亡或者知道被继承人死亡而不能通知的，由被继承人生前所在单位或者住所地的居民委员会、村民委员会负责通知"。第1152条的规定，即"继承开始后，继承人于遗产分割前死亡，并没有放弃继承的，该继承人应当继承的遗产转给其继承人，但是遗嘱另有安排的除外"。本案中，王某某去世时，其母亲尚健在，因此王某某的遗产应由原告、原被告的四个子女以及王某某的母亲（王母）作为第一顺序法定继承人共同继承。王母在遗产分割前死

---

〔1〕 河南省漯河市召陵区人民法院(2021)豫1104民初2512号。

亡,并且生前没有作出放弃继承的意思表示,则其应继承的遗产转给其法定继承人继承。因此,即使王某某的四个子女均已出具声明,放弃对涉案债权的继承,由于还存在其他继承人,原告并非涉案债权的唯一继承人,因此原告主体不适格。原告应当在王母去世后,及时通知王母的继承人,如果王母的继承人均表示放弃对王某某债权的继承,则涉案债权可由原告单独继承。

第一千一百五十一条　【遗产的保管】存有遗产的人,应当妥善保管遗产,任何组织或者个人不得侵吞或者争抢。

条文解读

本条是关于遗产保管的规定。

继承开始后,原属于被继承人的一切财产都转归继承人、受遗赠人所有。但是,在实际生活中极少发生遗产于继承开始后即刻转为继承人、受遗赠人占有的情况,多数要在一段时间后才分割遗产。因此,在遗产分割前,如果不对遗产加以妥善保管,就可能使继承人、受遗赠人遭受不应有的损失。根据本条规定,存有遗产的人,都应当妥善保管遗产。如果存有遗产的人不愿意保管遗产,或者不具备保管遗产的条件,可以将遗产转交遗产管理人管理。存有遗产的人保管的遗产,任何组织或者个人不得侵吞或者争抢。人民法院对故意隐匿、侵吞或者争抢遗产的继承人,可以酌情减少其应继承的遗产。给其他继承人或者受遗赠人造成损失的,应当承担赔偿责任。构成犯罪的,依法追究刑事责任。

配套法规及解读

《〈民法典〉继承编司法解释(一)》(2020年12月29日)

第四十三条　人民法院对故意隐匿、侵吞或者争抢遗产的继承人,可以酌情减少其应继承的遗产。

※法规解读:存有遗产的人,无论是继承人还是继承人以外的自然人或者组织,都应当妥善保管遗产,任何组织或者个人不得侵吞或者争抢。如果继承人故意隐匿、侵吞或者争抢遗产,人民法院可以根据情节轻重减少其应继承的遗产。

关联法规索引

《信托法》第 39 条

典型案例

周某与刘某 1 等被继承人债务清偿纠纷案[1]

案件事实

2020 年 10 月 24 日,刘某某死亡。刘某 2 与郭某系夫妻关系,刘某某系二人之子。刘某某与张某 1 系夫妻关系,二人育有一子刘某 1。周某向法院提出诉讼请求:判决张某 1、刘某 1、刘某 2、郭某偿还周某借款 320 万元。事实及理由:周某与刘某某系经人介绍认识,自 2020 年 4 月起刘某某多次以资金紧张为由向周某借款,截止到 2020 年 9 月 6 日,周某通过银行转账及现金方式共计借给刘某某 320 万元,刘某某给周某出具了五张借条。2020 年 10 月 24 日,刘某某因病去世,其法定继承人为张某 1、刘某 1、刘某 2、郭某。经查,刘某某生前有通州区宋庄镇 × 村 × 号院落一处以及多项其他财产。周某认为,张某 1、刘某 1、刘某 2、郭某应在继承刘某某遗产的同时偿还相关债务。法院认定事实如下:

周某与刘某某系朋友关系,刘某某为周某盖房子,周某给付刘某某工程款,同时刘某某因其他工程资金需要向周某借款。

关于刘某某从周某处的借款,周某提供五张借条予以证明。对于上述五张借条,周某陈述其与刘某某系好友,二人之间有大量资金往来,出借给刘某某的款项有的是银行转账,有的是现金,刘某某都承认,所以写了借条。四被告的意见为 2020 年 4 月 25 日借条、2020 年 8 月 24 日借条不认可,没有相应的银行转账记录;2020 年 6 月 24 日借条、2020 年 7 月 23 日借条有相应银行转账记录认可;2020 年 9 月 6 日,借条中的 9.6 万元,有银行转账记录认可,其余 2.4 万元,没有银行转账记录不认可。对于周某陈述出借给刘某某大量现金,四被告均不认可。关于银行转账记录,四被告认可收到转账记录中记载的转账给刘某某的款项,但认为 2020 年 6 月 24 日转账 100 万元,2020 年 7 月 23 日转账 80 万元,2020 年 9 月 6 日转账 96,000

[1] 北京市通州区人民法院(2021)京 0112 民初 36094 号。

元均系借款。其他款项应为周某给付刘某某建房的工程款。周某承认刘某某为其建房的事实,但称工程款已经给付刘某某,不在借款之列。同时四被告认为对于刘某某转账给周某的款项,应在借款数额中扣减。

四被告提交微信支付转账电子凭证,证明刘某某向周某转款的事实。周某对上述证据的真实性认可。

庭审过程中,周某申请证人张某2出庭作证,证明周某与刘某某的债权债务关系。但在证人询问过程中,张某2承认,其没有看见周某给刘某某现金及转账,系二人告知他相关情况,他作为见证人在欠条上签字。张某1对张某2证明刘某某写给周某欠条上的借款已经全部付清的证言不认可。

本案审理过程中,刘某1、刘某2、郭某、张某1均声明放弃对于刘某某遗产的继承。另查明刘某某有遗产线索若干。

争议焦点

本案中,主要争议焦点是周某债权数额以及四被告应否偿还。

判决结果

法院认为,周某与刘某某系自愿建立借贷关系,周某提交的刘某某出具的借条,有部分有相应的银行转账记录予以佐证,法院认可。没有银行转账记录的部分,四被告不认可。周某未提交有效证据证明借条款项的支付,故对于周某主张刘某某借款320万元,对于其中的189.6万元,有刘某某出具的借条及相应的银行转账记录,法院认可。其余款项周某未提交有效证据证明,法院不予认可。

四被告认为刘某某、刘某1通过银行转账及微信转账方式给付周某的款项应在本案中扣减的意见,法院认为周某与刘某某发生第一次借贷关系的时间是2020年6月24日,自此时间之后,刘某某给付周某的款项应为偿还借款,经法院核算,2020年6月24日之后,刘某某通过银行转账及微信转账方式转给周某的款项共计34.3万元。周某没有证据证明上述款项非刘某某还款,故应在本案中一并扣减。

2020年6月24日,刘某某、张某1作为共同借款人的100万元借款,鉴于在此日期之后刘某某转给周某的34.3万元应予扣减,以上借款应尚欠65.7万元。周某要求张某1本人承担偿还责任的请求,因本案系被继承人债务清偿纠纷,故周某与张某1间借贷法律关系在本案中不予处理,周某可另行向张某1主张。

存有遗产的人应当妥善保管遗产,任何人不得侵吞或者争抢。夫妻在婚姻关系存续期间所得的共同所有的财产，除有约定的以外，如果分割遗产应当先将共同所有的财产的一半分出为配偶所有，其余的为被继承人的遗产。继承遗产应当清偿被继承人依法应当缴纳的税款和债务，缴纳税款和清偿债务以他的遗产实际价值为限。继承人放弃继承的，对被继承人依法应当缴纳的税款和债务，可以不负偿还责任。

因刘某某于2020年10月24日去世，其继承人张某1、刘某1、刘某2、郭某有义务在继承刘某某遗产的范围内对其债务进行偿还。在本案审理过程中，四被告均声明放弃对刘某某遗产的继承，对此法院不持异议。但是应当指出，张某1、刘某1、刘某2、郭某虽放弃对刘某某遗产的继承，但根据查明的事实，上述法院列明的刘某某相应的遗产，如北京市通州区宋庄镇×村×号【集体土地建设用地使用证号为：通集建(93宋)字第×号】院内北房五间等，均由张某1、刘某1、刘某2、郭某等居住使用，故张某1、刘某1、刘某2、郭某作为刘某某法定的第一顺位继承人，应当妥善保管刘某某的遗产，并积极对刘某某所欠周某债务在其遗产范围内进行协助清偿。如在以后任何时间发现刘某某的遗产，张某1、刘某1、刘某2、郭某均应当继续积极对刘某某所欠债务在其遗产范围内对周某进行协助清偿。综上，判决张某1、刘某1、刘某2、郭某在本判决生效后七日内，在刘某某遗产范围内，协助给付周某1,553,000元；驳回周某其他诉讼请求。

案例解读

上述案例中，法院判决主要适用的是《民法典》第1151条的规定，即“存有遗产的人，应当妥善保管遗产，任何组织或者个人不得侵吞或者争抢”；第1153条第1款的规定，即“夫妻共同所有的财产，除有约定的外，遗产分割时，应当先将共同所有的财产的一半分出为配偶所有，其余的为被继承人的遗产”；第1161条的规定，即“继承人以所得遗产实际价值为限清偿被继承人依法应当缴纳的税款和债务。超过遗产实际价值部分，继承人自愿偿还的不在此限。继承人放弃继承的，对被继承人依法应当缴纳的税款和债务可以不负清偿责任”。

本案中，张某1与被继承人刘某某系夫妻关系，刘某某的遗产线索中显示的财产，如果属于夫妻共同财产，应分出一半为张某1财产，其余一半才为刘某某遗产。刘某某死亡后，刘某1、刘某2、郭某、张某1作为第一顺序法定继承人，在遗产分割前表示放弃继承的，法律予以认可，四被告对被继承人依法应当缴纳的税款和债务可以不负清偿责任。虽然四被告表示放弃继承，但由于四被告事实上仍然占有并使用被继承人遗产,四被告为事实上的遗产管理人,应当妥善保管遗产,不得侵吞遗产,同时应当在被继承人遗产范围内协助周某实现债权。

第一千一百五十二条 【转继承】继承开始后,继承人于遗产分割前死亡,并没有放弃继承的,该继承人应当继承的遗产转给其继承人,但是遗嘱另有安排的除外。

条文解读

本条是关于转继承的规定。

转继承,是指继承人在继承开始后,遗产分割前死亡,其所应继承的遗产份额转由其继承人继承的法律制度。其中,在遗产分割前死亡的继承人称为被转继承人,被转继承人的继承人称为转继承人。根据本条规定,发生转继承的条件包括:(1)被转继承人于继承开始后,遗产分割前死亡。如果继承人于继承开始前死亡,则可能发生代位继承而非转继承;如果继承人于遗产分割后死亡,则继承人实际上已经取得所继承遗产的所有权,该部分遗产已经成为继承人的遗产,可由继承人的继承人直接继承。(2)被转继承人没有放弃继承权。如果被转继承人放弃了继承权,则根本不存在其应当继承的遗产份额,也就不会发生转继承。继承人放弃继承的意思表示,应当在继承开始后、遗产分割前作出。遗产分割后表示放弃的不再是继承权,而是所有权。(3)遗嘱没有另行安排。如果遗嘱另有安排,如明确不得由继承人的继承人继承,则不发生转继承。

按照《〈民法典〉继承编司法解释(一)》的规定,继承开始后,受遗赠人表示接受遗赠,并于遗产分割前死亡的,其接受遗赠的权利转移给他的继承人。

配套法规及解读

《〈民法典〉继承编司法解释(一)》(2020 年 12 月 29 日)

第三十八条 继承开始后,受遗赠人表示接受遗赠,并于遗产分割前死亡的,其接受遗赠的权利转移给他的继承人。

※法规解读:本条是关于转遗赠的规定。转遗赠,是指受遗赠人在继承开始

后,遗产分割前死亡,且在此期间表示接受遗赠,则其所应受遗赠的遗产份额转由其继承人继承的法律制度。根据本条规定,发生转遗赠的条件包括:(1)受遗赠人于继承开始后,遗产分割前死亡。如果受遗赠人于继承开始前死亡,则该部分遗产按法定继承处理;如果受遗赠人于遗产分割后死亡,则受遗赠人实际上已经取得遗产的所有权,该部分遗产已经成为受遗赠人的遗产,可由受遗赠人的继承人直接继承。(2)受遗赠人于继承开始后表示接受遗赠。继承开始后,受遗赠人应当在知道受遗赠后60日内,作出接受或者放弃受遗赠的表示;到期没有表示的,视为放弃受遗赠。也就是说,受遗赠人必须在知道受遗赠后60日内作出接受遗赠的意思表示,否则将丧失受遗赠权。受遗赠人丧失受遗赠权的,不发生转遗赠。

典型案例

臧某1、臧某2等法定继承纠纷案〔1〕

案件事实

被继承人臧某某与孙某某育有五名子女:长子臧某义、次子臧某2、三子臧某5、四子臧某1、长女臧某6。江某系臧某义之妻,臧某3、臧某4系臧某义之女。臧某某于2008年5月25日去世,自此臧某1一家与孙某某一起生活。证人王某、马某、刘某对此进行了证实。孙某某于2010年9月6日去世。被继承人臧某某与孙某某留有一套住房,位于大连市中山区×号,面积69.12m^2。2020年4月22日,臧某义去世,臧某义继承份额依法应当由其妻江某、女儿臧某3、女儿臧某4继承。因继承人之间未能就遗产继承份额及分割时间、方式、方法取得一致意见,协商未果,原告为此诉至一审法院。原告臧某2、被告江某、臧某3、臧某4、臧某5、臧某6认可房屋价值160万元,被告臧某1认为房屋价值138万元。

争议焦点

本案中,主要争议焦点是被继承人遗产应如何分配。

判决结果

一审法院认为,公民死亡时遗留的个人合法财产继承人可以协商处理,协商不

〔1〕 辽宁省大连市中级人民法院(2021)辽02民终9658号。

成的，应依法处理。有遗嘱的，按照遗嘱继承或者遗赠办理；有遗赠扶养协议的，按照协议办理，否则应按照法定继承办理。本案原、被告均系被继承人合法继承人。关于房屋价值的认定，应以给出价值较高的160万元为宜，由原告继承，原告给付其他继承人相应折价款。同时关于房屋的分配，因被告臧某1最后与其母亲一起生活，可以适当多分遗产。其他继承人取得同等份额。臧某义去世后，臧某义继承份额依法应当由其妻江某、女儿臧某3、女儿臧某4各转继承其应继承份额1/3。判决：(1)被继承人臧某某名下位于大连市中山区×号房屋，作价160万元，由原告臧某2继承；被告臧某1、江某、臧某3、臧某4、臧某5、臧某6配合原告臧某2办理相应的房屋过户手续，相关费用由臧某2负担。(2)被告臧某1继承房屋价值的40万元，由原告臧某2给付被告臧某1 40万元房屋折价款。(3)被告臧某5、臧某6各继承房屋价值的30万元，由原告臧某2给付被告臧某5、臧某6每人30万元房屋折价款。(4)被告江某、臧某3、臧某4各转继承房屋价值的10万元，由原告臧某2给付江某、臧某3、臧某4每人10万元房屋价值款。臧某1不服一审判决，提起上诉。

上诉人臧某1请求按照一审判决确认的房屋价值160万元判决房屋归其所有，由其给付各继承人房屋折价款。被上诉人臧某2及原审被告均不同意，均同意房屋归臧某2所有，由臧某2给付房屋折价款。二审法院组织上诉人臧某1与被上诉人臧某2对房屋竞价，臧某1认可房屋价值为161万元，被上诉人臧某2认可房屋价值为175万元。二审改判：(1)被继承人臧某某名下位于大连市中山区×号房屋，作价175万元，由臧某2继承；臧某1、江某、臧某3、臧某4、臧某5、臧某6配合臧某2办理房屋过户手续，相关费用由臧某2负担；(2)臧某2给付臧某1房屋折价款43万元，给付臧某5房屋折价款33万元，给付臧某6房屋折价款33万元，给付江某、臧某3、臧某4每人房屋价值款11万元。

案例解读

上述案例中，法院判决主要适用的是《民法典》第1123条的规定，即“继承开始后，按照法定继承办理；有遗嘱的，按照遗嘱继承或者遗赠办理；有遗赠扶养协议的，按照协议办理”；第1130条第1、3款的规定，即“同一顺序继承人继承遗产的份额，一般应当均等”“对被继承人尽了主要扶养义务或者与被继承人共同生活的继承人，分配遗产时，可以多分”；第1152条的规定，即“继承开始后，继承人于遗产分割前死亡，并没有放弃继承的，该继承人应当继承的遗产转给其继承人，但是遗嘱另有安排的除外”。本案中，被继承人生前未立遗嘱，应由第一顺序法定继承人即被继承人子女法定继承遗产。由于被继承人孙某某生前与臧某1共同生活，受到其照顾较多，因此臧某1可以适当多分遗产。臧某义在被继承人死亡后，遗产分割前死亡，应由臧某义继承的遗产份额转由臧某义的法定继承人即江某、臧某3、臧某4继承。

第一千一百五十三条 【遗产的认定】夫妻共同所有的财产，除有约定的外，遗产分割时，应当先将共同所有的财产的一半分出为配偶所有，其余的为被继承人的遗产。

遗产在家庭共有财产之中的，遗产分割时，应当先分出他人的财产。

条文解读

本条是关于遗产认定的规定。

在现实生活中，被继承人生前往往与配偶、家庭成员共同生活，因而发生财产共有关系。被继承人死亡后，其遗产也就与他人的财产混在一起。因此，在分割遗产时，就应当首先确定遗产范围，把遗产与他人的财产区分开。唯其如此，才能保证遗产分割的正确性，保护继承人和其他财产所有人的合法权益。因而需注意：

（1）遗产与夫妻共有财产的区分。在存有夫妻共同财产的情况下，必须首先从共同财产中分出一半归生存的配偶所有，另一半才是被继承人的遗产。《民法典》第1065条第1款规定：“男女双方可以约定婚姻关系存续期间所得的财产以及婚前财产归各自所有、共同所有或者部分各自所有、部分共同所有。约定应当采用书面形式。没有约定或者约定不明确的，适用本法第一千零六十二条、第一千零六十三条的规定。”根据本条规定，除非夫妻双方约定实行分别财产制，否则实行夫妻共同财产制。根据《民法典》第1062条第1款的规定，夫妻在婚姻关系存续期间所得的下列财产，为夫妻的共同财产，归夫妻共同所有：①工资、奖金、劳务报酬；②生产、经营、投资的收益；③知识产权的收益；④继承或者受赠的财产，但是本法第1063条第3项规定的除外；⑤其他应当归共同所有的财产。因此，对于前述夫妻共同财产，除非被继承人与其配偶另有约定，应当先将夫妻共同所有的财产的一半分出为配偶所有,其余的为被继承人的遗产。

(2)遗产与家庭共有财产的区分。家庭共有财产主要包括家庭成员共同的劳动积累、购置、继承、受赠的财产等。被继承人在家庭共有财产中享有的份额即为被继承人的遗产。

关联法规索引

《最高人民法院关于私房改造后留给房主自住房产权归谁所有问题的批复》;《最高人民法院关于周祖德、周祖明等诉周祖华、周祖荣等房屋纠纷一案的复函》;《最高人民法院关于孙世界、孙世明与孙洪武等人房屋继承申诉案的复函》;《最高人民法院关于赵汝是被没收发还的财产应如何认定和继承问题的批复》;《最高人民法院关于夫妻一方未经对方同意将共有房屋赠与他人属于夫妻另一方的部分应属无效的批复》

典型案例

张某1等与赵某法定继承纠纷案[1]

案件事实

被继承人张某4与赵某系夫妻关系,双方于1994年2月3日登记结婚,均系再婚,婚后无子女。张某4与张某5原系夫妻关系,二人育有三名子女,即张某2、张某3、张某1。张某5于1990年去世,张某4于2019年10月23日去世。张某4生前未留有遗嘱。张某1向一审法院起诉的诉讼请求:(1)请求依法判令被继承人张某4名下位于北京市东城区××街××楼307号房屋归张某1所有,由张某1给付赵某、张某3、张某2房屋折价款;(2)依法分割诉争房屋中使用的被继承人前妻张某5的工龄对应的财产价值;(3)请求依法分割被继承人张某4名下银行存款113万元;(4)请求依法分割赵某名下银行存款65万元;(5)依法分割被继承人张某4名下丧葬费、抚恤金298,737.9元。

经查,1994年5月,航天总公司(甲方、售房单位)与张某4(乙方、购房人)签

[1] 北京市第二中级人民法院(2021)京02民终14304号。

订《单位出售公有住房买卖契约》，约定："一、甲方在乙方所在单位认可的情况下将坐落在东城区××街九楼307号住房，建筑面积74.74m^2、阳台建筑面积3.8m^2，按北京市一九九二年售房标准价每建筑平方米404元，封闭阳台按标准价的70%、未封闭阳台按50%计算，出售给乙方。房价款共计15,688元整……三、甲、乙双方议定，乙方一次性付清房价款，甲方同意优惠房价款的20%，实收金额为12,543元整……"

另查，关于诉争房屋《单位出售公房住房房价计算表》显示，购买诉争房屋时扣减男方（张某4）工龄43年，未扣减女方工龄。

再查，诉争房屋登记在被继承人张某4名下，建筑面积为78.54m^2，产权证号为：京房权证东私字第×××号，填发时间为2002年6月13日。

一审庭审中，关于诉争房屋的市场价值，双方一致认可为890万元。

关于银行存款：双方一致认可张某4名下银行账户余额及利息共计113万元。赵某名下银行账户余额及利息共计65万元。

关于抚恤金及丧葬费，双方一致认可金额为298,737.9元，现存于张某4名下工商银行账号×××中。

争议焦点

本案中，主要争议焦点是本案诉争房屋是否为赵某与被继承人张某4夫妻共同财产。

判决结果

一审法院认为，本案中，结合已查明的事实，诉争房屋系于张某4与赵某婚姻存续期间内取得，购买时未使用张某5的工龄。该诉争房屋的性质应属张某4与赵某的夫妻共同财产，二人各占该房屋的1/2份额，属于张某4的所有权份额，法院按照法定继承原则予以处理。

张某4及赵某名下在多家银行有多笔存款，截至张某4去世之时的存款余额均系其二人夫妻共同财产，属于赵某的份额应在上述存款中予以扣除，剩余部分由张某1、赵某、张某2、张某3共同继承。

关于张某4的丧葬费及抚恤金，法院按照法定继承原则予以处理。据此，判决：（1）张某4名下位于北京市东城区××街××楼307号房屋归张某1所有，由张某1自判决生效之日起15日内给付赵某折价款5,562,500元，给付张某2、张某3折价款各1,112,500元；（2）张某4名下的存款及利息归张某1所有，由张某1

自判决生效之日起15日内给付赵某折价款706,250元,给付张某3、张某2折价款各141,250元;(3)赵某名下的存款及利息归赵某所有,由赵某自判决生效之日起15日内给付张某1、张某2、张某3折价款各81,250元;(4)张某4的丧葬费及抚恤金298,737.9元,归张某1所有,由张某1自判决生效之日起15日内给付赵某、张某3、张某2折价款各74,684.475元;(5)驳回张某1、赵某、张某2、张某3的其他诉讼请求。张某1、张某3、张某2不服一审判决,提起上诉。

二审法院认为,本案中,诉争房屋登记在被继承人张某4名下,该房屋的《单位出售公有住房买卖契约》签订及房产登记均于被继承人张某4与赵某登记结婚后,该房屋性质应属于被继承人张某4与赵某的夫妻共同财产。张某1、张某3、张某2以诉争房屋为被继承人张某4与赵某再婚婚前已预交购房款,且申请变更以成本价购买时使用了张某4已故配偶张某5的22年工龄为由主张房屋系赵某的婚前财产,但结合在案证据《单位出售公有住房买卖契约》的签订时间,加之《单位出售公房住房房价计算表》中未扣减被继承人张某4已故配偶张某5工龄的记载,法院认为现有证据尚不足以认定张某1、张某3、张某2所持诉争房屋系张某4婚前财产,及计算了其已故配偶工龄之主张。法院结合本案已查明的事实确认诉争房屋属于张某4与赵某的夫妻共同财产,二人各占该房屋的1/2份额,属于张某4的所有权份额为其遗产并按照法定继承予以处理适当,该院不持异议。一审法院对张某4与赵某名下银行存款及利息中属于张某4遗产的部分;张某4的丧葬费、抚恤金所作继承分割处理判项部分双方均未提出异议,该院予以确认。综上,判决驳回上诉,维持原判。

案例解读

上述案例中,法院判决主要适用的是《民法典》第1123条的规定,即"继承开始后,按照法定继承办理;有遗嘱的,按照遗嘱继承或者遗赠办理;有遗赠扶养协议的,按照协议办理"。第1153条第1款的规定,即"夫妻共同所有的财产,除有约定的外,遗产分割时,应当先将共同所有的财产的一半分出为配偶所有,其余的为被继承人的遗产"。本案中,被继承人生前未立遗嘱,应按法定继承分配遗产。诉争房屋和存款均属于被继承人与赵某的夫妻共同财产,在分割遗产时,应先分出一半归赵某所有,另外一半属于被继承人遗产,张某1、赵某、张某2、张某3作为第一顺序法定继承人应当均分遗产。

第一千一百五十四条 【法定继承的适用范围】 有下列情形之一的，遗产中的有关部分按照法定继承办理：

（一）遗嘱继承人放弃继承或者受遗赠人放弃受遗赠；

（二）遗嘱继承人丧失继承权或者受遗赠人丧失受遗赠权；

（三）遗嘱继承人、受遗赠人先于遗嘱人死亡或者终止；

（四）遗嘱无效部分所涉及的遗产；

（五）遗嘱未处分的遗产。

条文解读

本条是关于法定继承适用范围的规定。

根据本法第1123条的规定，遗产分配按遗赠扶养协议优先和遗嘱优先原则执行。因此，只有在被继承人生前未与他人订立遗赠扶养协议又没有立遗嘱，或者遗赠扶养协议无效或不能执行，被继承人的遗嘱无效或者部分无效时，才适用法定继承。除此之外，根据本条规定，下列情形适用法定继承：

（1）遗嘱继承人放弃继承或者受遗赠人放弃受遗赠。根据本法第1124条的规定，继承开始后，遗产处理前，继承人可以以书面形式放弃继承，受遗赠人在知道其受遗赠后明确表示放弃受遗赠，或者未在60日内作出接受遗赠的表示，视为放弃受遗赠。此时，继承人放弃继承或者受遗赠人放弃受遗赠所对应的那部分遗产，按法定继承办理。

（2）遗嘱继承人丧失继承权或者受遗赠人丧失受遗赠权。根据本法第1125条的规定，发生法定事由，继承人丧失继承权或者受遗赠人丧失受遗赠权。继承人绝对丧失继承权，或者相对丧失继承权后未能恢复的，本应由其继承的遗产按法定继承处理。受遗赠人丧失受遗赠权，本应由其获赠的遗产按法定继承处理。

（3）遗嘱继承人、受遗赠人先于遗嘱人死亡或者终止。法定继承中，继承人先于被继承人死亡的，发生代位继承；而代位继承不适用于遗嘱继承。遗嘱继承中，继承人、受遗赠人先于遗嘱人死亡或者终止的，按法定继承处理。

（4）遗嘱无效部分所涉及的遗产。遗嘱继承的条件之一是被继承人立有合法有效的遗嘱。本法第1143条规定了遗嘱无效的情形。如果遗嘱无效，则该部分所涉及的遗产不能按照遗嘱执行，应按法定继承处理。

（5）遗嘱未处分的遗产。被继承人虽立有遗嘱，但遗嘱可能并未处分全部遗产。对于遗嘱未处分的遗产，按法定继承处理。

典型案例

邢某、佟某1等继承纠纷案[1]

案件事实

高某与佟某5系夫妻关系，婚后育有三名子女，即长子佟某2、长女佟某1、次子佟某4。佟某5于2003年12月4日去世，高某于2014年11月4日去世，佟某4于2015年5月28日去世，佟某5及高某的父母均已去世。沈阳市和平区人民法院作出（2003）和民权初字×号民事调解书中载明佟某4与邢某于××××年××月××日登记结婚，婚生一子佟某3，主文中载明佟某4与邢某离婚。沈阳市和平区民政局出具的结婚证显示邢某与佟某4于2015年4月30日复婚。另查明，1999年4月高某与佟某5夫妻关系存续期间投资建立个人独资企业沈阳市龙河纸箱厂[工商档案记载该厂系组建单位沈阳市新城子区（后更名为沈北新区）清水台镇泥沟堡村民委员会于1991年申请注册并由工商部门核准的村办集体企业，1999年该厂经济性质由集体所有制变更为私营]。另查明，沈阳市龙河纸箱厂有两笔债权提起诉讼，一审法院分别作出（2017）辽0113民初7876号民事判决书、（2017）辽0113民初7877号民事判决书，这两个案件执行回款1,557,900元（1,053,900元+504,000元），已经支付给沈阳市龙河纸箱厂102万元，一审法院尚有执行回款537,900元。另查明，一审法院作出已经生效的（2015）北新民初字第4356号民事判决书，判决沈阳市龙河纸箱厂应该给付沈阳市天金龙油墨有限公司货款81,036.43元并承担案件受理费915元和执行费1129元，合计83,080.43元，已经执行完毕。佟某1向一审法院起诉请求：请求人民法院依法按照法定继承分割454,819.57元执行款，佟某1应当分得151,606.52元。

争议焦点

本案中，主要争议焦点是案涉执行回款是否属于遗产。

---

[1] 辽宁省沈阳市中级人民法院（2021）辽01民终14701号。

判决结果

一审法院认为,沈阳市龙河纸箱厂是高某与佟某5婚姻关系存续期间共同投资建立经营,应属于夫妻共同财产。被继承人佟某5生前未留有遗嘱,被继承人高某生前留有遗嘱,本案诉争的执行回款不在遗嘱范围内,应按照法定继承等额继承。法定继承按照第一顺序继承由佟某1、佟某2、佟某4继承,由于佟某4在财产分割前死亡,其应继承的遗产转给其继承人,由其配偶被告邢某和其儿子佟某3继承。诉争遗产454,819.57(537,900 - 83,080.43)元由佟某1、佟某2各继承151,606.52元,邢某、佟某3继承151,606.52元。邢某不服一审判决,提起上诉,二审判决驳回上诉,维持原判。

案例解读

上述案例中,法院判决主要适用的是《民法典》第1127条第1款第1项的规定,即"遗产按照下列顺序继承:(一)第一顺序:配偶、子女、父母";第1152条的规定,即"继承开始后,继承人于遗产分割前死亡,并没有放弃继承的,该继承人应当继承的遗产转给其继承人,但是遗嘱另有安排的除外";第1154条第5项的规定,即"有下列情形之一的,遗产中的有关部分按照法定继承办理:(五)遗嘱未处分的遗产"。本案中,被继承人高某虽留有遗嘱,但遗嘱未涉及执行回款,属于遗嘱未处分的遗产,应按法定继承办理。佟某1、佟某2、佟某4均为第一顺序法定继承人,但是佟某4在继承开始后,遗产分割前死亡,佟某4应当继承的遗产份额转由其继承人邢某和佟某3继承。

第一千一百五十五条 【胎儿预留份】遗产分割时,应当保留胎儿的继承份额。胎儿娩出时是死体的,保留的份额按照法定继承办理。

条文解读

本条是关于胎儿预留份的规定。

胎儿预留份,即在遗产分割时,为尚未出生的胎儿预留的一部分继承份额。

无论是适用法定继承,还是适用遗嘱继承,在分割遗产时,被继承人遗有胎儿时都应当为胎儿保留其应继承的份额。我国《民法典》第16条规定,涉及遗产继承、接受赠与等胎儿利益保护的,胎儿视为具有民事权利能力。但是,胎儿娩出时为死体的，其民事权利能力自始不存在。根据该条规定，胎儿在遗产继承和接受赠与时是具有权利能力的，也即胎儿可以享有继承权。因此，胎儿虽未出生，但在实际分割遗产时，应计入继承人之列，为其保留继承份额。

根据本条第 2 句的规定，胎儿能否最终实际取得应继份额，取决于胎儿能否顺利分娩。如果胎儿娩出时为活体，那么出生的婴儿就依法取得了遗产所有权；如果流产或胎儿娩出时为死体，那么胎儿丧失继承权，原为胎儿保留的应继份额按照法定继承办理，由被继承人的法定继承人继承。

配套法规及解读

《〈民法典〉继承编司法解释（一）》（2020 年 12 月 29 日）

第三十一条　应当为胎儿保留的遗产份额没有保留的，应从继承人所继承的遗产中扣回。

为胎儿保留的遗产份额，如胎儿出生后死亡的，由其继承人继承；如胎儿娩出时是死体的，由被继承人的继承人继承。

※法规解读：在分割遗产时，应当为胎儿保留应继承份额，是继承人应当承担的法定义务。如果继承人在分割遗产时没有为胎儿保留应继份额，或者为胎儿保留的遗产数额过少，则应从继承人所继承的遗产数额中按比例扣回适当的遗产数额；必要时可以由胎儿的监护人诉诸法律，以切实保护胎儿的合法权益。为胎儿保留的遗产份额，在胎儿出生后即转为出生后婴儿的个人财产，婴儿其后死亡的，由其继承人继承婴儿遗产；如胎儿娩出时是死体的，根据《民法典》规定，其民事权利能力自始不存在，胎儿不能取得遗产所有权，这部分遗产由被继承人的法定继承人继承。

关联法规索引

《最高人民法院关于适用〈中华人民共和国民法典〉总则编若干问题的解释》第 4 条

典型案例

石某某、孙某等共有物分割纠纷案〔1〕

案件事实

原告石某某与其丈夫王某某共育有一子一女，儿子王某好，女儿王某英，王某好出生于1976年1月14日，王某英出生于1979年6月24日，后王某某于2010年3月去世，王某好于2017年11月去世。原告石某某与其丈夫王某某于1985年前后在安丘市自建平房一处，1993年进行翻建，1997年1月6日安丘市人民政府颁发房屋所有权证书，房屋所有权证号为：安权字第×号，该房产证载明房屋所有权人为王某某，房屋坐落于景芝镇××东南，共有人4人，正房3间，房屋面积为88.2m^2。

被告孙某与其前夫于某某于2012年2月16日离婚，离婚时双方婚生女孩于某跟随孙某，由孙某单独抚养。2012年4月19日，孙某与王某好结婚，婚后于2014年6月12日生女孩王某1，于2018年4月19日生男孩王某2。原告丈夫王某某和儿子王某好去世后，原告与儿媳孙某、孙女王某1、孙子王某2、孙女于某一直居住在该房中，双方相安无事。2020年8月14日，被告孙某与陈某某结婚，后又生育一女，陈某某亦在涉案房屋中居住，原告与被告孙某及陈某某产生矛盾，之后原告从涉案房屋中搬出，现原告跟随其女儿王某英居住生活。

根据原告申请，经法院委托，潍坊国泰价格评估有限公司于2021年7月15日出具价格评估报告书，评估涉案房屋价格为80,685元。原告为此支出评估费3500元。

根据法院对安丘市干部调查得知，陈某某系安丘市景芝镇某村人，在该村拥有房屋一处，陈某某与孙某2020年8月结婚后生育一女孩，婚后孙某和陈某某主要在景芝镇某村的房屋中居住，孙某现在景芝镇某厂上班，偶尔在涉案房屋中居住。根据法院现场勘验可知，涉案房屋内基本生活用品缺乏。

争议焦点

本案中，主要争议焦点是涉案房屋应如何继承和分割。

〔1〕 山东省安丘市人民法院(2021)鲁0784民初2691号。

判决结果

法院认为,根据当事人的诉讼请求,本案涉及共有物分割及遗产继承问题,故本案涉及两个法律关系的处理,因此本案应按诉争的两个法律关系确定并列的两个案由,即共有物分割及法定继承纠纷。

关于涉案房屋产权归属问题。涉案房屋系原告石某某与其丈夫王某某于1985年建设,后又于1993年翻建所形成。根据安丘市人民政府颁发的村镇房屋所有权证,房屋所有权人系王某某,共有人为4人,但该房屋建设及翻建时,作为原告与王某某子女的王某好及王某英均未成年,二人均无收入来源,对房屋的建设并没有贡献,故该房屋应系原告石某某与其丈夫王某某的夫妻共同财产,二人对涉案房屋应为共同共有。

关于涉案房屋的继承问题。王某某死亡后,原告及被告王某英、王某好均系第一顺序法定继承人,对王某某的遗产即涉案房屋均有继承权。因涉案房屋系王某某与原告共同共有的财产,王某某享有1/2的份额,该份额由原告及被告王某英、王某好共同继承,按平均继承计算,原告及被告王某英、王某好各享有1/6的份额。王某好去世后,因于某跟随王某好共同生活多年,双方已形成有扶养关系的继父母子女关系,原告及被告孙某、王某1、王某2、于某作为第一顺序继承人对王某好享有涉案房屋份额的1/6进行继承,按平均继承计算,原告及被告孙某、王某1、王某2、于某各享有1/30的份额。综上,原告对涉案房屋应享有7/10的份额,被告王某英应享有1/6的份额,被告孙某、王某1、王某2、于某共同享有2/15的份额。

关于涉案房屋的分割问题。根据《民法典》第303条的规定,共有人约定不得分割共有的不动产或者动产,以维持共有关系的,应当按照约定,但是共有人有重大理由需要分割的,可以请求分割;没有约定或者约定不明确的,按份共有人可以随时请求分割,共同共有人在共有的基础丧失或者有重大理由需要分割时可以请求分割。因分割造成其他共有人损害的,应当给予赔偿。本案争议房屋,在遗产分割前属于各继承人及共有人共有。因王某某、王某好死亡及被告孙某再婚,原告与被告孙某矛盾加剧,原告要求分割争议的共有房产,理由正当,法院予以支持。根据《民法典》第304条第1款的规定,共有人可以协商确定分割方式。达不成协议,共有的不动产或者动产可以分割且不会因分割减损价值的,应当对实物予以分割;难以分割或者因分割会减损价值的,应当对折价或者拍卖、变卖取得的价款予以分割。本案原告因无房屋居住,故搬到其女儿即被告王某英处居住生活。被告孙某虽辩称其和子女没有房屋居住，但根据法院对安丘市干部调查得知，被告孙某的现任丈夫陈某某在某村拥有房屋一处，孙某及陈某某婚后基本在某村居住，偶尔在涉案房屋居住，且法院现场勘验时亦发现涉案房屋中缺乏基本的生活物品，故对被告孙某关于其和子女除涉案房屋外无其他住处的辩称，法院不予采信。综合考虑原、被告的居住情况，对涉案房屋享有的份额，涉案房屋由原告所有，原告给予被告相应份额的财产补偿较为适宜。涉案房屋经评估价值为80,685元，原告为此支出评估费3500元，又因被告王某英应享有1/6的份额，被告孙某、王某1、王某2、于某共同享有2/15的份额，法院酌情确认原告支付被告王某英房屋折价款12,800元，原告支付被告孙某、王某1、王某2、于某房屋折价款10,300元。

案例解读

上述案例中，法院判决主要适用的是《民法典》第1127条第1款第1项的规定，即“遗产按照下列顺序继承：（一）第一顺序：配偶、子女、父母”；第1130条第1款的规定，即“同一顺序继承人继承遗产的份额，一般应当均等”；第1155条的规定，即“遗产分割时，应当保留胎儿的继承份额。胎儿娩出时是死体的，保留的份额按照法定继承办理”。本案中，被继承人王某某死亡后，原告石某某、王某英、王某好作为第一顺序法定继承人，应各自继承案涉房屋1/6的遗产份额（1/2 ÷ 3）。由于王某好在遗产分割前死亡，故应由王某好继承的遗产份额转由其继承人继承。虽然王某2出生于王某好去世之后，在王某好去世时尚是胎儿，但应当为胎儿保留必要的遗产份额。因此王某好的第一顺序法定继承人是原告石某某、孙某、王某1、王某2、于某五人，各自享有案涉房屋1/30的遗产份额（1/6 ÷ 5）。综上，石某某享有案涉房屋7/10的份额（1/2 + 1/6 + 1/30）。

第一千一百五十六条　【遗产分割的原则和方法】遗产分割应当有利于生产和生活需要，不损害遗产的效用。

不宜分割的遗产，可以采取折价、适当补偿或者共有等方法处理。

条文解读

本条是关于遗产分割的原则和方法的规定。

遗产分割，是指在共同继承人之间，按照各继承人的应继承份额分配遗产的行为。根据本条第1款的规定，在遗产分割时，应当从有利于生产和生活的需要出发，注意充分发挥遗产的实际效用。物尽其用原则是许多国家继承法在遗产分割时所遵循的原则。人民法院在分割遗产中的房屋、生产资料和特定职业所需要的财产时，应当依据有利于发挥其使用效益和继承人实际需要原则，兼顾各继承人的利益进行处理。

遗产分割时，对于能够分割的遗产，可以按照第1款规定的分割原则进行分割。对于不宜分割的遗产，本条第2款规定了分割方法，即可以采取折价、适当补偿或者共有等方法处理。折价分割，是指遗产不宜分割，且继承人都无意取得遗产原物的情况下，将遗产变卖，由继承人按照继承份额取得相应价款。补偿分割，是指遗产不宜分割，且有的继承人愿意取得遗产原物，则由该继承人取得遗产所有权，并向其他继承人支付应继承遗产份额所对应的价金。多个继承人都愿意取得原物的，可以由这些继承人竞价，出价高者取得遗产所有权，再按此价格向其他继承人补偿对应价金。按共有处理，是指不宜分割的遗产，全体继承人都愿意取得遗产所有权，或者继承人出于留作纪念等某种目的，协商一致不对遗产进行分割，则全体继承人可以对遗产按份共有。

配套法规

《〈民法典〉继承编司法解释(一)》(2020年12月29日)

第四十二条　人民法院在分割遗产中的房屋、生产资料和特定职业所需要的财产时，应当依据有利于发挥其使用效益和继承人的实际需要，兼顾各继承人的利益进行处理。

关联法规索引

《最高人民法院关于金瑞仙与黄宗廉等房产纠纷一案的批复》

典型案例

李某某、侯某某共有物分割纠纷案〔1〕

案件事实

侯再某与田华某原系夫妻关系,生育侯某业、侯某碧兄弟二人。1996 年 12 月 12 日,田华某去世。1997 年 12 月 9 日,侯再某与被告李某某登记结婚。侯某业与其妻陈泽某于 2001 年 1 月 6 日生育一女侯某某。2012 年 6 月 7 日,侯某业去世,陈泽某先于侯某业去世。此后经社区指定由陈某某担任侯某某的监护人。2014 年 10 月 30 日,侯再某因病去世。2015 年 2 月 11 日,侯某碧、侯某某向贵州省贵阳市南明区人民法院提起诉讼,请求对侯再某遗产进行确权。经审理,一审法院于 2016 年 12 月 30 日作出(2015)南少民初第 × 号民事判决书,判决位于花果园商住楼一组团 A 区某栋住宅某楼 3、9 型号建筑面积 60.5m^2、60.3m^2 的两套房屋(总面积 120.8m^2),侯某碧、侯某某分别享有该两套房产 30m^2 的产权份额,李某某享有该两套房产 60.8m^2 的产权份额。宣判后,李某某不服判决,向贵阳市中级人民法院提起上诉。2017 年 6 月 3 日,贵阳市中级人民法院作出(2017)黔 01 民终 × 号民事判决书,判决驳回上诉,维持原判。判决生效后,侯某某向一审法院申请执行,一审法院向贵阳市国土资源局不动产登记中心发出《协助执行通知书》后,2018 年 8 月 28 日,侯某某办理取得不动产权证书,载明,"权利人:侯某某,共有情况:按份共有,坐落:南明区,房屋建筑面积 58.12m^2,产权比例:侯某某(49.75%、李某某 50.25%)。附记:依据南明区人民法院生效的(2015)南少民初第 × 号民事判决书及(2017)黔 0102 执 × 号协助执行通知书办理"。2020 年 4 月 8 日,侯某某向一审法院递交民事诉状,起诉来院,请求判令双方共有的坐落于花 × × 后街彭家湾旧房棚户区改造项目 B 区 B 南 2 栋 × 层 × 号房屋归原告所有,原告按房屋的比例支付价款给被告。审理过程中,侯某某向法院提出申请,要求对南明区房屋价值进行评估,法院委托贵州恒信众合土地房地产评估有限公司(以下简称恒信众合公司)对房屋价值及装修价值两个部分分别进行评估。2020 年 9 月 21 日,恒信众合公司作出恒信众合字(2020) × 号房地产估价报告,估价对象于价值时点 2020 年 8 月 27

〔1〕 贵州省贵阳市中级人民法院(2021)黔 01 民终 10793 号。

日的市场价值为49.58万元。因该估价结果已包含房屋室内装饰装修价值，法院函告恒信众合公司，要求恒信众合公司按法院委托事项分别进行评估。2021年2月2日，恒信众合公司函复法院，“因侯某某及李某某未能配合确定该房屋对应评估装修清单，故我公司无法对装修价值单独进行评估，现提供评估基准日（2020年8月27日）该房屋毛坯状态下参考值（毛坯状态下单价为8049元/平方米，评估总价为46.78万元）”。因李某某对上述贵阳市中级人民法院作出的民事判决不服，向贵阳市人民检察院反映。2021年4月8日，贵阳市人民检察院向李某某作出群众来访回复函，内容为：“李某某。您对贵阳市中级人民法院（2017）黔01民终×号民事判决不服，来我院反映。经审查，贵阳市人民检察院已对您的申诉进行了审查，并依法作出了不予支持监督申请的决定。根据《民事诉讼监督规则（试行）》第31条第5款关于人民检察院已经审查终结作出决定的监督申请，人民检察院不予受理的规定，您反映的申诉案件我院依法不再受理。如您有新的事实和证据，请依法向作出生效的人民法院或其上一级人民法院反映。”

另查明，案涉房屋交付后，被告对案涉房屋进行了装修并占有使用至今。庭审中，被告明确表示如果法院认定要分割，其要住案涉房屋。

争议焦点

本案中，主要争议焦点是遗产应如何分割。

判决结果

一审法院认为，本案中，对坐落于花果园商住楼一组团A区某栋住宅某楼3、9型号建筑面积60.5m^2、60.3m^2的两套房屋（总面积120.8m^2），法院于2016年12月30日作出（2015）南少民初第×号民事判决书，判决案外人侯某碧与原告分别享有该两套房产30m^2的产权份额，被告享有该两套房产60.8m^2的产权份额。后贵阳市国土资源局不动产登记中心依据上述判决及法院《协助执行通知书》为原告办理了其中9型号房屋共有权属证书，原告占有产权比例49.75%，被告占有产权比例50.25%。由于原、被告双方关系恶化，显然不可能在共有的案涉房屋处共同居住生活。对案涉房屋进行实体分割，可减少避免双方矛盾的发生。现原告诉请判决案涉房屋归其所有并按房屋的比例支付价款给被告，对此，被告在庭审中明确表示如果法院认定要分割，其要住案涉房屋。鉴于案涉房屋系被告装修，且自房屋交付时起至今均系被告占有使用，故法院对被告要住案涉房屋的意见予以采纳，认定案涉房屋归被告所有，由被告按原告所占比例对原告进行补偿。案涉房屋经本院委托评估,毛坯状态下评估总价为46.78万元,原告占有产权比例49.75%,被告应补偿原告的款项为232,730.5元。至于被告辩称案涉房屋系其与侯再某修建的房屋拆迁安置,与原告无关及一、二审判决违反法律规定,没有判决被告在夫妻关系存续期间所修建的房屋。该两份判决书与继承法和婚姻法相违背,被告已经申请再审并经贵阳市人民检察院予以驳回,依照法律规定,法院现处于再审之中等辩解意见。因法院一审及二审判决已经发生法律效力。同时,被告提交贵阳市人民检察院向其作出的《群众来访回复函》中明确载明"您反映的申诉案件我院依法不再受理。如您有新的事实和证据,请依法向作出生效的人民法院或其上一级人民法院反映",而被告对其本案现处于再审之中的主张未提交证据证明。综上,对被告的上述辩解意见,法院不予采纳。综上,判决:坐落于南明区房屋(建筑面积58.12m^2)归被告李某某所有。被告李某某于判决生效之日起10日内补偿原告侯某某232,730.5元。李某某不服一审判决,提起上诉,二审判决驳回上诉,维持原判。

案例解读

上述案例中,法院判决主要适用的是《民法典》第1156条的规定,即"遗产分割应当有利于生产和生活需要,不损害遗产的效用。不宜分割的遗产,可以采取折价、适当补偿或者共有等方法处理"。本案中,当事人双方不愿继续按份共有案涉房屋,房屋属于不宜分割的遗产,双方都愿意取得房屋所有权,因此应根据实际情况,由一方取得房屋所有权,并向另外一方支付相应金额。由于李某某对案涉房屋进行了装修并一直居住其中,本着有利生活的原则,案涉房屋由李某某所有为宜,并由李某某向侯某某支付相应价金。

第一千一百五十七条 【再婚时对所继承遗产的处分权】夫妻一方死亡后另一方再婚的,有权处分所继承的财产,任何组织或者个人不得干涉。

条文解读

本条是关于再婚时对所继承遗产的处分权的规定。

《民法典》第1041条第2款规定:"实行婚姻自由、一夫一妻、男女平等的婚姻制度。"夫妻任何一方死亡的,另一方有再婚的权利,这是婚姻自由原则的具体体现。《民法典》第1061条规定:“夫妻有相互继承遗产的权利。”夫妻一方死亡后,另一方依法对死亡一方的遗产进行继承,此后其继承的财产就已经成为他(她)自己的财产,享有完全的所有权,也可以按照自己的意愿处分财产,这种处分权不因再婚而有任何改变,任何组织或者个人不得干涉。夫家(娘家)的亲属不得以丧偶一方再婚为由索要已经分割完毕的财产。

关联法规索引

《妇女权益保障法》第34条

典型案例

王某1、王某2等所有权确认纠纷案[1]

案件事实

涉案房屋位于广州市花都区×号之一加油站集资楼东楼302房,于1995年2月24日登记在王某某名下,由王某某占有全部产权份额。

三原告主张,涉案房屋属于王某某与黄某某的夫妻共同财产,王某某与黄某某系夫妻关系,于20世纪60年代登记结婚。三原告为此提交了广州市花都区某村民委员会于2020年4月27日出具的证明,内容如下:兹证明王某某(已于2019年5月27日死亡)与黄某某(已于2006年8月8日去世)两人于60年代在广州市花县登记结婚,婚后生育子女如下:王某2、王某华、王某1。王某某的父亲是王某京,已先于王某某去世;王某某的母亲是袁某某,已先于王某某去世。三原告据此主张,其系王某某的法定继承人。

三原告为证实其系王某某的法定继承人,还提交了广州市公安局城东派出所于2020年11月12日出具的关系记载证明,证实王某某与黄某某系夫妻关系,王某某与王某2系父子关系,王某某与王某华系父女关系、与王某1系父子关系,以及(2020)粤广花都第16364号公证书证明,王某2是王某某的儿子。

广州市公安局城东派出所于2020年11月12日出具户口注销证明,载明黄某

[1] 广东省广州市花都区人民法院(2021)粤0114民初7341号。

某家属已于2006年8月8日为其办理死亡户口注销手续。

骆某某陈述,王某某与其系夫妻关系,双方于2008年1月18日登记结婚。王某某与骆某某于2019年5月21日向广州市规划和自然资源局花都区分局递件,申请办理存量房转移登记—析产。骆某某于2019年5月30日取得涉案房屋的产权证书,占有涉案房屋1/2产权份额。

王某某于2019年5月26日死亡。三原告主张,王某某生前存在神志不清的情况,故其有理由怀疑王某某在去世前五天办理析产,此时王某某并不具备完全民事行为能力。骆某某陈述,王某某死亡是因为糖尿病的并发症导致肾衰,需要进行透析,最后因为心脏衰竭死亡。三原告对此予以确认。原告王某1、王某2、王某华向法院提出诉讼请求:请求确认三原告各占案涉房屋20.315%的份额。

争议焦点

本案中,主要争议焦点是当事人对案涉房屋各自享有的份额。

判决结果

法院认为,涉案房屋属于王某某与黄某某的夫妻共同财产,在双方未约定具体份额的情况下,应视为双方各占有涉案房屋1/2产权份额。黄某某先于王某某死亡,此时黄某某占有的1/2产权份额发生法定继承,由王某某与三原告各继承12.5%的份额。王某某此时应占有涉案房屋62.5%的产权份额。王某某在去世前,将其占有涉案房屋50%的产权份额通过析产方式转移给骆某某,系王某某对于自己财产的处分,未违反法律法规,该处分行为合法有效。现骆某某已取得产权证书,而三原告虽主张王某某存在神志不清的情况,但并未提交证据对其予以证实,法院对此不予采纳。

在王某某未留有遗嘱的情况下,王某某去世后,其对于涉案房屋所占用的产权份额应发生法定继承。王某某在将涉案房屋50%的产权份额转移给骆某某后,王某某还应占有12.5%的产权份额。三原告与骆某某作为王某某的第一顺位法定继承人,均有权继承王某某的财产。故三原告各自占有的涉案房屋产权份额应为15.625%。三原告要求确认各自占有涉案房屋15.625%的产权份额,法院予以支持。对于超出部分,法院不予支持。

案例解读

上述案例中,法院判决主要适用的是《民法典》第1123条的规定,即"继承开始后,按照法定继承办理;有遗嘱的,按照遗嘱继承或者遗赠办理;有遗赠扶养协议的,按照协议办理”;第 1127 条第 1 款第 1 项的规定,即“遗产按照下列顺序继承:(一)第一顺序:配偶、子女、父母”;第 1153 条第 1 款的规定,即“夫妻共同所有的财产,除有约定的外,遗产分割时,应当先将共同所有的财产的一半分出为配偶所有,其余的为被继承人的遗产”;第 1157 条的规定,即“夫妻一方死亡后另一方再婚的,有权处分所继承的财产,任何组织或者个人不得干涉”。本案中,黄某某去世时未留有遗嘱,案涉房屋的一半属于黄某某的遗产,应由法定继承人王某某、王某 2、王某华、王某 1 均分,各自获得案涉房屋 12.5% 份额,此时王某某共拥有案涉房屋 62.5% 份额。王某某与被告骆某某再婚后,将属于自己所有的 50% 的房产份额自愿赠与被告,系对自己财产权利的处分,他人不得干涉。至此,被继承人王某某的遗产范围是案涉房屋 12.5% 的份额,因其未留有遗嘱,由其法定第一顺序继承人即三原告和被告均分,各自获得案涉房屋 3.125% 的份额。因此,三原告各自占有的涉案房屋产权份额应为 15.625%(12.5% +3.125%),被告占有的涉案房屋产权份额应为 53.125%(50% +3.125%)。

第一千一百五十八条 【遗赠扶养协议】自然人可以与继承人以外的组织或者个人签订遗赠扶养协议。按照协议,该组织或者个人承担该自然人生养死葬的义务,享有受遗赠的权利。

条文解读

本条是关于遗赠扶养协议的规定。

遗赠扶养协议,是指受扶养人与扶养人之间签订的,扶养人承担受扶养人的生养死葬义务,在受扶养人死后享有接受其遗产的权利的协议。根据本条规定,自然人可以与扶养人签订遗赠扶养协议。按照协议,扶养人承担该自然人生养死葬的义务,享有受遗赠的权利。遗赠扶养协议有两种:一种是自然人与自然人签订的遗赠扶养协议;另一种是自然人与具备承担养老职能的组织签订的遗赠扶养协议。需要注意的是,自然人担任扶养人的,只能是被继承人的法定继承人之外的自然人。这样规定,能够防止法定继承人以自己不是遗赠扶养协议中的扶养人为由逃避法定赡养义务。

遗赠扶养协议是一种合同,为了方便举证,避免发生争议,应当采用书面形式,注明年、月、日，当事人应当在协议书上签名盖章。

遗赠扶养协议具有优先的适用效力。本法第 1123 条明确规定：继承开始后，按照法定继承办理；有遗嘱的，按照遗嘱继承或者遗赠办理；有遗赠扶养协议的，按照协议办理。被继承人生前与他人订有遗赠扶养协议，同时又立有遗嘱的，继承开始后，如果遗赠扶养协议与遗嘱没有抵触，遗产分别按协议和遗嘱处理；如果有抵触，按协议处理，与协议抵触的遗嘱全部或者部分无效。

继承人以外的组织或者个人与自然人签订遗赠扶养协议后，无正当理由不履行，导致协议解除的，不能享有受遗赠的权利，其支付的供养费用一般不予补偿；遗赠人无正当理由不履行，导致协议解除的，则应当偿还继承人以外的组织或者个人已支付的供养费用。

配套法规及解读

《〈民法典〉继承编司法解释（一）》（2020 年 12 月 29 日）

第四十条 继承人以外的组织或者个人与自然人签订遗赠扶养协议后，无正当理由不履行，导致协议解除的，不能享有受遗赠的权利，其支付的供养费用一般不予补偿；遗赠人无正当理由不履行，导致协议解除的，则应当偿还继承人以外的组织或者个人已支付的供养费用。

※**法规解读**：遗赠扶养协议签订后，对扶养人和受扶养人（遗赠人）均有约束力，双方都应自觉履行。协议解除的，应区分解除原因确定扶养人已经支付的供养费用是否返还：如果因扶养人无正当理由不履行协议，导致协议解除，扶养人除了不能享有受遗赠的权利外，其支付的供养费用一般不予补偿；如果因受扶养人无正当理由不履行协议，如擅自处分协议所涉及的财产，导致协议解除，则应当偿还扶养人已支付的供养费用。

关联法规索引

《〈民法典〉继承编司法解释（一）》第 3 条；《老年人权益保障法》第 36 条

典型案例

赵某1、赵某2遗赠扶养协议纠纷案[1]

案件事实

赵某2向一审法院起诉请求:(1)确认赵某某与原告赵某2签订的遗赠扶养协议合法有效,本溪市某厂欠赵某某6.8万元全部归赵某2所有。赵某某百年后所有的丧葬费及2021年7月由被告领取的2800元工资款归赵某2所有,与儿子赵某1无关。(2)本案的诉讼费用及保全费由被告赵某1承担。

一审法院认定事实:赵某2系赵某某的妹妹。赵某某与王某原系夫妻关系,育有一子即赵某1,赵某某与王某于2002年5月31日登记离婚。赵某某的父母已去世。2021年4月7日,赵某某(甲方)与赵某2(乙方)签订《遗赠扶养协议》一份,内容为:甲乙双方系同胞兄妹,甲方哥哥赵某某,乙方妹妹赵某2。甲方早年离婚,育有一子名叫赵某1,现年40岁,已婚。甲方2018年5月8日在本溪市金山医院被查出患有肺恶性肿瘤、淋巴结转移瘤。2018年5月中旬至今先后在本溪金山医院住院30余次。住院期间,甲方儿子没有尽到照顾赡养义务。所有医疗费自费部分都是乙方代支付,从生病到现在都是乙方在出钱出力照顾、护理。由于甲方需要继续治疗及护理,现,甲乙双方就甲方的生前护理、生活扶养及身后遗产分配事宜达成遗赠扶养协议如下:(1)甲方从今往后至身故止,一切生活料理、就医费用及丧葬事宜由乙方全权负责,乙方应尽全力扶养照料甲方各种生活医疗及丧葬事宜。(2)甲方现有退休工资每月2500余元,每月给乙方2000元。作为生活费、医疗费、护理费支出,不足部分由乙方负责。(3)甲方承诺本溪市某厂欠甲方6.8万余元工资全部归乙方所有。甲方百年后所有的丧葬费及工资归乙方所有,与甲方儿子无关。(4)甲乙双方在平等互助的条件下签订此协议,属真实意思表达,双方应当严格遵守,不得反悔。(5)甲乙双方签字生效,各持一份。案外人杨某某、董某某在该协议见证人处签字捺手印,赵某某与赵某2分别在该协议落款处甲方处、乙方处签字捺手印。赵某2提交了上述《遗赠扶养协议》形成的视频影像。2021年7月15日,赵某某去世。另查,2021年9月16日,本溪某公司管理人向法院出具《证实材

---

[1] 辽宁省本溪市中级人民法院(2021)辽05民终1846号。

料》,按照贵院指定调查令要求,根据本溪某公司破产财务审计报告,赵某某在企业工作期间累计欠发工资42,588.41元。再查,赵某某去世当月即2021年7月发放工资款项2809元。本案在审理过程中,赵某2共提交两份视频资料:一份是赵某某与赵某2于2021年4月7日签订《遗赠扶养协议》的视频;一份是赵某某本人在住院病房内自己宣读的2021年4月13日遗赠扶养协议,该协议落款仅有赵某某一人签字。另查明,王某陈述:赵某某于2004年退休。本溪某公司破产清算组副组长李某某陈述:赵某某在本溪某厂的债权是赵某某被返聘回来拖欠的工资款项。

争议焦点

本案中,主要争议焦点是:(1)遗赠扶养协议是否有效;(2)案涉债权是否为被继承人遗产。

判决结果

一审法院认为:自然人可以立遗嘱将个人财产赠与国家、集体或者法定继承人以外的组织、个人。自然人可以与继承人以外的组织或者个人签订遗赠扶养协议。按照协议,该组织或者个人承担该自然人生养死葬的义务,享有受遗赠的权利。本案中,赵某某与赵某2于2021年4月7日签订的《遗赠扶养协议》,系在两位见证人的见证下签署,该《遗赠扶养协议》符合法律要件,合法有效。赵某2在赵某某生病期间进行了照料。关于赵某1所述赵某某系受赵某2控制、赵某某有轻生念头等,认为上述《遗赠扶养协议》无效的意见,赵某1在庭审中申请其叔叔赵某财、赵某权出庭作证说明与赵某某无法联系,不足以说明无法取得联系是因为赵某2的原因。同时,赵某1也未能证明赵某2存在丧失继承权即丧失受遗赠权的行为。综上,赵某某与赵某2于2021年4月7日签订的《遗赠扶养协议》合法有效。依据该协议,赵某某在本溪某公司享有债权(该单位欠发赵某某的工资)42,588.41元以及赵某某去世当月工资2809元,归赵某2所有。关于赵某某去世后的丧葬费、抚恤金等费用,现未确定具体数额且双方对处理丧葬事宜存有争议,双方可另行主张权利。判决:赵某某在本溪某公司享有债权(该单位欠发赵某某的工资)42,588.41元以及赵某某去世当月工资2809元,归赵某2所有。

赵某1不服一审判决,提起上诉。

二审法院认为:赵某某与赵某2签订的《遗赠扶养协议》系双方的真实意思表示,合法有效。依据该协议,赵某某在生病期间由赵某2进行日常照料,现赵某1仅凭赵某某坠楼身亡和丧葬事宜由其办理来认定赵某2未尽到扶养义务,缺乏事实和法律依据，况且丧葬费用本案并未进行审理，故赵某1提出赵某2未尽到扶养义务的上诉理由，不予支持。

关于赵某1提出案涉债权系王某与赵某某夫妻共同财产，赵某某无权单独处分一节。王某与赵某某于2002年已经办理离婚登记，王某称赵某某2004年退休，依据李某某陈述案涉债权系赵某某退休返聘后拖欠的工资，由此可认定案涉债权是赵某某与王某离婚后产生的并非夫妻共同财产。即使案涉债权产生于王某、赵某某婚姻关系存续期间，双方已办理离婚登记，赵某1提出该项主张亦无事实依据，不予支持。综上，驳回上诉，维持原判。

案例解读

上述案例中，法院判决主要适用的是《民法典》第1123条的规定，即"继承开始后，按照法定继承办理；有遗嘱的，按照遗嘱继承或者遗赠办理；有遗赠扶养协议的，按照协议办理"。第1158条的规定，即"自然人可以与继承人以外的组织或者个人签订遗赠扶养协议。按照协议，该组织或者个人承担该自然人生养死葬的义务，享有受遗赠的权利"。本案中，赵某1是法定第一顺序继承人，对被继承人负有法定扶养义务。赵某2是继承人之外的人，其与被继承人签订的遗赠扶养协议，是双方当事人的真实意思表示，且赵某2按照协议约定对被继承人履行了扶养义务，在被继承人死后，有权依照遗赠扶养协议获得被继承人遗产。

第一千一百五十九条　【遗产分割时的义务】分割遗产，应当清偿被继承人依法应当缴纳的税款和债务；但是，应当为缺乏劳动能力又没有生活来源的继承人保留必要的遗产。

条文解读

本条是关于遗产分割时的义务的规定。

被继承人死亡时，不仅会留下遗产，有时还会留下债务。此时，如果继承人只继承遗产而不清偿被继承人债务，对于债权人而言是极不公平的。因此，继承人分割遗产前，应当先以遗产清偿被继承人依法应当缴纳的税款和债务。仍有剩余的，才能对遗产进行分割，由各继承人取得遗产所有权。

根据本条第2分句的规定，用被继承人遗产清偿被继承人依法应当缴纳的税款和债务时,应当为缺乏劳动能力又没有生活来源的继承人保留必要的遗产。此规定在适用时应注意以下几点:(1)被继承人遗产不足以缴纳税款和清偿债务,方有保留必要遗产的必要。如果遗产数量众多,缴纳税款和清偿债务后仍有大量剩余,则没有保留必要遗产的必要。(2)只能为缺乏劳动能力又没有生活来源的继承人保留必要的遗产,不能为除此之外的其他人专门保留遗产。继承人必须同时满足"缺乏劳动能力"和"没有生活来源"两个条件,才能为其保留必要的遗产。(3)保留的是必要的遗产,即维持正常生活所需的遗产。

关联法规索引

《〈民法典〉继承编司法解释(一)》第 25 条

典型案例

张某、杨某等民间借贷纠纷案[1]

案件事实

张某向一审法院起诉请求:判令杨某立即偿还借款本金 10 万元,并支付该款自 2019 年 5 月 18 日起至判决确定给付之日止按月利率 1% 计算的利息(暂算至 2021 年 5 月 17 日为 25,000 元);翁某 2、翁某 3、翁某 4、翁某 1、陈某在继承翁某某的遗产范围内对上述债务承担偿还责任。

一审法院认定事实:2018 年 5 月 18 日,翁某某向张某借款 10 万元,约定月息 1 分,并由翁某某出具借条。翁某某已支付借款利息至 2019 年 5 月 18 日。翁某某与杨某于 1996 年 10 月 23 日登记结婚,双方于 2019 年 1 月 14 日登记离婚。2019 年 1 月 14 日,翁某某与杨某签订离婚协议书,其中约定"位于上海市宝山区 × 路 × 号的上海 × 公司以男方名义的一切股权、经营权,均归女方所有、经营,男方自愿放弃自己所有的份额,与男方无关"。2019 年 1 月 31 日,上海 × 公司的投资人由杨某、翁某某变更为杨某。自 2010 年 1 月 20 日起至 2019 年 10 月 28 日止,翁某某在上海市宝山区办理居住证。翁某某在视频录像中认可其向张某借款的事实,并确

〔1〕 浙江省台州市中级人民法院(2021)浙 10 民终 2608 号。

认该债务为夫妻共同债务。翁某某于2021年6月2日因病死亡。翁某1系翁某某父亲，陈某系翁某某母亲，翁某2、翁某4系翁某某女儿，翁某3系翁某某儿子。

争议焦点

本案中，主要争议焦点是案涉借款是否属实以及是不是杨某与翁某某的夫妻共同债务。

判决结果

一审法院认为，翁某某向张某借款10万元并出具借条，翁某某在视频中认可借款事实，故翁某某与张某的借款合同关系成立且合法、有效。翁某某向张某的借款发生于翁某某与杨某夫妻关系存续期间，根据借款的金额、翁某某在视频中的陈述，结合翁某某与杨某共同经营上海×公司及杨某在离婚后取得上海×公司全部股权的事实，该债务应认定为翁某某与杨某的夫妻共同债务，故杨某对该债务负有共同还款责任。翁某某与张某未约定借款期限，张某可随时要求返还借款并支付约定利息，经张某催讨后，杨某应在合理期限内返还张某上述借款本金并支付利息。继承遗产应当清偿被继承人依法应当缴纳的税款和债务。翁某某已死亡，翁某2、翁某4、翁某3、陈某、翁某1系死者翁某某的第一顺序继承人，翁某2声明放弃对翁某某遗产的继承，张某也未能举证证明翁某2已继承了翁某某的遗产，故对张某要求翁某2在继承翁某某的遗产范围内承担共同还款责任的请求不予支持，若翁某2继承了翁某某的遗产，张某可另行主张权利。判决：(1)被告杨某于判决发生法律效力后10日内归还原告张某借款10万元，并支付给原告张某该款自2019年5月18日起至生效判决确定的履行之日止按月利率1%计算的利息；(2)被告翁某3、翁某4、翁某1、陈某于判决发生法律效力后10日内在继承翁某某的遗产范围内对上述第1项债务承担共同还款责任；(3)驳回原告张某的其他诉讼请求。杨某不服一审判决，提起上诉。

二审法院认为，本案借款发生在杨某与翁某某夫妻关系存续期间，借款金额不大，并未超出一般家庭日常生活所需范畴。同时，从杨某与翁某某的离婚协议书和补充协议中可以看出，双方婚姻关系存续期除了经营上海×公司、×食堂外，还在上海、武汉购置有商铺，以各自名义负有较大数额的债务，如为购买上海市×路×号的商铺，以杨某名义向广发银行借款，至双方签署离婚协议书时尚欠162万元。因此，翁某某、杨某为购买商铺、经营所需或者周转紧张之下完全有可能向债权人举债。综上，判决驳回上诉，维持原判。

案例解读

上述案例中，法院判决主要适用的是《民法典》第 1064 条的规定，即“夫妻双方共同签名或者夫妻一方事后追认等共同意思表示所负的债务，以及夫妻一方在婚姻关系存续期间以个人名义为家庭日常生活需要所负的债务，属于夫妻共同债务。夫妻一方在婚姻关系存续期间以个人名义超出家庭日常生活需要所负的债务，不属于夫妻共同债务；但是，债权人能够证明该债务用于夫妻共同生活、共同生产经营或者基于夫妻双方共同意思表示的除外”；第 1159 条的规定，即“分割遗产，应当清偿被继承人依法应当缴纳的税款和债务；但是，应当为缺乏劳动能力又没有生活来源的继承人保留必要的遗产”。本案中，被继承人生前所欠张某借款发生在杨某与翁某某夫妻关系存续期间，借款金额不大，并未超出一般家庭日常生活所需范畴，因此应认定为夫妻共同债务，即使后来杨某与被继承人离婚，仍然要对该共同债务承担清偿责任。遗产分割，被继承人生前留有债务，翁某 3、翁某 4、翁某 1、陈某作为被继承人的第一顺序法定继承人，应在所继承遗产的范围内对前述债务承担还款责任。

第一千一百六十条　【无人继承遗产的归属】无人继承又无人受遗赠的遗产，归国家所有，用于公益事业；死者生前是集体所有制组织成员的，归所在集体所有制组织所有。

条文解读

本条是关于无人继承遗产的归属的规定。

无人继承遗产，是指没有继承人或受遗赠人承受的被继承人遗产。从实践来看，无人继承遗产的形成主要原因有：被继承人无法定继承人又未指定受遗赠人；被继承人无法定继承人而受遗赠人放弃、丧失受遗赠权；被继承人未指定受遗赠人而法定继承人、遗嘱继承人放弃或丧失继承权；被继承人的法定继承人、遗嘱继承人及受遗赠人全部放弃、绝对丧失继承权、受遗赠权；受遗赠人获得部分遗产，其他部分遗产无人继承和受遗赠。

根据本条规定，按死者身份的不同，来确定无人继承的遗产的归属。死者生前是集体所有制组织成员的，归所在集体所有制组织所有；否则归国家所有，用于公益事业。

根据《〈民法典〉继承编司法解释(一)》的规定,遗产因无人继承又无人受遗赠归国家或者集体所有制组织所有时,对继承人以外的依靠被继承人扶养的人,或者继承人以外的对被继承人扶养较多的人提出取得遗产的诉讼请求,人民法院应当视情况适当分给遗产。

配套法规及解读

《〈民法典〉继承编司法解释(一)》(2020 年 12 月 29 日)

第四十一条 遗产因无人继承又无人受遗赠归国家或者集体所有制组织所有时,按照民法典第一千一百三十一条规定可以分给适当遗产的人提出取得遗产的诉讼请求,人民法院应当视情况适当分给遗产。

※法规解读:《民法典》第 1131 条规定:"对继承人以外的依靠被继承人扶养的人,或者继承人以外的对被继承人扶养较多的人,可以分给适当的遗产。"在遗产无人继承又无人受遗赠的情况下,根据前述规定可以分给适当遗产的人有权提出诉讼请求,由人民法院在适当分给遗产后,剩余遗产方能收归国家或者集体所有制组织所有。

关联法规索引

《〈民法典〉继承编司法解释(一)》第 41 条;《最高人民法院关于适用〈中华人民共和国民法典〉时间效力的若干规定》第 14 条

典型案例

郁某某、马某 1 不当得利纠纷案[1]

案件事实

死者马某某父母早已经去世,自己无妻子、儿女和兄弟姐妹,其遗产没有第一

[1] 山东省东营市广饶县人民法院(2021)鲁 0523 民初 4678 号。

顺序、第二顺序继承人。郗某某向法院提出诉讼请求：(1)请求法院依法判令马某1返还郗某某款项466,288元；(2)请求依法判令马某1返还广饶县锦湖家园×户楼房一套；(3)请求依法判令马某1立即支付郗某某以466,288元为基数，自2021年6月3日到实际支付之日，按照全国银行间同业拆借中心发布的贷款市场报价利率计算的利息。

争议焦点

本案中，主要争议焦点是郗某某是否有权要求马某1返还被继承人遗产。

判决结果

法院认为，死者马某某父母早已经去世，自己无妻子、儿女和兄弟姐妹，其遗产没有第一顺序、第二顺序继承人。本案当事人均不能向法院提交有证据效力的遗赠协议或遗赠扶养协议。依照《民法典》第1160条的规定：无人继承又无人受遗赠的遗产，归国家所有，用于公益事业；死者生前是集体所有制组织成员的，归所在集体所有制组织所有。无论本案马某1是否侵占马某某的遗产，作为马某某遗产的非继承人郗某某均无权对马某某的遗产要求占有人返还给她。综上，判决驳回原告起诉。

案例解读

上述案例中，法院判决主要适用的是《民法典》第1160条的规定，即"无人继承又无人受遗赠的遗产，归国家所有，用于公益事业；死者生前是集体所有制组织成员的，归所在集体所有制组织所有"。本案中，原告不是被继承人法定继承人，也不能向法院提交有证据效力的遗赠协议或遗赠扶养协议。因此，原告无权对马某某的遗产要求占有人返还给她。

第一千一百六十一条　【被继承人税款、债务清偿的原则】 **继承人以所得遗产实际价值为限清偿被继承人依法应当缴纳的税款和债务。超过遗产实际价值部分，继承人自愿偿还的不在此限。**

继承人放弃继承的，对被继承人依法应当缴纳的税款和债务可以不负清偿责任。

条文解读

本条是关于继承人对遗产债务清偿责任的规定。

遗产债务，即被继承人生前所负债务，是指被继承人生前由个人依法应当缴纳的税款和其他个人债务。遗产是被继承人财产权利和财产义务的统一体。根据我国法律规定，继承人接受继承的，应当承受被继承人的财产权利和义务，不能仅继承财产权利，而不承受财产义务。被继承人遗产债务主要包括以下几类：(1)应当缴纳的税款；(2)因合同所欠的债务；(3)因侵权行为而应承担的损害赔偿之债；(4)因不当得利而应承担的债务；(5)因无因管理而应承担的补偿管理人必要费用的债务；(6)其他属于被继承人个人的债务。

关于遗产债务的清偿原则，继承人表示接受继承，就应当负责清偿遗产债务。如果继承人放弃了继承，则对遗产债务没有清偿责任。但是，继承人因放弃继承权，致其不能履行法定义务的，放弃继承权的行为无效。继承人在清偿遗产债务时，应当坚持如下原则：

(1)我国实行限定继承，即继承人对被继承人遗产债务的清偿只以所得遗产的实际价值为限，超过所得遗产实际价值的部分，继承人不负清偿责任。也就是说，继承人对被继承人的遗产债务不负无限清偿责任，而仅以继承的遗产的实际价值负有限清偿责任。超过遗产实际价值部分，继承人自愿偿还的不作限制。在我国无论法定继承人、遗嘱继承人或受遗赠人均无须明示即为限定继承。

(2)保留必留份原则。根据本法第1159条的规定，在清偿遗产债务时，即使遗产的实际价值不足以清偿债务，也应当为需要特殊照顾的缺乏劳动能力又没有生活来源的继承人保留适当的遗产，以满足其基本生活需要，然后才按有关规定清偿债务。

(3)清偿债务优先于执行遗赠原则。《民法典》第1162条规定："执行遗赠不得妨碍清偿遗赠人依法应当缴纳的税款和债务。"按照这一规定，在遗赠和清偿债务的顺序上，清偿债务优先于执行遗赠。只有在清偿遗赠人债务之后，还有剩余遗产时，遗赠才能得到执行；如果遗产已不足以清偿债务，遗赠就不能执行。

关联法规索引

《〈民法典〉继承编司法解释(一)》第33～37条；《最高人民法院关于适用〈中

华人民共和国民事诉讼法〉的解释》第473条

典型案例

黄某鑫、刘某凯等民间借贷纠纷案[1]

案件事实

被告黄某鑫系被继承人黄某某与李某某非婚生子，后黄某鑫父母分开，黄某某于2014年9月22日与被告巴某某登记结婚，婚后未生育子女。被告刘某某系黄某某母亲，黄某某父亲贝某某因病于2018年去世。被继承人黄某某于2021年4月16日因病逝世。本案三被告已诉至法院要求继承黄某某遗产，经法院调解，于2021年9月13日作出(2021)辽1003民初×号民事调解书，被继承人遗产卖猪款3万元及皮卡车出售款4500元，均由被告黄某鑫继承，被告巴某某、刘某某表示放弃继承份额。原告提交的微信转账记录显示原告于2021年2月3日转给黄某某2000元。刘某凯向一审法院起诉请求：判令三被告偿还借款2000元，并承担本案诉讼费用。

争议焦点

本案中，主要争议焦点是被继承人生前债务应如何偿还。

判决结果

一审法院认为，合法的债权受法律保护。原告提交的转账记录及证人证言足以证明其借给黄某某2000元，对此三被告予以认可，因此对于该笔欠款三被告应在继承黄某某遗产范围内承担偿还义务，但鉴于对于黄某某的遗产被告巴某某、刘某某表示放弃继承，且被告黄某鑫已实际继承34,500元，因此对于原告主张的债权由被告黄某鑫给付。经调解无效，判决被告黄某鑫于本判决生效之日起15日内给付原告刘某凯2000元。黄某鑫不服一审判决，提起上诉。

二审法院认为，涉案2000元借款系黄某某与巴某某夫妻关系存续期间向刘某凯所借，应认定为夫妻共同债务，应由二人共同偿还。现黄某某已去世，巴某某应偿还该笔借款中的1000元，另1000元应由黄某某的继承人在继承黄某某遗产范

---

[1] 辽宁省辽阳市中级人民法院(2021)辽10民终2288号。

围内偿还。黄某某的继承人系巴某某、刘某某、黄某鑫。巴某某、刘某某已明确表示放弃继承,黄某鑫已继承黄某某的遗产,故借款中的另 1000 元应由黄某鑫在继承黄某某遗产范围内偿还。综上,判决:(1)巴某某于本判决生效之日起 15 日内偿还刘某凯借款本金人民币 1000 元;(2)黄某鑫于本判决生效之日起 15 日内在继承黄某某遗产范围内偿还刘某凯借款本金人民币 1000 元。

案例解读

上述案例中,法院判决主要适用的是《民法典》第 1064 条第 1 款的规定,即"夫妻双方共同签名或者夫妻一方事后追认等共同意思表示所负的债务,以及夫妻一方在婚姻关系存续期间以个人名义为家庭日常生活需要所负的债务,属于夫妻共同债务";第 1161 条的规定,即"继承人以所得遗产实际价值为限清偿被继承人依法应当缴纳的税款和债务。超过遗产实际价值部分,继承人自愿偿还的不在此限。继承人放弃继承的,对被继承人依法应当缴纳的税款和债务可以不负清偿责任"。本案中,被继承人所负债务发生在夫妻关系存续期间且金额较小,有理由相信是为家庭日常生活需要所负的债务,且巴某某亦未提出反证,故该债务应为夫妻共同债务,无论巴某某是否继承遗产,都负有债务清偿责任。黄某某作为遗产继承人,应在所继承遗产范围内偿还债务。刘某某放弃继承,不负清偿责任。

第一千一百六十二条　【清偿被继承人税款、债务优先于执行遗赠的原则】执行遗赠不得妨碍清偿遗赠人依法应当缴纳的税款和债务。

条文解读

本条是关于遗赠和清偿债务的顺序的规定。

根据本条规定,缴纳税款和清偿债务优先于执行遗赠。只有在缴纳税款、清偿债务之后,还有剩余遗产时,遗赠才能得到执行;如果遗产已不足缴纳税款和清偿债务,遗赠就不能执行。这是因为受遗赠人无偿取得遗产,在税款尚未缴纳、债务尚未清偿的情形下执行遗赠,将损害国家和债权人利益。依据本法第 1159 条的规定,继承人中有缺乏劳动能力又没有生活来源的人,即使遗产不足以缴纳税款和清偿债务的,也应为其保留必要遗产。遗产已被分割而未清偿债务时,如有法定继承又有遗嘱继承和遗赠的,首先由法定继承人用其所得遗产清偿债务,不足清偿时,剩余的债务由遗嘱继承人和受遗赠人按比例用所得遗产偿还；如果只有遗嘱继承和遗赠，由遗嘱继承人和受遗赠人按比例用所得遗产偿还。

关联法规索引

《信托法》第 17 条

典型案例

潘某氏诉董某某及第三人段某某、沈阳市东陵区汪家镇某村民委员会遗赠、被继承人债务清偿案[1]

案件事实

原告(潘某氏)诉称：我儿潘刚某于 2001 年 10 月 9 日因交通事故去世，留下财产被董某某占用，故要求继承潘刚某全部遗产，判令董某某退还所占用的房屋。一审法院经审理查明，审理查明：遗赠人潘刚某系潘某氏的次子，曾因盗窃罪于 1982 年 10 月被判刑，1998 年 12 月刑满释放后，居住在沈阳市东陵区汪家镇某村，自 1999 年 7 月起，潘刚某与董某某同居生活。2000 年 10 月 13 日，潘刚某书写“郑重声明”一份，内容为：“我自 1999 年 8 月份建房以来，无论在资金上，还是在劳力方面，我的朋友董某某都给予了大量的支援和帮助，特在此郑重声明，如果我以后在人身安全方面出现过重的伤或亡，我的朋友董某某将享有我的全部家产，全部归她所有，其他兄弟姐妹均无权占有，为以防后顾，特此声明。2000 年 10 月 13 日潘刚某。”2001 年 8 月 8 日，董某某与其前夫邓某经沈阳市大东区民政局登记离婚后，与潘刚某继续同居生活。2001 年 10 月 9 日，潘刚某驾车与他人相撞死亡，其个人负事故的主要责任，潘某氏从肇事对方处得到死亡赔偿金 6000 元。潘刚某生前有存款人民币 1000 元，平房 7 间(房内无间壁墙、$192m^2$)，门市房、厢房各 2 间(均无产籍证明)，上述 3 处房屋位于同一院落。潘刚某死亡后，董某某一直居住在潘刚某遗留的 2 间无产籍厢房内，并在农村信用社提取了潘刚某生前存款人民币 1000 元。另查明：潘刚某因建房于 1999 年 1 月 22 日、6 月 17 日分两次向村委会借款人

[1] 辽宁省沈阳市中级人民法院(2004)沈民(1)合终字第 237 号。

民币 1 万元。2001 年 5 月 13 日，潘刚某在段某某处购买水泵件，欠货款人民币 699 元未付。在审理中，潘某氏对董某某出示的潘刚某所写的“郑重声明”提出异议，认为该份声明并非潘刚某本人所写。经鉴定，“郑重声明”中的两组“潘刚某”签名及正文均为潘刚某本人所写。经某公司评估，2 间无产籍门市房估价人民币 8638 元，7 间平房估价人民币 17，918 元。厢房 2 间，经潘某氏、董某某协商估价为人民币 3000 元。

争议焦点

本案中，主要争议焦点是“郑重声明”是否为潘刚某书写以及潘刚某遗产应如何分配。

判决结果

一审法院认为，公民有立遗嘱处理个人财产的权利，遗赠人潘刚某生前自书的“郑重声明”虽然在名称上不叫遗嘱，但该“郑重声明”载明了“如果我以后在人身安全方面出现过重的伤或亡，我的朋友董某某将享有我的全部财产”等内容，应推断出董某某是其遗产的唯一继承人。“郑重声明”有具体内容及遗赠人潘刚某本人的签名，并注明了形成的时间，符合自书遗嘱的形式要件和实质要件，且法院在审理过程中又经有关部门鉴定系其本人所写，可见遗赠人潘刚某此份自书遗嘱系其真实意思表示，合法、有效。根据法律规定，遗嘱继承的效力优于法定继承，虽然潘某氏有继承权，但在继承开始后，有遗嘱的，先要按照遗嘱进行继承，遗嘱中指定继承人对遗产的继承，不受法定继承时法律对继承顺序、继承人应继承份额规定的限制，故对潘某氏要求确认其是遗赠人潘刚某生前遗产的唯一合法继承人的诉讼请求，不予支持。但考虑到潘某氏是遗赠人潘刚某的亲生母亲，现又年老体弱，缺乏劳动力，生活确有困难，可适当分得遗赠人潘刚某的遗产份额。根据本案的具体情况，即遗赠人潘刚某共有遗产折合人民币 30，546 元，在审理过程中，董某某明确表示同意偿还第三人的债务后可给予潘某氏人民币 1 万元，予以准许。对于村委会、段某某要求从潘刚某的遗产中偿还其生前欠款人民币 1 万元、人民币 699 元的主张，证据充分且符合法律规定，予以支持，但对于村委会主张潘刚某生前欠其电费款人民币 4543.60 元，因证据不足，不予支持。判决：遗赠人潘刚某的遗产平房 7 间、门市房 2 间、厢房 2 间、存款人民币 1000 元归被告董某某所有。被告董某某于本判决生效之日起 10 日内，给付原告潘某氏人民币 1 万元。被告董某某于本判决生效之日起 10 日内，给付第三人沈阳市东陵区汪家镇某村民委员会人民币 1 万元，给付第三人段某某人民币 699 元。

原告潘某氏不服一审判决，提起上诉。在对方当事人答辩期内，潘某氏于2004年6月22日因病去世。二审法院根据潘某氏生前代书遗嘱，更换其长子潘增某、儿媳孙某为本案上诉人。

二审法院认为，潘刚某于2000年10月13日书写的“郑重声明”中涉及了其死后个人财产处分的内容，而且有其本人签名并注明了年、月、日，现没有任何证据证明非其真实意思表示，也无其他相反的证据推翻其形式和内容，根据《最高人民法院关于贯彻执行〈中华人民共和国继承法〉若干问题的意见》（已失效）第40条的规定，该“郑重声明”应按自书遗嘱对待。按照我国继承法的有关规定，潘刚某去世后，对其遗产应按该自书遗嘱的内容处理。但在该遗嘱生效时，潘刚某的生母潘某氏已81岁高龄，自己本身没有诸如养老金、退休金等收入，需依靠子女赡养而生活，属于缺乏劳动能力又没有生活来源的继承人，根据上述法律第37条的规定，在处理遗产时，应当给潘某氏留有必要的份额，剩余的部分方可按照潘刚某遗嘱确定的分配原则处理。由于原审法院在审理此遗产纠纷案件中，潘刚某生前的债权人——村委会、段某某主张债权，并要求以潘刚某遗产处理价款偿还其所欠债务，原审法院将三案合并审理，并根据潘刚某的遗产多为一个院落内的房产、遗产估价后的总额为30,546元，而其债务总额为10,699元的情况，结合潘某氏还有其他三名子女赡养的实际，确定财产总额中的1万元作为潘某氏的必留份，由董某某直接给付潘某氏，债务10,699元由董某某偿还，房屋等财产归董某某所有是合适的。

关于潘某氏本人及其遗嘱继承人潘增某、遗嘱受赠人孙某提出的潘刚某生前只会签写自己的名字，“郑重声明”不是其亲笔所写，而是伪造的上诉理由，因董某某提供了潘刚某所写的“郑重声明”的原件，原审法院以潘某氏提供的潘刚某生前笔迹为样本，委托有关鉴定机关对该“郑重声明”进行了鉴定，结论为：“郑重声明”中的两组“潘刚某”签名及正文均为潘刚某本人所写，而且在检验中，鉴定机关还鉴定出“郑重声明”与潘刚某的平素笔迹均为左手书写的情况，现潘某氏本人及潘增某、孙某均无相反证据推翻该鉴定意见，故法院只能认定“郑重声明”系潘刚某生前所写，此项上诉理由与证据所证实的法律事实不符，法院不予支持。

关于潘某氏本人及其遗嘱继承人潘增某、遗嘱受赠人孙某提出的7间平房的宅基地是潘某氏和潘刚某二人所有，2间无产籍房屋是潘某氏出资购买，潘刚某无权处分的问题，虽然潘刚某的农村居民建房用地批件上家庭人口一栏填写为二人、二辈，但没有具体写明另一人是谁，因此不能以此认定7间平房的宅基地是潘某氏和潘刚某二人共有；相反潘刚某的集体土地建设用地使用证上土地使用者仅为潘刚某一人，7间平房的所有权证上所有人也为潘刚某一人，共有人一栏为空白，法院只能以该房屋所有权证认定该7间平房的所有权人为潘刚某。至于2间无产籍房屋的所有权问题，根据购买该2间房的契约上资产购买人为潘刚某，没有潘某氏的名字及至今为止潘某氏本人及潘增某、孙某均未提供出资购买该房的任何证据的情况，法院只能认定该2间无产籍房屋为潘刚某所买。综上所述，潘刚某所留房产为其一人所有，其遗嘱并未处分潘某氏的财产，此项上诉主张，证据不足，法院不予确认。

关于潘某氏本人及其遗嘱继承人潘增某、遗嘱受赠人孙某始终坚持董某某是有夫之妇，与潘刚某是非法同居关系，"郑重声明"是一种恶意串通的遗赠，是违反公序良俗民法基本原则的无效行为的问题，法院认为：

(1)《继承法》(已失效)赋予公民遗嘱自由的权利。该法第16条第3款规定，公民可以立遗嘱将个人财产赠给国家、集体或者法定继承人以外的人，据此，任何一个公民生前均有权依法处分其个人所有的合法财产，除违反该法第19条必留份的规定应该受到限制外，只要遗嘱是有行为能力的人所写、是遗嘱人的真实意思表示、形式符合法律规定、未处分他人财产，就应该认定为有效。本案潘刚某所立的该份遗嘱，无论从他本人的行为能力、意思表示、遗嘱形式，还是其处分的财产，均符合继承法的明文规定，除未给潘某氏保留必要的份额应该受到部分限制外，未侵害国家、集体或者其他任何人的利益，其余部分应认定有效。

(2)《继承法》(已失效)中对受赠人的身份和主体资格没有限制性规定，董某某的婚外同居行为虽然为婚姻法所否定，但该法对婚外同居者受赠他人财产的权利未加以限制，而且本案虽然在潘刚某书写该份遗嘱时，董某某是有夫之妇，与潘刚某是婚外同居关系，但在该份遗嘱生效时，董某某已与其前夫登记离婚，其作为单身女子与单身男子潘刚某的非婚同居关系，虽然不为我们社会主义国家所提倡，但现行的法律、法规中并没有禁止性规定，因此，其有权受赠潘刚某所留的该份遗产。

(3)公序良俗是我国《民法通则》(已失效)总则中的规定，而《继承法》(已失效)是民法的特别法，按照法律适用的方法，只有在对争议的问题特别法中没有规定的情况下才可以适用普通法的规定，而本案是继承纠纷案件，继承法已赋予公民立遗嘱将其个人财产赠给国家、集体或者法定继承人以外任何人的权利，潘刚某立遗嘱将其财产赠与董某某的行为，是有法可依的，不属于特别法没有明文规定、应该适用普通法的情形。退一步讲，即使本案存在适用《民法通则》（已失效）的条件，也应该首先适用分则中有关民事行为效力的规定，该法第58条第1款第5项规定的“违反法律或者社会公共利益的”，属于无效民事行为，而在本案中，潘刚某立遗嘱将其财产赠与董某某的行为，并不涉及国家基本制度、根本利益和社会稳定等方面要求的社会公共利益，因此，不能适用该条规定认定遗嘱无效。此外，《民法通则》（已失效）第7条规定的“民事活动应当尊重社会公德”是倡导性规范，在当今社会还不能以行为人的行为不符合道德规范，就认定该行为违法、无效。综上所述，本案不能撇开《继承法》（已失效）的具体规定，而直接适用《民法通则》（已失效）的总则规定认定遗赠行为无效。

根据上述法律规定和法律适用方法，潘某氏本人及其遗嘱继承人潘增某、遗嘱受赠人孙某提出的潘刚某的遗嘱违反公序良俗民法基本原则是无效行为的上诉理由不成立，法院不予采纳。至于其提出的潘刚某与董某某恶意串通的问题，从本案一审至今，无论是潘某氏本人，还是其遗嘱继承人潘增某、遗嘱受赠人孙某均未向法庭提供任何二人是恶意串通的事实和证据，故法院对此上诉理由亦不予采信。

综上所述，潘刚某所写的“郑重声明”，涉及其个人财产的处理问题，应按自书遗嘱对待，现无任何事实和法律依据证明该遗嘱无效，因此，在该遗嘱生效且董某某以自己的行动表明接受遗赠时，对潘刚某的遗产应按遗嘱内容处理，但应给潘某氏留下必要的份额，剩余的财产由董某某清偿潘刚某生前所欠债务后接受遗赠。由于一审法院宣判后，潘某氏提出上诉后去世，其生前已以代书遗嘱的形式确定了其遗产的继承人、受赠人，故法院按照其遗嘱内容，对原判决部分条款予以变更，判决潘某氏所享有的必留份财产由潘增某继承、孙某受赠，潘某氏在本案中应承担的义务，由潘增某、孙某承担。综上，驳回上诉，维持原判。（二审判决将一审判决中潘某氏的权利义务改为转由潘增某、孙某承受）

案例解读

上述案例中，法院判决主要适用的是《继承法》第5条（《民法典》第1123条）的规定，即“继承开始后，按照法定继承办理；有遗嘱的，按照遗嘱继承或者遗赠办理；有遗赠扶养协议的，按照协议办理”；第16条（《民法典》第1133条）的规定，即“公民可以依照本法规定立遗嘱处分个人财产，并可以指定遗嘱执行人。公民可以立遗嘱将个人财产指定由法定继承人的一人或者数人继承。公民可以立遗嘱将个人财产赠给国家、集体或者法定继承人以外的人”;第 19 条(《民法典》第 1141 条)的规定,即“遗嘱应当对缺乏劳动能力又没有生活来源的继承人保留必要的遗产份额”;第 33 条(《民法典》第 1161 条)的规定,即“继承遗产应当清偿被继承人依法应当缴纳的税款和债务,缴纳税款和清偿债务以他的遗产实际价值为限。超过遗产实际价值部分,继承人自愿偿还的不在此限”;第 34 条(《民法典》第 1162 条)的规定,即“执行遗赠不得妨碍清偿遗赠人依法应当缴纳的税款和债务”。本案中,被继承人留有遗嘱,将其财产遗赠给法定继承人之外的董某某,继承开始后,应按遗赠办理,由董某某获得被继承人遗产。但是,潘某氏缺乏劳动能力又没有生活来源,遗嘱应当为其保留必要的遗产份额。同时,被继承人生前负有债务,董某某作为受遗赠人,应当在所获得遗产的范围内清偿被继承人债务,清偿债务后仍有剩余的,方归董某某所有。综上,董某某从被继承人遗产中给付潘某氏 1 万元并偿还第三人债务后,其余遗产归董某某所有。

第一千一百六十三条　【既有法定继承又有遗嘱继承、遗赠时税款和债务的清偿】既有法定继承又有遗嘱继承、遗赠的,由法定继承人清偿被继承人依法应当缴纳的税款和债务;超过法定继承遗产实际价值部分,由遗嘱继承人和受遗赠人按比例以所得遗产清偿。

条文解读

本条是关于既有法定继承又有遗嘱继承、遗赠时税款和债务的清偿的规定。

本法第 1159 条第 1 分句规定:分割遗产,应当清偿被继承人依法应当缴纳的税款和债务。现实中,可能存在遗产已经分割完毕,但遗产债务并未全部清偿,获得遗产的人既有遗嘱继承人、受遗赠人,又有法定继承人的情况。本条规定即是解决在此种情况下如何从已经分割的遗产中清偿债务的问题。根据本条规定,如果遗产已经分割完毕,由法定继承人在继承遗产实际价值范围内清偿被继承人依法应当缴纳的税款和债务,遗嘱继承人和受遗赠人无须清偿。这是因为由遗嘱继承人和遗赠人获得被继承人遗产最符合被继承人意愿,而法定继承人继承遗产只是基于法律规定,并不一定完全符合被继承人意愿,所以应首先由法定继承人在所继承遗产实际价值范围内清偿遗产债务。法定继承的遗产不足以全部清偿遗产债务的，由遗嘱继承人和受遗赠人按比例以所得遗产清偿。

关联法规索引

《〈民法典〉继承编司法解释（一）》第3、29、38、44条

典型案例

蔡某等与张某遗嘱继承纠纷案[1]

案件事实

陶某4于2020年10月21日死亡，生前无子女，其与被告是再婚夫妻，于2006年9月15日登记结婚。蔡某的母亲陶某5与陶某1、陶某2、陶某3是陶某4的姐妹；2018年8月5日，陶某4立下遗嘱，将本市××路××弄××号××室房屋中属于陶某4的产权份额指定由陶某5与陶某1、陶某2、陶某3各继承25%；2018年10月5日，陶某4立下补充遗嘱，在维持前一份遗嘱内容的前提下增加了证件保管与丧事办理的内容；2020年9月1日，陶某5死亡；2020年10月17日，陶某4再次立下遗嘱，注明因陶某5死亡其所应继承的份额遗赠给蔡某，维持前一份遗嘱的其他内容。经上海××有限公司评估，本市××路××弄××号××室房屋的市场价值为2,534,000元，双方当事人对评估结论均无异议。蔡某、陶某1、陶某2、陶某3向法院提出诉讼请求：(1)要求按照被继承人陶某4的遗嘱继承属于陶某4婚前财产的本市××路××弄××号××室房屋；(2)四原告处陶某4的证券账户资产207,688元由法院依法处理；(3)被告张某领取的陶某4丧葬费20,370元由法院依法处理；(4)陶某4所欠原告陶某3的借款20,000元及其所欠陶某2的借款60,000元由被告偿还；(5)陶某3垫付的陶某4自2020年10月19日起的医疗费自负部分3865.70元、丧事费用10,882.20元、墓地费用50,565元一并予以处理。被告要求处理原告陶某3提取的陶某4的保险费52,376.71元。

[1] 上海市黄浦区人民法院(2021)沪0101民初1505号。

争议焦点

本案中,主要争议焦点是陶某4的遗产范围。

判决结果

法院认为,现双方当事人对被继承人陶某4立有遗嘱及遗嘱的内容均予认可,但对陶某4遗产的范围存在争议。法律规定,遗产是自然人死亡时遗留的个人合法财产。本市××路××弄××号××室房屋根据证据,原为陶某4的公房,是在其与被告婚后购买的售后产权房,在无证据证明其购房出资是其婚前财产的情况下,依法应认定为其与被告的夫妻共同财产,其中一半作为其遗产按其遗嘱由四原告进行继承或接受遗赠,考虑到房屋的来源、其遗嘱的内容、被告另有住房等原因,以房屋分割完毕并归四原告、四原告给付被告房屋折价款为合理。陶某4在遗嘱中仅处分了房屋,未对其他遗产作出安排,故四原告处陶某4的证券账户资产应按法定继承由其第一顺序继承人即被告一人继承。被告领取的陶某4丧葬费按相关规定也归被告一人所有。法律规定了分割遗产应当清偿被继承人的债务,既有法定继承又有遗嘱继承、遗赠的,由法定继承人清偿被继承人的债务,超过法定继承遗产实际价值部分,由遗嘱继承人和受遗赠人按比例以所得遗产清偿,根据陶某4所欠陶某3借款与被告继承遗产的金额,该借款应由被告一人承担。关于四原告主张之陶某4所欠陶某2的借款,四原告提供的存折为案外人的取款记录,无法证明取款与陶某2、陶某4的钱款往来,即不能证明四原告主张之借款事实的发生,故对四原告要求各继承人分担的诉请,不予支持。关于四原告主张之陶某3垫付的医疗费、丧事费用、墓地费用,金额合理,陶某4生活有经济支出,故对被告之陶某4的收入足以承担的意见不予采纳,所有费用由双方当事人进行分担。关于被告主张之被取出的陶某4的保险费,四原告虽未对取款人是否陶某3予以确认,但也未予否认并申请对签名进行鉴定,故对保险费是陶某3领取的事实应予认定,但事实的发生是在陶某4死亡的2年前,陶某4生前也未就该钱款主张权利,应视为其生前已经处分完毕,故对被告要求处理的诉请不予支持。据此,判决如下:(1)上海市××路××弄××号××室房屋归蔡某、陶某1、陶某2、陶某3共同所有,蔡某、陶某1、陶某2、陶某3与张某在本判决生效之日起10日内互相配合办理该房屋的产权变更手续;(2)蔡某、陶某1、陶某2、陶某3在本判决生效之日起10日内给付张某上海市××路××弄××号××室房屋的折价钱款1,267,000元;(3)蔡某、陶某1、陶某2、陶某3处陶某4的证券账户资产207,688元归张某所有;(4)张某处陶某4的丧葬费20,370元归张某所有;(5)张某在本判决生效之日起10日内偿还陶某3陶某4所欠的借款20,000元;(6)蔡某、陶某1、陶某2、张某在本判决生效之日起10日内每人给付陶某3垫付的陶某4的医疗费、丧事费用、墓地费用13,062.58元;(7)驳回双方当事人的其他诉讼请求。

案例解读

上述案例中,法院判决主要适用的是《民法典》第1123条的规定,即"继承开始后,按照法定继承办理;有遗嘱的,按照遗嘱继承或者遗赠办理;有遗赠扶养协议的,按照协议办理";第1153条第1款的规定,即"夫妻共同所有的财产,除有约定的外,遗产分割时,应当先将共同所有的财产的一半分出为配偶所有,其余的为被继承人的遗产";第1163条的规定,即"既有法定继承又有遗嘱继承、遗赠的,由法定继承人清偿被继承人依法应当缴纳的税款和债务;超过法定继承遗产实际价值部分,由遗嘱继承人和受遗赠人按比例以所得遗产清偿"。本案中,被继承人陶某4对其遗产中的房屋立有遗嘱,对其他遗产未立遗嘱,故房屋按遗嘱继承处理,其他遗产按法定继承处理。案涉房屋为夫妻共同财产,应先分出一半归张某所有,其余一半为陶某4遗产,由陶某1、陶某2、陶某3、蔡某遗嘱继承或受遗赠。陶某4生前所负债务,由法定继承人张某在所继承遗产的范围内负责清偿。由于张某法定继承的遗产价值高于债务数额,因此遗嘱继承人陶某1、陶某2、陶某3和受遗赠人蔡某无须清偿债务。

附录

最高人民法院关于适用《中华人民共和国民法典》婚姻家庭编的解释(一)

1. 2020年12月25日最高人民法院审判委员会第1825次会议通过
2. 2020年12月29日公布
3. 法释〔2020〕22号
4. 自2021年1月1日起施行

为正确审理婚姻家庭纠纷案件,根据《中华人民共和国民法典》《中华人民共和国民事诉讼法》等相关法律规定,结合审判实践,制定本解释。

一、一般规定

第一条 持续性、经常性的家庭暴力,可以认定为民法典第一千零四十二条、第一千零七十九条、第一千零九十一条所称的“虐待”。

第二条 民法典第一千零四十二条、第一千零七十九条、第一千零九十一条规定的“与他人同居”的情形,是指有配偶者与婚外异性,不以夫妻名义,持续、稳定地共同居住。

第三条 当事人提起诉讼仅请求解除同居关系的,人民法院不予受理;已经受理的,裁定驳回起诉。

当事人因同居期间财产分割或者子女抚养纠纷提起诉讼的,人民法院应当受理。

第四条 当事人仅以民法典第一千零四十三条为依据提起诉讼的,人民法院不予受理;已经受理的,裁定驳回起诉。

第五条 当事人请求返还按照习俗给付的彩礼的,如果查明属于以下情形,人民法院应当予以支持:

(一)双方未办理结婚登记手续;

(二)双方办理结婚登记手续但确未共同生活;

(三)婚前给付并导致给付人生活困难。

适用前款第二项、第三项的规定,应当以双方离婚为条件。

二、结　　婚

第六条　男女双方依据民法典第一千零四十九条规定补办结婚登记的，婚姻关系的效力从双方均符合民法典所规定的结婚的实质要件时起算。

第七条　未依据民法典第一千零四十九条规定办理结婚登记而以夫妻名义共同生活的男女，提起诉讼要求离婚的，应当区别对待：

（一）1994 年 2 月 1 日民政部《婚姻登记管理条例》公布实施以前，男女双方已经符合结婚实质要件的，按事实婚姻处理。

（二）1994 年 2 月 1 日民政部《婚姻登记管理条例》公布实施以后，男女双方符合结婚实质要件的，人民法院应当告知其补办结婚登记。未补办结婚登记的，依据本解释第三条规定处理。

第八条　未依据民法典第一千零四十九条规定办理结婚登记而以夫妻名义共同生活的男女，一方死亡，另一方以配偶身份主张享有继承权的，依据本解释第七条的原则处理。

第九条　有权依据民法典第一千零五十一条规定向人民法院就已办理结婚登记的婚姻请求确认婚姻无效的主体，包括婚姻当事人及利害关系人。其中，利害关系人包括：

（一）以重婚为由的，为当事人的近亲属及基层组织；

（二）以未到法定婚龄为由的，为未到法定婚龄者的近亲属；

（三）以有禁止结婚的亲属关系为由的，为当事人的近亲属。

第十条　当事人依据民法典第一千零五十一条规定向人民法院请求确认婚姻无效，法定的无效婚姻情形在提起诉讼时已经消失的，人民法院不予支持。

第十一条　人民法院受理请求确认婚姻无效案件后，原告申请撤诉的，不予准许。

对婚姻效力的审理不适用调解，应当依法作出判决。

涉及财产分割和子女抚养的，可以调解。调解达成协议的，另行制作调解书；未达成调解协议的，应当一并作出判决。

第十二条　人民法院受理离婚案件后，经审理确属无效婚姻的，应当将婚姻无效的情形告知当事人，并依法作出确认婚姻无效的判决。

第十三条　人民法院就同一婚姻关系分别受理了离婚和请求确认婚姻无效案件的，对于离婚案件的审理，应当待请求确认婚姻无效案件作出判决后进行。

第十四条　夫妻一方或者双方死亡后，生存一方或者利害关系人依据民法典第一千零五十一条的规定请求确认婚姻无效的，人民法院应当受理。

第十五条　利害关系人依据民法典第一千零五十一条的规定，请求人民法院确认婚姻无效的，利害关系人为原告，婚姻关系当事人双方为被告。

夫妻一方死亡的，生存一方为被告。

第十六条　人民法院审理重婚导致的无效婚姻案件时，涉及财产处理的，应当准许合法婚姻当事人作为有独立请求权的第三人参加诉讼。

第十七条　当事人以民法典第一千零五十一条规定的三种无效婚姻以外的情形请求确认婚姻无效的，人民法院应当判决驳回当事人的诉讼请求。

当事人以结婚登记程序存在瑕疵为由提起民事诉讼，主张撤销结婚登记的，告知其可以依法申请行政复议或者提起行政诉讼。

第十八条　行为人以给另一方当事人或者其近亲属的生命、身体、健康、名誉、财产等方面造成损害为要挟，迫使另一方当事人违背真实意愿结婚的，可以认定为民法典第一千零五十二条所称的“胁迫”。

因受胁迫而请求撤销婚姻的，只能是受胁迫一方的婚姻关系当事人本人。

第十九条　民法典第一千零五十二条规定的“一年”，不适用诉讼时效中止、中断或者延长的规定。

受胁迫或者被非法限制人身自由的当事人请求撤销婚姻的，不适用民法典第一百五十二条第二款的规定。

第二十条　民法典第一千零五十四条所规定的“自始没有法律约束力”，是指无效婚姻或者可撤销婚姻在依法被确认无效或者被撤销时，才确定该婚姻自始不受法律保护。

第二十一条　人民法院根据当事人的请求，依法确认婚姻无效或者撤销婚姻的，应当收缴双方的结婚证书并将生效的判决书寄送当地婚姻登记管理机关。

第二十二条　被确认无效或者被撤销的婚姻，当事人同居期间所得的财产，除有证据证明为当事人一方所有的以外，按共同共有处理。

三、夫妻关系

第二十三条　夫以妻擅自中止妊娠侵犯其生育权为由请求损害赔偿的，人民法院不予支持；夫妻双方因是否生育发生纠纷，致使感情确已破裂，一方请求离婚的，人民法院经调解无效，应依照民法典第一千零七十九条第三款第五项的规定处理。

第二十四条　民法典第一千零六十二条第一款第三项规定的“知识产权的收益”，是指婚姻关系存续期间，实际取得或者已经明确可以取得的财产性收益。

第二十五条　婚姻关系存续期间，下列财产属于民法典第一千零六十二条规定的“其他应当归共同所有的财产”：

（一）一方以个人财产投资取得的收益；

（二）男女双方实际取得或者应当取得的住房补贴、住房公积金；

（三）男女双方实际取得或者应当取得的基本养老金、破产安置补偿费。

第二十六条　夫妻一方个人财产在婚后产生的收益，除孳息和自然增值外，应认定为夫妻共同财产。

第二十七条 由一方婚前承租、婚后用共同财产购买的房屋，登记在一方名下的，应当认定为夫妻共同财产。

第二十八条 一方未经另一方同意出售夫妻共同所有的房屋，第三人善意购买、支付合理对价并已办理不动产登记，另一方主张追回该房屋的，人民法院不予支持。

夫妻一方擅自处分共同所有的房屋造成另一方损失，离婚时另一方请求赔偿损失的，人民法院应予支持。

第二十九条 当事人结婚前，父母为双方购置房屋出资的，该出资应当认定为对自己子女个人的赠与，但父母明确表示赠与双方的除外。

当事人结婚后，父母为双方购置房屋出资的，依照约定处理；没有约定或者约定不明确的，按照民法典第一千零六十二条第一款第四项规定的原则处理。

第三十条 军人的伤亡保险金、伤残补助金、医药生活补助费属于个人财产。

第三十一条 民法典第一千零六十三条规定为夫妻一方的个人财产，不因婚姻关系的延续而转化为夫妻共同财产。但当事人另有约定的除外。

第三十二条 婚前或者婚姻关系存续期间，当事人约定将一方所有的房产赠与另一方或者共有，赠与方在赠与房产变更登记之前撤销赠与，另一方请求判令继续履行的，人民法院可以按照民法典第六百五十八条的规定处理。

第三十三条 债权人就一方婚前所负个人债务向债务人的配偶主张权利的，人民法院不予支持。但债权人能够证明所负债务用于婚后家庭共同生活的除外。

第三十四条 夫妻一方与第三人串通，虚构债务，第三人主张该债务为夫妻共同债务的，人民法院不予支持。

夫妻一方在从事赌博、吸毒等违法犯罪活动中所负债务，第三人主张该债务为夫妻共同债务的，人民法院不予支持。

第三十五条 当事人的离婚协议或者人民法院生效判决、裁定、调解书已经对夫妻财产分割问题作出处理的，债权人仍有权就夫妻共同债务向男女双方主张权利。

一方就夫妻共同债务承担清偿责任后，主张由另一方按照离婚协议或者人民法院的法律文书承担相应债务的，人民法院应予支持。

第三十六条 夫或者妻一方死亡的，生存一方应当对婚姻关系存续期间的夫妻共同债务承担清偿责任。

第三十七条 民法典第一千零六十五条第三款所称“相对人知道该约定的”，夫妻一方对此负有举证责任。

第三十八条 婚姻关系存续期间，除民法典第一千零六十六条规定情形以外，夫妻一方请求分割共同财产的，人民法院不予支持。

四、父母子女关系

第三十九条　父或者母向人民法院起诉请求否认亲子关系，并已提供必要证据予以证明，另一方没有相反证据又拒绝做亲子鉴定的，人民法院可以认定否认亲子关系一方的主张成立。

父或者母以及成年子女起诉请求确认亲子关系，并提供必要证据予以证明，另一方没有相反证据又拒绝做亲子鉴定的，人民法院可以认定确认亲子关系一方的主张成立。

第四十条　婚姻关系存续期间，夫妻双方一致同意进行人工授精，所生子女应视为婚生子女，父母子女间的权利义务关系适用民法典的有关规定。

第四十一条　尚在校接受高中及其以下学历教育，或者丧失、部分丧失劳动能力等非因主观原因而无法维持正常生活的成年子女，可以认定为民法典第一千零六十七条规定的“不能独立生活的成年子女”。

第四十二条　民法典第一千零六十七条所称“抚养费”，包括子女生活费、教育费、医疗费等费用。

第四十三条　婚姻关系存续期间，父母双方或者一方拒不履行抚养子女义务，未成年子女或者不能独立生活的成年子女请求支付抚养费的，人民法院应予支持。

第四十四条　离婚案件涉及未成年子女抚养的，对不满两周岁的子女，按照民法典第一千零八十四条第三款规定的原则处理。母亲有下列情形之一，父亲请求直接抚养的，人民法院应予支持：

（一）患有久治不愈的传染性疾病或者其他严重疾病，子女不宜与其共同生活；

（二）有抚养条件不尽抚养义务，而父亲要求子女随其生活；

（三）因其他原因，子女确不宜随母亲生活。

第四十五条　父母双方协议不满两周岁子女由父亲直接抚养，并对子女健康成长无不利影响的，人民法院应予支持。

第四十六条　对已满两周岁的未成年子女，父母均要求直接抚养，一方有下列情形之一的，可予优先考虑：

（一）已做绝育手术或者因其他原因丧失生育能力；

（二）子女随其生活时间较长，改变生活环境对子女健康成长明显不利；

（三）无其他子女，而另一方有其他子女；

（四）子女随其生活，对子女成长有利，而另一方患有久治不愈的传染性疾病或者其他严重疾病，或者有其他不利于子女身心健康的情形，不宜与子女共同生活。

第四十七条　父母抚养子女的条件基本相同，双方均要求直接抚养子女，但子女单独随祖父母或者外祖父母共同生活多年，且祖父母或者外祖父母要求并且有能力帮助子女照顾孙子女或者外孙子女的，可以作为父或者母直接抚养子女的优先条件予以考虑。

第四十八条　在有利于保护子女利益的前提下，父母双方协议轮流直接抚养子女的，人民法院应予支持。

第四十九条　抚养费的数额，可以根据子女的实际需要、父母双方的负担能力和当地的实际生活水平确定。

有固定收入的，抚养费一般可以按其月总收入的百分之二十至三十的比例给付。负担两个以上子女抚养费的，比例可以适当提高，但一般不得超过月总收入的百分之五十。

无固定收入的，抚养费的数额可以依据当年总收入或者同行业平均收入，参照上述比例确定。

有特殊情况的，可以适当提高或者降低上述比例。

第五十条　抚养费应当定期给付，有条件的可以一次性给付。

第五十一条　父母一方无经济收入或者下落不明的，可以用其财物折抵抚养费。

第五十二条　父母双方可以协议由一方直接抚养子女并由直接抚养方负担子女全部抚养费。但是，直接抚养方的抚养能力明显不能保障子女所需费用，影响子女健康成长的，人民法院不予支持。

第五十三条　抚养费的给付期限，一般至子女十八周岁为止。

十六周岁以上不满十八周岁，以其劳动收入为主要生活来源，并能维持当地一般生活水平的，父母可以停止给付抚养费。

第五十四条　生父与继母离婚或者生母与继父离婚时，对曾受其抚养教育的继子女，继父或者继母不同意继续抚养的，仍应由生父或者生母抚养。

第五十五条　离婚后，父母一方要求变更子女抚养关系的，或者子女要求增加抚养费的，应当另行提起诉讼。

第五十六条　具有下列情形之一，父母一方要求变更子女抚养关系的，人民法院应予支持：

（一）与子女共同生活的一方因患严重疾病或者因伤残无力继续抚养子女；

（二）与子女共同生活的一方不尽抚养义务或有虐待子女行为，或者其与子女共同生活对子女身心健康确有不利影响；

（三）已满八周岁的子女，愿随另一方生活，该方又有抚养能力；

（四）有其他正当理由需要变更。

第五十七条　父母双方协议变更子女抚养关系的，人民法院应予支持。

第五十八条　具有下列情形之一，子女要求有负担能力的父或者母增加抚养费的，人民法院应予支持：

（一）原定抚养费数额不足以维持当地实际生活水平；

（二）因子女患病、上学，实际需要已超过原定数额；

（三）有其他正当理由应当增加。

第五十九条　父母不得因子女变更姓氏而拒付子女抚养费。父或者母擅自将子女姓氏改为继母或继父姓氏而引起纠纷的，应当责令恢复原姓氏。

第六十条　在离婚诉讼期间，双方均拒绝抚养子女的，可以先行裁定暂由一方抚养。

第六十一条　对拒不履行或者妨害他人履行生效判决、裁定、调解书中有关子女抚养义务的当事人或者其他人，人民法院可依照民事诉讼法第一百一十一条的规定采取强制措施。

五、离　　婚

第六十二条　无民事行为能力人的配偶有民法典第三十六条第一款规定行为，其他有监护资格的人可以要求撤销其监护资格，并依法指定新的监护人；变更后的监护人代理无民事行为能力一方提起离婚诉讼的，人民法院应予受理。

第六十三条　人民法院审理离婚案件，符合民法典第一千零七十九条第三款规定"应当准予离婚"情形的，不应当因当事人有过错而判决不准离婚。

第六十四条　民法典第一千零八十一条所称的"军人一方有重大过错"，可以依据民法典第一千零七十九条第三款前三项规定及军人有其他重大过错导致夫妻感情破裂的情形予以判断。

第六十五条　人民法院作出的生效的离婚判决中未涉及探望权，当事人就探望权问题单独提起诉讼的，人民法院应予受理。

第六十六条　当事人在履行生效判决、裁定或者调解书的过程中，一方请求中止探望的，人民法院在征询双方当事人意见后，认为需要中止探望的，依法作出裁定；中止探望的情形消失后，人民法院应当根据当事人的请求书面通知其恢复探望。

第六十七条　未成年子女、直接抚养子女的父或者母以及其他对未成年子女负担抚养、教育、保护义务的法定监护人，有权向人民法院提出中止探望的请求。

第六十八条　对于拒不协助另一方行使探望权的有关个人或者组织，可以由人民法院依法采取拘留、罚款等强制措施，但是不能对子女的人身、探望行为进行强制执行。

第六十九条　当事人达成的以协议离婚或者到人民法院调解离婚为条件的财产以及债务处理协议，如果双方离婚未成，一方在离婚诉讼中反悔的，人民法院应当认定该财产以及债务处理协议没有生效，并根据实际情况依照民法典第一千零八十七条和第一千零八十九条的规定判决。

当事人依照民法典第一千零七十六条签订的离婚协议中关于财产以及债务处理的条款，对男女双方具有法律约束力。登记离婚后当事人因履行上述协议发生纠纷提起诉讼的，人民法院应当受理。

第七十条　夫妻双方协议离婚后就财产分割问题反悔，请求撤销财产分割协议的，人民法院应当受理。

人民法院审理后，未发现订立财产分割协议时存在欺诈、胁迫等情形的，应当依法驳回当事人的诉讼请求。

第七十一条　人民法院审理离婚案件,涉及分割发放到军人名下的复员费、自主择业费等一次性费用的,以夫妻婚姻关系存续年限乘以年平均值,所得数额为夫妻共同财产。

前款所称年平均值,是指将发放到军人名下的上述费用总额按具体年限均分得出的数额。其具体年限为人均寿命七十岁与军人入伍时实际年龄的差额。

第七十二条　夫妻双方分割共同财产中的股票、债券、投资基金份额等有价证券以及未上市股份有限公司股份时,协商不成或者按市价分配有困难的,人民法院可以根据数量按比例分配。

第七十三条　人民法院审理离婚案件,涉及分割夫妻共同财产中以一方名义在有限责任公司的出资额,另一方不是该公司股东的,按以下情形分别处理:

(一)夫妻双方协商一致将出资额部分或者全部转让给该股东的配偶,其他股东过半数同意,并且其他股东均明确表示放弃优先购买权的,该股东的配偶可以成为该公司股东;

(二)夫妻双方就出资额转让份额和转让价格等事项协商一致后,其他股东半数以上不同意转让,但愿意以同等条件购买该出资额的,人民法院可以对转让出资所得财产进行分割。其他股东半数以上不同意转让,也不愿意以同等条件购买该出资额的,视为其同意转让,该股东的配偶可以成为该公司股东。

用于证明前款规定的股东同意的证据,可以是股东会议材料,也可以是当事人通过其他合法途径取得的股东的书面声明材料。

第七十四条　人民法院审理离婚案件,涉及分割夫妻共同财产中以一方名义在合伙企业中的出资,另一方不是该企业合伙人的,当夫妻双方协商一致,将其合伙企业中的财产份额全部或者部分转让给对方时,按以下情形分别处理:

(一)其他合伙人一致同意的,该配偶依法取得合伙人地位;

(二)其他合伙人不同意转让,在同等条件下行使优先购买权的,可以对转让所得的财产进行分割;

(三)其他合伙人不同意转让,也不行使优先购买权,但同意该合伙人退伙或者削减部分财产份额的,可以对结算后的财产进行分割;

(四)其他合伙人既不同意转让,也不行使优先购买权,又不同意该合伙人退伙或者削减部分财产份额的,视为全体合伙人同意转让,该配偶依法取得合伙人地位。

第七十五条　夫妻以一方名义投资设立个人独资企业的,人民法院分割夫妻在该个人独资企业中的共同财产时,应当按照以下情形分别处理:

(一)一方主张经营该企业的,对企业资产进行评估后,由取得企业资产所有权一方给予另一方相应的补偿;

(二)双方均主张经营该企业的,在双方竞价基础上,由取得企业资产所有权的一方给予另一方相应的补偿;

(三)双方均不愿意经营该企业的,按照《中华人民共和国个人独资企业法》等有关规定办理。

第七十六条　双方对夫妻共同财产中的房屋价值及归属无法达成协议时，人民法院按以下情形分别处理：

（一）双方均主张房屋所有权并且同意竞价取得的，应当准许；

（二）一方主张房屋所有权的，由评估机构按市场价格对房屋作出评估，取得房屋所有权的一方应当给予另一方相应的补偿；

（三）双方均不主张房屋所有权的，根据当事人的申请拍卖、变卖房屋，就所得价款进行分割。

第七十七条　离婚时双方对尚未取得所有权或者尚未取得完全所有权的房屋有争议且协商不成的，人民法院不宜判决房屋所有权的归属，应当根据实际情况判决由当事人使用。

当事人就前款规定的房屋取得完全所有权后，有争议的，可以另行向人民法院提起诉讼。

第七十八条　夫妻一方婚前签订不动产买卖合同，以个人财产支付首付款并在银行贷款，婚后用夫妻共同财产还贷，不动产登记于首付款支付方名下的，离婚时该不动产由双方协议处理。

依前款规定不能达成协议的，人民法院可以判决该不动产归登记一方，尚未归还的贷款为不动产登记一方的个人债务。双方婚后共同还贷支付的款项及其相对应财产增值部分，离婚时应根据民法典第一千零八十七条第一款规定的原则，由不动产登记一方对另一方进行补偿。

第七十九条　婚姻关系存续期间，双方用夫妻共同财产出资购买以一方父母名义参加房改的房屋，登记在一方父母名下，离婚时另一方主张按照夫妻共同财产对该房屋进行分割的，人民法院不予支持。购买该房屋时的出资，可以作为债权处理。

第八十条　离婚时夫妻一方尚未退休、不符合领取基本养老金条件，另一方请求按照夫妻共同财产分割基本养老金的，人民法院不予支持；婚后以夫妻共同财产缴纳基本养老保险费，离婚时一方主张将养老金账户中婚姻关系存续期间个人实际缴纳部分及利息作为夫妻共同财产分割的，人民法院应予支持。

第八十一条　婚姻关系存续期间，夫妻一方作为继承人依法可以继承的遗产，在继承人之间尚未实际分割，起诉离婚时另一方请求分割的，人民法院应当告知当事人在继承人之间实际分割遗产后另行起诉。

第八十二条　夫妻之间订立借款协议，以夫妻共同财产出借给一方从事个人经营活动或者用于其他个人事务的，应视为双方约定处分夫妻共同财产的行为，离婚时可以按照借款协议的约定处理。

第八十三条　离婚后，一方以尚有夫妻共同财产未处理为由向人民法院起诉请求分割的，经审查该财产确属离婚时未涉及的夫妻共同财产，人民法院应当依法予以分割。

第八十四条　当事人依据民法典第一千零九十二条的规定向人民法院提起诉讼，请求再次分割夫妻共同财产的诉讼时效期间为三年，从当事人发现之日起计算。

第八十五条　夫妻一方申请对配偶的个人财产或者夫妻共同财产采取保全措施的，人民法院可以在采取保全措施可能造成损失的范围内，根据实际情况，确定合理的财产担保数额。

第八十六条　民法典第一千零九十一条规定的“损害赔偿”，包括物质损害赔偿和精神损害赔偿。涉及精神损害赔偿的，适用《最高人民法院关于确定民事侵权精神损害赔偿责任若干问题的解释》的有关规定。

第八十七条　承担民法典第一千零九十一条规定的损害赔偿责任的主体，为离婚诉讼当事人中无过错方的配偶。

人民法院判决不准离婚的案件，对于当事人基于民法典第一千零九十一条提出的损害赔偿请求，不予支持。

在婚姻关系存续期间，当事人不起诉离婚而单独依据民法典第一千零九十一条提起损害赔偿请求的，人民法院不予受理。

第八十八条　人民法院受理离婚案件时，应当将民法典第一千零九十一条等规定中当事人的有关权利义务，书面告知当事人。在适用民法典第一千零九十一条时，应当区分以下不同情况：

（一）符合民法典第一千零九十一条规定的无过错方作为原告基于该条规定向人民法院提起损害赔偿请求的，必须在离婚诉讼的同时提出。

（二）符合民法典第一千零九十一条规定的无过错方作为被告的离婚诉讼案件，如果被告不同意离婚也不基于该条规定提起损害赔偿请求的，可以就此单独提起诉讼。

（三）无过错方作为被告的离婚诉讼案件，一审时被告未基于民法典第一千零九十一条规定提出损害赔偿请求，二审期间提出的，人民法院应当进行调解；调解不成的，告知当事人另行起诉。双方当事人同意由第二审人民法院一并审理的，第二审人民法院可以一并裁判。

第八十九条　当事人在婚姻登记机关办理离婚登记手续后，以民法典第一千零九十一条规定为由向人民法院提出损害赔偿请求的，人民法院应当受理。但当事人在协议离婚时已经明确表示放弃该项请求的，人民法院不予支持。

第九十条　夫妻双方均有民法典第一千零九十一条规定的过错情形，一方或者双方向对方提出离婚损害赔偿请求的，人民法院不予支持。

六、附　　则

第九十一条　本解释自2021年1月1日起施行。

最高人民法院关于适用《中华人民共和国民法典》继承编的解释(一)

1．2020 年 12 月 25 日最高人民法院审判委员会第 1825 次会议通过

2．2020 年 12 月 29 日公布

3．法释〔2020〕23 号

4．自 2021 年 1 月 1 日起施行

为正确审理继承纠纷案件,根据《中华人民共和国民法典》等相关法律规定,结合审判实践,制定本解释。

一、一般规定

第一条　继承从被继承人生理死亡或者被宣告死亡时开始。

宣告死亡的,根据民法典第四十八条规定确定的死亡日期,为继承开始的时间。

第二条　承包人死亡时尚未取得承包收益的,可以将死者生前对承包所投入的资金和所付出的劳动及其增值和孳息,由发包单位或者接续承包合同的人合理折价、补偿。其价额作为遗产。

第三条　被继承人生前与他人订有遗赠扶养协议,同时又立有遗嘱的,继承开始后,如果遗赠扶养协议与遗嘱没有抵触,遗产分别按协议和遗嘱处理;如果有抵触,按协议处理,与协议抵触的遗嘱全部或者部分无效。

第四条　遗嘱继承人依遗嘱取得遗产后,仍有权依照民法典第一千一百三十条的规定取得遗嘱未处分的遗产。

第五条　在遗产继承中,继承人之间因是否丧失继承权发生纠纷,向人民法院提起诉讼的,由人民法院依据民法典第一千一百二十五条的规定,判决确认其是否丧失继承权。

第六条　继承人是否符合民法典第一千一百二十五条第一款第三项规定的"虐待被继承人情节严重",可以从实施虐待行为的时间、手段、后果和社会影响等方面认定。

虐待被继承人情节严重的,不论是否追究刑事责任,均可确认其丧失继承权。

第七条 继承人故意杀害被继承人的,不论是既遂还是未遂,均应当确认其丧失继承权。

第八条 继承人有民法典第一千一百二十五条第一款第一项或者第二项所列之行为,而被继承人以遗嘱将遗产指定由该继承人继承的,可以确认遗嘱无效,并确认该继承人丧失继承权。

第九条 继承人伪造、篡改、隐匿或者销毁遗嘱,侵害了缺乏劳动能力又无生活来源的继承人的利益,并造成其生活困难的,应当认定为民法典第一千一百二十五条第一款第四项规定的“情节严重”。

二、法定继承

第十条 被收养人对养父母尽了赡养义务,同时又对生父母扶养较多的,除可以依照民法典第一千一百二十七条的规定继承养父母的遗产外,还可以依照民法典第一千一百三十一条的规定分得生父母适当的遗产。

第十一条 继子女继承了继父母遗产的,不影响其继承生父母的遗产。

继父母继承了继子女遗产的,不影响其继承生子女的遗产。

第十二条 养子女与生子女之间、养子女与养子女之间,系养兄弟姐妹,可以互为第二顺序继承人。

被收养人与其亲兄弟姐妹之间的权利义务关系,因收养关系的成立而消除,不能互为第二顺序继承人。

第十三条 继兄弟姐妹之间的继承权,因继兄弟姐妹之间的扶养关系而发生。没有扶养关系的,不能互为第二顺序继承人。

继兄弟姐妹之间相互继承了遗产的,不影响其继承亲兄弟姐妹的遗产。

第十四条 被继承人的孙子女、外孙子女、曾孙子女、外曾孙子女都可以代位继承,代位继承人不受辈数的限制。

第十五条 被继承人的养子女、已形成扶养关系的继子女的生子女可以代位继承;被继承人亲生子女的养子女可以代位继承;被继承人养子女的养子女可以代位继承;与被继承人已形成扶养关系的继子女的养子女也可以代位继承。

第十六条 代位继承人缺乏劳动能力又没有生活来源,或者对被继承人尽过主要赡养义务的,分配遗产时,可以多分。

第十七条 继承人丧失继承权的,其晚辈直系血亲不得代位继承。如该代位继承人缺乏劳动能力又没有生活来源,或者对被继承人尽赡养义务较多的,可以适当分给遗产。

第十八条 丧偶儿媳对公婆、丧偶女婿对岳父母,无论其是否再婚,依照民法典第一千一百二十九条规定作为第一顺序继承人时,不影响其子女代位继承。

第十九条 对被继承人生活提供了主要经济来源,或者在劳务等方面给予了主要扶助的,应当认定其尽了主要赡养义务或主要扶养义务。

第二十条　依照民法典第一千一百三十一条规定可以分给适当遗产的人，分给他们遗产时，按具体情况可以多于或者少于继承人。

第二十一条　依照民法典第一千一百三十一条规定可以分给适当遗产的人，在其依法取得被继承人遗产的权利受到侵犯时，本人有权以独立的诉讼主体资格向人民法院提起诉讼。

第二十二条　继承人有扶养能力和扶养条件，愿意尽扶养义务，但被继承人因有固定收入和劳动能力，明确表示不要求其扶养的，分配遗产时，一般不应因此而影响其继承份额。

第二十三条　有扶养能力和扶养条件的继承人虽然与被继承人共同生活，但对需要扶养的被继承人不尽扶养义务，分配遗产时，可以少分或者不分。

三、遗嘱继承和遗赠

第二十四条　继承人、受遗赠人的债权人、债务人，共同经营的合伙人，也应当视为与继承人、受遗赠人有利害关系，不能作为遗嘱的见证人。

第二十五条　遗嘱人未保留缺乏劳动能力又没有生活来源的继承人的遗产份额，遗产处理时，应当为该继承人留下必要的遗产，所剩余的部分，才可参照遗嘱确定的分配原则处理。

继承人是否缺乏劳动能力又没有生活来源，应当按遗嘱生效时该继承人的具体情况确定。

第二十六条　遗嘱人以遗嘱处分了国家、集体或者他人财产的，应当认定该部分遗嘱无效。

第二十七条　自然人在遗书中涉及死后个人财产处分的内容，确为死者的真实意思表示，有本人签名并注明了年、月、日，又无相反证据的，可以按自书遗嘱对待。

第二十八条　遗嘱人立遗嘱时必须具有完全民事行为能力。无民事行为能力人或者限制民事行为能力人所立的遗嘱，即使其本人后来具有完全民事行为能力，仍属无效遗嘱。遗嘱人立遗嘱时具有完全民事行为能力，后来成为无民事行为能力人或者限制民事行为能力人的，不影响遗嘱的效力。

第二十九条　附义务的遗嘱继承或者遗赠，如义务能够履行，而继承人、受遗赠人无正当理由不履行，经受益人或者其他继承人请求，人民法院可以取消其接受附义务部分遗产的权利，由提出请求的继承人或者受益人负责按遗嘱人的意愿履行义务，接受遗产。

四、遗产的处理

第三十条　人民法院在审理继承案件时，如果知道有继承人而无法通知的，分割遗产时，要保留其应继承的遗产，并确定该遗产的保管人或者保管单位。

第三十一条　应当为胎儿保留的遗产份额没有保留的，应从继承人所继承的遗产中扣回。

为胎儿保留的遗产份额，如胎儿出生后死亡的，由其继承人继承；如胎儿娩出时是死体的，由被继承人的继承人继承。

第三十二条　继承人因放弃继承权，致其不能履行法定义务的，放弃继承权的行为无效。

第三十三条 继承人放弃继承应当以书面形式向遗产管理人或者其他继承人表示。

第三十四条 在诉讼中，继承人向人民法院以口头方式表示放弃继承的，要制作笔录，由放弃继承的人签名。

第三十五条 继承人放弃继承的意思表示，应当在继承开始后、遗产分割前作出。遗产分割后表示放弃的不再是继承权，而是所有权。

第三十六条 遗产处理前或者在诉讼进行中，继承人对放弃继承反悔的，由人民法院根据其提出的具体理由，决定是否承认。遗产处理后，继承人对放弃继承反悔的，不予承认。

第三十七条 放弃继承的效力，追溯到继承开始的时间。

第三十八条 继承开始后，受遗赠人表示接受遗赠，并于遗产分割前死亡的，其接受遗赠的权利转移给他的继承人。

第三十九条 由国家或者集体组织供给生活费用的烈属和享受社会救济的自然人，其遗产仍应准许合法继承人继承。

第四十条 继承人以外的组织或者个人与自然人签订遗赠扶养协议后，无正当理由不履行，导致协议解除的，不能享有受遗赠的权利，其支付的供养费用一般不予补偿；遗赠人无正当理由不履行，导致协议解除的，则应当偿还继承人以外的组织或者个人已支付的供养费用。

第四十一条 遗产因无人继承又无人受遗赠归国家或者集体所有制组织所有时，按照民法典第一千一百三十一条规定可以分给适当遗产的人提出取得遗产的诉讼请求，人民法院应当视情况适当分给遗产。

第四十二条 人民法院在分割遗产中的房屋、生产资料和特定职业所需要的财产时，应当依据有利于发挥其使用效益和继承人的实际需要，兼顾各继承人的利益进行处理。

第四十三条 人民法院对故意隐匿、侵吞或者争抢遗产的继承人，可以酌情减少其应继承的遗产。

第四十四条 继承诉讼开始后，如继承人、受遗赠人中有既不愿参加诉讼，又不表示放弃实体权利的，应当追加为共同原告；继承人已书面表示放弃继承、受遗赠人在知道受遗赠后六十日内表示放弃受遗赠或者到期没有表示的，不再列为当事人。

五、附　　则

第四十五条 本解释自 2021 年 1 月 1 日起施行。